L'OR DES DICTATURES

Du même auteur

Dossier I... comme immobilier, éditions Alain Moreau, 1974.
Dossier J... comme Justice (en collaboration avec Jean-Pierre Michel), éditions Alain Moreau, 1978.
Malades et Médecins, Le Seuil, 1981.
La Galaxie terroriste, Plon, 1986.
La Guerre des polices, Albin Michel, 1989.

Philippe Madelin

L'OR DES DICTATURES

Fayard

Le présent ouvrage est publié dans la collection « ENQUÊTES »,
dirigée par Roger FALIGOT et Rémi KAUFFER.

Déjà parus :
Bernard VIOLET, *L'Affaire Ben Barka*, 1991.
Benjamin STORA, *Ils venaient d'Algérie. L'immigration algérienne en France 1912-1992,* 1992.
Yves AUDÈVE et Gérard DELTEIL, *Danger chimie,* 1992.
Franck RENAUD, *Le Nouveau Milieu,* 1992.
Bernard VIOLET, *Cousteau. Une biographie*, 1993.

EN GUISE D'INTRODUCTION

Ouverture de la chasse

Les 22 et 23 décembre 1989, dans le fracas des manifestations, de la répression, des plus folles rumeurs de massacres, s'effondre en Roumanie la dictature nationale-communiste menée par Nicolae Ceausescu, le Conducator, le « Génie des Carpathes ». C'est alors que TF1 me demande d'élaborer un bref reportage consacré à la fortune du tyran déchu et surtout à son éventuel devenir. Un entretien avec un jeune avocat, Gilles August, permet d'évoquer les difficultés prévisibles que rencontreront les Roumains pour récupérer cette fortune, en prenant pour exemple le cas, alors encore frais dans les mémoires, de Duvalier.

On se souvient qu'au même moment, à l'autre bout du monde, les *Marines* américains avaient lancé l'offensive contre Manuel Noriega, également accusé d'avoir amassé des fortunes clandestines. Je me suis ainsi trouvé confronté au problème posé par les fortunes détournées, escroquées, volées par les dictateurs et par leurs proches. Commence alors la chasse aux trésors.

Au début, je n'ai été animé que par une curiosité amusée, cette curiosité un peu malsaine qui nous pousse à lire le récit des amours tumultueuses des vedettes de la scène, de l'écran et des familles princières dans les magazines. C'était l'esprit initial de ce livre. Une scène pour l'illustrer : Imelda Marcos grimpant péniblement les marches du Palais de justice de South Manhattan, étroitement encadrée par des gros bras du FBI qui me repoussent avec brusquerie parce que je me suis approché de trop près. J'hésite alors entre la pitié et un certain dégoût pour celle qui veut se faire passer pour une victime.

A mesure que progressait mon enquête, se sont posées des questions d'une autre nature, strictement politiques : comment des hommes partis de rien ont-ils pu accumuler des richesses parfois fantastiques, simplement en exploitant le pouvoir dont ils s'étaient emparés, le plus souvent avec la complicité des grandes puissances?

En essayant de trouver une réponse, j'ai été embarqué dans une étrange aventure : par le biais de ces sagas dictatoriales, j'ai croisé tous les grands scandales politiques et financiers de ces dix dernières années, de la BCCI à l'Irangate, du blanchiment d'argent sur grande échelle à la privatisation sauvage menée par les anciens bonzes soviétiques, du mouchardage mesquin de la STASI à l'épouvantable répression qui accable Haïti. Des affaires qui explosaient comme si je franchissais un no man's land sous un tir de barrage. Il n'était plus question de légèreté : la petite histoire m'avait fait entrer dans l'Histoire tout court, et qui plus est, dans l'Histoire la plus secrète. Pour une raison bien simple : sans aucune exception, tous les dictateurs des temps récents sont les fruits pervers et empoisonnés de la guerre froide, cette troisième guerre mondiale qui n'a jamais dit son nom.

Réunir les éléments de cette saga était déjà difficile, dans la mesure où les corrompus ne jouent jamais au grand jour, mais dans l'ombre des tractations clandestines et des secrets bancaires. Leur implication dans les méandres de la diplomatie n'arrange rien. Certes, quelques éléments ont pu être occasionnellement dévoilés, en général par des groupes d'opposition politique. Mais nulle part il n'y avait de dossier cohérent, de publications incontestables. Ce livre n'est pas seulement un livre : c'est aussi le résultat d'une longue équipée, au cours de laquelle j'ai eu souvent l'impression de vivre un de ces thrillers cinématographiques qui captivent, qui angoissent. Il m'a fallu chercher sur place les indices, les pistes, les charges, réunir les pièces une par une, confronter, recouper, évaluer la crédibilité des témoignages...

Fidèle à mes principes d'enquête, j'ai été « au contact ». En d'autres termes, j'ai rencontré sur place les personnages-clés. Pour y parvenir, j'ai dû arpenter le monde, des couloirs glacés de l'ancien ministère du Commerce extérieur de la RDA à Berlin, au Palais fédéral de Berne; du cabinet d'un juge, dans le modeste tribunal de Grande instance de Grasse, au Palais de justice de Miami tapi dans son vieil immeuble de style colonial espagnol, en passant par Little Haïti, à Miami toujours. De l'atmosphère feutrée d'une grande banque helvétique, Bahnhofstrasse à Zurich, à Central Park, New York, aperçu depuis les fenêtres d'Adnan Khashoggi; des négociations avec des avocats, des rencontres clandestines dans des hôtels de luxe, le Peninsula de Manille, l'Hôtel Suisse à Genève, un restaurant douteux à Vienne; mon propre domicile, propice aux confidences; à New York, un quartier dangereux, 7e rue Est ou le capharnaüm du procureur Morgenthau; à Genève encore, un rendez-vous dans une arrière-boutique avec un dissident iranien armé jusqu'aux dents; à Manille, le bureau du ministre de la Justice; sur les Champs-Élysées, à Paris, celui d'une banque en liquidation, et ailleurs dans la capitale, dans un hôtel de luxe ou dans le bureau d'un haut-fonctionnaire, des confidences... Près de deux cents témoins ont directement contribué à cette enquête qui n'a cessé de me surprendre de bout en bout. Ne serait-ce que par la bonne volonté des informateurs.

« Mais, ils vous parlent vraiment, ce ne sont pas des spéculations? », m'a un jour demandé un avocat sur un ton dubitatif. Oui, « ils » m'ont réellement parlé, sans que je puisse toujours déterminer de façon claire leurs motivations. Autojustification, souci de rehausser une image ternie, flatterie de participer à un travail d'écrivain? Tentative de manipulation? Qu'importe. Car non seulement « ils » ont parlé, mais encore « ils » m'ont remis des documents essentiels pour établir les preuves des faits allégués.

Dans la plupart des cas, des documents importants existent en raison de la manie quasi paranoïaque de tous les dictateurs, de toutes les dictatures : celle de tout noter, de tout lister, de tout acter. Une chance pour l'historien du présent qu'est le journaliste dit « d'investigation », qui peut ainsi fonder ses récits sur des éléments concrets. Tant de pages de documents qu'un autre ouvrage serait nécessaire pour publier le dossier complet.

Restent mes choix. Il est évident qu'il ne m'était pas possible de traiter de toutes les corruptions au niveau des chefs d'État et de leurs séides, une encyclopédie n'y suffirait pas. Pour limiter l'éventail je me suis fondé sur quelques critères de sélection, dont je suis le premier à admettre qu'ils sont contestables.

Premier critère : le caractère dictatorial du régime, défini de la façon la plus simple : les partis et mouvements d'opposition sont interdits, ou, s'ils sont tolérés, font l'objet d'innombrables tracasseries policières ; les recettes et dépenses de l'État sont engagées sans un réel contrôle exercé par les représentants élus du peuple. Autrement dit : dans les faits, le chef de l'État et ses partisans n'acceptent aucun partage de leur pouvoir. Hélas, la géopolitique nous apprend que la majorité des États du monde, entre les deux tiers et les trois quarts, répondent à cette définition !

Deuxième critère : la dictature peut être concrétisée par une personne, selon l'image la plus classique, mais aussi par un clan, voire un groupe ou un parti unique au pouvoir (cas des ex-démocraties populaires).

Troisième critère : la valeur exemplaire du cas retenu. Ainsi, en Afrique, j'ai choisi le Mali, pays essentiel en raison de ses dimensions et de sa position géographique, plutôt que le Togo, dont la faible importance économique et territoriale ne représente qu'un enjeu modeste.

Dans tous les cas, j'ai enquêté non seulement sur la manière dont les dictateurs ont bâti leur fortune, mais aussi sur les moyens qu'ils ont utilisés pour la cacher, la récupérer et la protéger après leur chute.

Les méthodes sont souvent sommaires à l'extrême, une valise bourrée de billets à laquelle on fait traverser une frontière, mais aussi parfois incroyablement sophistiquées quand apparaissent les techniques modernes de blanchiment par association de sociétés-écrans et d'informatique. Elles ont toutes un même objectif : dépouiller, voler des populations écrasées par la misère. Car il faut bien s'en convaincre : les dictateurs ne sont pas simplement de grotesques pantins bardés de galons et de décorations, ce ne sont pas simplement des tueurs. Ils ne prennent le pouvoir, et ne s'y maintiennent, que pour mieux piller leurs propres pays.

Paris, le 1er mars 1993.

I

La malédiction haïtienne

Pas de service après-vente pour un dictateur déchu

Nuit caraïbe, ciel de velours constellé d'étoiles, douceur un peu moite des tropiques. Pour qui écoute bien, il est presque possible d'entendre, venus du fond des temps, les battements sourds des tambours qui transmettent les nouvelles beaucoup plus vite, beaucoup plus sûrement que les systèmes modernes de communication, d'ailleurs pratiquement inexistants dans cette partie de l'île d'Hispaniola, au sein de cet État « zombi » considéré comme l'un des plus pauvres du monde : la République d'Haïti.

La nouvelle qu'ils propagent cette nuit-là est d'importance. C'est même la plus grande nouvelle depuis près de trois décennies : le règne des Duvalier et des Macoutes vient de s'achever.

Et c'est pourquoi, sur l'aéroport international Maïs Gâté, rebaptisé depuis plusieurs décennies François Duvalier, au bout de la piste principale, stationne un avion-cargo géant, un C141 Starlifter de l'US Air Force. L'appareil a atterri en fin de soirée, le 6 février 1986. Il devait redécoller presque aussitôt emmenant vers l'exil « Bébé Doc », sa femme, ses enfants, sa mère, ses sœurs, les maris et amis de ses sœurs, en tout une vingtaine de personnes et leurs bagages, escortées par trois officiers haïtiens de haut rang chargés de s'assurer que Bébé Doc part bien en exil. De moment en moment, l'envol a été repoussé, il est finalement fixé à 1 heure du matin le 7 février. Rendez-vous pour tous au pied de la passerelle; rendez-vous pour les passagers, mais aussi pour les protagonistes de l'abdication qui s'achève : les ambassadeurs de France et des États-Unis, le nonce du Pape Paolo Romeo, le gouvernement au complet, et en particulier Roger Lafontant, ministre de l'Intérieur, un des fondateurs des Tontons Macoutes [1], quelques officiels haïtiens prêts à prendre la relève. Ils sont assaillis par une meute de journalistes impatients.

A l'heure dite, tout le monde est là, le clan Duvalier est embarqué dans la cabine, les bagages sont chargés en soute. Bagages au demeurant relativement modestes car, dans cet appareil, on n'emporte que l'essentiel : le gros du déménagement est parti quelques heures plus tôt à bord d'un avion-cargo d'Air Haïti, une compagnie qui appartient à la famille Benett dont est issue Michèle Duvalier, l'épouse du dictateur déchu : des tableaux naïfs, des valises remplies de bijoux, une des BMW de Jean-Claude, car ce mécanicien dans l'âme a toujours marqué une prédilection pour les voitures allemandes.

Seuls manquent les héros malheureux de cette comédie : Bébé Doc, Jean-Claude Duvalier, président à vie de la République haïtienne, et Michèle. Les heures passent, les officiels battent la semelle sur le tamac en maugréant. Ils sont inquiets : et si jamais tout était remis en cause?

Soudain, du côté de l'aéroport, les sirènes et les lumières d'un convoi : des jeeps, des camions chargés de soldats du bataillon Dessalines, « fer de lance » de la modeste armée haïtienne, plus experte en coups d'État qu'en opérations militaires. Cet aréopage dirigé par le colonel Jean Paul [2] encadre une BMW conduite par Jean-Claude. A sa droite, Michèle. Cameramen, photographes et journalistes se précipitent. Pourquoi ce retard? Y aurait-il eu quelque obstacle politique de dernière minute? D'un revers de la main, Jean-Claude écarte ces triviales considérations : « Non, pas d'obstacle. Mais nous ne pouvions quand même pas partir comme des voleurs. Nous avons vidé quelques bouteilles de champagne avec des fidèles au Palais présidentiel. »

Bébé Doc et Michèle saluent sans façon les officiels et grimpent allègrement la passerelle qui mène à l'avion géant. A 3 h 46 du matin, le 7 février 1986, le Starlifter s'envole en direction de l'aéroport de Grenoble, en France. Détail piquant : Jean-Claude n'était sorti qu'une seule fois de son île, pour aller à Paris quand il était jeune.

Ainsi s'achève sur cette note bouffonne, sans effusion de sang, vingt-neuf ans de pouvoir absolu. La cent trente-cinquième révolution en cent quatre-vingt-quatre années d'indépendance haïtienne.

Une abdication en douceur

Depuis 1957, la dynastie duvaliériste écrasait la petite république d'Haïti, cinq millions et demi d'habitants entassés sur 27 000 km^2. Appuyé sur les paysans pauvres et assisté de sa garde prétorienne, les Tontons Macoutes, le docteur François Duvalier, « Papa Doc », dit aussi « Baron Samedi » dans le culte vaudou, a imposé avec férocité la loi des « Noirs » et une certaine idée très gaullienne de l'indépendance sur la partie orientale d'Hispaniola, une des îles des Grandes Antilles, qui, au milieu de la mer Caraïbe, regroupe Haïti et Saint-Domingue.

Depuis les années troublées de la guerre froide, Haïti occupe, aux yeux des Américains, une position stratégique capitale : pour le constater, il suffit d'un seul coup d'œil à la carte. La partie orientale d'Hispaniola ressemble à un canon braqué vers l'île voisine de Cuba où règne alors Fidel Castro, une des bêtes noires des États-Unis.

Le président François Duvalier est très conscient de ce rôle historique et de sa position stratégique. Profitant de la faiblesse des Américains qui ne savent plus quoi faire pour neutraliser Cuba, Duvalier devient même... leur ami fidèle!

Il use et abuse de ce machiavélisme, non seulement face aux Américains, mais aussi, pour s'en défendre, face aux voisins de la République dominicaine, dominée par les mulâtres hispanisants : Saint-Domingue est un partenaire obligé en raison de la vraie richesse de cette république qui occupe la partie orientale de l'île d'Hispaniola. Mais c'est depuis toujours un ennemi héréditaire; le conflit a culminé lors des tueries de 1937 au cours desquelles, dans l'indifférence la plus totale de l'opinion internationale qui avait, il est vrai, d'autres soucis, les Dominicains ont massacré 37 000 Haïtiens en deux mois.

L'idéologie « noircissique » a écarté des leviers de commande les mulâtres, anciens maîtres du pays, suspects de s'être montrés trop favorables aux Américains durant l'occupation, c'est-à-dire entre 1919 et 1934. Au besoin associée au meurtre des récalcitrants, la corruption est devenue l'outil principal de Papa Doc à l'égard de ses fidèles, pour les rendre plus dévoués encore. Un de ses opposants les plus farouches, exilé politique, le reconnaît : « Papa Doc n'a jamais utilisé l'argent pour lui-même, il s'en servait pour acheter les autres. Quand on venait le voir, ça se terminait toujours par un : voilà pour toi, mon fils, assorti d'un ou deux billets. »

Avant sa mort, le dictateur a pris toutes les dispositions nécessaires pour que l'ordre – le sien – règne et perdure lorsqu'il viendrait à disparaître. Pour éviter les coups d'État, dès 1971, et sur les conseils, dit-on, de son domestique Paul, il a écarté le dauphin qu'il avait lui-même naguère désigné, Clovis Desinor. Il lui a préféré comme successeur et héritier son fils Jean-Claude, alors âgé de 18 ans, baptisé depuis longtemps « Bébé Doc » en référence au surnom de son père.

Jean-Claude est un jeune homme effacé, de santé médiocre : affecté de rhumatismes chroniques, son embonpoint révèle de graves troubles thyroïdiens [3]. Il passe pour avoir les idées rares, sa parole est si lente et hésitante que d'aucuns le considèrent comme franchement demeuré. C'est d'ailleurs l'opinion de son père qui ne l'appelle jamais autrement que « mon pauvre maigriot » et le traite avec la plus grande dureté, alternant les sarcasmes et les taloches afin de l'obliger à travailler. En vain. Passionné de moto, et de foot, Jean-Claude est trop gras pour taper en personne dans le ballon rond. En outre, il s'avère imperméable à la politique.

Il est évident que ce jeune homme effacé n'a pas les qualités et encore moins l'envergure pour devenir le chef d'un État qui, bien que de dimensions modestes, n'en doit pas moins tenir son rang dans le concert des nations.

Bébé Doc n'a jamais supporté ces charges qui pesaient sur

ses épaules. Même si certains de ses proches estiment encore que son apparente apathie cache une réelle prudence, le « président-à-vie-bis » et sa petite bande ont toujours manifesté plus de goût pour la bonne vie que pour le pouvoir : les fêtes, les voyages, le luxe plutôt que la responsabilité politique... Pour eux, l'exercice du pouvoir présente un intérêt majeur : la possibilité de plonger les mains dans le coffre. Bébé Doc, Michèle et leurs amis se sont toujours entendus à merveille pour puiser à pleines mains dans les caisses d'un État pourtant bien pauvre. D'autant plus facilement que la dictature instaurée par Papa a éliminé les élites politiques, dans leur grande majorité exilées aux États-Unis et au Canada. Résultat : il n'y a pas de contre-pouvoir pour s'opposer aux appétits du clan Duvalier.

Malgré sa réputation de grand amateur de femmes, Bébé Doc est si timide que ses amis doivent déployer des trésors d'imagination pour lui organiser des rencontres avec les personnes du « sexe opposé ». C'est ainsi que, désespérant de le voir se marier un jour, ses amis ont été rechercher pour lui en 1980 une de ses vieilles copines de l'école primaire, Michèle Benett, épouse Pasquier. Issue de la classe moyenne haïtienne, métisse sans être mulâtre, donc sans attache avec l'aristocratie locale, d'une très grande beauté, Michèle est la fille d'Ernest Benett. Planteur de café installé à Le Borgne, loin dans l'est de l'île, Benett s'est mué en gros commerçant. Un rapport de la DEA (Drug Enforcement Administration) américaine l'a accusé, mais sans preuve, d'avoir été mêlé à une filière de trafic de cocaïne. En revanche, il est certain qu'un frère de Michèle, Franz, a été condamné en 1982 à deux ans et demi de prison par un tribunal de Miami pour un trafic de stupéfiants à Porto-Rico : à bord des petits avions de sa compagnie de transport à la demande, il assurait le convoyage de chargements pour le compte des cartels colombiens.

Alix Pasquier, le mari de Michèle, est quant à lui le fils d'un officier supérieur haïtien abattu en 1958 sur les marches du palais présidentiel alors qu'il essayait de s'en emparer. Couronnement d'une tentative de putsch, cette opération avait pour objectif d'écarter « Papa Doc » du pouvoir. Une lourde hérédité au pays du Vaudou...

De ce premier mariage, Michèle a eu deux enfants.

La future « présidente » passe pour une nature forte : après ses études au collège de Peekshill, dans l'État de New York, la jeune fille laisse derrière elle le souvenir d'un ouragan bavard. Selon ses propres confidences, elle a appris les vertus de l'acharnement quand elle travaillait dans un magasin de tissus pour matelas tenu par des Juifs, dans le quartier du textile à New York. Rentrée dans l'île, avant son premier mariage, elle n'hésite pas à conduire les camions de son père sur des centaines de kilomètres de routes défoncées et dangereuses. Malgré sa situation conjugale, la jeune femme est réputée assez libre pour être invitée à l'une des soirées du Palais, qui passent pour être particulièrement lestes.

Coup de foudre. Jean-Claude tombe aussitôt sous le charme de Michèle, son amie d'enfance retrouvée... On ne les verra plus de la nuit. Le lendemain, il lui envoie, pour la remercier, un collier d'une valeur de 10 000 dollars. En lui réexpédiant le présent, Michèle fait comprendre à Bébé Doc qu'elle ne joue pas cette partie-là. On l'aura compris : la fille du petit planteur entend décrocher le gros lot. Sans trop se préoccuper de son actuelle situation, c'est comme épouse légitime du président qu'elle entend devenir, la première Dame du pays.

Quelques jours plus tard, Bébé Doc annonce à sa mère (« Maman Simone ») qu'il a l'intention d'épouser Michèle. Fureur de Simone, car Michèle Benett a tout pour lui déplaire : origines sociales et réputation douteuses. Le mariage suit pourtant très vite, dès que l'indispensable divorce est prononcé pour dissoudre l'union entre Michèle et Alix Pasquier. Maman Simone n'a finalement acquiescé qu'à une condition expresse : les deux enfants de Michèle et leur père doivent vivre loin d'Haïti ; ils seront donc exilés en Suisse. Mais Michèle ne cessera jamais de voir son ancien époux.

La cérémonie donne le ton : 3 millions de dollars sont dépensés pour les festivités ! Deux enfants naîtront : Nicolas en 1984, et Anya, une fille, en 1986. Il est probable que cette très coûteuse union est à l'origine de la plupart des déboires de Bébé Doc. La cause, en somme, de sa mauvaise réputation : alors que les Haïtiens ont mal compris ce mariage qu'ils considèrent comme une faute politique, Michèle s'est rapidement lancée dans une politique très personnelle, mélangeant allègrement son goût pour le faste et les deniers de l'État, faisant profiter son entourage immédiat de ses largesses. La République d'Haïti est bientôt gérée par un clan de fêtards plus soucieux de s'en mettre plein les poches que des intérêts d'une population de plus en plus miséreuse.

Trafiquants de drogue

Le temps du bonheur ne pouvait durer longtemps. Nuages et admonestations internationales s'accumulent. Même si la chute des Duvalier apparaît inéluctable, elle ne sera pas provoquée par la pression morale de la communauté mondiale mais par des événements liés au trafic de la drogue. A tort ou à raison, certains estiment les Duvalier plus gênants qu'autre chose. Surtout depuis qu'en octobre 1985, le gouvernement du dictateur a fait arrêter à Port-au-Prince plusieurs trafiquants liés aux cartels colombiens de la cocaïne. Les parrains de Medellin et de Cali ont fait savoir aux officiers et aux politiques haïtiens qu'ils seront particulièrement reconnaissants si leurs interlocuteurs sont compréhensifs à l'égard de leurs complices. Le message a été bien compris : deux mois après le départ de Duvalier, le ministre de la Justice, Gérard Gourgues, et le ministre de l'Intérieur, le général William Regala, feront élargir les prévenus sous couvert de libération des prisonniers politiques.

Cette dérive criminelle intervient alors que, sous la pression de la Banque mondiale et du Fonds monétaire international, le gouvernement veut réformer en profondeur ses méthodes. Il s'agit de se conformer aux critères ouvrant droit à l'aide financière internationale. Au cours des décennies passées, la République d'Haïti s'était enfoncée dans une crise économique aussi durable que dramatique : en 1986, pour 80 % des Haïtiens, le revenu annuel ne dépasse pas 130 dollars; 90 % de la population est illettrée, et la moitié au chômage ou en état de sous-emploi. Naguère couvertes de forêts, les collines d'Haïti – les mornes (comme on les appelle aux Antilles) – sont désormais nues et pelées. A l'image de ses dirigeants, l'administration est dans un état de total délabrement. Du haut en bas de l'échelle, la corruption est systématique chez les fonctionnaires, les militaires ont pris en main la contrebande, laquelle tient lieu de commerce extérieur avec la République dominicaine. Au début de l'année, accusés de détournement de fonds publics, cinq ministres ont été remerciés. Mais la sanction a été modeste : on les a aussitôt nommés à des postes diplomatiques en Europe.

Pour les fonctionnaires et les militaires, c'est simple : une réforme de l'administration, l'assainissement des finances publiques et la lutte contre la corruption, autant de cataclysmes qui les priveraient des ressources de l'argent noir. Si le régime Duvalier doit s'orienter dans cette voie, il perd sa raison d'être. Donc il doit disparaître.

Quand, provoquées par les mesures d'austérité, des manifestations éclatent dans divers points de l'île, l'armée laisse se développer ces mouvements populaires qui déstabilisent le régime. Au lieu d'agir en douceur, les militaires mènent une répression brutale : en novembre, il y a quatre morts et de nombreux blessés dans la ville de Gonaïve, à cent kilomètres au nord de Port-au-Prince.

Tandis que ces convulsions se multiplient, Michèle Duvalier entraîne une douzaine de personnes de sa suite dans une « tournée shopping » à Paris. Voyage en Concorde depuis New York. Sur place, elle aurait dépensé plus d'un million de dollars en toilettes...

A la fin du règne, Michèle est devenue le chef *in partibus* du gouvernement, allant jusqu'à assister aux conseils des ministres, et limoger les responsables qui lui déplaisent. Longtemps après, elle reste très fière de cette ascension, revendiquant le surnom de « Dragon Lady » donné à d'autres femmes « hommes d'État », telles que Margaret Thatcher ou Imelda Marcos, qu'elle admire particulièrement.

Pour faire face aux événements, Bébé Doc tente une ultime manœuvre de rattrapage : coupable d'avoir appliqué avec trop de zèle la politique dictée par les autorités financières internationales, le ministre des Finances, Franz Merceron, est chassé, bien qu'il ait auparavant rendu de grands services au régime. Mais c'est trop tard. Le président à vie Jean-Claude Duvalier ne peut plus rester. Il n'a jamais été très crédible. En raison des pillages qu'on lui prête au détriment de la misérable économie haïtienne, il est devenu totalement impopulaire.

Durant tout le mois de janvier 1986, à l'initiative notamment de l'épiscopat haïtien, d'intenses négociations – secrètes bien sûr – sont menées pour trouver un point de chute au clan Duvalier. Les Américains acceptent de prêter la main au départ, mais pas question d'accueillir la famille d'un dictateur de trop mauvaise réputation. Pire : un dictateur qui a cessé de servir.

En effet, à la charnière de 1985 et 1986, s'achève dans les Caraïbes le temps des dictatures douillettement protégées par les Américains. Aux yeux de l'administration de Washington il n'est plus aussi urgent et indispensable de disposer de pions dociles pour contrôler les routes maritimes dans le golfe du Mexique. On sait même déjà qu'à terme, le régime paracommuniste régnant au Nicaragua est condamné, et, depuis longtemps, Cuba ne représente plus vraiment une menace. En outre, les USA doivent tenir compte du poids considérable représenté par les exilés Haïtiens, sept cent mille personnes au moins [4].

Rapaces et soupçonnés d'aider le trafic de drogue entre l'Amérique latine et les USA, les petits dictateurs des républiques bananières sont devenus plus gênants qu'utiles. Tant pis pour eux : le clan Duvalier peut être lâché, abandonné à son sort.

La solution française

Faute d'une solution américaine, on se tourne vers l'amie traditionnelle, la France. Un pays toujours soucieux de son prestige auprès des États francophones. Les intermédiaires? L'ambassadeur de France et l'avocat parisien Sauveur Vaisse, bien en cour auprès de la majorité socialiste, au pouvoir en France pour quelques semaines encore. Il entretient, en particulier, d'excellentes relations avec Robert Badinter, alors ministre de la Justice [5].

Le dossier sera traité directement par l'Élysée. On prend, successivement et en vain, langue avec la Suisse, l'Espagne, la Grèce; puis avec le Gabon, mais le président Omar Bongo, déjà fort critiqué, ne tient pas à recevoir Duvalier. Pas plus qu'Hassan II au Maroc. On se tourne alors vers le Libéria, parce que, comme Haïti, cette république eut naguère pour fondateurs des esclaves libérés du joug. Cette fois, c'est Michèle Duvalier qui refuse un tel asile, n'hésitant pas à qualifier le Libéria de « pays de sauvages ». Michèle veut bien quitter Haïti, mais elle n'accepte qu'une seule destination, là où elle a ses habitudes, ses amis, ses fournisseurs : la France. Et, à défaut de Paris, la Côte d'Azur.

Face à cette exigence, le gouvernement français tergiverse. Mgr Paolo Romeo, nonce apostolique en Haïti, doit intervenir auprès du cardinal Casaroli, à cette époque en charge de la Curie romaine. Il lui demande d'intercéder auprès de la France pour que l'Élysée se résolve à accepter la solution préconisée par les Américains et le Vatican : l'asile politique en France pour le clan Duvalier. Le cardinal n'hésite pas, il appelle le pape, alors en voyage en Asie. C'est finalement Jean-Paul II lui-même qui intercède auprès de la France afin que puisse être accueilli le clan Duvalier. Bébé Doc prétendra même que François Mitterrand lui a personnellement téléphoné pour l'informer que la France était disposée à l'héberger. Lors d'une audition judiciaire, il fera état d'une importante contribution à la campagne présidentielle. Quant aux Américains, après avoir facilité l'accord, ils se permettent de protester contre sa réalisation dans un courrier adressé par le Département d'État au ministère français des Affaires étrangères.

Pour faire avaler la pilule à l'opinion publique française, en particulier à la gauche qui condamne violemment le pillage et les méthodes sanguinaires du régime Duvalier, il est nécessaire d'habiller le compromis. On convient donc d'affirmer que les Duvalier ne seront admis en France qu'à titre provisoire, pour des raisons humanitaires, en attendant de trouver un asile définitif. Laurent Fabius, alors Premier ministre, s'en tient à cette version.

Conseiller à l'Élysée pour les Affaires africaines au moment de ces événements, le sénateur (PS) Guy Penne affirme tout ignorer de cet accord préalable dont les pro-Duvaliéristes font état : « Après tout, c'est bien possible, je sais seulement que nous avons peut-être été naïfs, nous nous sommes fait rouler par les Américains. Il est bien vrai que, par la suite, j'ai été chargé par Jean-Louis Bianco, alors secrétaire général de l'Élysée, d'une mission spéciale en Afrique afin de tenter de trouver un asile pour les Duvalier et leur clan. Je peux en particulier révéler qu'une des pistes les plus sérieuses a été celle des Seychelles. Je suis resté là-bas une semaine à négocier avec le président Albert René; mais il demandait tellement de compensations, d'indemnités, que finalement nous avons dû renoncer [6]. »

Les autres hommes politiques calquent leur attitude sur celle de Laurent Fabius. L'ancien Premier ministre maintient sa version contre vents et marées [7]. Une note discordante cependant dans ce concert, et non des moindres, puisqu'il s'agit de la voix présidentielle de François Mitterrand, qui déclare le 14 février : « Ce n'est pas un fardeau, il ne faut pas exagérer. »

On peut donc admettre qu'un accord a été conclu au niveau de l'Élysée, à l'insu du gouvernement. C'est l'hypothèse qui « colle » le mieux aux faits : aucun autre lieu d'exil que la France n'aurait vraiment été envisagé pour les Duvalier. Ce qui ne signifie pas que cet accord ait été facile. Jean-Claude, lui-même, n'était pas forcément favorable à cette solution : à la veille de son départ, il imaginait encore qu'il pouvait se faire plébisciter par le petit peuple de Port-au-Prince; au volant de sa Range Rover, Michèle à ses côtés, il avait entrepris le tour des quartiers les plus pauvres, suivi par les caméras de télévision, et protégé par une faible escorte, ce qui ne manquait ni de panache, ni de courage. Mais il eut le loisir de constater que les applaudissements étaient maigres et les huées puissantes. Du coup, il imposa l'état de siège pour un mois, ferma les radios indépendantes, interdit les activités politiques et nomma des officiers retraités fidèles aux principaux postes de sa petite armée.

Michèle considérait ces mesures comme de simples palliatifs. Aussi, lorsque le 6 février, à l'aube, un porte-parole du nonce téléphona à Jean-Claude pour lui annoncer la conclusion d'un *modus vivendi* avec le Vatican, les USA et la France, alors qu'en raison sans doute de sa lenteur d'esprit, Bébé Doc semblait encore hésiter, la jeune femme cria pour être bien entendue par l'interlocuteur : « Oui, oui, Tonton, dis que tu es okay ! »

Comme bien souvent, c'est Michèle Duvalier qui a pris seule la décision. Pour le couple présidentiel, elle signifiait l'abdication, l'exil. Pour éviter de nouvelles convulsions, un autre bain de sang, déclarera-t-elle plus tard. Aussitôt, le président à vie adresse un message de détresse à l'ambassadeur américain, manière de lui indiquer qu'il est désormais bien décidé à abandonner le pouvoir. Il enregistre ensuite un message radiotélévisé à la nation pour expliquer son abdication. Dès lors on peut commencer à emballer les paquets...

De quelques biens mal acquis

En cette fin de journée du 7 février 1986, lorsque l'avion transportant Duvalier et sa suite entame son approche vers Grenoble-Saint Geoirs, il fait nuit. En bas, les collines et les montagnes sont couvertes de neige. Le Starlifter se pose à 21 h 25 heure locale.

A l'aéroport, l'accueil est glacial. Le comité est exclusivement constitué de fonctionnaires, de policiers et de douaniers. Aucun politique. Le seul représentant officiel est Jean Mingasson, préfet du département, qui – à haute et forte voix pour être bien entendu de tous – notifie à Jean-Claude Duvalier la décision du gouvernement de lui attribuer une autorisation de séjour provisoire « à titre humanitaire ». Loin des yeux, des caméras et des appareils photo des journalistes parqués à l'écart, les douaniers entreprennent sans façon la fouille des bagages du clan Duvalier. Les gabelous veulent s'intéresser aux sacs à main, le préfet les en dissuade. Aussi Michèle pourra-t-elle conserver tous les bijoux qu'elle a pu emporter. En revanche, une malle est ouverte. Un inventaire soigneux permet d'y trouver des dizaines de boîtes en or, en argent, un portrait de Bébé Doc en président à vie. Dans la serviette de l'ex-président, 500 000 dollars en billets : 100 000 d'entre eux sont provisoirement placés sous séquestre afin de servir de caution pour le paiement éventuel de droits de douane. Dans les valises des hommes, quelques armes aussitôt confisquées.

Vient le tour de Maman Simone. Un douanier l'interroge poliment.

« Puis-je savoir, Madame, si vous avez de l'argent dans votre sac à main? » Et la veuve de François Duvalier de répondre sans hésiter : « De l'argent? Mais non je n'en ai pas, mon argent est en Suisse, naturellement! »

Est-il utile de préciser que Simone Duvalier ne plaisante pas? Elle n'est d'ailleurs pas la seule à posséder de l'argent en Suisse : tous les membres du clan sont alors dans la même situation.

Certes, Bébé Doc a dû quitter Haïti dans la précipitation. Des rumeurs ont fait état d'un mystérieux avion-cargo d'Haïti Air (une compagnie appartenant à Ernest Benett, le père de Michèle) qui aurait pu transporter clandestinement en France des meubles et des voitures pour le clan; nul ne sait où il a atterri. La vérité est que cet avion n'a jamais assuré une telle mission, on peut même préciser que quelques jours avant l'abdication, la famille a tenté d'affréter un appareil américain. En vain... Toutefois, le désormais ex-président à vie possède encore assez de biens pour envisager avec optimisme le long exil qui l'attend.

Quarante ans plus tôt, lors de son accession au pouvoir, François Duvalier ne possédait pas un liard. Quant au capital dont dispose Bébé Doc, il ne saurait être justifié par les salaires présidentiels du père et du fils : ils ne dépassaient pas un montant annuel de 250 000 gourdes, la monnaie locale [8].

La fortune Duvalier était déjà faite sous le règne de Papa Doc, mais le vieux médecin avait su raison garder, une raison à la mesure de cette pauvreté d'Haïti qui l'affectait tant. Son principal souci était de constituer une dot décente pour ses enfants.

A son arrivée au pouvoir, Jean-Claude ne manifeste pas la même « modération ». Exploitation, corruption, népotisme, il n'y aura pas pour lui de mauvais moyen pour grapiller quelques gourdes, ou plutôt des dollars. Un exemple célèbre : chaque sac de farine sorti des Minoteries d'Haïti est assujetti à une taxe présidentielle privée de 93 cents US. Profit : 2,5 millions de dollars par an (environ 12 millions de francs) [9]. Comble de raffinement : le conseil d'administration des Minoteries a lui-même « proposé » et voté cette mesure. De même, pour chaque livre de sucre, pour chaque sac de ciment. Il y a aussi des prélèvements en pourcentages sur les salaires de certaines entreprises publiques : 3 % sur l'Office d'assurances des automobiles, 6 % sur les salaires de la Sécurité sociale. Mieux : en raison de ses fonctions, le président dispose statutairement d'une importante caisse noire alimentée par le Trésor public. Il ne manque pas d'en faire un usage personnel abondant. A l'occasion, on puise directement dans les caisses de la Banque de la République d'Haïti (BRH) sous des prétextes divers, et sur des comptes parfois surprenants : ainsi le budget des Forces armées est-il souvent sollicité par le clan. Les membres d'une commission d'enquête ont repéré 414 000 dollars de chèques en blanc tirés sur ces comptes. En tout, une vingtaine de comptes à numéro ouverts à la BRH sont, d'une manière ou d'une autre, alimentés par le Trésor à hauteur de 2 millions de dollars chaque mois.

Officiellement, les principaux destinataires de ces ponctions sont les « œuvres sociales » : L'Œuvre de la Gardienne de la révolution (Maman Simone), l'Œuvre du président à vie, et, naturellement, l'Œuvre de la Première Dame de la République, c'est-à-dire de la « présidente » (cette fondation a pour objet principal la gestion de l'hôpital pédiatrique de Bon repos). En fait, les chèques n'ont jamais été déposés ailleurs que sur le compte personnel de Michèle Benett. Détail curieux : une perquisition menée dans cet hôpital pédiatrique après le départ du dictateur a permis de découvrir 100 kg de cocaïne dans une armoire !

Le secrétariat d'État aux Finances est parfois contraint de biaiser avec les appétits présidentiels, ce qui éclaire un épisode jusqu'à ce jour faussement interprété. Le 25 août 1983, le ministre Franz Merceron adresse un virement sur le compte de Michèle [10] d'un montant de 284 617,75 dollars, virement accompagné d'une lettre où Merceron précise : « Cette disposition annule le solde débiteur qui existait sur ce compte. » En apparence, il s'agit de combler passagèrement un gros trou dans les finances de la « présidente ». Ce qui serait en soi déjà scandaleux. La réalité est plus significative des pratiques duvaliéristes. Au début des années quatre-vingts, le ministère des Finances avait entrepris d'appliquer un plan de réforme négocié avec le Fonds monétaire international. Une des dispositions prévoyait de diminuer de façon importante les liquidités disponibles dans les banques pour lutter contre l'inflation. Or, alimentés par le racket sur les Œuvres, les comptes contrôlés par la « présidente » à vie à la Banque nationale du Crédit présentaient précisément un excédent de 4 millions de dollars, somme très importante pour un pays aussi pauvre : c'était la cassette dans laquelle puisait Michèle Benett pour ses petits besoins... Le secrétaire d'État aux Finances ordonne à la BNC de virer ces quatre millions à la Banque centrale pour éponger ses liquidités. Du coup, Michèle se trouve sans ressources. Qu'importe, elle continue à tirer sans mesure. Son découvert atteint bientôt dix fois le niveau autorisé. Mais le président de la BNC, Édouard Racine, n'ose lui refuser ces facilités qui sont en fait des crédits déguisés. Une politique naturellement contraire au « programme d'ajustement monétaire » négocié avec le FMI. Nouvelle injonction du ministère des Finances, fureur de Michèle Benett qui proclame : « Je suis obligée d'avoir ces découverts puisqu'on m'a volé mon argent en le donnant à la banque centrale. »

Michèle Benett en arroseur arrosé, un comble ! On négocie, et finalement, un accord est trouvé : le ministère des Finances accepte de débloquer une petite partie des fonds gelés à la Banque centrale, à condition que la « présidente » renonce à ses découverts. Pour une fois, l'histoire est morale : le gel des 4 millions de dollars a permis de les sauver des griffes présidentielles [11].

Le pillage prend parfois un aspect grotesque : les autorités haïtiennes prélèvent aussi 40 % des enjeux de la loterie nationale, 40 % dont la moitié revient au clan. Mais, constatant que les billets de la loterie officielle ne se vendent pas assez bien, les Duvalier reprennent à leur compte la loterie clandestine, la Borlette, pour améliorer le rendement. Ainsi les pillards officiels n'hésitent-ils pas à se concurrencer eux-mêmes pour mieux ponctionner la population. Et on ne perd jamais de vue les intérêts familiaux : la direction de la loterie est confiée à la sœur de Michèle, Mme Thiesfeld, née Joan Benett.

La zafra *et les* braceros

Une autre affaire en dit long sur les médiocres moyens utilisés pour faire fortune à tout prix. Au cours des années trente, les grandes compagnies américaines – en particulier la Gulf & Western – ont développé à Saint-Domingue d'immenses plantations de canne à sucre. Mais comme la population dominicaine a toujours été relativement faible, les gérants se sont tournés vers Haïti où les ouvriers agricoles étaient alors nombreux et bon marché : c'est ainsi que les premiers braceros haïtiens ont été importés pour les campagnes de récolte de la canne.

Jusqu'à la Seconde Guerre mondiale, le flux et le reflux a été régulier. La tragédie de 1937 a momentanément interrompu le mouvement. Mais l'importation d'ouvriers a très vite repris, car les besoins de main-d'œuvre étaient trop pressants.

Dans les années cinquante, un nouveau contrat prévoyant l'envoi sur les plantations dominicaines de 19 000 travailleurs haïtiens chaque année est conclu. En contrepartie, une redevance annuelle révisée tous les quatre ans. En 1984, le montant de ce versement était de 2,6 millions de dollars, soit 137 dollars par tête.

Très vite, quelques membres de l'élite haïtienne ont détourné à leur profit une partie des paies rapatriées. Puis, non contents de racketter les *braceros* [12], ils ont entrepris de les vendre comme du bétail, certains de ces trafiquants de main-d'œuvre, les *buscones*, se bâtissant ainsi de véritables fortunes. Quand Papa Doc parvient au pouvoir, il utilise ce travers pour plier à sa loi les bourgeois haïtiens, les faisant chanter après les avoir laissé étrangler financièrement par les *braceros*. Quitte à l'occasion à condamner sévèrement quelques riches pour faire sentir sa force.

Papa Doc disparu, son fils n'a pas eu ce scrupule : il s'est purement et simplement approprié le bénéfice de l'accord avec la République dominicaine ! « En fait, raconte un témoin de l'affaire, l'argent n'est jamais rentré dans les caisses de l'État. L'indemnité était versée chaque année en liquide. Un rendez-vous était pris sur un petit aéroport clandestin non loin de la frontière, un avion léger de la CEA (Compagnie locale) amenait l'émissaire dominicain qui convoyait la valise. Il rencontrait le représentant de Bébé Doc. La somme était divisée en deux, une moitié rentrait à Saint-Domingue, et la seconde partait directement dans les comptes du président Duvalier. Si je vous le raconte, c'est que j'ai assisté à l'une de ces transactions clandestines. »

Le journaliste haïtien de Miami Marcus Garcia considère cette version des faits comme trop romanesque : « Je crois que la réalité était beaucoup plus triviale. Entre le gouvernement Duvalier et celui de la République dominicaine, les choses se passaient de manière beaucoup plus simple. C'était bien la vente des travailleurs haïtiens, mais camouflée en contrat, un contrat officiel qui stipulait que tant d'argent viendrait en Haïti... Quand Duvalier est parti, on a dit qu'il avait reçu deux millions de dollars du gouvernement Balaguer, et ce n'était qu'une avance sur la prochaine *zafra*, la prochaine récolte. La *zafra* a été un poison instillé par les États-Unis. »

L'accord paraît avoir été strictement appliqué durant quatorze ans, jusqu'à la chute de Jean-Claude, et même probablement bien après [13].

Quel enrichissement?

Peut-on évaluer les rentrées financières « illicites » des Duvalier? Un expert haïtien estime que 2 à 2,5 millions de francs étaient versés chaque mois sur les comptes présidentiels, à des titres divers (liste civile, œuvres sociales), ou sans justification. La caisse noire pouvait s'accroître de 700 000 dollars mensuels, sans aucun contrôle, alors qu'officiellement, le salaire de Duvalier était de 2 000 dollars par mois. Pour bien mesurer l'ampleur des prélèvements, il faut les comparer au montant total du budget de la république : 200 millions de dollars. Et rappeler le revenu *annuel* moyen par habitant : 130 dollars.

Dans un si petit pays, aux ressources aussi modestes, à quoi les Duvalier et consorts peuvent-ils bien consacrer les énormes sommes coulant entre leurs mains? Michèle a toujours affirmé, et elle l'affirme encore aujourd'hui, que ces ressources ont pour l'essentiel été reversées aux œuvres sociales. Se prenant pour l'ex-présidente argentine Evita Peron, elle s'est en quelque sorte érigée en bonne fée, la mère de la sécurité sociale.

Retenez cette justification qu'on retrouve exprimée avec plus ou moins de bonheur chez tous les petits « kleptocrates » du monde. Michèle a en outre l'honnêteté – très relative – de reconnaître qu'elle considérait le luxe étalé par la « présidente » et la présidence comme un élément essentiel du prestige de son pays.

Il n'en reste pas moins que ces curieuses œuvres sociales ont de non moins étranges destinations. Elles financent, par exemple, la garde-robe présidentielle, quelques fêtes fastueuses, la décoration du palais présidentiel de Port-au-Prince estimée par Michèle Benett elle-même à 4,3 millions de dollars, soit 800 000 dollars pour la construction et 3,5 millions de dollars pour la seule décoration... Le maître-d'œuvre est un Français. Un élément supplémentaire pour apprécier les dépenses : Michèle fait venir des fleurs des États-Unis pour enjoliver le palais. Dépense hebdomadaire : 25 000 dollars.

Fou de voitures, Jean-Claude s'est constitué un somptueux parc automobile personnel. Valeur : 4,2 millions de dollars. Une Rolls-Royce, deux Mercedes, deux BMW, une Maserati, deux Range Rover, une VTT Mercedes. Et puis il y a les véhicules de travail pour les dix propriétés réparties dans l'île d'Haïti, soit un nouveau total estimé à 12 millions de dollars! On n'oubliera pas, au passage, les quatorze manteaux de vison dont on se demande à quoi ils servent dans une île au climat très nettement tropical... L'énumération risque d'être fastidieuse : c'est Michèle Benett elle-même qui a établi de mémoire cet inventaire alors qu'elle se trouvait déjà en exil en France [14].

Les Duvalier possèdent en outre à Miami une grosse vedette rapide et un yacht, le *Niki*, qu'ils ont d'ailleurs réussi à mettre à l'abri par une vente sans doute fictive quelques jours après les événements de février.

Sortir l'argent du pays

De l'aveu même de Michèle, dont on ne saurait trop louer le goût des listes, les Duvalier possédaient à Haïti au moins 20 millions de dollars. Le père de Michèle, Ernest, a pour sa part construit un petit empire commercial : une société d'import-export accusée, à l'occasion, de vendre du pétrole aux Sud-Africains en plein embargo [15], la concession de plusieurs marques automobiles pour l'île, BMW, Lada, Polski, les voitures de location Herz, la compagnie de cargos aériens Air

Haïti. Ernest Benett a ménagé ses arrières en achetant trois appartements à New York.

Auguste Douyon, l'ancien secrétaire particulier, qui a épousé une nièce du dictateur dominicain Trujillo, collectionne pour sa part des tableaux naïfs haïtiens, extrêmement cotés sur le marché.

Le décorateur occupe l'appartement de la Trump Tower. Il s'est vu attribuer pour ses prestations 28,6 millions de dollars d'honoraires. Le voilà propriétaire d'un appartement dans le quartier le plus huppé de New York, Upper East side.

Le lieutenant-colonel Max Dominique, ex-époux de Marie-Denise (une sœur de Jean-Claude), et ami de Simone (une autre sœur de l'ex-dictateur) a acheté aux Duvalier le « pied à terre » familial du 56, avenue Foch à Paris : 200 m^2 en rez-de-jardin. L'acquisition a été réalisée grâce à des fonds en provenance de l'étranger. Le bien a été revendu 40 millions de francs en 1991.

Marie-Denise Duvalier, l'ex-épouse de Max, se console avec son appartement de Neuilly. Quant à Maman Simone, elle est propriétaire d'un 240 m^2 dans le XVIe arrondissement. Une sœur Duvalier possède encore un autre appartement à Neuilly. Comme la plupart des dictateurs, les Duvalier ont un goût prononcé pour l'immobilier de luxe dans les meilleurs quartiers des grandes métropoles. A l'occasion, ils savent aussi apprécier les charmes de la vie bucolique...

En 1984, le « couple présidentiel » se rend ainsi propriétaire d'un château, à Théméricourt, dans l'Oise, au nord de Paris. Pour une fois, on connaît parfaitement les conditions de la transaction menée grâce aux bons soins du décorateur et d'un avocat franco-suisse.

D'une assez médiocre facture, ce manoir apparaît plutôt comme une « maison de maître » bâtie en bordure du village au XIXe siècle. Mais les Duvalier vont la payer 12 millions de francs. Et curieusement, alors que la fortune du couple n'est quand même pas négligeable, Jean-Claude et Michèle décident, comme tout un chacun, de recourir au crédit.

Seulement, ce crédit-là est un peu particulier : d'un montant de 2 814 000 francs... suisses sur une durée de cinq ans, il a été accordé... par une banque helvétique, avec laquelle les Duvalier n'ont jamais entretenu le moindre rapport d'affaires. Selon nos informations, la banque prêteuse aurait vu son prêt aussitôt compensé par un virement provenant d'une autre banque suisse. On l'aura compris, cette double opération constitue l'une des méthodes les plus classiques pour masquer l'origine de fonds quelque peu douteux. En clair, pour blanchir de l'argent. C'est un haut fonctionnaire français qui informe de cette transaction le gouvernement haïtien, en précisant que le président s'est fait rouler. Il a, en effet, payé la demeure au moins le double de ce qu'elle valait. Où est passée la différence? Dans la poche d'intermédiaires? Autrement dit, Bébé Doc aurait été proprement escroqué. Pour la première fois, mais pas la dernière.

Michèle voulait peut-être finir ses jours à Théméricourt. A peine en possession de la demeure, elle demande à Sambour de la remodeler en totalité. Tout l'intérieur est détruit. Mais rien ne pourra être rebâti, l'Histoire n'en a pas laissé le temps. Et c'est dans cet état de délabrement qu'est resté le « château » durant huit ans.

Quant à l'argent liquide accumulé par les Duvalier et leurs amis à Haïti, il est habilement déposé dans de multiples comptes répartis dans de nombreux pays et d'innombrables banques. Pratiquement tout le gotha de la finance y passe : la Chase Manhattan, mais aussi la BNP Jersey, Irving Trust à New York, la BCCI à Cannes, la Banque Franco-Portugaise à Paris, la Barclay's à Londres, l'Union de banques suisses à Genève, la Royal Bank of Canada à Montréal. De quoi étourdir le plus endurci des géographes comme, bien sûr, les plus perspicaces des financiers internationaux. Les noms des Duvalier ou de leurs partisans n'apparaissent jamais; les titulaires des comptes et les propriétaires des biens sont toujours des sociétés fantomatiques enregistrées à Panama ou aux Antilles néerlandaises, gérées par des avocats d'affaires à Genève ou Jersey [16].

La rumeur avance des chiffres faramineux pour évaluer la fortune accumulée par les Duvalier : 900 millions de dollars, dit-on, dont 300 millions de dollars en Suisse. Affirmant que sa fortune est le fruit d'économies bien gérées, Jean-Claude a, de son côté, indiqué en 1987 que le montant était bien inférieur à 100 millions de dollars [17].

Les autorités haïtiennes croient avoir une idée un peu plus précise, car, dès le renversement du couple dictatorial, le

Conseil national de gouvernement dirigé par le général Henry Namphy fait saisir à la Banque de la République d'Haïti, et dans les sociétés d'État, tous les documents utiles. C'est grâce à ces documents que les capitaux en fuite ont été grossièrement évalués à 120 millions de dollars : « Malheureusement, observe un analyste des affaires haïtiennes, les 120 millions de dollars qui ont été prouvés ne sont pas ceux qui ont été pris ! J'estime que sur quinze ans, 500 à 600 millions de dollars ont été mis à l'abri, notamment lors de transactions avec l'étranger. Grosso modo, ces fonds seraient ainsi répartis : achats d'armes, 100 millions de dollars ; financement des services secrets, 100 millions de dollars ; dons à des " amis ", 100 millions de dollars ; les Duvalier eux-mêmes, 100 millions de dollars. »

Ces fonds privés n'auraient pas seulement servi à rendre la vie belle à Michèle Duvalier. Ils auraient permis, affirment les Duvaliéristes, d'assumer d'assez nombreuses dépenses clandestines : payer quelques espions, contribuer à des actions secrètes menées par exemple par les Américains dans le cadre de la lutte contre le régime sandiniste au Nicaragua [18]. Ces fonds privés auraient même financé la promotion d'Haïti dans le monde. Un argument qu'il faut décrypter : l'épouse de tel secrétaire d'État américain se serait vu remettre de somptueux bijoux (valeur 150 000 dollars) en cadeau d'amitié.

Mieux, toujours pour faciliter la promotion d'Haïti, un certain nombre de personnalités étrangères auraient bénéficié de rentes régulières. Et pour que l'on ne risque pas d'oublier l'une ou l'autre de ces personnalités dans la distribution, elles auraient été couchées sur une liste entretenue par le secrétaire d'État à l'information, Jean-Marie Chanoine.

La liste Chanoine : un répertoire de cinq cents noms caché quelque part dans un coffre parisien, document qui fait encore peur car ceux qu'il concerne ne tiennent pas du tout à voir dévoilées leurs amitiés haïtiennes. Il n'est pas exclu qu'elle puisse sortir de sa cachette. Sauveur Vaisse l'a évoqué en 1987, à l'issue d'une audience judiciaire à Grasse. Il a expliqué aux journalistes présents qu'il pourrait appeler « en cause tous ceux qui ont bénéficié des largesses de la République d'Haïti ».

Certains silences suspects ne s'expliquent pas autrement. Il y avait donc d'énormes enjeux. Même si, d'emblée, il était évident que tous les fonds ne seraient pas récupérables. Dès la chute du régime Duvalier, en février 1986, le gouvernement du général Namphy lance la « pêche au gros » pour ramasser au moins quelques miettes.

En attendant cet assaut principal, le séjour en France des Duvalier soulève quelques remous.

De quelques « persécutions »

D'aucuns qualifieront même ces remous de « persécutions ». En fait les mois qui suivent l'installation en France s'apparentent pour le clan Duvalier à une sorte de mini-guérilla qui a pour objet d'obtenir une certaine tranquillité d'esprit, mais aussi la reconnaissance d'un statut convenable.

Les journalistes avaient été écartés du spectacle de l'arrivée à l'aéroport? Ils vont se rattraper. Mystérieusement avertie, la meute des reporters de télé et la horde des paparazzi s'est ruée vers l'Abbaye de Talloires, un somptueux quatre étoiles dans le genre « Relais et châteaux » installé dans un ancien couvent bénédictin au bord du lac d'Annecy. C'est sous une haie d'honneur de flashes et de caméras que le convoi Duvalier, fortement escorté de gendarmes et de policiers, parvient sur les lieux de « villégiature » au milieu de la nuit. Alors ambassadeur d'Haïti auprès de l'UNESCO, Franz Merceron conduit lui-même la voiture. Et lorsque les photographes sont éloignés, il doit aider Jean-Claude à sortir de la voiture : le président déchu a 25 de tension!

Cinq chambres sont réservées pour le couple et sa suite, à raison de 30 000 francs par jour. Pour des raisons de sécurité, l'hôtelier ne peut accepter aucun autre client. Qui d'ailleurs pourrait avoir envie de s'installer là, en plein hiver, au milieu de quatre-vingt-cinq policiers, dont sept inspecteurs des RG et des CRS, se relayant jour et nuit, autant pour prévenir toute velléité d'évasion que pour assurer la sécurité...

Quand Jean Tiffenat, le patron de l'hôtel, a accepté de recevoir « un chef d'État étranger » à la demande de la préfecture, il n'avait pas mesuré les conséquences. Certes, cet hôte encombrant règle rubis sur l'ongle : d'abord en liquide, grâce aux dollars emportés d'Haïti, puis tous les trois jours par chèque tiré sur une banque suisse. En revanche, les policiers ont une fâcheuse tendance à oublier de payer leur note de téléphone. Le séjour s'éternise. Tout le monde tombe malade : Jean-Claude souffre d'une crise de rhumatismes articulaires aiguë; les enfants sont grippés; s'affirmant totalement déprimée, Michèle refuse de sortir de son lit et de s'alimenter. En bref, l'aubaine tourne au cauchemar. L'hôtelier demande bientôt l'expulsion de ces clients et menace d'entamer une grève de la faim s'il n'obtient pas satisfaction...

Confusion et contradictions

Le brave homme peut-il concevoir qu'il est victime d'une affaire d'État? La perpétuation du séjour de Bébé Doc dans ses murs est le résultat du malentendu initial. La France ne saurait expulser Duvalier puisqu'elle a accepté au plus haut niveau d'accueillir l'exilé. Mais au sommet de l'État, tout le monde n'est pas d'accord. Au gouvernement, on nage même en pleine confusion. Ni Matignon, ni le Quai d'Orsay, ni la Place Beauvau ne parviennent à accorder leurs violons alors que Duvalier et ses conseillers sont convaincus que le gouvernement français a bel et bien offert l'asile politique à l'ex-président. Pour tenter de clarifier les choses, le 12 février, l'avocat Sauveur Vaisse adresse une lettre à Roland Dumas, ministre des Affaires étrangères. Il y indique que « les conditions de départ de Duvalier avaient laissé place à une large équivoque quant à la durée de son séjour en France et que M. Duvalier était persuadé qu'il pourrait rester durablement en France ». Le 13, nouvelle lettre de Sauveur Vaisse, au préfet de la Haute-Savoie cette fois, afin de présenter une demande d'enregistrement pour Bébé Doc et sa famille auprès de l'OFPRA, l'Office français pour les réfugiés et apatrides qui gère l'asile politique.

Le ministre de l'Intérieur, Pierre Joxe, juge inadmissible que Duvalier puisse séjourner en France. Furieux, il prend le 14 février un arrêté d'expulsion « pour urgence absolue en raison de menaces particulièrement graves pour la sécurité publique » à l'encontre de Jean-Claude Duvalier. Quatre places sont réservées pour Bébé Doc et sa petite famille sur un vol Air France à destination de New York le 16 février, le transfert depuis Talloires devant être assuré par un avion du GLAM (Groupe de liaison aérienne ministérielle). Cette expulsion ne sera jamais exécutée. Ni même signifiée, d'ailleurs!

Quant à la demande d'asile politique, elle ne peut être prise en compte, car un ancien chef d'État, surtout d'un État mal vu par les défenseurs des droits de l'homme, est rarement admis à bénéficier de ce statut. En revanche, il existe dans la pratique gouvernementale française une autre sorte d'asile. Cet asile ne relève pas du droit, il ne garantit aucun droit, il est révocable à tout moment : c'est l'asile régalien, qui ne peut être décidé qu'au plus haut niveau de l'État, sans forme juridique, sans motivation, et donc sans décision écrite. Ce sera désormais le nouveau « statut » dont bénéficieront Duvalier et ses proches. Pour que les choses soient bien claires, le « Château » – c'est-à-dire l'Élysée – a certainement rappelé à l'ordre le ministre de l'Intérieur... Le 17 février, l'arrêté d'expulsion « en urgence absolue » est complété par un arrêté d'assignation à résidence à l'Abbaye de Talloires. Deux décisions successives et, bien sûr, parfaitement contradictoires. Bébé Doc ne veut pas se contenter de cette ambiguïté bien qu'elle lui soit tout à fait profitable. Il se considère comme prisonnier et n'hésite ni à attaquer en référé Roland Dumas et Pierre Joxe pour... voie de fait et séquestration arbitraire, ni à demander l'annulation des arrêtés d'expulsion et d'assignation à résidence.

Dans la chasse au trésor que vont bientôt entreprendre les Haïtiens, à quoi rime ce petit ballet judiciaire? Simplement à assurer une protection minimale à l'hôte de la France, même si on continue à le considérer comme indésirable ici et là.

On s'en rend compte dès que, passées les premières émotions, la situation se normalise. La vie de château coûte quand même un peu cher – la facture totale atteint le million de francs pour moins d'un mois. Les Duvalier veulent s'installer mieux puisque le séjour s'annonce beaucoup plus long que « prévu » malgré une demande d'extradition présentée par les autorités haïtiennes le 27 février. Ils entendent vivre dans un pays où le climat serait plus favorable à leur délicate santé d'enfants des îles tropicales. Les recherches sont rondement menées : le 7 mars, deux motards de la gendarmerie, deux limousines Renault R25, deux Espace, s'engouffrent dans le chemin des Canebiers, quartier des Aspres à Grasse, puis sous le porche de la La Tourillière : cette villa de dix pièces, avec parc et piscine, appartient à l'avocat hollandais Hubertus Nijssen qui la loue 40 000 francs par mois. Autour de la maison, l'inévitable compagnie de CRS pour assurer la protection.

Les habitants de la Cité des parfums ne semblent guère apprécier cette présence. Certains la considèrent même comme inopportune et ils le font vivement savoir au maire Hervé de Fontmichel, qui réagit tout aussi négativement. Marqué très à droite, le maire ne manque pas de profiter de la proximité des législatives pour manifester haut et fort sa désapprobation. Malgré un loyer somptueux, le propriétaire ne trouve pas plus à son goût cet occupant dont l'identité ne lui a pas tout de suite été révélée. Pour bien enfoncer le clou, le préfet des Alpes-Maritimes rappelle à Jean-Claude que l'arrêté d'expulsion est toujours valable, qu'il sera chassé de France dès qu'on aura trouvé un pays d'accueil... En bref, la persécution semble se perpétuer.

Duvalier n'en a cure, il est d'autant plus tranquille que, depuis le 10 avril, son arrêté d'expulsion a été annulé dans des termes sévères par le Tribunal administratif de Grenoble, qui explique dans ses attendus : « L'expulsion d'un étranger du territoire français ne peut être prononcée que si sa présence sur ce territoire constitue une menace grave pour l'ordre public, laquelle ne saurait être établie par une simple affirmation, non assortie de faits précis. »

Désormais, la greffe Duvalier peut prendre en terre provençale. L'intendant bat la campagne. Fin mai, il trouve le lieu rêvé : une villa au Val de Mougins, au-dessus de Cannes. Bien protégé de la vue par de hautes grilles et des haies, le grand jardin s'étale en bordure de l'autoroute. Certes, la maison n'est pas un palais, elle n'a rien d'extraordinaire, bien que le loyer grimpe cette fois à 70 000 francs au lieu des 40 000 francs de Grasse. Mais le propriétaire ne devrait pas poser de problème : il s'agit de Emad Khashoggi.

Tout le monde connaît le célébrissime marchand d'armes

saoudien Adnan Kashoggi. Emad est son neveu, fils du frère aîné Adil Kashoggi, plus discret, mais qui passe pour beaucoup plus riche encore. Inévitablement, Jean-Claude et les siens se voient notifier un arrêté d'assignation à résidence, mais pour tout le territoire des Alpes-Maritimes. Seule contrainte : l'ancien dictateur doit accepter la visite régulière des gendarmes chargés de vérifier qu'il réside bien toujours là.

Pour les Duvalier, commence une période de rêve, et peut-être même de vrai bonheur pour Jean-Claude. Enfin débarrassé de la charge du pouvoir qui pesait tant sur ses épaules, il peut se livrer à ses activités favorites : la paresse, la gourmandise, qu'il pratique assidûment dans les meilleurs restaurants du coin, Le Moulin à Mougins par exemple; la vie de famille avec une femme adorée et deux charmants enfants qui grandissent loin des tracas du monde et des dangers d'Haïti. Dans l'une de ses somptueuses voitures, Bébé Doc parcourt les routes de l'arrière-pays, tandis qu'avec un zèle très apprécié des commerçants cannois, Michèle reconstitue sa garde-robe et son intérieur au cours de fréquentes descentes rue d'Antibes à Cannes, et lors de raids à Paris. Ceux-ci sont plus rares, tolérés par la police, mais fracassants quant à l'ampleur des achats.

Voici par exemple le résultat d'une visite chez le couturier Givenchy en novembre : vingt-trois articles, dont quatre tailleurs, huit robes, des blouses, des gants, des ceintures : 837 027 francs. Quinze jours plus tard, nouvelle vague d'emplettes pour 136 590 francs [19]. La plus grosse part de ces dépenses est réglée par virement, à partir de la banque Barclay's de Londres. On verra plus loin que c'est précisément ces mouvements bancaires qui ont permis aux enquêteurs de localiser le compte de Londres.

Quelquefois, Jean-Claude suit sa femme. Ironie involontaire, le couple descend dans son hôtel habituel, le Bristol, à proximité immédiate du ministère de l'Intérieur : Bébé Doc règle une note de 24 322,70 francs au Bristol le 14 janvier 1988! Pour ce séjour très bref, il a pris 10 000 francs d'argent de poche, et le 13, il a dépensé 4 300 francs au restaurant. Un mois plus tôt, Michèle a établi sa liste de courses de Noël sur un carnet de « mémos » à en-tête de l'hôtel.

Rappelons-nous que, en théorie, les Duvalier ont tout perdu

en quittant Haïti et ne bénéficient d'aucun revenu connu. Mais par la vertu de quelque miracle vaudou, l'argent coule à flots dans la villa Mohamedia que leur a louée Emad Kashoggi. La prison est vraiment dorée. Juste un détail : du loyer au moindre des achats en passant par les honoraires et les pourboires au jardinier, tout est dépensé en liquide. Pas de chèque, pas de carte de crédit, pas de trace.

Mais le choix de Mougins vaut à l'ex-dictateur d'entrer dans le ressort du tribunal de grande instance de Grasse, où officie Jean-Paul Renard, un premier juge d'instruction à la fois prudent, tenace et passionné par les affaires de gros sous qui, grâce à Duvalier, puis plus tard à Adnan Khashoggi, vont tomber dans ses dossiers.

Est-ce pour cette raison qu'en cette fin de printemps 1987, Duvalier tente, par l'intermédiaire de son collaborateur Gonzales et d'un avocat parisien, la négociation d'un éventuel déménagement à Monaco? Sollicitées, les autorités monégasques indiquent que les étrangers bénéficiant d'un titre de séjour français peuvent circuler à Monaco sans problème en vertu de la convention de voisinage franco-monégasque. L'avocat en tire une conclusion plutôt hâtive en écrivant : « Le ministre d'État de Monaco considère que l'abrogation des arrêtés d'expulsion et d'assignation à résidence équivaut à un titre de séjour de fait. »

Ainsi, l'asile régalien français aurait trouvé sa consécration juridique par le biais d'une réponse administrative lapidaire émise par les autorités d'un État souverain étranger! Joli tour de passe-passe.

En fait, sept ans après leur arrivée en France, ni Jean-Claude Duvalier ni ses proches ne seront titulaires du moindre titre de séjour régulier.

Mais sur leur terre natale, on ne les a pas oubliés...

La pêche au gros

Le gouvernement haïtien annonce, dès le 19 février, la nationalisation des biens de l'ancien président Duvalier à dater du

18, une nationalisation d'ailleurs applicable rétroactivement, en particulier aux biens vendus dans les six mois précédents.

Ce pays est maudit. Il n'a jamais été capable d'assurer une transition démocratique normale, et chaque révolution, coup d'État ou autre pronunciamento a été immédiatement suivi d'une course au trésor afin de prouver que le « tyran abattu » n'était qu'un corrompu assoiffé de biens. « La manière dont M. Duvalier et ses proches, parents ou collaborateurs, ont été traités par les pouvoirs qui leur ont succédé, est une constante absolue dans l'histoire de la politique haïtienne. Le cycle est le même dans presque tous les cas de changement de présidence : exil ou assassinat, commission d'enquête ad hoc, destruction, saisie et/ou nationalisation des biens, poursuite judiciaire et procès... puis après quelques années, retour d'exil, réhabilitation ou oubli, restitution des biens, retour actif à la vie politique des criminels d'hier. La politique haïtienne est sauvage, et, en général, totalement imprévisible pour qui ne connaît pas bien l'histoire fascinante de ce petit pays complexe [20]. »

L'auteur de ces lignes est expert en la matière : ancien ministre de Jean-Claude, et qui plus est ministre des Finances, chassé du gouvernement parce que, selon lui, il ne cédait pas assez vite aux caprices du couple présidentiel, Franz Merceron a été lui-même poursuivi en restitution par l'État haïtien avant que celui-ci n'abandonne les poursuites par ordonnance. Et Sauveur Vaisse, l'avocat de Jean-Claude, de surenchérir : « C'est un pays qui est passé directement de l'esclavage à l'indépendance, sans apprentissage. La culture haïtienne se caractérise par une imprégnation incroyable d'imaginaire, de fantasme, de délire... Fantasmagories enfantines. Les Haïtiens vivent dans le rêve et la magie. C'est dans ce contexte qu'il faut situer les poursuites pour retrouver le trésor de Duvalier. Il y a toujours des Haïtiens pour rechercher le trésor de Toussaint Louverture. »

C'est une constante de l'histoire tourmentée d'Haïti : à quelques très rares exceptions près, tous ses présidents ont été bannis, puis poursuivis pour « rendre gorge ». A commencer par Toussaint Louverture, le héros de l'Indépendance. Après avoir été vaincu par les troupes françaises, le premier président noir d'un pays noir libéré du colonialisme a été arrêté le 10 juin

1802 puis transféré à bord d'une frégate en France, où il a été enfermé au Fort de Joux, dans le Jura, jusqu'à ce que mort s'ensuive. Bonaparte était convaincu qu'avant sa défaite, Louverture avait réussi à enfouir dans les Mornes des Cahos le trésor public évalué par les Français à 33 millions de francs-or, soit à 6 millions de dollars-or, et par les marchands américains à 40 millions de dollars-or. C'était naturellement un fantasme, il n'y a jamais eu de trésor enterré. Le pauvre général-président aurait bien été incapable de le démontrer, il ne put que protester de son innocence [21]. Peu convaincu, l'empereur des Français imposa une rançon de 150 millions de francs-or (environ 6 milliards de francs) à la République d'Haïti pour compenser les pertes provoquées par l'indépendance. Finalement, Toussaint Louverture sera réhabilité. Mais ses successeurs seront l'objet des mêmes accusations, l'empereur Dessalines, le roi Christophe et les présidents Boyer, Soulouque, Geffrard, Salnave, Domingue, Canal, Salomon, Simon, Elie Lescot. Et le dernier en date juste avant l'accession au pouvoir de François Duvalier en 1957, le général-président Magloire. Même après le départ de Bébé Doc, Manigat, Avril, Mme Trouillot seront déclarés coupables et poursuivis.

Une bévue stratégique

Pour récupérer le magot, le conseil de gouvernement dirigé par le général Henry Namphy prend les grands moyens. Plutôt que de suivre la voie politique qui n'a pas été couronnée de succès dans l'affaire du shah d'Iran [22], les Haïtiens innovent en empruntant la voie judiciaire. Ils confient leur affaire à la filiale de Miami d'un gros cabinet d'avocats new-yorkais, Strook, Strook & Lavan. Les collaborateurs de Miami comprennent aussitôt que l'affaire les dépasse totalement par son ampleur géographique, le dossier remonte au siège de New York [23] qui prendra les principales décisions et déterminera la stratégie générale à suivre.

Hélas, un solide hiatus entre les cultures judiciaires anglo-saxonne et napoléonienne obère d'emblée cette nouvelle stratégie.

Deux options se présentaient : conforme à la tradition juridique française qui inspire la loi haïtienne, la première consistait à lancer contre Duvalier et les siens en Haïti des actions pénales, une condamnation entraînant d'une part des conséquences civiles (c'est-à-dire l'autorisation de saisir tous les biens des prévenus), d'autre part la possibilité d'obtenir l'exequatur du jugement dans tous les autres pays où des biens litigieux pourraient être saisis.

L'autre formule était beaucoup plus brutale, plus interventionniste aussi : elle consistait à exiger directement devant les tribunaux civils – français en particulier – la restitution des biens considérés comme détournés sur la base d'enquêtes à caractère plus administratif que judiciaire menées par le gouvernement d'Haïti. Cette solution s'inspire de la pratique judiciaire anglo-saxonne et c'est naturellement sur elle que s'arrêtent les juristes américains : ils ne se rendent pas compte qu'ainsi ils vont heurter de front la tradition et le système judiciaire français. Comment demander à une juridiction française de se prononcer dans une procédure intéressant un État souverain étranger, donc d'intervenir dans son fonctionnement interne?

Symptomatique est l'opinion de Curtis Mechling, le principal avocat américain engagé par les Haïtiens : « Les réactions du public à propos du sort des dictateurs déchus et de leurs biens changent profondément. Aussi loin que je puisse remonter, le cas haïtien est le premier effort consenti par les pays développés pour traquer les biens des dictateurs déposés, et pour les traquer d'une manière intelligente et systématique [24]. »

Les avocats ont projeté sur les autres pays le droit américain et sa pratique. La justice des États-Unis estime en effet qu'une certaine dose d'interventionnisme est acceptable dans les affaires d'autres pays, pourvu que cette entorse à la liberté d'autrui soit justifiée par la morale. Les faits vont prouver que les avocats américains ont commis une grosse bévue par méconnaissance du droit français. Plus tard, peu après son élection à la présidence, le 2 février 1991, le président (élu) d'Haïti, Jean-Bertrand Aristide, dénoncera avec véhémence comme « un mauvais conseil » cette voie choisie par les avocats américains.

En ce milieu d'année 1986, on n'a pas encore mesuré les dangers d'un malentendu qui ne relève pas simplement de l'argutie juridique. On est encore optimiste, convaincu que les Haïtiens récupéreront une partie de la fortune volée. D'abord il faut en reconstituer les éléments. Le cabinet Strook, Strook & Lavan prend alors une initiative originale : confier les investigations à une société spécialisée de New York, Kroll & Associates.

Le fondateur de cette société s'appelle Jules Kroll. C'est un ancien District Attorney adjoint de New York. Au début des années soixante-dix, alors qu'étaient lancées les premières grandes « OPA » qui allaient bouleverser les structures des multinationales, il a fait un constat décisif pour son avenir : tant les détectives privés traditionnels que les bureaux d'analyse financière sont totalement inadaptés au monde des affaires modernes en mouvement. Seuls des enquêteurs réunissant les qualités des meilleurs policiers et celles de l'élite des affaires peuvent mener à bien les investigations les plus complexes.

Abandonnant donc son bureau du Criminal District Court Building, et son football américain, Jules Kroll débauche les meilleurs éléments du FBI, de la CIA, des grands « Brokers » (les courtiers en actions), de l'université et du journalisme pour constituer une équipe hybride d'une rare efficacité. Depuis le petit salon sans table de travail qui lui sert de bureau, Kroll pilote ses limiers lancés dans le monde entier : on les rencontre à Hong Kong et à Londres, bien sûr, mais aussi dans les paradis fiscaux des Caraïbes ou en Suisse. Ils fouinent pour tenter de trouver l'argent de Duvalier, mais aussi pour réparer les désordres de l'économie polonaise, traquer les détournements commis par les apparatchiks soviétiques, et les fonds provenant de la corruption prêtée au président brésilien Fernando Collor, dont on a découvert qu'il possède un appartement à Paris, ou bien les investissement irakiens dans les industries sensibles américaines, britanniques ou françaises...

« Notre stratégie, m'explique Jules Kroll, consiste d'abord à explorer un champ très large. Nous recueillons le maximum d'informations, ensuite nous renversons la perspective pour examiner le cas particulier de sociétés. En multipliant les exemples, nous pouvons élaborer des scénarios afin d'imaginer comment ont été détournées les fortunes disparues. Nous sommes un pont, un instrument de communication. Parfois, les gouvernements préfèrent travailler directement, ils ne veulent pas de Kroll au milieu; parfois ils souhaitent des intermédiaires, ils nous confient les missions de recherche [25]. »

Au fil des années (et des réussites la plupart du temps ignorées même des spécialistes), Kroll & Ass. finit même par inquiéter les milieux spécialisés du contre-espionage qui suspectent cette société, comme les autres SPR (Sociétés privées de renseignement) d'origine anglo-saxonne, de travailler aussi pour les services de renseignement américains officiels. Et par conséquent, concentrent sur ces bureaux d'investigation une attention constante qui, à l'occasion, peut s'apparenter à de la surveillance [26]. Jules Kroll, ses associés et ses collaborateurs démentent avec la dernière vigueur. Ils font même remarquer que c'est pendant l'ère républicaine Reagan/Bush que la société a connu sa plus belle période de développement, alors que Kroll ne peut vraiment pas passer pour un soutien actif des républicains.

Quand les avocats de Strook, Strook & Lavan viennent proposer le dossier haïtien à Jules Kroll, celui-ci se trouve déjà à la tête d'un confortable réseau de huit agences réparties dans le monde, appuyées par des centaines d'informateurs. C'est cette meute qui va se lancer sur la piste de l'« Or des Duvalier ».

La présence de l'ex-dictateur en France exigeait le choix d'un avocat solide pour tenter d'obtenir que la justice française entre dans les vues américaines. L'homme désigné n'est pourtant pas un ténor du barreau, un de ces grands bretteurs des prétoires qui plaident plus souvent politique que droit... Ancien conseiller juridique, avec quelques confrères et amis, Jacques Salès a monté à Paris un cabinet exclusivement consacré au droit des affaires, énorme machine à la manière des grandes firmes juridiques américaines. Que vient-il donc faire dans cette galère? Bien des choses, si on considère que Jacques Salès est haïtien de naissance. Une caractéristique à peine visible sur la peau de cet homme grand et digne, l'air un peu triste; mais très perceptible dans le ton mesuré, parfois un peu précieux, de sa parole. L'avocat est clair : il n'a pas pris ce dossier pour le montant attendu des honoraires, mais parce qu'il y a trop de misère dans son pays natal, une misère qui l'a lui-même contraint à s'expatrier. Salès reconnaît très tranquillement qu'il aurait été capable d'investir toute sa fortune et toute sa réputation pour abattre Duvalier.

Pour éviter les excès dus à la passion, Salès ne prend pas lui-même le dossier en main, il le confie à l'un de ses plus brillants collaborateurs, que rien non plus ne destinait à entrer en guerre contre un dictateur : Yann Colin. Celui-ci, sous ses airs de joli garçon bien sympa, fines lunettes d'intellectuel et mèche sage, est un teigneux, un acharné, parfois véhément. Avec Salès, le jeune avocat consacrera des dizaines d'heures aux poursuites, avec d'autant plus de mérite que les autorités haïtiennes n'ont jamais été promptes à payer les honoraires et même à rembourser les frais. Aujourd'hui associé de Jacques Salès, Yann Colin reste un fervent partisan de la stratégie dure, à l'anglo-saxonne : « C'est vrai, plaide-t-il, que nous aurions pu traîner Duvalier devant la justice pénale haïtienne. Nous aurions sans aucun doute obtenu aussitôt une condamnation assortie d'une grosse peine. Mais il est non moins certain que nous n'aurions jamais pu décrocher l'exequatur [27], aucun pays occidental n'aurait accordé le moindre crédit au jugement. En outre, durant ce temps, les Duvalier auraient eu tout leur temps pour mettre leur argent à l'abri. Je persiste à affirmer que la stratégie choisie était la seule possible, il fallait poursuivre les Duvalier devant des tribunaux crédibles, la France, puisque l'ancien président avait trouvé asile dans notre pays [28]. »

En face, un personnage tout aussi brillant : Sauveur Vaisse, qui n'a jamais assuré une défense aussi complexe que celle de Duvalier. Ce professeur agrégé de droit arbore une cinquantaine prospère. L'œil bleu acier et le regard pénétrant, c'est un bel homme dur et d'allure hautaine, collier de barbe blanche, cheveux coupés ras. Il n'a pas l'allure raide des grands avocats conservateurs à l'américaine. On est surpris de découvrir son bureau dans un incroyable désordre plutôt insolite. Aux murs, quelques grandes et belles toiles fin XIXe, et, dans la minuscule entrée, trois peintures haïtiennes de toute beauté.

Il parle avec une franchise et une netteté inattendues, parfois même avec une surprenante brutalité. Tout comme Jacques Salès, Sauveur Vaisse est un avocat plus enclin à conseiller les conseils d'administration qu'à courir les prétoires. Sa pratique subtile du droit et sa finesse procédurale vont faire merveille en faveur de Jean-Claude Duvalier. Bébé Doc est depuis longtemps son client. Cependant, il se révélera à l'occasion aussi mauvais payeur que le gouvernement haïtien.

Voici les grands acteurs de la bataille juridique qui va s'étendre sur près de quatre ans. L'enjeu est toujours le même : faire rendre gorge au dictateur déchu et aux siens.

Des poursuites multiformes

Dès le 21 février 1986, Marcel Léger, ministre des Finances du Conseil national de gouvernement, indique que les autorités de Port-au-Prince ont engagé les procédures légales pour récupérer les biens détournés par Bébé Doc et les siens. Quelques semaines plus tard, le CNG constitue une commission d'enquête spéciale pour lancer des investigations dans les pays susceptibles d'abriter des fonds. Le 15 avril, une mission du CNG composée d'un secrétaire d'État à la Justice et d'un juriste se rend à Berne : elle obtient le gel des avoirs de Duvalier en Suisse en vertu de l'article 18 de la loi fédérale sur l'entraide judiciaire internationale, motivé par des détournements de fonds. Le Conseil fédéral helvétique fait nommer des juges d'instruction dans six cantons. On sait que dans les cantons de Vaud et de Berne, les recherches ont été négatives. Pour le reste, la Confédération refuse d'indiquer quels montants ont été bloqués. Il est admis par les experts que les sommes gelées pourraient atteindre 300 millions de dollars.

Le 12 juin, arrivée à Paris d'une nouvelle délégation gouvernementale haïtienne. Elle est constituée des ministres des Affaires étrangères, de la Justice et de l'Éducation nationale. Les chiffres avancés par cette nouvelle équipe sont moindres puisqu'on estime cette fois que c'est la totalité des avoirs à l'étranger qui atteindrait 300 millions de dollars.

A la requête des Haïtiens, les tribunaux français prennent

une série de mesures conservatoires, notamment en imposant des hypothèques sur les biens immobiliers à hauteur de 28 millions de francs, et une saisie-arrêt dans une dizaine de banques, à hauteur de 120 millions de francs. Mais on n'est sûr que de... 500 000 francs. Ces mesures ne peuvent prendre effet qu'après le dépôt d'une caution : les avocats auront le plus grand mal à obtenir des autorités haïtiennes son versement.

Le 20 juillet 1986, parvient enfin au ministère des Affaires étrangères une commission rogatoire internationale [29]. Sur plainte, entre autres, du Trésor public haïtien, cette CRI vise Duvalier et quarante et une personnes. Ce document était attendu depuis longtemps, parce que lui seul devait permettre à la France d'agir au plan pénal, et en particulier de confier à un juge d'instruction de Grasse le soin de mener des investigations approfondies. Cette fois, la fortune est évaluée à... 700 millions de dollars ! La cohérence n'est pas vraiment le fort des juristes haïtiens.

De leur côté, les Américains ne restent pas inactifs : les enquêteurs de Kroll ont identifié de nombreux comptes et coffre-forts, malheureusement souvent vidés avant saisie. Les recherches se révèlent extrêmement difficiles, comme en témoigne ce récit d'un des enquêteurs lancés aux trousses des membres du clan Duvalier pour tenter d'identifier les sources cachées de leurs revenus : « Durant l'été 88, je traquais les comptes de Duvalier. De Londres, je file sur Genève, avant de rejoindre Nice : à l'aéroport de Cointrin, j'aperçois un superbe mulâtre, très aristocratique, qui prend l'avion pour Nice comme moi. Je me débrouille pour savoir qui c'est. J'apprends que c'est Pasquier, le premier mari de Michèle, qui vit alors en Suisse avec leurs deux enfants, puisqu'il a été longtemps plus ou moins interdit de séjour en Haïti... J'imagine que Pasquier peut me conduire jusqu'à Michèle. Dans l'avion, je m'arrange pour être assis juste devant lui. J'avais bien vu : à l'aéroport de Nice, Michèle attend son ex-mari, accompagnée de deux de ses frères : elle se jette dans les bras d'Alix, avec lequel elle est toujours en très bons termes. J'ai le temps de louer une voiture, le temps nécessaire pour le clan des Haïtiens de récupérer son monceau de bagages. Je voulais les filer mais, sur l'autoroute, Michèle roulait au volant de sa BMW à plus de 200 km/h. Avec ma petite voiture de location, je n'ai pas réussi à garder le contact. Je ne suis même pas sûr qu'elle se soit rendu compte que je la suivais. Durant cette traque, les choses se sont toujours passées un peu comme ça [30]... »

Seule réussite spectaculaire, le blocage du compte personnel de Michèle à la Banque Irving Trust (200 000 dollars). Le 26 mars 1987, peu reconnaissant pour l'appui des Duvalier à son administration, Reagan fait saisir les biens de Bébé Doc. Mais le gouvernement haïtien est trop pauvre pour verser les cautions nécessaires à l'ouverture du procès en restitution. Il faudra que, beaucoup plus tard, un citoyen haïtien s'engage à titre personnel pour obtenir d'un tribunal de Miami une condamnation à un demi-milliard de dollars de dommages. Décision purement symbolique puisque les biens saisis aux USA n'étaient pas suffisants, loin s'en faut, pour faire face à cette peine.

Cependant, l'examen des archives, notamment de la Banque de la République d'Haïti et de plusieurs ministères, a déjà permis d'établir le détournement de 115 684 768 dollars : comptes de la Défense nationale, mesures d'urgence, régie des tabacs, direction des Impôts, minoteries d'État, loterie nationale, jeux de hasard, compte personnel du gouverneur de la Banque centrale et prêts divers à de nombreux amis.

Cette dernière évaluation des détournements, à laquelle il y a lieu d'ajouter quelques éléments éparpillés ici ou là, est la seule qui rende possible un bilan des recherches. Les enquêteurs n'ont donc pu apporter des preuves que pour une grosse centaine de millions de dollars.

Ce qui ne signifie pas que la fortune cachée des Duvalier ne soit pas supérieure... A défaut d'être exploitées en justice, ces recherches constituent d'inestimables documents historiques puisqu'elles permettent de reconstituer la vie financière clandestine, peut-être la seule réelle, de l'État haïtien.

Le procès : première manche

L'ensemble des pièces réunies par les enquêteurs rend possibles des poursuites. Mais après un faux départ le 5 mars, il faut attendre le 7 mai 1987 pour qu'enfin s'ouvre devant le tribunal de grande instance de Grasse le premier des procès intentés par l'État haïtien à son ancien président à vie et à son entourage. Le dossier est gros de cinq mille pièces reliées en seize cahiers. Trente-cinq kilos d'archives.

Ce n'est pas une action pénale mais une action en restitution assortie d'une question préalable qui pèsera d'un poids capital dans l'instance : oui ou non, l'État haïtien est-il en droit de faire valoir sa « créance » et de fixer éventuellement les dommages et intérêts? Une décision positive servirait de précédent et entraînerait des mesures exécutoires dans tous les pays où les capitaux ont été dispersés et gelés.

D'apparence maladroite, la ligne de défense de l'avocat Sauveur Vaisse s'arc-boute sur des questions de procédure. Le juriste refuse de se laisser entraîner dans des discussions de fond. Son discours est aussi simple qu'efficace; les journalistes sont déçus par cette ligne de défense en profil bas, ils ne comprennent pas que pour une fois, un avocat n'a pas pour objectif les médias, mais les magistrats. « Haïti, expose Vaisse en substance, n'a pas eu de vrai budget jusqu'en 1985, il n'y avait aucune différence entre les fonds publics et les fonds privés. En outre, malgré ses affirmations, la partie haïtienne n'a rien pu démontrer. En un an de poursuites implacables, les avocats américains n'ont repéré que 2 millions de dollars pour le couple présidentiel, et moins de 10 millions de dollars pour l'entourage, et ceci en prenant en compte les biens de proches et d'anciens ministres de Duvalier. On fait en réalité un procès politique [...] Les juridictions françaises ne sont pas compétentes pour traiter des problèmes purement haïtiens, seul un tribunal de droit public haïtien peut juger un chef d'État haïtien pour les fautes éventuelles commises dans l'exercice de ses fonctions. En réalité, cette affaire relève d'une Haute Cour de Justice. »

Et Sauveur Vaisse de s'exclamer : « Il serait invraisemblable qu'un tribunal d'ordre judiciaire français se soit déclaré incompétent pour juger un ministre français, et qu'un autre tribunal du même ordre se déclare compétent pour un chef d'État étranger [31]. Le procès est intenté en France parce qu'Haïti n'a pas le courage de le mener sur son propre territoire. Cette procédure est absolument dénuée de fondement, sinon les Haïtiens l'auraient engagée chez eux au lieu de venir encombrer nos tribunaux avec leurs querelles internes qui sont purement politiques. Mon client a intégralement reversé les fonds qu'on lui reproche d'avoir détournés, et je suis en mesure de le prouver. Les mouvements de fonds étaient parfaitement conformes à la coutume et à la tradition haïtienne. »

Les deux avocats du gouvernement haïtien, Jacques Salès et Yann Colin, répliquent que les faits reprochés à Duvalier et consorts ne sont pas des actes de gouvernement, mais des actes purement privés, commis à des fins tout à fait personnelles, non pour financer les œuvres, mais pour acheter des bijoux, des bateaux, des appartements somptueux. Il n'y a pas tentative d'immixtion dans les affaires intérieures de l'État haïtien, puisque c'est cet État qui est demandeur.

Réponse du tribunal, le 23 juin : incompétence. Les magistrats ont suivi l'argumentation juridique de Sauveur Vaisse, écartant toute considération morale ou politique. En apprenant cette décision, Curtis Mechling, le chef de file des avocats américains, lève les bras au ciel. Devant la journaliste américano-haïtienne Anne d'Adesky, il qualifie le jugement de « ridicule ».

Un jeu de furet transatlantique

Les adversaires de Duvalier ne vont pas relâcher pour autant la pression. Ce 11 mars 1988, avant huit heures, seuls les enfants sont réveillés dans la villa de Mougins car ils doivent partir à l'école. Bébé Doc et Michèle sont encore au lit. Soudain, un des gardes du corps fait irruption en criant : « La police ! » Sur ses talons, une escouade de quinze personnes, des policiers en effet. En tête, la haute et juvénile silhouette de Jean-Paul Renard, le juge d'instruction qui, au tribunal de Grasse, mène personnellement les opérations [32]; en vertu de la Commission rogatoire internationale délivrée par les autorités haïtiennes en juillet précédent pour recenser les biens de l'ancien dictateur, le magistrat a décidé de fouiller la maison de fond en comble. Il entend découvrir des documents qui lui permettraient d'approfondir sa connaissance de cette fortune, et accessoirement d'expliquer comment le couple Duvalier peut mener le grand train de vie qu'on lui connaît alors qu'il ne dispose officiellement d'aucune ressource.

La maisonnée abasourdie se rassemble dans le salon, Michèle Duvalier est en robe de chambre. Tandis que les policiers font un inventaire minutieux des lieux, les tableaux entassés dans le sauna désaffecté, les innombrables robes dans la chambre transformée en penderie, l'écurie de voitures de luxe dans la cour, une Ferrari, une BMW 535 i, une Golf 16 soupapes, et, ce qui est franchement exceptionnel, une Lamborghini Miura, le juge s'occupe du couple présidentiel. Comme de coutume, Jean-Claude paraît ahuri et absent. En revanche, malgré l'heure qui ne lui est pas coutumière, Michèle veille au grain. Le magistrat constate qu'elle tient serré sur son cœur ce qui paraît être un gros agenda à la couverture joliment décorée de dorures : « Et ça, je peux voir, Madame? » Elle proteste... Non, c'est son journal intime... Le juge insiste, il lui faut presque arracher l'objet à la belle Michèle. Elle avait en effet raison de s'y accrocher : il s'agit de l'agenda minutieusement tenu de ses dépenses... La lecture du carnet est édifiante.

Au hasard, une des premières pages : décembre 1986. Total des dépenses en francs français : 401 751,31 francs, plus 14 000 dollars. Loyer : 70 000 francs. Téléphone : 38 887,28 francs. Facture de la société de gardes du corps KO International : 77 386,50 francs. « Tonton » (c'est le surnom de Jean-Claude) : 30 000 francs; Michèle est plus modeste : elle ne s'est octroyée que... 20 000 francs en liquide! Quant aux parents, les frères, sœurs et amis des deux côtés, ils se partagent 6 000 dollars et 87 000 francs.

Comme elle l'a affirmé par ailleurs, Michèle sert aussi de caisse de secours de son entourage. Mais les plus formidables dépenses trouvées dans ce cahier sont celles de décembre 1987. Décembre, c'est le mois des cadeaux, et, comme les ennuis semblaient alors s'estomper... Les comptes de Michèle Duvalier sont arrêtés ce mois-là à 1 627 813 francs et 13 500 dollars. Et encore, on ne retrouve trace ni du loyer, ni du téléphone, ni de l'électricité dans ces dépenses. Pour le reste :

vêtements, antiquités, bijoux, billets d'avion pour Haïti constituent les grosses dépenses.

Rappelons qu'à cette époque, le SMIC était inférieur à 5 000 francs par mois. En trente jours, Michèle aura donc dépensé les revenus de 27 années d'un « smicard »!

La lecture de cet agenda laisse au demeurant une curieuse impression. Ces dépenses pourraient fort bien figurer sur la liste civile d'un chef d'État du Tiers-monde, mais la manière de tenir les comptes est celle d'une ménagère de banlieue.

Cette liste fera le tour du monde, car les adversaires de l'ex-dictateur ont réussi à s'en procurer une copie qu'ils utilisent comme preuve des richesses illégitimement accumulées et dilapidées par les Duvalier [33].

Au-delà de ce cahier de comptes spectaculaire, cette perquisition débouche sur la découverte de documents essentiels.

Première pièce importante : une carte de visite abandonnée sur une table, au nom d'un avocat installé à Paris et à Genève. Cette carte permet de remonter la piste du château de Théméricourt.

Deuxième élément : une simple mention récapitulative dans le carnet de comptes : « Turner 62 000 dollars, 16/9 et 22/10 ». Cette annotation est coincée entre deux « Ronald : 200 000 ». Il faut avoir l'œil aiguisé pour débusquer une réalité derrière ces mots et ces chiffres. Qui est Turner? Le juge Renard avance d'un pas en compulsant le carnet de Ronald (Benett) : à la date du 8 février 1988, une mention pense-bête : « Déposer chèque Barclay's ».

Glissée entre deux pages, une autre carte de visite au nom de John Matlin, du Cabinet Turner, Lloyds Avenue à Londres. Quelques pièces du puzzle. C'est suffisant pour reconstituer le tout : Turner et Cie est un important cabinet d'avocats londonien qui travaille habituellement avec la Barclay's Bank, laquelle se révèle être l'établissement émetteur des virements adressés à Givenchy en paiement des factures d'octobre 1987. Au stade suivant, on identifiera deux comptes à numéro ouverts chez Barclay's, des comptes qui abritent des millions de dollars, des centaines de milliers de francs suisses et de marks allemands. L'examen des mouvements démontre que ces deux comptes étaient utilisés pour les dépenses quotidiennes [34].

Mises au courant, les autorités haïtiennes demandent aussitôt à leurs avocats londoniens le gel des deux comptes. La Cour l'accepte, mais John Matlin fait appel, appel qui confirme d'ailleurs le premier jugement. Quand les hommes de loi veulent faire exécuter le blocage, il est trop tard. Une lettre d'autorisation spéciale signée par John Matlin et les représentants de la Royal Bank of Canada à Londres a permis la conversion des fonds en bons du Trésor canadiens, lesquels ont été retirés par l'avocat britannique lui-même, le 21 mars 1988. Observons que cet acte est parfaitement légal.

Déprimant. Pourtant, cette piste de Londres est reprise et exploitée par les enquêteurs de Kroll & Ass. Après plusieurs mois de recherches, ils réussissent à se procurer des pièces capitales, telle la lettre d'instruction signée par Jean-Claude Duvalier sous un faux nom. Leur enquête éclaircit la méthode appliquée par les conseillers financiers des Duvalier pour gérer la fortune de Bébé Doc. Les experts parviennent à reconstituer les circuits incroyablement complexes suivis par l'argent.

Cette partie de l'enquête est au cœur de notre propos : elle peut en effet s'appliquer à n'importe quels autres « capitaux en fuite », qu'il s'agisse des fonds détournés par les dictateurs, du produit de la fraude fiscale, ou bien des revenus illicites du crime organisé. Dans le cas précis, l'organigramme est construit autour des sociétés écrans enregistrées dans divers paradis fiscaux, et les capitaux circulent entre de nombreuses banques. Aux commandes, des avocats qui lancent les ordres financiers depuis Londres, Jersey, Genève.

Napoléon affirmait que tout l'art de la guerre est dans le mouvement. Ce principe a été appliqué avec rigueur pour la gestion des fonds Duvalier : ils ne sont jamais restés plus de quelques semaines au même endroit. En outre, ils étaient dispersés dans le maximum de pays. La raison de ce qui peut paraître à première vue aberrant et coûteux est simple : cette méthode rend quasiment impossibles les poursuites, elles seraient si dispendieuses que personne ne s'y risquerait.

Voici donc comment s'est déroulé ce jeu de furet, d'un continent à l'autre, avec l'assistance des moyens de circulation monétaires informatiques. Car il n'y a pratiquement plus de chèques, les courriers et les télex ne servent qu'à confirmer les opérations, le plus souvent après coup. Il est indispensable de laisser un minimum de traces, même si tout est toujours légal.

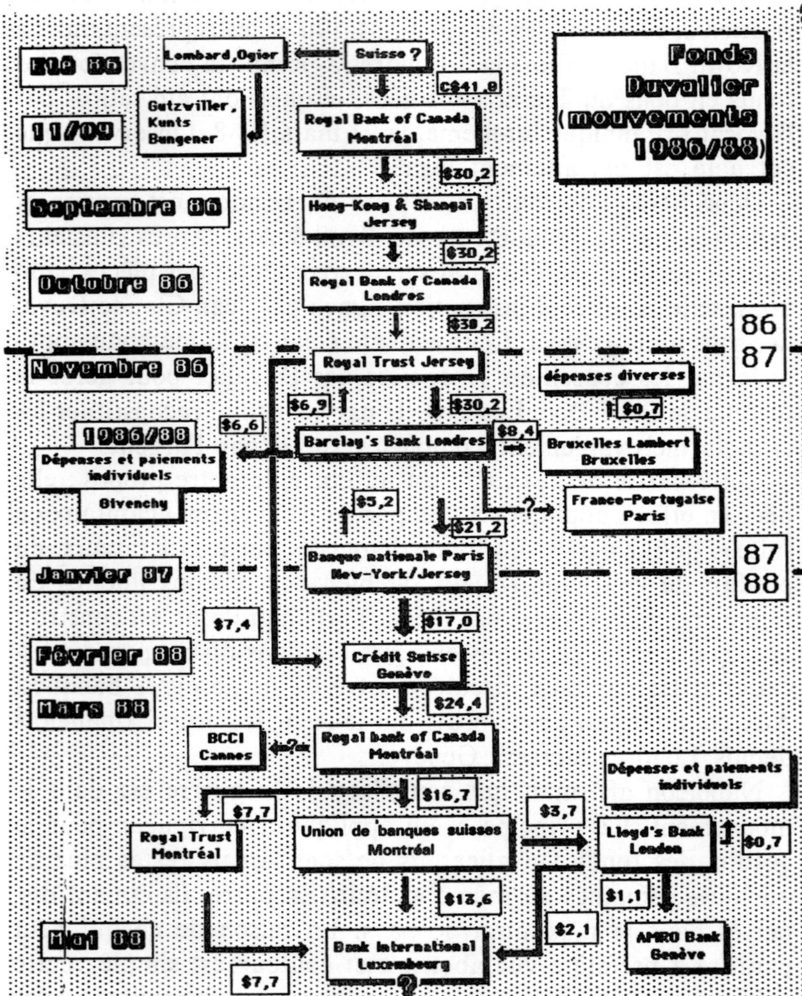
Fonds Duvalier (mouvements 1986/88)
Été 86
11/09
Septembre 86
Octobre 86
Novembre 86
Janvier 87
Février 88
Mars 88
Mai 88
86 87
87 88
Lombard, Odier
Suisse ?
C$41,8
Gutzwiller, Kunts Bungener
Royal Bank of Canada Montréal
$30,2
Hong-Kong & Shangaï Jersey
$30,2
Royal Bank of Canada Londres
$30,2
Royal Trust Jersey
dépenses diverses
$6,9
$30,2
$0,7
1986/88
Dépenses et paiements individuels
Givenchy
$6,6
Barclay's Bank Londres
$8,4
Bruxelles Lambert Bruxelles
France-Portugaise Paris
$5,2
$21,2
Banque nationale Paris New-York/Jersey
$17,0
$7,4
Crédit Suisse Genève
$24,4
BCCI Cannes
Royal bank of Canada Montréal
$16,7
$7,7
Royal Trust Montréal
Union de banques suisses Montréal
$3,7
Dépenses et paiements individuels
Lloyd's Bank London
$0,7
$13,6
$1,1
$2,1
AMRO Bank Genève
Bank International Luxembourg
$7,7

Les premiers fonds identifiés apparaissent en Suisse au milieu de 1986. Premier voyage transatlantique : un avocat genevois les convertit en achetant des bons du trésor canadien pour 41,8 millions de dollars canadiens à la Royal Bank du Canada à Montréal. Ensuite, ils ne vont cesser de circuler pendant deux ans, transitant par la Hong-Kong & Shanghaï Bank de Jersey, la Royal Bank of Canada, agence de Londres, la BCCI de Cannes, sur un compte ouvert au nom de Michèle Duvalier et vidé d'urgence avant blocage. Ensuite, retour à Jersey, Royal Trust Bank : pour cette série d'opérations, Jean-Claude a donné son accord formel à sa société-écran locale titulaire du compte, Boncardo Ltd, mais par précaution Duvalier a transformé son patronyme : l'ex-dictateur est devenu Jean-Claude... Duponts (*sic*). A partir de janvier 1987, la Lloyd's Bank, et surtout la Barclay's Bank à Londres, la Banque Bruxelles Lambert à Bruxelles, et le compte de Ronald Benett à la Banque Franco-Portugaise, avenue de l'Opéra à Paris. On relève aussi la Banque nationale de Paris, filiale de Jersey, le Crédit suisse à Genève, agence du Grand Casino.

La perquisition de Mougins provoque de nouveaux mouvements. Peu confiants dans le secret bancaire suisse, les gestionnaires vident le compte Crédit suisse en direction de... la Royal Bank of Canada de Montréal, l'UBS (Union de banques suisses), agence de Montréal, la Royal Trust Bank, également à Montréal... Pour finir : la Lloyd's Bank de Londres, la banque AMRO rue du Rhône à Genève. La plus grosse partie du compte est liquidée et déposée après un troisième voyage transatlantique dans une nouvelle banque, Bank International Luxembourg à Luxembourg. Il « reste » alors 23,4 dollars pour ce pan de la fortune Duvalier [35].

On s'accorde généralement à reconnaître que la perquisition du 11 mars 1988 frisait l'irrégularité, tant la commission rogatoire internationale émise par Haïti était mal ficelée. N'empêche : quinze banques, six places financières, de multiples sociétés-écrans, des instructions données sous des faux noms – la volonté de dissimulation est évidente, publiquement dénoncée par le juge britannique Christopher Staughton [36]. Et d'ailleurs parfaitement efficace : les enquêteurs n'ont jamais réussi à découvrir qui était le titulaire réel ou fantoche de la banque de Luxembourg. Ni à savoir où étaient partis les fonds qui seront peu après virés dans une autre banque. On observera que certains responsables d'établissements bancaires ne se préoccupent guère de respecter la législation contre le blanchiment de l'argent. Ceci alors que cette législation entre en vigueur dans plusieurs pays, notamment au Canada où la révélation partielle de ces mouvements de capitaux fait scandale. Les agents de la BNP de Jersey se sont naturellement conduits comme n'importe quel banquier dans un paradis fiscal, tout comme d'ailleurs ceux de la Banque Franco-Portugaise à Paris.

Car voici la suite de l'histoire, laquelle nous ramène à Paris. Après de multiples difficultés, les avocats réussissent à obtenir du tribunal le gel du compte de Ronald Benett à la Banque Franco-Portugaise, avenue de l'Opéra. Instruits par l'expérience, ils se précipitent avec un huissier pour faire exécuter la mesure : quelle n'est pas leur étonnement d'apercevoir Ronald, une grosse valise à la main, montant dans sa voiture, la fameuse Lamborghini Miura. Dans la valise, en liquide, les fonds qu'il vient de retirer de la banque juste avant la saisie...

Bataille judiciaire : deuxième et troisième manches

Retour dans le Midi. En juin 1987, la République d'Haïti se voit donc opposer par le tribunal de Grasse une exception d'incompétence : les juges refusent de se prononcer sur le fond quant à la propriété de tel ou tel bien contestée à Jean-Claude Duvalier. Commence alors une deuxième manche. Les avocats français font appel. l'affaire est jugée à la Cour d'Appel d'Aix-en-Provence le 25 avril. Cette fois, après tous les échecs, les saisies inutiles, une lueur d'espoir. Les magistrats admettent que le tribunal de Grasse pouvait être compétent : « Il convient [...] de faire abstraction des critères adoptés en droit interne français pour répartir le contentieux entre les ordres juridictionnels administratifs et judiciaires [...] Les demandes ont pour objet la restitution ou le remboursement de fonds prélevés par les défendeurs à des fins personnelles et sont fondées sur la faute personnelle commise par les défendeurs alors qu'ils exerçaient le pouvoir en Haïti [...] Les rapports entre une collectivité publique et celui de ses agents qui, par sa faute, lui cause un préjudice sont des rapports d'ordre privé... »

Les avocats français exultent : la thèse de la moralité a été retenue par les magistrats d'Aix-en-Provence, lesquels, manifestement, sont très conscients de faire avancer le droit jurisprudentiel dans le sens des droits fondamentaux de l'homme. Sont-ils pour autant convaincus que l'arrêt d'Aix-en-Provence sera validé par la Cour de cassation? On peut en douter, si l'on en croit la déclaration privée d'un des magistrats : « Nous n'avons pas pris beaucoup de risque en adoptant cette décision grâce à laquelle la morale triomphe enfin. Jamais la Cour de cassation ne nous suivra. »

Le succès s'avère sans lendemain. Le 29 mai 1990, la troisième manche est perdue. Comme prévu, la Cour de cassation annule la décision d'Aix-en-Provence dans un arrêt d'une rare concision, terrible dans ses conséquences. Non seulement il n'y aura pas de renvoi, mais la Cour avalise l'argumentation développée par Sauveur Vaisse : « Les litiges relatifs aux rapports entre un État et ses dirigeants, quelle que soit la nature des fautes commises par ceux-ci, sont nécessairement liés à l'exercice de la puissance publique et ne peuvent trouver leur solution que dans des principes de droit public. »

En clair, cet arrêt interdit toute poursuite pénale ou civile contre un chef d'État étranger devant un tribunal français de l'ordre judiciaire pour des actes commis hors de France. Comme nos tribunaux administratifs ne peuvent juger que des actes commis par des fonctionnaires français, et comme la Haute-Cour ne peut déférer devant elle que des membres du gouvernement français, il est interdit à tous les tribunaux français de juger un chef d'État étranger.

Tirant peut-être les conséquences de son erreur stratégique, le cabinet d'avocats américains Strook, Strook & Lavan se retire du dossier.

France, terre d'asile pour les dictateurs? A cette question, la seule réponse est d'ordre juridique : au nom des principes fondamentaux du droit, voire de la raison d'État, les juges français offrent un magnifique refuge aux dictateurs déchus. La morale et le droit ne font pas toujours bon ménage.

Pour Jacques Salès et Yann Colin, cet arrêt est une décision à caractère purement politique, une affaire d'État. Sauveur Vaisse voit sa thèse de professeur de droit complètement accréditée par la Cour de cassation. Son triomphe est empreint de modestie : il se contente d'ouvrir sa pensée du côté d'Haïti : « Cette île est exsangue, cette île se meurt, les poursuites actuelles privent Haïti de possibilités de réconciliation nationale, indispensables pour la pacification et la reconstruction de l'île, elles éviteraient les putschs à répétition. »

Curieusement, c'est la Suisse qui, après bien des atermoiements judiciaires, se comportera le mieux à l'égard d'Haïti : le 28 novembre 1989, le Tribunal fédéral accorde définitivement l'entraide judiciaire à la République haïtienne, à laquelle seront livrés tous les documents bancaires réclamés trois ans plus tôt. A une condition : que l'État haïtien fournisse plus de garanties quant à la régularité des poursuites pénales engagées contre Duvalier et ses partisans. Des garanties que ne donnera jamais le gouvernement haïtien. Car c'est trop tard : en Haïti, le vent capricieux des Caraïbes a déjà tourné!

Escroqueries et décadence

Pour faire rentrer le pays dans l'ordre et répondre aux injonctions américaines qui soumettent la poursuite de l'aide à la restauration de la démocratie, le général Namphy se résoud à organiser des élections. Enjeu : 41 millions de dollars d'aide publique attribuée par le gouvernement des USA, plus 10 millions de dollars distribués par différentes organisations privées. Après un dramatique attentat commis par les Macoutes, la consultation est une première fois reportée en novembre 1987. Elle aura finalement lieu en janvier 1988. Conséquence de ces élections : l'accession à la présidence, le 7 février, d'un civil, Leslie Manigat. Mais le 15 juin 1988, Manigat évince Namphy; deux jours plus tard, Namphy réplique en déposant Manigat, avant d'être lui-même écarté par le général Prosper Avril le 17 septembre 1988.

Ancien garde du corps de François Duvalier, Avril est considéré comme un homme brave et honnête, par ailleurs duvaliériste d'une fidélité à toute épreuve. Petit détail : il se murmure que le général Avril est, en Haïti, l'homme de la CIA. Ayant longtemps officié à la Banque de la République d'Haïti, il est parfaitement au courant des transferts de fonds entre l'armée et Duvalier. Comme il n'hésite pas à communiquer à Sauveur Vaisse, l'avocat du clan Duvalier, de très nombreux justificatifs de dépenses, les arguments de l'accusation s'en trouvent largement contrebattus.

Dès la fin 1988, les autorités haïtiennes ont quasiment abandonné les poursuites. Elles ne donnent plus aucune instruction aux avocats, lesquels ne sont plus payés.

En février 1991, nouveau tournant dans l'histoire haïtienne : les élections présidentielles au suffrage universel portent à la tête du pays le prêtre Jean-Bertrand Aristide. Ses discours enflammés, tout imprégnés de la « théologie de la libération », sont accueillis dans l'île avec une immense ferveur, et, dans le monde, avec une sympathie certaine. Même si beaucoup refusent de considérer la maladresse brouillonne du nouveau président. Celui-ci annonce immédiatement qu'il s'apprête à reprendre les poursuites pour « récupérer les 800 millions de dollars » des Duvalier et de leur clan. Il confie ce soin à maître Alouidor, un avocat nommé Commissaire du gouvernement (Procureur général de la République). Malheureusement, le Commissaire est lui-même destitué pour... corruption, tandis que le ministre de la Justice est écarté parce qu'on le considère comme trop proche des duvaliéristes !

Le président Aristide paie une partie des honoraires que devait la République d'Haïti aux avocats, mais pas les consignations qui eussent permis de relancer les procès. Il nomme par ailleurs un « ambassadeur extraordinaire » pour animer les investigations, l'avocat Adrien Rameau, ancien collaborateur de Curtiss Mechling à New York. Rameau n'aura pas le temps de mener longtemps sa mission puisqu'il devra se retirer après avoir été victime d'une agression très suspecte.

Aristide est à son tour renversé, le 28 septembre 1991, par le lieutenant-général Raoul Cedras, qui obtient de la Cour suprême haïtienne qu'elle nomme président un illustre inconnu, Nerette. Les nouveaux maîtres font circuler une rumeur : Jean-Bertrand Aristide lui-même aurait accepté un chèque au porteur.

Une terrible répression suit la reprise en main par l'armée : dès les premiers mois, 1 500 morts auraient été dénombrés, dont 130 pour le seul jour du coup de force. Cette violence provoque une immense vague d'immigration. Par milliers, des *boat-people* naviguent vers la Floride à bord de petits bateaux de fortune. Le gouvernement américain lutte avec la dernière vigueur contre ce flux d'immigration politique. Dans l'année qui suit, les exilés sont, dans leur très grande majorité, refoulés par la force vers l'île d'Haïti.

Les manières démocratiques sont, certes, sauves : les Américains ne manquent pas de prendre, en octobre 1991, les mesures désormais traditionnelles de gel des avoirs haïtiens aux USA, de façon à éviter que les nouveaux maîtres de la petite république ne soient tentés d'imiter le précédent duvaliériste. Le gouvernement, dirigé par le président Nerette et soutenu par Cedras, oublie de nouveau les actions judiciaires en cours pour tenter de récupérer les dizaines de millions de dollars prélevés par le clan Duvalier sur l'économie haïtienne.

Après bien des péripéties, le 17 juillet 1992, la justice française ordonne la main-levée du séquestre pesant sur le château de Théméricourt. C'était inévitable puisque plus personne en Haïti ne semble plus s'intéresser à la récupération des biens de Bébé Doc.

De même, les appartements de l'avenue Foch, à Paris, et de la Trump Tower, à New York, ont été libérés de toute contrainte judiciaire. Bilan de ces savantes manœuvres : la fortune des Duvalier est, à ce stade, à peu près intacte.

Et pendant ce temps, à Cannes...

Durant toutes ces années, les Duvalier ont prélevé leur part sur ce pactole. Comment reçoivent-ils leur argent? Simplement par coursier, en liquide. Il suffisait d'y penser. Curieuse et paradoxale situation où, pour tromper le monde, les techniques les plus sophistiquées sont associées aux moyens les plus sommaires.

Le « coursier » est d'abord le frère de Michèle Benett, Ronald, qui s'en va à bord de sa Lamborghini Miura vider les comptes de la Banque Franco-Portugaise de l'avenue de l'Opéra pour transférer ailleurs les fonds du malheur. Après Ronald Benett, il y a Samir Mourra : avec son frère Johnny, Samir était venu faire fortune à Haïti, il avait même monté une compagnie maritime basée à Miami. Mais les affaires n'ont pas bien tourné. Une consolation : Samir Mourra a épousé Chantal, une petite sœur de Michèle Benett. On chuchote sur la côte que toutes les cinq ou six semaines, il disparaîtrait quelques jours, direction l'étranger. Peut-être la Suisse? Ou plus probablement l'Autriche? Quand il rentre, sa valise serait lourde de dollars en liasses – 100 000 dollars assurent des sources bien informées. Rien d'illégal dans ces transports d'argent liquide, s'ils ont vraiment lieu, puisque la circulation des capitaux est libre.

Ces 100 000 dollars, Jean-Claude doit les distribuer autour de lui : pension alimentaire des enfants, de Maman Simone. Le reste passe dans les dépenses courantes, le loyer, les petites sorties dans les restaurants favoris, le Mas Candille aux Hauts de Mougins ou Le Moulin à Mougins. Ainsi, les semaines et les dollars coulent vite.

Mais voici qu'à Cannes, rien ne va plus dans le couple Duvalier. L'ex-dictateur décide de divorcer. Pas question de passer par les tribunaux français, qui risqueraient de jeter un œil indiscret sur la fameuse fortune. Donc, Bébé Doc fait appel à un vieil ami, Roger Lafontant, le fondateur des Tontons Macoutes, l'homme des coups tordus. Et le malin Lafontant a cette idée lumineuse : puisque Michèle est aussi détentrice d'un passeport *dominicain,* il suffit de demander à un juge *dominicain* de prononcer le divorce. Lafontant mène l'affaire bon train : à Saint-Domingue, un juge écrit sans sourciller : « Ont comparu devant nous les époux Duvalier, etc », alors que Michèle n'était même pas au courant, tandis que Bébé Doc n'avait toujours pas le droit de sortir de France... Jugement sans valeur, dont l'exequatur ne sera jamais admis par la France. Les autorités françaises font savoir à Jean-Claude que, s'il veut divorcer, il doit demander à un tribunal français de prononcer le jugement.

Michèle est folle de rage. Elle comprend tout de suite que son mari a manigancé l'affaire pour l'écarter du magot. Du coup, elle fait ses ballots et monte à Paris pour s'installer dans un somptueux appartement possédé par le couple Duvalier dans le XVIe arrondissement. Michèle y vit avec ses deux enfants, sa petite cour. Et l'ex-« présidente à vie » d'introduire devant le tribunal de Grasse une procédure de divorce en bonne et due forme, une fois n'est pas coutume...

Exilé lui aussi, son Papa Ernest dirige une petite usine de torréfaction de café à Gennevilliers (le café Velouté), entreprise qu'il a pu monter grâce à des prêts consentis en février 1988 par sa fille Michèle (1,4 million de francs) et son gendre Jean-Claude (1,3 million de francs). Plus tard, fin 1991, Ernest rentre en Haïti reprendre le cours de ses affaires interrompu en 1986. Les frères de Michèle, Ronald (l'homme à la Lamborghini), Rudy et Franz (l'ancien transporteur de drogue) dirigent une société ETCO dont l'objet social – commercialisation en tout genre – ne paraît pas défini de façon claire.

La villa Mohamédia représentait pour Jean-Claude de trop mauvais souvenirs. Par l'entremise d'un de ses conseillers, il trouve une nouvelle maison à louer plus près de Cannes, en fait à la limite de la ville : la villa Melika dans le lotissement pour milliardaires de Super-Cannes, loyer annuel : 800 000 francs. C'est une grande bâtisse blanche d'assez médiocre facture. Elle appartient à Théodore Demel, un ancien ambassadeur de Côte-d'Ivoire en Grande-Bretagne.

Pendant des années, la vie aura été agréable. Bébé Doc est assisté d'un inspecteur de police à la retraite dont on ne sait s'il fait office de gardien de la maison ou de surveillant. La maisonnée comprend encore une femme pour tenir les lieux... Jean-Claude, le bienheureux, tue ses journées en paressant au lit. Il sort le soir pour aller écouter du jazz dans un bar de la Croisette, la Chunga; célèbre fastueusement son anniversaire à l'Hôtel du Cap à Antibes; fréquente toujours avec assiduité les restaurants de la région en compagnie de quelques belles créatures.

Le bienheureux? En fait le pauvre Jean-Claude s'ennuie tellement qu'il semble même avoir envisagé de revenir au pays! Tandis que dans l'île d'Haïti, soumise à l'embargo économique, on crève de faim, tandis que les nouveaux maîtres multiplient les exactions, les exécutions sommaires comme à la plus belle époque des Tontons Macoutes et de François Duvalier, à Cannes le président à vie déchu traîne son ennui et sa solitude au volant de sa vieille BMW noire avec laquelle il parcourt lentement la Croisette, cette promenade en bord de mer que le journaliste américain Frederic Dannen a joliment appelée le « Boulevard des dictateurs brisés ».

La fin de l'histoire est curieuse. Il semble qu'aujourd'hui, l'ex-président à vie de la République d'Haïti, Jean-Claude Duvalier, ne soit plus aussi riche, pour ne pas dire ruiné. Il serait coupé de ses ressources clandestines, toujours tapi dans sa villa de Super-Cannes dont il ne paie le loyer que très irrégulièrement. Ne pouvant plus faire face aux charges de l'appartement parisien où loge Maman Simone, l'ancien dictateur a fait venir sa mère auprès de lui à Cannes, tout comme sa sœur Marie-Denise, afin de réduire le train de vie de la famille. Il passe pour accumuler les dettes – notamment chez un grand bijoutier parisien, dit-on. Les salaires des domestiques deviennent occasionnels. Naturellement, en raison de la procédure de divorce en cours, plus question de faire appel à Michèle Benett pour se renflouer. Et les amis d'autrefois se défilent quand Bébé Doc a besoin d'aide.

L'ex-président à vie a toutes les allures d'un homme ruiné, un homme ruiné qui ne s'est pas encore habitué à sa nouvelle condition.

Que s'est-il passé?

La procédure de divorce est sans doute la clé de ce retournement dramatique du sort. Le divorce a été précédé d'une séparation de biens. Dans ce partage, l'appartement parisien a été attribué à Michèle Benett, tandis que Jean-Claude a reçu une villa achetée naguère sous le couvert d'une société à Saint-Jean-Cap-Ferrat. Jusqu'alors, cette propriété n'était apparue dans aucun inventaire. Valeur à l'achat : 20 millions de francs. Jean-Claude décide de céder la maison dont il n'a pas l'usage, il en tire 13 millions de francs au dernier trimestre 1991.

Cette somme va purement et simplement disparaître. Selon mes informations, Jean-Claude affirme qu'il a confié le magot à Samir Mourra, lequel devait mettre l'argent à l'abri dans la cache habituelle, « quelque part en Europe ». Le Syrien rétorque qu'il n'a jamais vu la couleur de ces fonds. Il explique que Bébé Doc veut lui faire porter la responsabilité de ses dilapidations. Les deux hommes se fâchent à mort, Samir Mourra se met prudemment au vert à Miami en Floride.

Pour Bébé Doc, c'est une calamité, car il est possible que seul le porteur de valise détienne le secret du dépositaire de la fortune à l'étranger. Et malgré l'intervention occasionnelle de l'ancien secrétaire privé Auguste « Ti Pouch » Douyon, voilà que l'argent ne rentre plus.

Autre version : constatant la déconfiture de l'ex-dictateur, les « trustees » dépositaires des fonds ici ou là, auraient été tentés d'en distraire tout ou partie à leur profit. Autrement dit, d'escroquer à son tour Jean-Claude Duvalier. Cette attitude est rigoureusement contraire à toutes les règles déontologiques de ce « métier » un peu spécial, et, en outre, fort dangereuse : Bébé Doc a déjà démontré par le passé sa capacité d'utiliser la violence s'il était poussé par le besoin. N'a-t-il pas naguère pourchassé son ex-beau-frère, Max Dominique, jusque dans sa chambre d'hôpital pour récupérer de l'argent?

Troisième hypothèse, qui peut très bien se combiner avec la précédente : depuis son arrivée en France, Duvalier a dépensé sans beaucoup compter. Au minimum 9 millions de dollars. Une somme alourdie par l'incessante circulation des capitaux d'un compte à l'autre. Nécessaire pour éviter les mauvaises surprises, cette circulation coûte cher en commissions et autres frais de transferts, surtout lorsque les virements sont assortis d'opérations sur les changes. Bébé Doc n'a-t-il pas tout simplement épuisé ses réserves?

Il lui restait une poire pour la soif, le fameux château de Théméricourt, acheté, on s'en souvient, 12 millions de francs. L'ex-dictateur a revendu la propriété en décembre 1992 au Conseil général du Val-d'Oise pour 5,85 millions de francs. Le département a prévu d'y installer le siège du parc régional du Vexin. Pour Jean-Claude, nouveau désastre : non seulement il ne récupère pas sa mise de départ, non seulement le prix de vente est inférieur à l'évaluation des domaines, mais encore la somme est saisie aux trois-quarts par l'administration fiscale pour éponger un arriéré d'impôts.

Par escroquerie, dépenses inconsidérées, ou en raison de

dettes oubliées, Duvalier serait aujourd'hui sans le sou, tout concourt à le démontrer. Alors finie la belle vie?

Triste fin pour l'un des dictateurs les plus décriés de la planète. Quant à Michèle, elle aurait trouvé une femme à sa hauteur pour lui succéder : la propre épouse du général Cedras. Éternel recommencement...

II

Golden Marcos & Ass.

Un autre départ en catastrophe

D'un bout à l'autre de l'année, au nord de Manille, un nuage âcre et malodorant pèse sur la ville. Il émane de la montagne qui fume, *smoking mountain.* Dix jours après le départ des Duvalier, le 26 février 1986, presque à l'autre bout du monde... Par le hublot de l'hélicoptère américain qui l'enlève vers la base aérienne de Clarke, Ferdinand Marcos peut contempler cette montagne qui se consume, symbole de Manille, un symbole immonde et abhorré des Philippins, horrifiés de voir tous les journalistes occidentaux se précipiter vers ce tas d'ordures dès leur arrivée.

Quand Marcos est arrivé au pouvoir vingt ans plus tôt, cette montagne n'existait pas, et la capitale des Philippines n'était pas encore gangrenée. On l'appelait encore « la perle de l'Asie », c'était une ville aux dimensions humaines, embellie de somptueux monuments et d'immenses parcs. Les quartiers étaient agréables, le bord de mer accueillant. Il n'y avait pas ces amas de taudis miséreux qui font la honte des villes sous-développées d'Asie. Mieux encore, l'avenir de la République des Philippines était considéré comme des plus prometteurs en raison de l'appui des États-Unis d'Amérique et de ses capitaux.

Vingt ans de dictature Marcos ont eu raison de ce bel avenir. Les Philippines se traînent en queue du peloton asiatique. A l'image de ces taxis dont le jaune éclatant ne peut masquer l'état de décrépitude, Manille est une cité brinquebalante et sinistrée. Le quartier d'affaires de Makati se prend parfois pour Manhattan avec ses buildings et ses hôtels de luxe, mais il est assiégé, étouffé par d'immenses bidonvilles puants. Cette ville sent le moisi, asphyxiée par de monstrueux embouteillages de jeepneys [1], crasseuse comme si ses habitants n'avaient plus assez de fierté d'eux-mêmes pour la maintenir propre.

Manille, métropole géante, désarticulée, délabrée, vit dans la nostalgie de Rizal, le père fondateur du pays, et de quelques autres héros artificiellement portés au pinacle. Ville sans lumière, au sens littéral du terme puisque le courant est coupé plusieurs heures par jour. Ville rêvant d'un Marcos démocratique qui donnerait au pays son identité, sa fierté, qui lui permettrait de ne plus être le dernier des derniers en Asie, contraint pour survivre de vendre comme ouvriers de chantier ses hommes à la Libye et aux royaumes du Golfe, ses femmes comme infirmières ou comme prostituées aux autres puissances du Pacifique, les « Tigres de l'Asie ». Une cité dont le cœur, le quartier d'Ermita, est une « foire du sexe » surveillée par des dizaines de vigiles armés jusqu'aux dents de revolvers et de fusils à pompe. Quant aux policiers, au lieu de remettre de l'ordre, certains d'entre eux imitent leur ancien chef qui organisait les enlèvements crapuleux des riches Sino-Philippins pour le compte des « triades », les gangs de Hong Kong.

Par la grâce du clan Marcos, les Philippines ne sont plus aujourd'hui que la caricature de l'Amérique, une caricature minée par la corruption, un formalisme juridique poussé si loin qu'il en détruit les structures de l'État, et surtout par la concurrence féroce des ambitions personnelles affichées par quelques dizaines de clans oligarchiques et... ploutocratiques. En cette fin de journée de février 1986 donc, l'hélicoptère se pose sur la base de Clarke, au pied du Pinatubo, un volcan éteint depuis six siècles. En bout de piste, prêt pour l'envol en direction d'Honolulu (État américain d'Hawaï), un autre Starlifter de l'USAF. Les passagers embarqués à Manille sont transférés à bord malgré leurs protestations. Au centre du groupe, un vieux couple fatigué et pourtant arrogant.

Lui, c'est Ferdinand Marcos, l'héritier d'une famille de grands propriétaires terriens de la province d'Illocos Norte, dans le nord de l'île de Luzon, la principale de l'archipel philippin. Mince et de petite taille comme la plupart de ses compatriotes, Ferdinand est un homme chétif, souffreteux, très diminué par les troubles rénaux qui l'affectent et nécessitent deux à trois séances de dialyse chaque semaine. Il est profondément affecté par la trahison de la plupart de ses proches : quelques dizaines d'entre eux seulement le soutiennent dans l'adversité et le suivent en exil, dont Danding Cojuangco, l'homme le plus riche du pays par la grâce de Ferdinand Marcos.

Dans le reste du monde, Ferdinand est moins connu que son épouse Imelda, dite aussi « Papillon d'acier » : ce terrible surnom colle à la peau de celle qui fut, quelques décennies plus tôt, élue Miss Philippines. La seule élection qu'elle ait jamais gagné à la régulière. Le sobriquet traduit en termes non équivoques une réputation d'âpreté au gain, de cynisme et d'extrême frivolité. Elle a accumulé des monceaux de chaussures, de robes, de parfums encore entassés dans les placards du palais présidentiel de Macalañang. Clous de cette collection : un soutien-gorge pare-balles, et mille soixante-huit paires de chaussures [2] dont certaines dotées de feux clignotants. Empâtée, Imelda est encore belle, elle qui ne se montre jamais que couverte de pied en cap des parures et des joyaux les plus somptueux. La « présidente » croit que cet apparat plaît au peuple. Mais à l'heure présente, ses yeux noirs et durs ne révèlent rien de ses pensées.

Ferdinand était le président « élu » de l'État. D'abord ministre du Logement et du Développement, Imelda avait été « nommée » ensuite gouverneur de la région-capitale Manille, une agglomération immense de sept millions d'habitants. Le couple de dictateurs régnait depuis vingt ans sur le pays. Plus encore que les Duvalier, les Marcos ont longtemps été considérés comme le « dernier rempart de l'Occident » face à la Chine communiste. C'est pourquoi les États-Unis ont entretenu à Manille deux immenses bases aérienne et navale auxquelles s'est adossée l'armée américaine durant la guerre du Viêt-nam. Subic Bay, la plus belle rade de l'Extrême-Orient, et Clarke, un outil aérien d'une puissance incomparable.

Pour bien manifester son soutien, George Bush, alors vice-président des États-Unis aux côtés de Ronald Reagan, ira lors d'un voyage aux Philippines jusqu'à prononcer des paroles plus qu'aimables en faveur de Marcos, en le félicitant « pour ses efforts en faveur de la démocratie ».

Mais voilà : la guerre est finie depuis longtemps, la « théorie des dominos » [3] est passée de mode. Les analystes du Pentagone estiment désormais que la balance entre les avantages stratégiques et les inconvénients politiques d'un soutien à Marcos penche lourdement en faveur des inconvénients. Pour eux, cette politique présente d'autant moins d'intérêt que, se présentant bruyamment comme un héros de la guerre contre les Japonais, Marcos a constamment manifesté un nationalisme ombrageux à la manière péroniste. Cet « homme providentiel » ne s'est pas toujours montré un allié d'une rigoureuse franchise.

Et les stratèges du Département d'État d'énumérer leurs griefs : Marcos n'a jamais hésité à ménager les communistes vietnamiens, lesquels, en retour, lui apportaient une certaine caution d'honorabilité dans la lutte contre la rébellion prochinoise qui ensanglante les Philippines depuis plusieurs décennies; Marcos a refusé d'envoyer des troupes combattantes au Viêt-nam; la République des Philippines a été le premier État asiatique a reconnaître l'autorité de Hanoï après la chute du régime pro-occidental de Saïgon; pour finir, Marcos a apporté son soutien au Viêt-nam dans le long conflit qui oppose ce pays à la Chine à propos des minuscules îles Spartley, un archipel quasi inhabitable mais d'une grande importance stratégique au beau milieu de la mer de Chine du Sud. Pour faire bonne mesure, il a mandé à Pékin un ambassadeur extraordinaire, sa propre femme Imelda, pour séduire les maîtres du palais rouge.

En Asie, les stratégies sont toujours compliquées, et il faut s'en souvenir, Manille est à moins de mille kilomètres de Da-Nang, alors la plus grande base soviétique en dehors de l'URSS. Donc, les Américains ont toujours considéré leur protégé Marcos avec une certaine méfiance. Méfiance aggravée par les rapports entretenus entre les Philippines et les USA depuis la dissolution en 1946 du *Philippine Commonwealth,* en fait depuis l'accession à l'indépendance de l'archipel. Au fil des ans, ces relations se sont envenimées.

Le meurtre, en 1983, du chef de l'opposition Benigno Aquino est la goutte qui fait déborder le vase. Depuis, les USA laissent se développer, partout dans le monde, une violente campagne anti-Marcos : on propage des informations sur les pillages du couple présidentiel et de son clan; la presse américaine « bien informée » prend fait et cause en faveur du challenger qui se présente face à Marcos aux élections présidentielles de février 1986 : toujours habillée de jaune, c'est une femme, d'apparence frêle et fragile.

« The Yellow Lady », Cory Aquino, n'est autre que la veuve du chef de l'opposition assassiné quelques années plus tôt. Elle est également issue de la meilleure bourgeoisie, puisqu'elle appartient au clan philippino-chinois Cojuangco, une des très grandes familles qui dominent la vie politique et économique.

Dans l'archipel philippin, de tradition espagnole mais dont les élites ont adopté la culture anglo-saxonne durant les décennies d'occupation coloniale américaine, on cultive un goût immodéré pour la violence. Cette campagne présidentielle ne fait pas exception : elle sera émaillée de nombreux meurtres, cent trente-cinq, dit-on!

Le processus électoral se déroule de façon habituelle : au-delà d'une apparence démocratique destinée à satisfaire les Américains, le clan Marcos tente de truquer la consultation en distribuant d'énormes sommes d'argent dans les quartiers déshérités de Manille et des autres grandes villes. Malgré cette tricherie manifeste, Marcos n'est capable de s'assurer qu'un mince avantage sur Cory Aquino : 300 000 voix. Peine perdue. Sans doute sous la pression des USA, les chiffres sont révisés, Ferdinand Marcos déclaré battu, Cory Aquino élue.

Marcos refuse de reconnaître cette victoire. Avec des fidèles dirigés par le général Ver, son compatriote et complice de toujours, il s'enferme dans un camp militaire de Quezon City, en bordure d'un boulevard de ceinture connu sous le nom d'EDSA (Epifanio dos Santos Angeles). De l'autre côté du boulevard, un deuxième camp militaire, occupé par deux dignitaires du régime Marcos passés dans le camp adverse, Juan Ponce Enrile, alors ministre de la Guerre, et Fidel Ramos. Lui-même ancien ministre de la Guerre et administrateur de la loi martiale dix-sept ans durant, Ramos est le protégé de Washington. Mais c'est aussi le propre cousin de Marcos, ce qui n'est pas surprenant dans ce pays dirigé par quelques clans.

Ces hommes si proches vont-ils s'affronter? Leurs troupes vont-elles recourir aux armes? Les Américains font savoir à Marcos qu'ils ne pourront plus rien pour lui s'il fait couler le sang. En revanche, ils lui garantissent la sauvegarde s'il évite l'affrontement. Que comprend le président battu? Probablement qu'il peut retourner à son palais de Macalañang sous escorte US. En fait, on a pu le constater, les Américains ne laissent pas Marcos rentrer chez lui. Ils le conduisent directement à la base de Clarke.

Les Marcos n'ont obtenu qu'une faveur. Contrairement aux Duvalier, le couple a pu emporter ses bagages, et c'est suivis par des dizaines de caisses de documents et de valises que Ferdinando et Imelda quittent le pays. « C'était un véritable enlèvement, protestent encore aujourd'hui Dean Coronel à Manille et Bruno de Preux à Genève, les deux avocats du couple Marcos. On a fait aux Marcos des promesses qui n'ont pas été tenues. Ils étaient convaincus que les Américains les conduisaient dans leur fief du Nord. La preuve? Les caisses de documents : jamais ils n'auraient emmené ces documents avec eux à l'étranger! »

Le boulevard EDSA est devenu le mythe fondateur du régime démocratique aux Philippines. Il est situé entre un viaduc autoroutier inachevé, des terrains vagues piquetés de buildings géants prolongés d'antennes de radiodiffusion, l'amorce d'un bidonville et un centre commercial. En souvenir de cet affrontement décisif et pacifique, Cory Aquino, très pieuse comme tous ses concitoyens, y a fait dresser une immense statue de la Vierge.

La victoire de Cory Aquino est reconnue par le Sénat et la Chambre des représentants, pourtant naguère constitués à la solde des Marcos : à Manille, on n'a jamais été à une contradiction près.

Dans les rues de la capitale, ivre de liberté après vingt ans d'une dictature plutôt pesante, une foule immense et bon enfant hurle de joie. Elle envahit le palais présidentiel de Macalañang, cet ensemble de constructions basses, au demeurant relativement modeste, étalé en bordure de la rivière Pasaï où il y a peu encore résidaient Marcos et Imelda.

Seul souci de la population : vérifier si le couple vivait réellement dans l'opulence qu'on lui prêtait, scandaleuse dans un pays aussi pauvre que les Philippines. Les bruits les plus fous couraient sur les richesses accumulées par le vieil homme et son épouse. La réalité dépasse toutes les prévisions : la présidente a entassé tout ce qui lui tombait sous la main. Les fameuses chaussures, les sous-vêtements, les parfums, des centaines de robes... La police met fin aux premiers pillages, mais les manifestants ont eu le temps d'entasser des papiers abandonnés dans le palais pour allumer un feu de joie.

Quand ils entrent dans les lieux, les premiers journalistes constatent avec surprise que les murs du palais sont nus : plus un seul tableau, ce qui est surprenant dans ce pays où les écoles locales de peinture ont éclos dès le XVIIe siècle, au début de la colonisation espagnole. En fait, si les murs sont nus, les peintures et les tentures portent la trace des cadres récemment décrochés... Sous les cadres, des plaques de cuivre renseignaient sur le tableau; on n'a même pas pris la peine de les retirer. Un « Portrait de femme » de Picasso ornait le manteau d'une cheminée baroque [4]. Le portrait a disparu.

La fureur des visiteurs monte encore de quelques crans quand certains ont la curiosité d'aller examiner le Musée national. Là aussi, des centaines de toiles ont disparu. La plupart sans intérêt, mais quelques-unes d'une valeur inestimable.

En revanche, on retrouve au Metropolitan Museum de Manille d'importantes collections de peintres européens récents. Une expertise rapide permet de mettre en doute leur authenticité. Les toiles sont descendues dans les caves du musée dont elles ne sont pas prêtes de sortir.

Revenus plus tard sur les lieux, quelques journalistes ont la curiosité de fouiller dans les cendres du feu de joie. Ils en extraient quelques lambeaux de documents dont l'existence se révélera par la suite essentielle pour prouver certaines pratiques financières des Marcos.

Le clan des vampires

Plus que partout ailleurs dans le monde, en raison notamment de la superstition extrême qui sévit dans la population, le vampire terrorise les Philippins. Or, Marcos et son clan se sont conduits comme d'authentiques vampires, répandant la terreur – enlèvements, tortures, exécutions sommaires, répression généralisée – pour mieux sucer le sang de la population et détourner ses richesses.

Pour le monde entier, les Marcos, c'est avant tout un trésor, l'une des plus importantes fortunes accumulées sur la planète en quelques décennies seulement, alors que le salaire officiel de Ferdinand était de 37 000 dollars (200 000 francs environ) par an. Les chiffres les plus fantastiques courent alors, et aujourd'hui encore : 1 milliard, 5 milliards, 10 milliards de dollars, qu'importe pourvu que les esprits soient frappés.

Selon les évaluations les plus optimistes, l'ensemble des biens Marcos représenterait 10 milliards de dollars. En se référant aux documents mis à sa disposition, David Castro, président de la Presidential Commission for a Good Government (PCGG) en 1992, pense que le magot devrait avoisiner dix fois la valeur des biens identifiés, qui se situe aux environs d'un demi-milliard de dollars. A titre de comparaison, à cette même époque, le revenu moyen des Philippins était de 700 dollars... par an.

« Cette estimation de David Castro est probablement exagérée, réplique Francisco Tatad, ancien ministre de l'Information de Marcos. Le niveau le moins contestable devrait se situer dans une fourchette comprise entre 1 milliard de dollars et 2 milliards de dollars. Toutefois, j'ai appris de source sûre que chacun des trois enfants du couple Marcos avait été doté de comptes à hauteur de 200 millions de dollars [5]. »

Qu'en est-il? On ne le saura sans doute jamais avec exactitude car, dès le début, le clan Marcos a tout fait pour masquer l'ampleur réelle du butin. Il est même probable que les Marcos ignoraient eux-mêmes l'étendue de leurs biens! C'était une toile d'araignée où les actes de propriété, les sociétés-écrans et les prête-noms s'imbriquaient de façon confuse. Les documents permettent néanmoins de reconstituer en partie les fonds détournés par le clan des vampires [6].

Plusieurs approches sont nécessaires, même si elles ne se recoupent pas exactement. Elles peuvent aussi se superposer, tant l'écheveau est compliqué : il y a les biens mobiliers et immobiliers aux Philippines même, et ceux qui sont investis à l'extérieur, il y a aussi la fortune nominativement possédée par les Marcos, et celle qui a été déposée entre les mains de prête-noms, qui, parfois, n'ont pas hésité à en distraire une part importante pour leur propre compte.

Dans tout l'archipel, et plus particulièrement dans le nord de l'île de Luzon, les propriétés Marcos se sont multipliées comme les pains et les poissons dans les récits évangéliques. On a dénombré jusqu'à vingt-neuf maisons.

Marcos avait un goût immodéré pour les constructions somptueuses. A Manille, le quartier d'affaires de Makati en est un bon exemple. Mais c'est dans sa province que le président s'est déchaîné, sous prétexte de revaloriser le tourisme dans son pays. Cette orientation a été définie en 1983. Le mariage de sa fille Irène à Sarrat, avec l'homme d'affaires Gregorio « Greggy » Araneta, devait en constituer le premier épisode. Sarrat est le village natal de Marcos, au nord de l'île de Luzon. Ce sera le « mariage du siècle » : 10,3 millions de dollars ont été directement investis pour la seule cérémonie. Des milliers d'ouvriers ont œuvré à la restauration de l'église Sainte-Monique datant du XVIe siècle, et depuis fort malmenée par les intempéries et les tremblements de terre. Il fallait que la télévision montre au peuple philippin la grandeur à laquelle leur pays avait accédé dès cette époque. Deux jours avant le mariage, on inaugure le Fort Ilocandia Hôtel, construit grâce à une « subvention » gouvernementale de 10 millions de dollars afin de recevoir la fine fleur des cinq mille invités. Également construit pour l'occasion : un nouvel aéroport susceptible de recevoir les avions de ligne, ne serait-ce que pour accueillir le charter transportant les fleurs coupées spécialement importées d'Hawaï. Les demeures des familles qui avaient toujours soutenu Marcos [7] ont été reconstruites dans le style traditionnel pour faire croire qu'elles dataient de l'époque coloniale espagnole... Une maison de même architecture a été bâtie sur le chemin de l'église pour servir de *dressing room* à Irène et à ses invités. Après la fête, ces équipements devaient servir au tourisme.

Contrairement à ce que pensent aujourd'hui beaucoup de Philippins, ce projet n'était pas forcément une mauvaise idée d'aménagement du territoire. En revanche, plus contestable a été le projet de parc national de Pugo, à la Union, dans les montagnes orientales. Ce vaste complexe touristique était centré autour d'un golf. Le clou en était un buste géant de Marcos, haut de trente mètres, qui devait constituer le premier d'une série de quatre monuments consacrés aux grands héros nationaux, imitation évidente du mémorial national de Mont Rushmore, dans les collines noires du Dakota aux États-Unis. Dans l'idée de son promoteur, le ministre du Tourisme, José Aspiras, lui-même inspiré par la passion de Ferdinand Marcos pour le golf, ce complexe devait être le premier d'une chaîne qui, répartie sur l'ensemble du territoire philippin, aurait attiré les riches touristes étrangers désireux de pratiquer ce sport dans un cadre différent. Des millions de dollars ont ainsi été investis sur les fonds publics, mais la plus grande partie des propriétés devaient rester entre les mains des Marcos et de leurs partisans les plus proches. En tout, on a identifié plus de deux cents *ranches*, maisons ou appartements. Sans oublier trente et un avions et hélicoptères, et plus de quatre-vingts voitures, dont quelques-unes ont été retrouvées dans les garages du palais présidentiel : quinze limousines dont cinq Mercedes, une BMW, une Datsun et une modeste Nissan qu'Imelda utilisait pour ses « sorties politiques ».

Soucieux d'écarter la ploutocratie au pouvoir afin de rester le seul maître à bord, Marcos prend en main l'économie philippine à partir de 1972. De la main à la poche, il n'y a qu'un geste. En 1984, trois cents sociétés sont confisquées par le clan, dont vingt-cinq gérées directement par Marcos et une trentaine par Imelda. Les proches partisans du dictateur contrôlent totalement les marchés de la noix de coco, du sucre, des produits pharmaceutiques, du ciment. Les deux frères d'Imelda s'emparent de l'industrie de l'appareillage électrique et des jeux d'argent. En 1973, sans justification économique, les réserves d'or des Philippines ont fondu de 45 %, perdant dans l'année 800 000 onces, soit 280 millions de dollars.

A la décharge de ces sympathiques capitalistes, il faut dire que les Philippines sont traditionnellement exploitées par une oligarchie constituée d'un petit nombre de familles patriciennes qui mettent leurs œufs dans des paniers différents pour être certaines de gagner à tout coup. Les Cojuangco en sont un excellent exemple : Eduardo « Danding » Cojuangco Jr a pu devenir l'un des hommes les plus riches des Philippines, et même du monde, puisqu'il est classé par le magazine *Fortune* dans la liste 1992 des 233 milliardaires. Tandis que « Danding » bâtit sa fortune grâce à Ferdinand Marcos, sa cousine Cory milite dans l'opposition. Pour les présidentielles de mai 1992, s'affirmant comme un possible « sauveur de la Patrie », restaurateur des valeurs prônées par feu le président Ferdinand Marcos, « Danding » sera le principal candidat contre Fidel Ramos, le poulain de Cory Aquino.

Frivolité flamboyante

Plus connu, parce que plus symbolique, est le goût immodéré d'Imelda pour les achats, et plus particulièrement les bijoux. A côté des fameuses chaussures, exactement mille soixante-huit paires, on a retrouvé au palais de Macalañang un millier de robes, huit cents sacs et soixante-dix paires de lunettes de soleil, selon le minutieux inventaire qui en a été fait [8]. Quant aux bijoux, la saisie opérée lors de l'arrivée à la base militaire Hickam, à Hawaï, en donne un aperçu fascinant. Leslie F. Kinney, l'agent des douanes US qui a inspecté les bagages, affirme avoir vu des caisses pleines de perles non montées. L'inventaire d'une seule mallette est stupéfiant : dix bijoux sont évalués à 2 835 336 dollars, parmi lesquels cinq diadèmes ornés de perles et de diamants, un collier serti de cinq gros et sept petits saphirs, une broche ornée de huit émeraudes et d'éclats de diamant, un set regroupant un bracelet, une broche et des boucles d'oreilles ornés de diamants, de rubis et de saphirs. L'inventaire comprend dix-sept pages pour les bijoux, la plupart contenus dans diverses mallettes en cuir de Russie ; six pages pour les billets en devises diverses et les valeurs. Vingt-deux caisses en bois ne contiennent que des billets philippins. En prime, les Marcos ont pris avec eux « El Niño », une statue d'ivoire d'un mètre de haut sertie de diamants, volée au Trésor philippin.

Le total sera arrêté à 8 millions de dollars, montant qu'il faut augmenter de 4 millions de dollars en bons du Trésor américains et philippins, achetés très peu de temps auparavant, et d'importantes quantités de devises.

Six carnets saisis sur Imelda retracent ses achats : ils dépassent largement ceux de Michèle Duvalier. En un jour de septembre 1982 : des œuvres d'art (62 000 dollars), des bijoux (190 000 dollars), un bracelet orné de diamants (200 000 dollars), des bijoux anciens (360 000 dollars). Lors d'un autre « raid », elle achète pour Ferdinand du papier toilette extra-doux à 20 dollars le rouleau (!), des draps dans la boutique Pratesi (10 340 dollars), une huile attribuée à Michel-Ange (3,5 millions de dollars) [9]. Et le 25 septembre 1982, à Moscou cette fois, 6 000 dollars de caviar. Selon le relevé manuscrit signé par sa secrétaire personnelle, Imelda a dépensé plus de 4,5 millions de dollars entre mai et juillet 1983.

Les deux filles du couple présidentiel, Imelda « Imee » Marcos-Monotoc et Irena Marcos-Araneta, se montrent tout aussi dépensières que leur mère, comme le révèle le texte d'une lettre adressée depuis Milan à Imee par « Baby », une personne non identifiée : « Je vous envoie une valise pleine de choses, j'espère que vous aurez le temps de porter tous ces vêtements, j'ai dépensé 3 717 dollars sur mon budget de 5 000 dollars dont un équipement de jogging de 1 247 dollars de Valentino et une veste d'Armani en soie sauvage à 2 470 dollars. »

Mais Imelda n'a pas forcément la bourse facile : elle se fait tirer l'oreille pour payer un demi-million de dollars de bijoux en 1984 chez Van Cleef & Arpels ; de la même façon on retrouvera la trace d'impayés importants – 4 millions de francs, une bagatelle ! – lors de la faillite de la bijouterie Chaumet à Paris.

Debra Livingston, assistante du District Attorney fédéral de New York, observera plus tard : « Elle s'est servie de la branche new-yorkaise de la Philippine National Bank comme d'un cochon-tirelire. » Et Stefen Solarz, président de la sous-commission Pacifique du Sénat américain de surenchérir : « Imelda utilisait la caisse noire des services spéciaux philippins comme l'équivalent de la carte Or de l'American Express. »

Ces achats ne sont que l'écume d'une fortune infiniment plus importante dispersée à travers le monde.

De Manille à Genève

Depuis plusieurs années, pressentant non sans quelques raisons la précarité de leur situation, Ferdinand et Imelda Marcos ont préparé leur retraite. Le couple présidentiel a pris toutes les dispositions nécessaires. Les richesses qui sont restées derrière eux ne sont rien à côté des biens disparus. Dès 1968, on ouvre au Crédit suisse, à Zurich, les premiers comptes clandestins sous les noms de William Saunders et Jane Ryan. Dans les années soixante-dix, les techniques se perfectionnent rapidement.

Des témoignages permettent de reconstituer le cheminement des capitaux exportés.

Première étape, les Philippines. Récit de Fernando Florès, directeur adjoint au service trésorerie de la Security & Trust Co à Manille [10] : « On amenait l'argent dans des caisses anonymes, deux ou trois fois par semaine. Au moins 83 millions de dollars. La plus grosse part en liquide, et un peu en chèques. Selon mes estimations, les sommes déposées en liquide pourraient varier entre 83 millions de dollars et 312 millions de dollars déposés sur les comptes, répartis en cinq cents dépôts successifs en quatre ans. Quant au montant en chèques, il pourrait aller de 12 millions de dollars à 72 millions de dollars. Les sommes étaient réparties sur neuf comptes de la série 7700, 7700 à 7790. J'ai assisté plusieurs fois au comptage de l'argent, qui était effectué dans un sous-sol interdit aux autres clients. J'ignore d'où venait l'argent. Les dépôts étaient faits par le directeur de la banque, Rolando Gapud. »

Rolando Gapud était aussi le principal conseiller financier de Ferdinand Marcos. L'enquête du FBI a permis d'établir que, obéissant à des instructions précises émanant du palais présidentiel de Macalañang, Gapud transférait l'argent sur des comptes précis. Ce témoignage de Florès n'établit pas avec certitude le lien direct entre Marcos et les comptes, mais il suggère pour le moins une forte présomption.

Pour investir ces fonds en toute sécurité, les conseillers des Marcos leur recommandent de répartir les risques entre le plus grand nombre possible de pays. C'est ainsi que l'on a pu repérer des « fonds Marcos » à Hong Kong et dans une dizaine de pays, parmi lesquels l'Australie, les Antilles néerlandaises, le Brésil, Panama, les îles Caïmans, l'Allemagne, la Libye (Imelda a fait grande impression sur Kadhafi lors d'un voyage officiel en 1978), le Maroc, le Japon. Et naturellement, dans pas moins de cinq banques américaines.

Pour la Suisse, havre majeur, les conseillers suggèrent d'établir des « fondations » [11] au Liechtenstein. Ces fondations ne sont en fait que des paravents sans existence juridique, affublés de noms charmants : Sandy, Palmy, Avertina et Rosaly. Elles se succèdent au gré des caprices de la gestion. Pour rendre les intérêts croisés encore plus inextricables, des holdings sont installés. Ils se superposent les uns aux autres. Pour s'y retrouver, on conserve dans tous les numéros de compte le chiffre 7, nombre favori des Marcos. On retrouve bien le 7 dans les états de comptes que m'a présentés, en avril 1990, Moritz Leuenberger, alors avocat du gouvernement philippin, pour expliquer le mécanisme du blanchiment [12] : « En voyant cet extrait d'une fondation du Liechtenstein, avec un nom quelconque, personne ne peut se douter que c'est en relation avec Marcos. Il se cachait. On a même la preuve qu'il falsifiait son nom, sa signature. Imelda de même. Nous avons une feuille de papier où l'on voit qu'il a essayé de nombreuses signatures avec les noms de Ryan, Williamstown, etc. L'argent était changé à Hong Kong, puis il était transféré par exemple à Fribourg. De Fribourg, on a créé une fondation au Liechtenstein, gérée par un homme de confiance de la banque; le vrai détenteur était la famille Marcos; mais selon la loi en vigueur dans la principauté, le détenteur n'a pas besoin d'apparaître. Kandy fondation, Sandy Fondation, Aurora Fondation. Tout ça était géré à Zurich. Dans les faits, la fortune était ici, à Zurich, mais l'administration était formellement au Liechtenstein. Bien sûr, il n'y avait personne là-bas, c'était simplement pour cacher les traces [...] Si un policier suisse fouillait dans une banque, il ne pouvait pas découvrir que ces fondations étaient en relation avec les Philippines. C'est la raison du détour par le Liechtenstein avec des administrateurs qui ne cessaient de changer, tout comme les fondations d'ailleurs : la fondation A était liquidée, la fortune était transférée dans une fondation B, et ainsi de suite, tout ça pour effacer les traces. »

Comme si le dictateur n'avait plus d'illusion sur son avenir, le rythme des investissements outre-mer s'accélère après le meurtre de Benigno Aquino en 1983. Finalement, le gouvernement philippin a localisé en Suisse une centaine de comptes bancaires attribués au couple Marcos. Bien que les autorités fédérales helvétiques se soient toujours refusées à fournir officiellement des précisions, je suis à même d'indiquer qu'en 1986, lors du départ en exil des Marcos, les fonds déposés en Suisse, sous forme de titres, or et investissements se montaient à environ 530 millions de francs suisses, ainsi répartis :

Canton de Fribourg : 70 millions de francs suisses.

Canton de Zurich : 400 millions de francs suisses.

Canton de Genève : 57 millions de francs suisses, plus quelques capitaux d'un plus faible montant déposés dans des banques des cantons de Lucerne et de Vaud.

En 1989, l'aide de la Suisse aux Philippines a atteint 3 millions de dollars. Dix fois moins que le montant des intérêts annuels à créditer sur ces fonds Marcos !

Toiles de maîtres

Les Marcos ont fait feu de tout bois : on n'aura pas manqué de repérer, dans la liste de dépenses, la mention d'une peinture attribuée à Michel-Ange. Imelda est folle de tableaux. Elle en achète beaucoup, elle en vole aussi, et acquiert parfois des « croûtes » sans intérêt. L'épouse du dictateur veut se faire reconnaître comme un grand « amateur d'art ». Elle a d'abord puisé dans les réserves des musées de Manille, fort riches en raison d'une très ancienne tradition artistique du pays, puis s'est mise à acheter des œuvres chez certains grands marchands new-yorkais.

A New York, en 1982, Imelda Marcos a acquis d'un seul coup trente-huit toiles au négociant Samuels, installé 72e rue Est (le quartier des galeries, à proximité du Metropolitan

Museum of Art), dans une maison d'apparence parfaitement modeste. Au troisième étage, la maison Samuels est rigoureusement anonyme, comme le sont souvent ce genre de galeries à New York : plus le négociant est important, moins il se montre. Parmi les achats, on relève la présence d'un « Couronnement de la vierge » du Greco, deux Zurbaran, deux Franz Hals, un Rubens. Les autorités américaines ont pu dresser la liste, souvent avec les dates et les valeurs d'achat, de cent soixante dix-sept tableaux. Dont, il est vrai, dix-huit œuvres de Grandma Moses et cinquante-deux signées... Paule Gobillard, toutes achetées les 9 janvier (607 000 dollars) et 16 mai 1983 (261 200 dollars) à un certain Hammer, qui a manifestement eu la chance de sa vie en rencontrant Imelda. On trouve aussi des Breughel, des Cézanne, des Gauguin, des Degas, des Magritte, des Bacon, trois Picasso, deux Monet, un Renoir, et de parfaits inconnus. Dans leur grande majorité, les œuvres du XVIe siècle provenaient directement d'un vol dans le palais présidentiel, comme l'indique dans les documents la mention « inventaire du palais, 30 juin 1981 ». Quelques toiles étaient des faux. Mais dans son ensemble, la valeur de cette collection représentait plusieurs millions de dollars. La plus grande partie a été retrouvée et réinstallée dans les musées de Manille. Mais certaines œuvres ont bel et bien disparu, sans compter celles qui n'ont pas été recensées.

Le marchand d'armes saoudien Adnan Khashoggi a joué un certain rôle dans cette opération. Pour son compte, ou comme simple dépositaire ? Ce qui est certain : j'ai personnellement vu dans son appartement de New York, un duplex somptueux de l'Olympic Tower, un ensemble de tableaux à faire pâlir les meilleurs musées, dont un « Portrait de femme » de Picasso, un très grand « Nymphea » de Monet, un immense « Grands boulevards » de Pissaro, un Magritte, un Miro... Me voyant apprécier, Khashoggi s'est cru obligé d'observer : « It's owned by my company ! » (C'est ma société qui est propriétaire...)

Du béton et des hommes de paille

Aux USA, la plus grande partie des biens Marcos était constituée par des immeubles : quatre buildings de bureaux à

New York, le Crown Building, le 40th Wall Street, le Herald center, au coin de la 6e Avenue et de la 34e rue, et enfin le Glockhurst building, 200 Madison Av. Tous étaient censés appartenir à Lastura corp NV, enregistrée aux Antilles néerlandaises. Mais cette société était en réalité contrôlée par un fantôme, Benefico Investment Inc., immatriculé au Panama!

Il est très difficile d'établir les vrais propriétaires, car les titres sont des bons au porteur transférables sans enregistrement : le porteur des bons est le propriétaire. Cette énorme transaction a été menée pour le compte des Marcos par les agents immobiliers Ralph et Joseph Bernstein [13]. D'une valeur totale de 350 millions de dollars, ce bien était lourdement hypothéqué car les acquisitions avaient été financées par des prêts.

Le couple possédait également une propriété dans le New Jersey, la Lindemere Mansion; l'appartement dans l'Olympic Tower sur la 5e avenue, et à Beverly Hills, une villa que s'était fait naguère construire Charlie Chaplin. En théorie, tous ces biens étaient détenus par des sociétés-écrans ou des « hommes de paille » : ainsi, l'appartement de la tour Olympic appartenait à la Lastura Corp, la maison de Los Angeles avait été « donnée » par Imelda à l'acteur George Hamilton, qui l'avait aussitôt revendue à Adnan Khashoggi. Après la chute du dictateur, le Saoudien a également « racheté » les immeubles de bureaux de New York, grâce notamment à un prêt de 39 millions de dollars accordé par la City Bank pour financer la transaction de 40th Wall Street.

Dans cette confusion et ce désordre, personne ne s'y s'est jamais retrouvé. Selon l'accusation, Khashoggi a été le principal intermédiaire des Marcos.

Arrêtons-nous quelques instants sur ce curieux personnage. Petit, un peu rondouillard, le visage très ouvert, il est incontestablement doué d'un grand charme; frère puîné d'une richissime famille saoudienne, Adnan Khashoggi a amassé l'essentiel de son immense fortune en servant d'intermédiaire pour de très gros contrats d'armes noués par son pays. Il a été également l'un des principaux intervenants dans l'affaire de l'Iran gate [14]. Moins heureux dans les affaires immobilières : une énorme opération engagée à Salt Lake City s'est terminée par un tel fiasco que Khashoggi a dû liquider une partie de sa fortune considérée au milieu des années quatre-vingts comme l'une des plus importantes du monde; il possède alors un grand appartement avenue Montaigne à Paris, un triplex sur la Croisette à Cannes, un ranch gigantesque et fastueux à Marbella, et le duplex de l'Olympic Tower à New York. Sans compter son yacht *Nabila.* Adnan a conservé Cannes et New York, où se situe le nœud de ses affaires, mais il a dû vendre Paris, Marbella et son yacht : ce dernier a été cédé au promoteur immobilier Donald Trump, qui n'a d'ailleurs pu le conserver que quelques mois. Adil, le frère aîné, beaucoup plus discret, passe pour plus riche encore. Sa villa de Super-Cannes est un château qui s'élève à flanc de colline sur quatre étages...

C'est « en voisins » que se rencontrent à New York les Marcos et Khashoggi. Alors au faîte de sa gloire, le Saoudien est toujours prêt à rendre service. Justement, le président philippin veut mettre à l'abri ses tableaux. Pas de problèmes pour Khashoggi qui prend la collection en gage contre un « prêt » de 6,5 millions de dollars. Naturellement, le prêt ne sera jamais remboursé par Marcos. Et c'est ainsi que Khashoggi devient propriétaire d'une partie de la collection, ce qui lui vaut d'être poursuivi par la justice fédérale américaine, à la fois comme receleur et comme complice d'escroquerie. Ce ne sera pourtant pas le dernier « service » que le marchand d'armes est accusé d'avoir rendu à son voisin Marcos.

Le couple dictatorial s'est, en fait, appuyé sur un réseau d'hommes d'affaires, qui, moyennant services, ont été choyés par les Marcos.

Grande figure de cette galerie, l'ambassadeur Roberto S. Benedicto, détenteur du monopole sucrier et d'intérêts dans des hôtels, médias, banques, armement maritime. Sa Traders Royal Bank a été utilisée pour transférer des fonds vers les comptes suisses secrets ouverts au nom du baron du sucre, mais appartenant en fait aux Marcos... De même, c'est lui qui a mis sur pied le montage permettant à la Californian Overseas Bank qu'il contrôlait de financer l'acquisition initiale des quatre immeubles de bureaux à Manhattan.

Parmi les autres membres du clan, on retrouve Eduardo « Danding » Cojuangco. Le moyen utilisé pour siphoner en sa faveur les fonds publics philippins est hautement significatif :

Cojuangco s'est fait attribuer par Marcos le quasi-monopole sur le produit de la noix de coco, une ressource vitale pour les Philippines. Le territoire compte un million et demi de planteurs. En 1973, sous prétexte de réguler les cours, ils se sont vu imposer une taxe parafiscale sur l'huile de noix et autres dérivés, déposée dans un fonds de réserve spécial. En 1975, Marcos et Cojuangco ont utilisé ce fonds pour fonder une banque spéciale, la United Coconut Planters Bank, et vingt-huit autres sociétés, les planteurs se voyant en principe accorder la majorité dans le capital avec 51,8 % des droits de vote, le reste étant... attribué à soixante-quatre actionnaires. Or, après examen des statuts, on s'est aperçu que ces droits ne valaient rien. Les planteurs de noix de coco ont tout simplement été spoliés d'environ 2 milliards de francs. Cojuangco n'a jamais démenti cette version des faits.

Eduardo « Danding » Cojuangco était l'un des rares compagnons d'exil du président en 1986. Il a été autorisé à rentrer en 1991, après s'être fait rendre l'essentiel de « ses » biens.

Les malheureux planteurs de noix de coco ont été également les victimes directes d'Imelda, accusée d'avoir détourné 740 000 dollars du fonds destiné à payer les études des enfants de planteurs dans le besoin. Cet argent aurait été investi dans l'immobilier.

Pas de surprise : les pots-de-vin et la corruption ont largement alimenté les caisses du clan Marcos. Ainsi, l'attribution d'importants chantiers de travaux publics financés par les dommages de guerre versés par le Japon pour compenser les destructions de la guerre et par l'aide économique américaine (« Overseas Economic Cooperation Fund ») et japonaise ont donné lieu à d'importants versements clandestins. Sept entreprises japonaises (Mitsui, Nissho Iwaï, Marubeni, Toyo, Sakaï heavy industries, Sumimoto et Taihei) sont accusées par le gouvernement philippin d'avoir déposé 54,8 millions de dollars sur des comptes à Hong Kong et en Suisse.

Naturellement, les Japonais démentent, rappelant que des enquêtes précédentes ont montré que ces allégations étaient sans fondement. Cependant, les preuves paraissent accablantes : le montant des commissions était assez énorme, 10 à 20 % du montant du projet. Sont impliqués le défunt général

Eugenio Balao, président de la commission des réparations, l'ancien secrétaire d'État aux Travaux publics, Baltazar Aquino, et un homme d'affaires de Quezon City, tous considérés comme des « agents collecteurs » pour le clan Marcos. Ces braves gens se concurrençaient même entre eux : ainsi, dans une lettre à Marcos, l'homme d'affaires a été jusqu'à se plaindre des méthodes de Balthazar Aquino qui voulait se débarrasser de lui !

Le cas de la centrale de Bataan – une presqu'île située à l'ouest de Manille – est encore plus significatif : le constructeur désigné, Westinghouse Electric, a versé au moins 11,2 millions de dollars de 1976 à 1982 pour obtenir ce contrat lucratif prévoyant la réalisation d'une centrale nucléaire.

La compagnie reconnaît bien avoir donné 17 millions de dollars de commissions en dix ans, mais uniquement à un cousin de Marcos.

Une fois décryptés, ces liens montrent clairement comment fonctionne le système des « hommes de paille ». Quand tout va bien, ils alimentent en argent les vrais propriétaires, secrètement et sans problème. Si jamais la fortune (politique...) tourne mal, ils servent de fusible pour empêcher les enquêteurs de remonter jusqu'au véritable bénéficiaire.

Les chasseurs de trésor : ripoux et « Branquignol »

Curieusement, mis à part Khashoggi et Cojuangco, la plupart des « cronies », les fidèles de Marcos, ont été aussi ses principaux dénonciateurs. En livrant qui des titres de propriété, qui des numéros de comptes en échange de leur impunité, voire de la sauvegarde d'une partie de leur fortune mal acquise, ils ont ouvert de multiples pistes inattendues aux enquêteurs chargés d'inventorier et de récupérer si possible la fortune supposée des Marcos et de leurs partisans.

Cette fantastique et parfois étrange opération s'est amorcée dès avant le départ en exil du couple dictatorial. Elle continue aujourd'hui encore, et peut-être ne s'achèvera-t-elle jamais. Initiée dans la dignité, la chasse au trésor a pris parfois des tours grotesques, et même franchement déplaisants, au point qu'on a pu, en certaines occasions, se demander qui était le plus corrompu, du gibier ou du chasseur.

La traque est lancée, pour des raisons purement politiques, par le groupe ATOM, August Twenty One Movement, le 21 août étant la date anniversaire du meurtre de Benigno Aquino. Ce mouvement est dirigé par le sénateur Agapito « Butz » Aquino, frère du leader politique assassiné. Après avoir contribué fortement à la chute de Marcos, ATOM a tenté de faire pression sur la Suisse en vue d'accélérer la restitution aux Philippines des biens Marcos, soumettant l'ambassade helvétique à un siège populaire permanent. « Nous voulions faire comprendre aux Suisses, explique Butz Aquino, combien la restitution de ces fonds était vitale pour l'économie philippine. »

Pour obtenir le retour au pays de l'argent détourné par la dictature, plusieurs équipes entrent en concurrence. Dès son accession à la présidence, Cory Aquino forme à ses côtés une agence spéciale dirigée par une équipe de quatre commissaires, la PCGG, Presidential Commission for a Good Government. A l'origine, cette agence a pour mission la lutte contre la corruption. Devant l'ampleur de la tâche, elle limite vite ses ambitions à la récupération de la fortune des Marcos et de leurs partisans. La PCGG n'a aucun rôle juridictionnel, celui-ci étant dévolu pour les crimes et délits de droit commun à l'ordre judiciaire constitué d'une instance d'instruction sans pouvoir de jugement – dont les membres sont curieusement appelés « ombudsmen » [15] – et, pour les fautes administratives, à un tribunal appelé Sandiganbayan, tout à fait comparable aux tribunaux administratifs français.

L'initiative de Cory Aquino est louable : il s'agit d'éviter une chasse aux sorcières désordonnée. Dans la pratique, la vie de cette administration sera chaotique, ponctuée de scandales. Le tout pour une efficacité assez douteuse. Pour ne rien arranger, comme il fallait s'y attendre, les partisans du dictateur déchu ont multiplié les rumeurs et les calomnies pour discréditer la commission.

Le premier président de la PCGG, Jovito Salonga, est un avocat très convaincu par l'importance de sa tâche. Il est persuadé que tout va aller très vite. La réalité sera bien différente :

la commission ira de crise en crise, pour atteindre son apogée en juillet 1988 alors que, nommé président du Sénat, Salonga est remplacé à la tête de la commission par Ramon Diaz. Un des commissaires, José Laureta, expose à ses confrères, puis publiquement dans la presse, qu'à son avis, cet organisme n'est pas vraiment utile. En outre, dit-il, il fait doublon avec d'autres instances, tel que le service du procureur général (Office of Sollicitor General, en fait le ministère de la Justice) dirigé par un autre avocat, Francisco Chavez. Pour faire bonne mesure, Laureta s'en prend à l'inexpérience des fonctionnaires de la commission.

Aux journalistes qui réussissent à l'approcher, Laureta révèle que des négociations ont été engagées avec certaines personnes poursuivies, suggérant même qu'il y aurait peut-être certains cas de corruption. Scandale et tensions entre Chavez et la PCGG. Le ministre reproche à l'institution une très mauvaise gestion des sociétés placées sous séquestre, certains actes de corruption – telle que la disparation de voitures et d'un avion – et le manque d'enthousiasme à exercer certaines poursuites. Chavez accuse même la commission de s'être largement servie dans le compte bancaire ouvert à Hong Kong au nom de l'Angenit Corporation [16]. Chavez exclut de ses critiques Laureta. Bref, c'est la guerre. Du coup, Cory Aquino remplace tous les membres de la PCGG, désormais présidée par Matéo Caparas.

Les Philippins font porter à la PCGG la responsabilité du marasme financier. C'est une manière de ne pas s'en prendre directement à la présidente Aquino, qui bénéficie encore d'une formidable popularité. La récupération des biens de Marcos est devenue une sorte de mythe fantasmagorique, l'incapacité supposée de la commission apparaît comme politiquement criminelle. L'accusation n'est d'ailleurs pas infondée : certes, des centaines de propriétés, de sociétés ont été saisies et placées sous séquestre, mais le plus souvent pour n'en rien faire.

Ainsi la fameuse Union Coconuts Planters Bank. En 1990, les experts estimaient que la valeur de ce fonds de réserve devait atteindre 30 milliards de pesos (6 milliards de francs), et ceci grâce à des placements avisés, y compris le produit des 33 millions d'actions détenues dans la San Miguel Corp. Or, les planteurs n'en voient pas la couleur, affirme la presse d'opposition philippine, qui pose franchement la question : la banque placée sous séquestre a-t-elle été détournée de son but par des fonctionnaires de la PCGG, pour accorder par exemple des faveurs politiques? On mentionne ainsi quatre chèques pour un montant total de 34 millions de pesos (7 millions de francs) émis par la banque en faveur de la PCGG et dont on ne retrouve pas trace... Du côté de la commission, pas de réponse : elle ne veut pas entrer dans la polémique.

Ces révélations émanent surtout des milieux parlementaires où, après les élections législatives, les partisans de Marcos ont fait un retour en force. N'empêche : alors que la PCGG a versé, de 1986 à 1990, 5 114 658,93 dollars à vingt-quatre cabinets d'avocats étrangers pour lancer des recherches, les capitaux provenant de la revente des « biens récupérés » ne coulent plus que comme un filet d'eau...

Le gouvernement avait projeté de financer la réforme agraire avec ces fonds; c'est donc la déception. Sur une valeur de biens séquestrés estimée à 400 milliards de pesos (80 milliards de francs) en 1986, les officiels estiment qu'en 1991 cette masse ne dépasse plus une valeur de 60 ou 70 milliards de pesos (12 ou 14 milliards de francs), à la suite des dissipations et des pillages. Soixante-dix seulement des trois cents sociétés placées sous séquestre sont encore en activité. Alors que le PCGG voulait imposer son séquestre sur la société Fortune Tobacco, le propriétaire Lucien Tan a pu s'y opposer grâce à l'intervention de miliciens privés armés, sans être autrement inquiété.

Les maisons des Marcos tombent en ruine. Ainsi ce « Palace on the Sky » construit pour recevoir Jean-Paul II, au sommet d'une montagne à l'aplomb du lac Taal. Comme il refusait de cautionner le régime Marcos, le pape n'est pas venu. En attendant la prochaine éruption du volcan dont il occupe le cratère, le lac Taal ne cesse d'être plus chaud chaque jour, tandis que le palais céleste reste inoccupé et se détériore toujours un peu plus. Quant au super hôtel construit à Sarrat pour le mariage de la fille de Marcos, il est vide de touristes, et il n'y a plus de golfeurs dans le parc de loisirs de Pugo, à la Union.

Le fonctionnement de la commission est vivement critiqué : les documents nécessaires aux investigations ont été perdus ou détruits, la commission a conclu des arrangements clandestins ou secrets, l'immunité a été accordée à certaines personnes poursuivies en échange d'informations. Certaines poursuites sont abandonnées. Ainsi, l'ancien ami et ambassadeur de Marcos, Roberto Benedicto, peut-il rentrer aux Philippines et récupérer une partie de ses biens grâce à un accord conclu le 3 novembre 1990 : il prévoit la remise d'un nouveau passeport, l'immunité parlementaire et le contrôle de ses propriétés rurales et de ses avions privés, en contrepartie de documents sur la fortune Marcos et le reversement de 60 millions de dollars au gouvernement. Il lui « reste » 35 millions de dollars répartis dans vingt-deux sociétés.

Au fil des années, la situation ne cesse d'empirer, et la commission de réduire ses ambitions. A son tour promu à la présidence, David Castro, l'un des anciens commissaires, m'a confié [18] : « Cette commission n'a pas pour tâche d'engager des procès dans tous les sens, mais de nettoyer les lieux et de récupérer l'argent récupérable. On nous reproche de conclure des accords? Mais un bon accord est le seul moyen d'en finir avec cette affaire dans un délai raisonnable. D'ailleurs, les actions de récupération menées par la commission en dehors de toute procédure judiciaire sont loin d'être négligeables. Grâce aux accords, nous avons pu faire rentrer dans les caisses 14 milliards de pesos, soit 509 millions de dollars. »

David Castro est, lui aussi, un ancien avocat, qui a naguère défendu les intérêts de Benjamin Romualdez, un des frères d'Imelda Marcos. A la tête de la commission, il est très fier de sa responsabilité, au point de passer parfois pour un illuminé en raison de ses incessantes passes d'armes avec le *Sollicitor General* Chavez. Comme beaucoup de Philippins, David Castro est très sensible aux pressions du milieu politique. Or, à partir de la fin 1991, ce milieu estime, comme le souligne Francisco Tatad, l'ancien ministre de l'Information de Marcos, que les résultats obtenus par la commission ne sont pas suffisants pour justifier son existence. « Cette chasse est un leurre », renchérit Agapito Aquino, tandis que le commissaire Atlee Viray lâche : « Il vaut mieux protéger ce qu'on a que de poursuivre la chasse. »

Les traditionnalistes ont gagné. Le 18 mars 1992, David Castro demande à Cory Aquino de mettre un terme officiel à la chasse au trésor. Estimant sa mission accomplie... et impossible, il baisse les bras.

L'or de Yamashita

Ferdinand Marcos nie d'abord détenir quelque richesse que ce soit. Sans vergogne, installé dans sa belle maison d'Honolulu au milieu de ses dix domestiques, de ses trente gardes du corps et de divers collaborateurs, l'ancien dictateur commence par faire croire qu'il vit de la mendicité. Constatant qu'il laisse les observateurs totalement incrédules, le président déchu sort soudain, en juillet 1987, sa botte secrète. Il raconte tout à... deux trafiquants d'armes américains. En fait les deux hommes sont des provocateurs, ils enregistrent clandestinement les propos de l'ex-dictateur, qui doit savoir à quoi s'en tenir... On ne saura jamais qui manipulait qui. Lors de cet entretien, Marcos admet qu'il est extrêmement riche grâce à ses ressources secrètes : le trésor de Yamashita : « Je dispose de 1 000 tonnes d'or cachées aux Philippines, je n'en ai jamais parlé à Imelda parce qu'elle paniquerait. »

Ainsi commence la légende de l'or, qui prendra diverses formes au fil des ans et au gré des interlocuteurs. Pour Marcos, c'est simple : « A la fin de la Seconde Guerre mondiale, raconte-t-il, Tomoyuki Yamashita, le Tigre de Malaisie, commandait les forces d'occupation japonaises aux Philippines. Avant de se rendre aux Américains, en 1945, il a fait cacher ce trésor dans cent soixante-douze lieux différents par des prisonniers de guerre américains qui ont été ensuite fusillés pour éviter toute révélation. D'ailleurs Yamashita lui-même a été fusillé en 1946 pour crime de guerre, et, naturellement, sans rien dire de son secret. Le butin valait 14 milliards de dollars sous forme de joyaux et de statuettes en or provenant de pillages dans toute l'Asie. »

A l'appui de son propos, Marcos cite l'aventure du chasseur de trésor américain Rogelio Roxas, auquel il aurait confisqué en 1971 une statue de Bouddha en or massif, lourde d'une tonne, que l'aventurier affirmait avoir découvert dans les montagnes philippines. Ferdinand « oublie » cependant de mentionner qu'il a, en son temps, démenti avoir engagé sous la direction du colonel Fabian Ver des recherches entre 1968 et 1975.

Pour Marcos et ses successeurs, cette légende, insignifiante en soi, présente un intérêt majeur : elle fournit une explication opportune et miraculeuse à l'immense fortune attribuée au clan. Ce faisant, Marcos reconnaît enfin qu'il est sans doute le plus grand des propriétaires philippins : l'aveu vaut preuve.

Anticipons : personne n'a jamais vu la couleur de cet or, malgré les recherches menées pour tenter de le retrouver. Notamment par des fouilles approfondies conduites d'une part par le négociant en or américain Curtiss associé à un ancien « béret vert » vétéran du Vietnam, Mc Dougald, dans les fondations du Fort Santiago, l'une des parties maîtresses de la citadelle espagnole de Manille, ainsi qu'à Sarrat, le village natal de Marcos. Sous la surveillance de fonctionnaires de la PCGG mandatés par David Castro, des ouvriers ont tout bouleversé en 1991, jusqu'aux abords des tombes familiales. En vain. Du coup, le président de la PCGG a dévoilé que l'or avait été, lui aussi, exporté des Philippines et caché en Suisse : 325 tonnes seraient gardées dans un entrepôt spécial de Kloten, l'aéroport de Zurich. « Nous connaissons, m'a déclaré David Castro, l'existence de ces tonnes d'or par des documents retrouvés à la Banque centrale des Philippines, recoupés par d'autres documents et informations. Malheureusement, ce n'était pas suffisant pour engager une action légale, il serait même imprudent de nous lancer dans cette voie contre les dépositaires en raison des coûts excessifs d'un tel procès. »

Dans ces conditions, les Suisses ont beau jeu de démentir. Comme bien d'autres, le sénateur Agapito « Butz » Aquino reste particulièrement sceptique sur l'existence de ce pactole : « J'ai entendu parler de cet or, mais je n'en ai pas vu une once. »

Les élucubrations d'un industriel

Le 4 juin 1992, l'industriel Enrique Zobel fait, à la télévision philippine, une révélation qualifiée de sensationnelle : feu le président Marcos lui aurait confié en décembre 1988 qu'il entendait consacrer sa fortune déposée dans des banques de plusieurs pays étrangers (la Suisse, Singapour, Monaco, Rome, le Portugal et même à Fort Knox, la réserve d'or fédérale américaine) au paiement de la dette extérieure des Philippines. Il ne précise pas l'origine du pactole, mais il en évalue le montant à 35 milliards de dollars!

Enrique Zobel est un ancien confident du dictateur. Marcos, précise-t-il, aurait imaginé de confier la gestion de cet or à une fondation dirigée par un directoire de quatre personnes présidé par le nonce du pape, Bruno Torpigliani. A l'appui de ses dires, l'industriel produit le texte de l'accord. Un texte malheureusement non signé : Marcos n'aurait pas eu le temps de le parapher avant de mourir...

Zobel a raconté les circonstances précises qui ont entouré cette révélation. Une fois de plus l'affaire est pour le moins obscure. Il ressort même de ce récit que l'industriel n'a jamais été certain de l'existence de cet or! « En octobre 1988, lors d'un entretien avec sa vieille amie et médecin, Lourdès Pascual, Ferdinand Marcos a rédigé à mon profit une lettre de crédit de 250 millions de dollars pour que je puisse régler les salaires de ses supporters et de son état-major à Hawaï. J'en ai été informé par le Dr Lourdès Pascual lors d'un voyage effectué à Manille en novembre 1988 pour me tenir au courant des projets de Marcos. J'ai indiqué que je ne pourrai pas aider le président tant que je n'aurai pas été crédité de la somme correspondante. La doctoresse a insisté pour que j'accepte de prendre l'original de la lettre de crédit, qui prévoyait qu'elle serait honorée en or, et que je la tienne pour un ordre de Ferdinand Marcos. »

Devant les réticences d'Enrique Zobel, le Dr Pascual le fait venir auprès de l'ex-président afin qu'il lui confirme l'ordre. Le 8 décembre 1988, l'industriel est donc reçu par Marcos dans la maison qu'il occupe alors dans le quartier de Makiki Heights à Honolulu. L'entretien dure au moins quatre heures; Zobel reste même à souper. « Marcos mangeait très peu, il paraissait faible et fatigué. Il m'a indiqué que je ne devais pas conserver l'original de la lettre de crédit dans ma maison d'Honolulu. Il a donc ordonné au colonel Arturo Aruiza de me conduire chez moi pour que j'aille chercher le document. Quand je suis revenu, j'ai donné l'original à Marcos, il l'a glissé dans la poche gauche de sa veste. Je lui ai demandé des détails, m'inquiétant en particulier de la façon dont il pourrait me payer. C'est à ce moment-là qu'il a demandé à l'infirmière Teresita Gallego de lui apporter une serviette pleine de documents. J'ai ouvert la serviette et j'ai constaté qu'il s'agissait de certificats de dépôts. Après les avoir examinés, j'ai fait un calcul approximatif permettant de conclure que ces certificats représentaient 35 millions de dollars en or à raison de 400 dollars l'once qui était alors le prix du marché. Compte tenu de son état de santé, j'avais du mal à concevoir que le président Marcos avait imaginé toute cette procédure sans être parfaitement conscient que sa mort était inéluctablement proche. Il voulait mettre ses affaires en ordre tant qu'il était encore temps. Les certificats de dépôt étaient-ils authentiques? A ce moment-là, je ne pouvais ni le savoir, ni le vérifier, mais il y avait une chance pour qu'ils soient authentiques, et c'est sur la base de cette conviction que j'ai travaillé. »

Une nouvelle fois, Marcos raconte comment il a commencé sa fortune pendant et après la guerre, lorsqu'il a retrouvé une partie du trésor de Yamashita, mais aussi en rachetant à des soldats des lingots d'or, près de la Cagayan Valley. Commentaire plutôt cynique du dictateur déchu : « A cette époque, il n'y avait pas de banque centrale dans le pays, pas de gouvernement, et les soldats avaient davantage besoin de la monnaie courante que de l'or en barres. » Enrique Zobel tend à l'ex-président philippin une note écrite dans laquelle il demande si son salon n'a pas été équipé de micros espions. Marcos rit, en expliquant qu'il dispose de contre-mesures. Zobel s'inquiète de savoir si les dépôts d'or sont confirmés par des bons au porteur ou des certificats. Marcos explique que c'est inutile, et qu'il a conclu un contrat avec les dépositaires lui permettant de tirer en liquide tous les fonds dont il a besoin, après vente des quantités d'or correspondantes.

On doit le constater, ce récit est quelque peu contradictoire. Difficile de tirer une conclusion formelle, en particulier sur l'authenticité des certificats de dépôts aperçus, puisque quelques minutes plus tard, Zobel explique qu'il n'y avait pas de certificats. Ce qui ne l'empêche pas d'accuser Ferdinand « Bong Bong » Marcos, le fils de l'ex-président, de détenir les fameux et mythiques certificats de dépôt [19].

L'homme est-il sincère ? Est-il un affabulateur ? On peut pencher pour une troisième hypothèse : une fois de plus, l'ex-dictateur des Philippines semble avoir tenté d'accréditer la fable du trésor de Yamashita, en brouillant encore un peu plus des pistes déjà peu lisibles pour empêcher les enquêteurs de remonter jusqu'aux caches secrètes de la vraie fortune.

La deuxième équipe

Rumeurs infondées ou informations prouvées, ce bruit autour de la fortune des Marcos provoque l'imagination des aventuriers à l'affût du dernier des « trésors » à découvrir pour faire fortune. En vérité, ces chercheurs de trésors se sont mis en piste bien avant les officiels de la PCGG : à peine arrivé à Hawaï, Marcos subit déjà les assauts d'un de ses anciens partisans, qui, s'étant « adapté » à la nouvelle situation, s'est retourné contre le président déchu, dont il est devenu « ennemi objectif ». Comme on pourra le constater, Marcos et son entourage n'ont pas forcément compris ce retournement du destin.

Ce retournement a un nom : *Big Bird,* code attribué à une tentative de récupération des biens Marcos. L'opération a échoué lamentablement, mais elle a permis et de démonter les méthodes utilisées par le clan du dictateur Marcos pour masquer ses richesses, et de découvrir les techniques souvent farfelues mises en œuvre par les autorités philippines pour récupérer les biens considérés comme volés.

Pivot de cette opération : le capitaine Michaël Cesar U. de Guzman, tenu naguère pour un des collaborateurs financiers de Marcos. Dès mars 1986, il projette de monter une opération clandestine en utilisant une vraie banque installée en Autriche, la Export-Finanzierung Bank. Guzman offre sur un plat d'argent son opération à Jovito Salonga, le premier président de la PCGG. Convaincu que Guzman veut tout mettre dans sa poche, Salonga n'apportera aucune aide. On a de bonnes raisons de penser que le capitaine était un aventurier, agent double ou triple, qui tour à tour, au gré des besoins, se déclarait non seulement partisan de Marcos, mais aussi de José « Peping » Cojuangco [20], le frère de Cory Aquino, avant de jouer pour lui.

Cette étrange affaire a été racontée par Guzman lui-même, dans un témoignage qu'il a pris soin de faire enregistrer et authentifier par un... notaire de Zurich [21]. La trame de l'aventure est un immense voyage à travers le monde. Il est bien difficile de déterminer si Guzman a entrepris cet hallucinant périple pour son propre compte ou pour sauvegarder l'argent de Marcos. La teneur et le ton de son témoignage ne laissent en effet aucune place aux motivations.

L'expédition commence à San Francisco le 17 mars 1986. Guzman arrive à Honolulu le 18 mars, pour participer à un rendez-vous avec Ferdinand Marcos, Imelda et Ferdinand « Bong Bong » leur fils. La réunion est organisée le 20 mars, en fin d'après-midi, dans la maison située à l'intérieur de la base aérienne Hickam où Marcos est assigné à résidence. Elle se déroule d'abord uniquement en présence de Ferdinand et Imelda, puis de leur fils « Bong Bong » une heure plus tard. Le couple Marcos manifeste l'intention de donner à Guzman des pouvoirs sur les comptes et les fondations détenus par des institutions financières suisses, dont eux-mêmes et leurs enfants sont les détenteurs ou co-détenteurs. Avec instruction de transférer tous ces fonds dans les caisses de l'Export-Finanzierung Bank (société dont le capitaine préside le Conseil de surveillance), et ensuite d'attendre des instructions...

Guzman découvre alors les noms de certaines des fondations des Marcos : Palmy, Sandy et Avertina. Les noms des autres lui seront dévoilés plus tard : Lazano, Carmelo, Aurora. A la fin de la réunion, les Marcos décident d'annoncer à leurs correspondants suisses que Guzman va prochainement les contacter.

Depuis une cabine téléphonique de l'aéroport d'Honolulu, « Bong Bong » appelle à Zurich un certain Ernest Scheller, du Crédit suisse, pour l'informer de l'arrivée prochaine d'un mandataire des Marcos. Lors d'un deuxième coup de fil passé vers deux heures du matin le 21 mars, « Bong Bong » communique à Scheller, en guise de code d'identification, le numéro du permis de conduire autrichien de Guzman qui devra en outre présenter les pouvoirs qui lui ont été remis personnellement par « Bong Bong ». Celui-ci remet au capitaine une lettre et une note contenant les instructions finales.

Le 22, Guzman quitte Honolulu pour Los Angeles. Il repart

le jour même pour Francfort et Vienne, où il parvient le matin du 24. Aussitôt, il fait une demande de visa pour la Suisse à l'ambassade helvétique, et, muni de ce document, file sur Zurich où il arrive vers 15 h 30 le même jour. A 16 heures, Guzman téléphone à Ernest Scheller pour prendre rendez-vous. Mais le banquier l'informe d'emblée que les fonds sont déjà gelés par les autorités suisses. Guzman insiste cependant pour le rencontrer et fonce au Crédit suisse, Paradeplatz. Chez Scheller, Guzman s'identifie comme convenu; il ordonne le transfert immédiat de tous les comptes vers Vienne. Scheller quitte la pièce avec les pouvoirs. A son retour, quelques minutes plus tard, le banquier indique à Guzman la nature des mesures de contrôle appliquées aux biens des Marcos et de leurs familles, précisant même : « Il ne s'agit pas à proprement parler d'un gel, car deux conditions ne sont pas remplies : 1. A ce jour, le gouvernement philippin n'a pas encore ouvert d'instance; 2. l'instruction donnée par la commission bancaire (suisse) n'est pas confirmée par un ordre écrit, elle paraît plutôt l'expression d'une opinion ou d'une requête verbale. »

Scheller précise en outre que quinze jours plus tôt, il a reçu l'ordre de Mme Fe-Gimenez (la secrétaire de Marcos) de virer les fonds et de vider les comptes de façon à les cacher jusqu'à réception de nouvelles instructions du palais de Malacañang. Guzman réitère alors l'ordre de virer les fonds vers Vienne... Scheller répond que ces sommes sont déjà transférées à la fondation FIDES, une filiale du Crédit suisse...

En réalité, Guzman est trompé par les responsables du Crédit suisse. Ces derniers le font lanterner parce qu'ils sont en train de demander son avis au Conseil fédéral, le gouvernement suisse. Or, ce jour-là, à cette heure précise, les ministres helvétiques sont tous réunis au palais fédéral de Berne pour recevoir le président finlandais Kekkonen... Résultat : une des décisions les plus importantes pour l'avenir économique et politique de la Suisse est prise presque à la sauvette. Les conseillers fédéraux se retirent quelques instants pour conférer. Leur décision ne traîne pas : les fonds sont bloqués en vertu du large pouvoir discrétionnaire en matière de relations extérieures accordé à l'exécutif fédéral par l'article 102, alinéa 8, de la Constitution helvétique. Ainsi, les intérêts économiques de la Confédération sont, pour la première fois, subordonnés aux intérêts politiques supérieurs du pays.

C'est un coup de tonnerre pour la banque suisse; le revirement est total, puisque l'exécutif fédéral décide d'accorder aux Philippins ce qu'il a refusé sept ans plus tôt aux ayatollahs iraniens, quand ceux-ci ont demandé le bloquage de la fortune du shah qu'ils venaient de chasser du pouvoir. En Suisse, les chefs d'État seront désormais considérés comme des clients à haut risque.

Pendant ce temps, à Zurich, Guzman continue de ferrailler. En cette fin d'après-midi du 24 mars, puis les deux jours suivants, Scheller et diverses personnes présentées comme des officiels de la société FIDES et de différentes fondations, expliquent au capitaine qu'ils ne peuvent recevoir ses ordres ni réceptionner ses pouvoirs en raison du blocage décidé par les autorités suisses, sans jamais justifier leur position par le moindre document écrit. Guzman est même conduit au Liechtenstein pour être reçu par des individus qu'on lui présente comme des interlocuteurs patentés... La mission du Philippin est visiblement dans l'impasse la plus totale, ses ordres n'étant jamais exécutés. Début mai, un mois et demi plus tard, il s'en inquiète auprès de ses correspondants du Crédit suisse. Réponse par un telex sans appel : un représentant de Ferdinand et Imelda Marcos est venu expliquer que tous les papiers présentés par Guzman n'étaient que des faux grossiers. Naturellement, ce mystérieux informateur des banquiers suisses n'a jamais été identifié, et le mystère demeure. Guzman a été définitivement exclu du circuit. Un circuit que d'autres, plus chanceux, arpentent encore...

L'affaire Jakobi

L'épisode Jakobi est encore plus dérisoire. Les faits se déroulent durant l'été 1991.

Pour bien comprendre cette affaire, il faut se référer au climat politique très particulier qui règne aux Philippines. La récupération de la fortune Marcos est depuis longtemps l'un des enjeux de la vie politique dominée par les Trapos (*Traditional politicians*), qui ne craignent ni la désinformation, ni la plus extrême violence pour parvenir à leurs fins : lorsque vous entrez au Sénat de Manille, on vous prie poliment de déposer votre arme au vestiaire. Ce qui n'a pas empêché sept tentatives de coups d'État en six ans.

Début 1991, à la tête de la PCGG, David Castro se veut encore le champion de la recherche tous azimuts. Les mauvaises langues rapportent même qu'il affirme être guidé dans ses investigations par des voix. Cette insinuation perfide est bien évidemment destinée à le décrédibiliser.

En face, son principal partenaire (et adversaire) se trouve être Francisco Chavez, le Solgen, *Sollicitor General of the Philippine Republic,* un procureur général [22] qui aurait rang de ministre. Cet avocat de profession – encore un! – est un petit bonhomme au sourire ravageur, genre play-boy latin. On l'appelle Monsieur Bretelles parce qu'il affectionne cet accessoire vestimentaire et l'exhibe volontiers. Quant à son extrême combativité, elle s'exprime par un goût immodéré – et très philippin – pour les armes à feu. Dans son bureau, une cible. « Je me casserais une jambe, me dit-il, si je n'étais pas capable de mettre douze balles au cœur de cette cible en douze secondes. »

Après les dures batailles de 1988, Chavez a abandonné le dossier Marcos à son adjoint Desnesido. Mais, en ce début d'année 1991, les élections s'approchent. Le candidat Chavez se verrait assez bien enlever l'un des vingt-quatre postes de sénateur, l'une des positions les plus prestigieuses – et des plus confortables – dans le paysage politique philippin. Le dossier Marcos pourrait lui apporter ce supplément de célébrité nécessaire pour supplanter, dans la compétition, les représentants traditionnels des clans, fortement concurrencés par des acteurs de cinéma ou des vedettes du show-biz local d'une part, par des figures inconnues mais fortement typées d'autre part [23].

Chavez va devoir développer tous ses talents de négociateur musclé pour enrayer le conflit qui éclate bientôt avec Genève, en raison d'un obscur et trouble personnage, Rainer Jakobi, un Suisse qui a pris la nationalité australienne et vit habituellement à Hong Kong. « Un jour, raconte David Castro, ce Rainer Jakobi, ancien garde du corps de Cory Aquino, se présente à mon bureau pour m'annoncer des révélations. C'est normal, nous recevons beaucoup de gens de ce genre. Dans la mesure où ils savent que s'ils trouvent ne serait-ce qu'un petit bout de la fortune Marcos, ils reçoivent un pourcentage. »

Jakobi affirme détenir des informations exceptionnelles sur des comptes détenus par la famille Marcos à Hong Kong. Ce qui est d'ailleurs exact comme on le verra plus loin. Dans la foulée, il prétend pouvoir casser les protections informatiques protégeant les comptes Marcos au Crédit suisse à Zurich.

Voici donc Jakobi parti pour la Suisse, non en tant qu'employé de la PCGG, mais comme enquêteur indépendant. A Zurich, il rencontre Moritz Leuenberger, l'un des avocats suisses du gouvernement philippin qui me décrit leur rencontre : « Castro a engagé Jakobi, lequel a pris aussitôt contact avec moi quand il est arrivé à Zurich. Je l'ai tout de suite mis en garde contre le risque d'espionnage économique. Il avait en main un document sur deux comptes, pour un montant total de 1,3 milliard de francs suisses. Je l'ai montré à un banquier qui m'a dit : « Ça ne correspond plus à rien depuis longtemps. »

Après enquête, il s'avère que le compte au Crédit suisse a été soldé en 1971. Cet échec ne décourage pas Jakobi. Soucieux de rentabiliser son voyage, il se rend à Munich et y recrute des spécialistes en informatique, deux Suisses et un Américain. Ensemble, ils concoctent un plan pour percer la muraille informatique protégeant le secret des comptes Marcos. Jakobi et ses complices sont de piètres informaticiens, mais hélas pour eux, de vrais pieds nickelés. La discrétion n'est pas leur fort, ils se sont trop manifestés dans Zurich. Leur tentative est éventée. Le bruit en vient aux oreilles du procureur zurichois Peter Cosendey. Et Leuenberger de poursuivre : « Sans me prévenir, le procureur Cosendey a pris l'initiative de se rendre à Munich pour faire arrêter Jakobi. Il a voulu jouer les procureurs durs. Il a d'ailleurs obtenu satisfaction auprès des Allemands qui ont arrêté Rainer Jakobi le 10 juillet. Au même moment sont interpellés en Suisse Stéphane Hoffman et Rudi Gasner, deux Suisses, et un Américain.

Le porte-parole du Crédit suisse dévoile que l'opération était sans objet puisque les comptes étaient bouclés depuis longtemps. « L'épisode Jakobi n'est pas un accident, mais le fruit de la concurrence entre Castro et Chavez. Dès que l'on parle d'élections aux Philippines, ils deviennent fous. »

Jakobi et ses complices sont accusés d'espionnage économique, une faute qui – on n'en sera pas surpris – est un délit criminel en Suisse, selon l'article 273 du Code pénal. Mais, au grand dam de Cosendey, les Allemands estiment qu'au regard de leur législation fédérale il n'y a ni crime ni délit. Ils relâchent Jakobi, alors qu'en Suisse, la presse se déchaîne contre ces Philippins qui ignorent si délibérément les bonnes manières. Pour se venger de son échec, Cosendey demande et obtient que la Confédération helvétique suspende provisoirement l'entraide judiciaire accordée aux Philippines pour la recherche des capitaux investis par les Marcos dans les banques confédérales.

« En fait, me confie David Castro, quelques semaines plus tôt j'avais demandé aux Suisses la communication de nouvelles pièces. Je ne peux m'empêcher de faire un rapprochement avec le piège plus tard tendu à Jakobi. Tout s'est passé comme si les Suisses avaient pris ce prétexte pour ne pas accéder à ma demande. »

Apprenant l'affaire, à Manille, le *Sollicitor* Chavez prend un coup de sang. Le ministre avait déjà fait, en avril, l'épuisant voyage de Berne. Malgré l'ampleur du trajet, il retourne en Suisse en septembre. Comme ses préoccupations électorales sont toujours vives, il se fait accompagner par deux journalistes appelés à témoigner de sa pugnacité. La tension entre les Philippines et la Confédération est alors à son comble. Chavez ne voulant pas entendre parler d'un arrangement à propos de Jakobi, le chef du district de police suisse lui indique brutalement : « On vous a ouvert tout grand la porte, vous avez essayé d'entrer par la fenêtre, nous n'apprécions pas du tout. »

Chavez et Schmid sont des hommes de caractère, mais ils savent se tenir. Ils conviennent de se rencontrer autour d'une bonne table, le Schwellen Mätteli, un restaurant de poisson au bord de l'Aar, qui coule au fond d'un cañon juste au pied du palais fédéral. Le déjeuner apaise les esprits, et, de retour dans le bureau, un accord tacite est convenu pour mettre un terme à l'affaire Jakobi, ce qui permet à Francisco Chavez de s'enquérir des poursuites engagées, en Suisse comme ailleurs, contre les Marcos et leur clan.

Après la chasse, les poursuites

La chasse au trésor ne peut suffire à l'esprit de revanche des Philippins. Il leur faut aussi des condamnations judiciaires. En outre, il faut bien le dire, la plupart des pays qui ont servi de refuge aux biens et capitaux en fuite n'entendent pas les rendre sans résistance. On vient d'en avoir un aperçu à travers les histoires épiques de chasse au trésor. A travers le monde, les batailles judiciaires menées seront d'autant plus difficiles et délicates que, pour des raisons de politique intérieure, la présidente Cory Aquino et son administration feront tout pour éviter d'engager des procédures dans le cadre de l'appareil judiciaire philippin. Tomas Gomez, alors ministre de l'information philippin, admet en avril 1990 : « Il était alors beaucoup plus important de maintenir Imelda écartée du territoire de la République que de la poursuivre en justice, et c'est la raison pour laquelle nous avons conclu un accord avec les USA pour que le procès criminel soit ouvert à New York [24]. »

Pour mener ces poursuites, les Philippines ne mobilisent pas moins d'une vingtaine d'avocats internationaux. Les objectifs sont avant tout stratégiques : tandis que la Presidential Commission for a Good Government joue essentiellement de l'arme transactionnelle pour obtenir la restitution des biens détournés par les complices, c'est en tant que « couple présidentiel » que Ferdinand et Imelda Marcos deviennent successivement cible judiciaire en Suisse, aux États-Unis et en France.

A la base de l'accusation, un dossier d'une rare solidité. Ce dossier a été constitué par un expert de première classe : Ferdinand lui-même. Lors de son départ de Manille pour ce qu'il croyait être une simple et provisoire retraite dans sa ville natale, Marcos a pris le soin d'emmener avec lui ses dossiers. En tout, deux mille cinq cents documents.

L'arrivée à Honolulu réserve une très mauvaise surprise. Derrière quelques centaines de manifestants, pour et contre Marcos, les douaniers américains. Réputés pour leur rudesse, ces gabelous à la bannière étoilée se montrent intraitables : tous les bagages sont minutieusement fouillés, tout ce qui peut ressembler à une valeur quelconque est saisi, de même que sont placées sous séquestre les dizaines de caisses contenant les principales archives financières que les Marcos croyaient mettre à l'abri. Cette saisie va rendre possible l'identification des principaux éléments de leur fortune. Historiquement, c'est un document essentiel mais pas exceptionnel : comme on pourra l'observer dans d'autres parties de cet ouvrage, il semble que les dictateurs, faisant fi de toute prudence, aiment accumuler des preuves écrites de leur pouvoir, de leurs prouesses, de leurs rapines. Il suffit de savoir trouver les cachettes.

Tomas Gomez confirme que ces pièces seront capitales pour la conduite des différentes procédures. Une curiosité dans ce fatras : cette feuille sur laquelle Ferdinand Marcos a déposé ses signatures sous de faux noms – Ryan ou Williamson – utilisés pour l'ouverture des comptes en Suisse [25]. S'il le fallait, ce document prouve que les Marcos ont préparé de longue date leurs détournements.

Des papiers abandonnés dans le palais de Macalañang, parfois à demi-consumés dans les cheminées ou dans les feux de joie, complètent ces archives.

Premières passes d'armes en Suisse

Dès la chute des Marcos, leurs biens sont donc gelés par une décision purement politique du Conseil fédéral helvétique. Mais cette décision n'est pas suffisante pour engager une procédure visant à une éventuelle restitution des fonds au gouvernement philippin. Comme à l'époque il n'y a pas de convention judiciaire entre la Confédération et la République philippine, ce sont les États-Unis qui, sous prétexte de détournement de l'aide américaine, lancent une commission rogatoire internationale, et demandent aussitôt son exécution à la Confédération helvétique, par application d'une loi votée en 1983.

Pour mener à bien les opérations, compte tenu du caractère confédéral de la Suisse, trois avocats sont choisis : à Zurich, Moritz Leuenberger, pénaliste et socialiste; à Genève, Guy Fontanet, avocat d'affaire et ancien conseiller cantonal (ministre) de la Justice démocrate-chrétien du canton; et à

Locarno dans le Tessin, Sergio Salvioni, élu radical au Conseil des États, également avocat d'affaire. Trois régions, trois options politiques... L'entraîneur du groupe, le plus motivé, le plus politisé pour tout dire, est Moritz Leuenberger. Un personnage qui ne correspond en rien au cliché du Suisse tranquille.

Leuenberger parle avec un fort accent zurichois, s'exprime mieux en *swizerdeutsch* – la langue pratiquée dans son canton – ou en allemand qu'en français. Moustaches en brosse, superbe sourire et grande timidité. C'est un socialiste authentique, fondateur et animateur de l'Association suisse des locataires, appelé « Monsieur Fiches » en raison de son animosité viscérale contre toute forme de fichage. On peut le considérer comme l'une des consciences de la Suisse, bien qu'il ne revendique pas ce rôle. Longtemps président de commission au Conseil fédéral, il a été élu en 1991 conseiller cantonal (ministre) à la Justice du canton de Zurich. Ce qui l'a conduit à abandonner la gestion quotidienne du dossier Marcos, non sans conserver une attention vigilante sur cette affaire. Leuenberger est un battant. Son énergie sera indispensable pour faire sauter les innombrables obstacles élevés par les hommes de loi de Marcos.

Ainsi, le 18 octobre 1987, un juge d'instruction de Genève admet comme recevable la commission rogatoire internationale. Appel est aussitôt interjeté; selon le même schéma, des actions identiques se déroulent à Fribourg, à Zurich, à Lucerne. A un certain moment, une trentaine de recours sont simultanément ouverts devant les différentes juridictions fédérales ou cantonales. Les avocats de l'ancien dictateur exploitent au mieux la structure judiciaire helvétique, décentralisée à l'excès.

Dès 1988, le tribunal fédéral de Lausanne rejette tous les recours contre les décisions accordant l'entraide judiciaire aux... USA. Mais il faut attendre le 21 décembre 1990 [26] pour qu'une décision identique soit prise en faveur des Philippines à propos des avoirs bloqués dans le canton de Fribourg, et le 28 février 1991 dans le canton de Genève. Mais dès janvier 1991, soit cinq ans après la chute du dictateur, Pierre Schmid, chef du service de l'entraide judiciaire au département de Police et de Justice, reçoit l'autorisation de livrer à l'ambassade des Philippines trente-cinq caisses de documents bancaires concernant la fortune des Marcos en Suisse. En réalité, Pierre

Schmid a « fait du zèle », il a livré un peu plus large que prévu. A côté des originaux, le policier a glissé un rapport de synthèse très important : « Comprenez-moi, me dit-il, j'ai toujours été très choqué de voir bloqué dans mon pays tout cet argent qui appartient au peuple philippin. » Et l'avocat Leuenberger de renchérir en notant avec amertume : « Pour prendre l'argent, c'était tout à fait facile, il a suffi de quelques heures. Je ne comprends pas pourquoi il n'est pas aussi facile de rendre l'argent. »

A Manille, ravi de réceptionner cette masse de documents, Francisco Chavez, le *Sollicitor General*, est convaincu qu'il pourra faire débloquer les fonds dans la foulée. Une illusion vite dissipée. Pas un sou en vue. La justice suisse exige qu'Imelda Marcos soit au préalable poursuivie et condamnée par la justice philippine. Chavez est furieux. Au mois d'avril, il prend l'avion pour Berne afin de réclamer le bien de son pays. Le Solgen est cassant. Lors d'une conférence de presse à grand spectacle tenue à l'Hôtel Bellevue à deux pas du palais fédéral, il traîne les autorités fédérales suisses dans la boue : « J'ai dit, me confirme-t-il, que le système suisse est non seulement absurde, mais encore tyrannique parce qu'ils étaient incapables de me fournir les documents sur la fortune Marcos en raison d'appels introduits devant différentes cours cantonales par les juristes au service des Marcos. »

Cette sortie fracassante fait grand bruit dans la capitale, dont la tranquillité feutrée s'accommode mal des éclats de mauvais goût. Mais il n'empêche : Chavez avait raison. Les fonds sont toujours bloqués dans différentes banques suisses. L'aide économique accordée par la Confédération helvétique aux Philippines n'atteint même pas le montant des intérêts produits par les capitaux gelés dans les coffres des banques !

Le musée baladeur d'Imelda

Tandis que se succèdent les épisodes helvétiques, deux actions importantes sont introduites aux USA : à Los Angeles, une procédure civile pour tenter de récupérer quelques fonds, et à New York, des poursuites pénales pour « détournements de fonds publics», s'appuyant en particulier sur le RICO Act (*Racketeer Influenced Corrupt Organisation Act*). Parmi les chefs d'accusation retenus : transfert illégal de 103 millions de dollars hors des Philippines; escroquerie à hauteur de 165 millions de dollars à l'encontre de trois organismes financiers américains pour l'achat d'un des immeubles et le refinancement des trois autres; acquisition illégitime d'une propriété à Beverly Hills, district de Los Angeles en Californie; recel et transport d'objets volés; obstruction à la justice par dissimulation d'identité du propriétaire à l'occasion d'un procès civil. Aux côtés des Marcos, le magnat saoudien Adnan Khashoggi est impliqué. On l'accuse d'avoir fourni un faux document aux autorités françaises et d'avoir servi de prête-nom pour les transactions immobilières et pour l'achat de tableaux de maître. Marcos risque cinquante ans de prison et un million de dollars d'amende, Khashoggi, soixante ans et un million et demi de dollars.

Les USA ayant pris fait et cause pour les Philippines, le gouvernement américain se subtitue assez curieusement aux autorités de Manille, au motif que les détournements opérés par le clan Marcos ont principalement lésé le trésor américain.

Avant d'engager les débats judiciaires de fond à New York, il est nécessaire de réunir les preuves. C'est ainsi que commence l'affaire du « musée baladeur d'Imelda » qui a tant excité la curiosité des journalistes. Une saga révélatrice des immenses obstacles juridiques et judiciaires que les Philippins et leurs avocats devront surmonter s'ils veulent récupérer quelques miettes de la fortune amassée par les Marcos.

Les caisses de documents saisis à Hawaï ont fourni un indice : la revente en catastrophe par les Marcos de nombreux tableaux de maître à Adnan Khashoggi. Le feu est mis aux poudres par... une émission de la télévision australienne qui affirme, dès mai 1987, que les Marcos ont acheté d'innombrables tableaux dans des salles des ventes et chez des marchands de New York, Londres et Milan. Un petit nombre de ces œuvres a été retrouvé. Par exemple, un Fantin-Latour provenant du Musée métropolitain de Manille qui a été récupéré dans l'appartement occupé par les Marcos dans Olympic Tower à New York. Mais la plus grande partie de la collection a disparu. La justice américaine veut absolument retrouver ces tableaux. Des informateurs ont d'ailleurs fourni des indications au FBI : certaines des toiles auraient été aperçues à bord du yacht de Khashoggi, le *Nabila,* généralement ancré dans le port d'Antibes. Aussitôt, le juge Lasker lance, en direction de la France, une commission rogatoire internationale dans laquelle est racontée par le menu l'histoire des œuvres en fuite.

Cette enquête ahurissante commence 72e rue à New York dans la maison Samuels, et s'achève (au moins en partie) dans les coffres du... Crédit municipal à Paris. Aux côtés d'Imelda, le principal protagoniste sera Adnan Khashoggi qui, confortablement installé dans son duplex royal de l'Olympic Tower, voisin de la cathédrale St Patrick sur la 5e avenue à New York, nous a donné une version enjolivée de ses aventures judiciaires en France, en Suisse et aux USA.

Au cœur de l'affaire, les dizaines de tableaux acquis par Imelda à partir de 1982. A la suite de tortueux cheminements, certaines œuvres ont échoué en France. En 1985, début des ennuis politiques aux Philippines. Il faut mettre ses avoirs à l'abri. On appelle à l'aide le richissime voisin de la tour Olympic, Adnan Khashoggi. Pour celui-ci, à l'époque, pas de problème puisqu'on était encore bien loin de poursuites pénales. Dès la chute des Marcos, le marchand d'armes transfère les œuvres à bord de son yacht le *Nabila*, avant de les entreposer dans son appartement de Monaco, puis dans celui de Cannes. Les agents du FBI ont reconstitué toutes ces allées et venues, et probablement observé les ultimes transferts.

Le gouvernement américain confie au cabinet d'avocats français alors animé par Georges Kiejman [27] une mission essentielle : récupérer les tableaux de Marcos exigés comme pièces à conviction par la justice américaine par le procureur fédéral de New York Rudolph Giuliani dans le procès ouvert contre le couple Marcos. Pour ce faire, les avocats ont à leur dispostion les services de la police fédérale américaine, le FBI.

Reconnue valable par la justice française, la commission rogatoire internationale permet de perquisitionner chez Khashoggi. Mais on ne trouve les toiles ni à bord du yacht ni à Cannes, elles ont disparu.

> A partir à peu près de la fin du mois du juin 1986 [l'enquête] du FBI a jeté le jour sur le fait que Ferdinand et Imelda Marcos

> se sont servis d'une partie des fonds détournés pour acheter, par l'intermédiaire de personnes agissant pour le compte des Marcos, plusieurs objets d'art [...] Durant la vingtaine d'années qu'il a été président de la République des Philippines, Marcos a déclaré un revenu total de 337 000 dollars (qui correspondent à peu près à 17 000 dollars par an), annonçant qu'au début il ne possédait que 60 000 dollars de fortune. [...] Il va sans dire que si l'on considère le nombre de tableaux achetés et la manière dont ils ont été achetés, l'acquisition de ces tableaux a été effectuée avec des fonds que Ferdinand et Imelda Marcos ont détourné illégalement. Au mois de mai ou de juin 1986 environ, un avion à réaction loué ou possédé par Adnan Khashoggi atterrait [*sic*] à l'aérodrome de Nice en France. On y débarquait une douzaine ou une quinzaine de caisses en bois qui étaient placées sur un fourgon utilisé par Adnan Khashoggi et conduit par l'un de ses employés. Selon la description qu'on nous en a faite, il s'agissait de caisses assez grandes, de six pieds de longueur, cinq pieds de largeur et une épaisseur de quatre pouces; en somme des caisses du genre qu'on emploie pour expédier de grands tableaux encadrés. Etc [28].

La suite ressemble à un film policier : la fourgonnette rejoint le *Nabila*, alors ancré à Monaco. Les caisses sont hissées à bord, tandis que le capitaine et Khashoggi devisent tranquillement. Plus tard, le marin raconte à son équipage que « les tableaux appartiennent à Marcos; ils ont été mis sur le bateau à l'abri des recherches lancées par la police des États-Unis parce qu'ils avaient été sortis en contrebande du territoire américain. » Trois semaines plus tard, ce sont les matelots du yacht qui transportent eux-mêmes les caisses dans l'appartement de Monte-Carlo, d'où elles seront de nouveau extraites en décembre 1986 pour retourner sur le bateau.

Celui-ci fait mouvement sur Antibes fin mars 1987. Nouveau débarquement de la collection en direction cette fois de l'appartement de Khashoggi à Cannes, un extraordinaire duplex avec piscine situé au sommet du Marly, sur la Croisette, à proximité immédiate de l'ancien casino Palm Beach et du Port-Canto, le port de plaisance.

En vertu de la commission rogatoire, le juge Jean-Paul Renard de Grasse, que nous avons déjà vu opérer chez Duvalier, peut effectuer une perquisition au Marly le 16 juillet 1987. Là, surprise : si Adnan Khashoggi est bien dans les lieux, on n'y trouve plus une seule toile!

Le petit Saoudien ne se démonte pas, et explique au juge

d'instruction qu'il a envoyé sa collection à Paris où il compte la vendre. Dans ce but, Khashoggi a pris contact avec l'un des principaux commissaires-priseurs de la capitale, Guy Loudmer, lequel fait normalement déposer les tableaux précieux chez Sogegarde, un super coffre-fort pour œuvres d'art, filiale de la Société générale.

Les mois passent, la société Sogegarde fait faillite, son fonds et sa clientèle sont repris par un autre « coffre-fort de luxe », Munigarde, filiale cette fois du Crédit municipal. La piste est retrouvée. Pressé par le juge Renard de parvenir à un compromis, Adnan Khashoggi accepte de lui remettre certaines toiles.

Nouveau coup de théâtre. Sans avoir quitté Munigarde, les plus belles œuvres auraient déjà été vendues à Interconsult Eastern Corporation, une société de droit panaméenne domiciliée dans une boîte aux lettres chez un avocat de Genève.

L'incertitude sur la propriété d'Interconsult un obstacle majeur à la restitution des quatorze tableaux identifiés. Elle débouche sur un de ces imbroglios juridiques qu'adorent les avocats. En effet, une fois les toiles « retrouvées », deux actions judiciaires concurrentes sont lancées pour récupérer le pactole. D'une part le *gouvernement philippin* prie l'avocat Yann Colin de demander à la justice civile française d'ordonner la mise sous séquestre des œuvres pour les faire vendre à son profit. Concurremment, en application de la commission rogatoire lancée par le juge Lasker à New York, les avocats français du *gouvernement américain* réclament la saisie des toiles afin qu'elles puissent être transférées aux USA pour servir de preuve dans le procès contre les Marcos. La confusion devient absolue quand Interconsult attaque Khashoggi pour qu'il rende les biens susceptibles d'être saisis. Le Saoudien a son explication : « A l'origine, quand j'ai voulu vendre une partie de ces tableaux, Interconsult s'est présentée par l'intermédiaire de mon homme d'affaires à Genève, l'ingénieur-docteur Dieb, qui était bien introduit auprès de ce groupe et qui a donc fait l'acquisition. Ensuite, quand le gouvernement américain a réclamé les tableaux, Interconsult me les a rétrocédés [29]. »

C'est une révélation : jusqu'alors Khashoggi avait toujours nié ces rapports avec Interconsult. Puis, le Saoudien veut démontrer sa bonne volonté : « Quand on m'a dit que ces tableaux appartenaient au gouvernement philippin, et non aux Marcos, j'ai dit : “ Bien, il n'y a pas d'objection. ” Je les ai pris, je les ai donnés au gouvernement américain. Ainsi, grâce à ce procès, on saura exactement à qui ils appartiennent. »

Un arrêt de la Cour d'Aix-en-Provence (2 décembre 1987) ordonne la saisie des tableaux identifiés. S'engagent d'intenses négociations car, en vérité, personne n'accepte de se dessaisir des toiles, considérées à tort ou à raison comme d'indispensables gages. Ni le commissaire-priseur, ni Interconsult qui s'estime propriétaire, ni le garde-meuble Munigarde qui se considère comme le dépositaire légal, ni le gouvernement philippin, ni le gouvernement américain, personne ne veut lâcher prise. Il faudra déployer des ruses de Sioux pour parvenir à une solution au bénéfice de la justice américaine qui, en l'espèce, impose sans vergogne son point de vue. Sont obtenus successivement le désistement des Philippins, du commisseur-priseur et de la société panaméenne.

Olivier Laude, l'un des avocats du gouvernement américain, raconte les ultimes tractations lors d'une séance digne d'un roman policier. « L'affaire s'est terminée dans une salle de réunion de Munigarde. Nous avions obtenu une ordonnance de référé nous autorisant à prendre possession de ces tableaux chez Munigarde. Il a bien fallu que nous nous déplacions là-bas pour nous les faire remettre. Nous avions même amené le camion de déménagement. C'était une véritable opération de commando, d'autant plus difficile que nous avions en face de nous non des juges, mais des gens plus coutumiers des rapports de force que des rapports juridiques. C'est Munigarde qui a fait le plus de difficulté. Leur argument principal était que la preuve n'était pas rapportée que ces tableaux censés appartenir à Interconsult étaient en fait la propriété d'Adnan Khashoggi. Finalement, l'avocat d'Interconsult a adressé à Munigarde une lettre acceptant que les tableaux soient remis aux autorités américaines. Et le représentant du FBI a dû faire preuve de la plus grande persuasion pour dénouer l'affaire. A son corps défendant, le représentant de Munigarde a remis les tableaux, qui ont été ensuite entreposés à l'ambassade américaine. Et c'est Edwin Meese, l'Attorney General des États-Unis lui-même, qui a embarqué les toiles dans son avion officiel lors d'une visite privée en France en avril 1988 [30]. »

Adnan Khashoggi a toujours affirmé (et il me l'a répété) qu'il avait spontanément remis le reste des tableaux en sa possession au juge Jean-Paul Renard. La collection est confiée à un transporteur. Mission : conduire son chargement directement aux douanes à Paris puisqu'on considère que les tableaux ont été frauduleusement importés en France. « Mais, me raconte un informateur, quand le camion a été ouvert, il n'y avait plus que les cadres, plus trace de la trentaine de toiles que Khashoggi était censé rendre. »

Je dois avouer avoir eu quelque mal à tenir pour crédible cette information jusqu'à ce qu'elle me soit confirmée à Manille par le président de la PCGG, David Castro. De deux choses l'une : ou bien il y a eu vol, ce qui est possible mais improbable en l'occurrence, ou bien les toiles disparues ne sont jamais entrées dans le camion.

La remise des pièces à conviction ne suffit pas à Rudolph Giuliani, le Federal Attorney de New York. Il ne lâche pas sa proie, et entend disposer aussi d'Adnan Khashoggi, à la fois comme inculpé et comme témoin. En effet, les témoignages de l'agent immobilier new-yorkais Joseph Bernstein, d'un collaborateur de Marcos, Joli Benitez, de deux employés de Khashoggi, Robert Shaheen et Karl Peterson, et finalement du principal conseiller financier du dictateur, Rolando Gapud, affirment que, en toute connaissance de cause, le Saoudien a servi de façade pour l'acquisition en sous-main par Ferdinand Marcos des immeubles de New York. Pourtant, Ferdinand Marcos persiste à nier tout rapport d'affaires avec son « voisin » d'Olympic Tower [31].

Un mandat d'arrêt international est donc lancé contre Khashoggi. Le marchand d'armes s'était rendu en Suisse pour y suivre, dit-on, une cure de rajeunissement. Il était descendu dans un palace de Berne, le Schweizerhof, un hôtel cossu où séjournent souvent les hommes politiques helvétiques lorsqu'ils sont appelés pour affaires dans la capitale confédérale.

Les Suisses s'empressent d'accorder leur aide. Le Saoudien est interpellé le mardi 18 avril 1989, à l'heure du laitier. Les policiers, braves types, lui laissent même le temps d'achever son petit déjeuner avant de l'enfermer dans une prison où il aura tout de même le droit de commander ses repas chez le traiteur.

Les autorités suisses admettent la validité de la demande d'extradition présentée par les USA, qui entendent faire comparaître le Saoudien dans le procès Marcos.

Khashoggi est donc transféré en grande pompe et sous bonne garde à New York, où il est rendu aussitôt à la liberté provisoire. Il a le droit d'aller et venir à condition de porter autour de la cheville un bracelet électronique permettant de le suivre. Il portait cet accessoire lorsque je l'ai rencontré, et n'avait pas l'air d'en être affecté outre mesure, considérant avec un sourire matois ses quatre séances obligatoires par semaine au tribunal comme une simple corvée très supportable.

Pas de « plea guilty » pour les Marcos

Les tableaux entreposés dans les coffres du Federal Attorney de New York, les documents réunis prouvant l'origine frauduleuse des fonds qui ont servi à acquérir les immeubles, Imelda Marcos et Adnan Khashoggi à disposition de la justice et sous surveillance policière étroite, le procès peut s'ouvrir. Le président Ronald Reagan n'a pas fait obstacle. Pourtant plusieurs de ses conseillers sont défavorables à cette décision. Au département d'État, George Schulz est même franchement opposé. Il affirme que cette position pourrait dissuader d'autres dictateurs de se retirer sous la pression des USA.

Et le président de répliquer : « Cette affaire ne viendra pas sur mon bureau, il n'y a pas d'implication de politique étrangère. »

Face au lâchage de leur « ami Reagan », les Marcos crient à la trahison. Par des voies détournées, ils font suggérer que le locataire de la Maison-Blanche serait un ingrat puisque le président philippin aurait naguère contribué assez largement à sa caisse électorale. Naturellement, il n'y a pas de preuve. On se souviendra aussi que le clan Marcos a pu être abusé par le discours d'amitié plus qu'aimable naguère prononcé par le vice-président américain lors d'un voyage aux Philippines avant la chute de Marcos : George Bush avait félicité Marcos pour ses efforts en faveur de la démocratie [32] ! Les proches de Marcos et ses lobbyistes reprochent surtout à Reagan de ne pas avoir tenu ses promesses d'assurer l'immunité du président déchu. « Je n'aurais pas pu lui faire une telle promesse [d'immunité judiciaire] sans savoir ce qu'il ferait par la suite. Je lui ai souhaité la bienvenue dans ce pays, c'est tout », réplique le président.

Du côté des partisans des poursuites, il y a un certain général Colin Powell, chef du Conseil national de sécurité : « Marcos a commis ses fautes après son arrivée sur le territoire américain, en achetant des immeubles avec des fonds provenant de l'aide américaine », affirme le futur grand organisateur de la guerre du Golfe. Reagan reste sourd aux protestations, non sans souhaiter une solution négociée.

Quelques jours avant le procès, une dernière tentative s'esquisse pour l'éviter : selon la coutume américaine, le parquet a ouvert des négociations en vue de faire plaider par Marcos coupable (« plea guilty »), moyennant confiscation de toute sa fortune, ce qui aurait permis d'éviter le procès. L'ex-dictateur repousse cette offre avec dédain. Le 21 octobre, le procureur fédéral Rudolph Giuliani annonce les inculpations en les justifiant ainsi : « Le gouvernement des États-Unis estime que les Marcos et d'autres personnes agissant de concert avec eux ont frauduleusement détourné d'énormes sommes qui appartiennent au gouvernement des Philippines et au gouvernement des États-Unis; il s'agit d'argent qui devait bénéficier au peuple philippin. »

Les accusations sont sérieuses. Les montants en jeu atteignent 169 millions de dollars. Au centre du conflit, les quatre grands immeubles acquis à Manhattan, l'appartement d'Olympic Tower, la maison du New Jersey et... les fameux tableaux d'Imelda Marcos.

Ferdinand et Imelda sont cités à comparaître le 31 octobre 1988 devant le tribunal fédéral de New York. Marcos tergiverse, il argue de sa petite santé pour refuser de quitter Hawaï. Tout le monde se gausse. On tient ces ennuis pour de simples prétextes. Pour une fois, Ferdinand ne ment pas : il mourra à la fin 1989 d'une affection cardiaque et n'aura pas à subir l'affront d'une comparution en justice.

Le décès remet tout en cause, l'affaire doit être reprise de fond en comble. Et c'est sur la base d'une simple complicité qu'Imelda est inculpée, en compagnie d'Adnan Khashoggi.

3 avril 1990, au Tribunal fédéral de South Manhattan. Pour accueillir Imelda Marcos, une foule bruyante d'opposants et de supporters massés sur les escaliers sous une pluie battante, des calicots : *We love you Mrs Marcos.* Sur tel autre, Imelda est représentée en Marie-Antoinette sortant d'un sac : *Marie-Antoinette was a bag lady.*

Des centaines de parapluies abritent la foule, des ballons sont lancés, on se presse, c'est le désordre. Arrivée d'Imelda. L'ancienne « Miss Philippines » est devenue une dame sans âge, tout de noir habillée. Noir est son chapelet – essentiel car en bonne Philippine, Imelda s'affirme profondément croyante. Noires sont les perles de ses boucles d'oreilles. Noir est son mouchoir de dentelle. Le visage fermé, elle grimpe lentement les marches du palais, étroitement encadrée par ses avocats et des agents du FBI qui lui fraient difficilement un passage... Un mois plus tard, le 2 mai, je revois la scène alors que le procès est déjà bien engagé. Les médias locaux ne s'y intéressent déjà plus. Sur les marches du palais, il n'y a plus que deux caméramen. L'un opère pour TF1, l'autre est un Philippin modestement doté d'une caméra vidéo amateur.

Et pourtant, c'est toujours le même déploiement de forces quand Imelda débarque d'un fourgon noir. Un de ses gardes du corps écarte les journalistes sans ménagement. Elle est suivie par son avocat texan, reconnaissable à son immense chapeau Stetson (ça ne s'invente pas), tandis que plus loin, souriant et quelque peu goguenard, Adnan Khashoggi attend de monter à son tour l'escalier en fanfare pour rejoindre dans la salle d'audience toute simple cette femme dont la justice américaine considère qu'il est le complice, et peut-être l'âme damnée.

Tout au long du printemps, le procès se poursuit. Le juge et le jury se débattent, entre deux malaises d'Imelda Marcos, avec ses sociétés-écrans installées dans les paradis fiscaux.

L'avocat James Linn assure l'essentiel de la défense. Avec efficacité, comme en témoigne le jugement final : « faute de preuves suffisantes », après quatre jours de délibération, Imelda et Khashoggi sont acquittés le 2 juillet 1990 du chef de complicité dans l'affaire des détournements de prêts immobiliers et de vol d'œuvres d'art. La décision est toutefois contradictoire, puisqu'est ordonnée la saisie des tableaux aux profits des Philippines.

En cas d'acquittement, Imelda avait fait le vœu de parcourir à genoux la nef de la cathédrale St-Patrick à New York, dont elle est à la fois la voisine et la paroissienne assidue. Promesse tenue : l'acquittée accomplit l'action de grâce au milieu d'une foule de supporters et d'une meute de photographes...

Tout n'est pas complètement fini pour autant. De nouvelles poursuites engagées contre Khashoggi à New York lui valent, en 1992, une condamnation l'obligeant à rendre 6 millions de dollars. En France, le juge Renard ne lâche pas non plus sa proie : au mois de juin 1991, le juge d'instruction de Grasse inculpe le Saoudien d'infractions douanières à propos des toiles qu'il était supposé posséder. Parmi les maîtres concernés, on cite Cézanne, Le Greco, Renoir, Picasso, Gauguin, Magritte, Pissaro. En tout, trente-sept tableaux. Khashoggi risque d'être condamné à une amende de un million de francs, et à la confiscation des œuvres.

A l'autre bout du monde, le procès en restitution ouvert devant une cour civile de Los Angeles débouche sur un arrangement (« plea bargain »), pratique courante dans le droit américain : moyennant abandon à l'État philippin de la propriété de Beverly Hills, des dépôts dans la Bank of California, et surtout de la totalité des bijoux saisis à Honolulu en février 1986 [33], les poursuites contre Imelda sont abandonnées. En tout, la « campagne américaine » aura permis de récupérer près de 60 millions de dollars, dont le produit de la vente chez « Christie's », à Londres, des quatorze tableaux-pièces à conviction utilisées pour le procès de New York et les bijoux saisis dans les bagages du clan Marcos lors de l'arrivée à Hawaï en 1986. Ce lot réserve d'ailleurs une bonne surprise : il avait été estimé à 6 millions de dollars par les douaniers américains en 1986. Or, en septembre 1992, Lord Carrington, l'ancien ministre des Affaires étrangères, fait, au nom du commissaire-priseur londonien, une offre de 18 millions de dollars.

Même si elle a été moins rentable qu'on ne l'espérait, cette chasse a quand même porté certains fruits. Et ce n'est pas fini.

IMELDA, LE RETOUR

Acquittée par la justice américaine, Imelda en a-t-elle vraiment fini avec les tribunaux? Loin de là. De nouvelles aventures judiciaires l'attendent dans son pays.

Elle aurait pu rester exilée et profiter d'une fin d'existence tranquille, comme bien d'autres dictateurs ou leurs familiers. Une grosse partie de sa fortune a échappé aux investigations, et de toute façon elle ne manque pas de partisans pour l'entretenir. Imaginer un tel épilogue, c'est méconnaître totalement la femme qu'est devenue Imelda Marcos au fil de décennies de pouvoir.

La « veuve noire » est convaincue que son mari et elle ont été victimes d'une machination montée par la CIA. Elle se persuade aussi que si elle rentre au pays, elle sera triomphalement accueillie.

Plus important encore : elle se croit investie d'une mission sacrée entre toutes, donner une sépulture décente à son mari. Elle souhaite rapatrier le corps de Ferdinand maintenu intact par cryogénisation dans une crypte de verre à Hawaï, l'installer de façon définitive dans un mausolée érigé en plein centre de Manille pour que les foules recueillies puissent rendre un ultime hommage au dernier des grands hommes philippins.

C'est un vœu céleste, elle consentira à tout pour l'accomplir. D'inénarrables et funèbres tractations s'engagent, avec en ligne de mire les élections présidentielles de 1992. Imelda utilise le cadavre de Marcos comme argument électoral, Cory Aquino s'y refuse absolument. Car le pouvoir est au centre de ce débat : Imelda entend bien récupérer sa place de « First Lady » à son retour. Dans son délire, elle n'imagine pas qu'il puisse en être autrement : c'est sûr, elle est attendue comme le Messie par les Philippins écrasés par la misère! Seule concession à la réalité, la veuve Marcos accepte de passer par le verdict des urnes, se faisant fort de balayer la veuve d'Aquino qui a usurpé la place de Ferdinand.

Pour atteindre son objectif, Imelda croit disposer d'une arme secrète, les fonds illimités provenant du... trésor de Yamashita.

Cette chimère peut surprendre, mais elle est conforme à la culture populaire des Philippines. Les foules superstitieuses ont tendance à y accorder une foi excessive aux miracles.

Négligeant le contexte, et largement bluffés par Imelda Marcos, les médias du monde entier s'apprêtent avec gourmandise à assister à cette épique « guerre des veuves ». Ni Cory Aquino, la présidente, ni son ministre de la Justice Francisco Chavez, n'acceptent d'entrer dans ce jeu. Ils considèrent tout simplement Imelda Marcos comme une criminelle, un escroc, un fraudeur fiscal. La présidente et son ministre sont surtout préoccupés par l'ultimatum lancé par la Suisse : il n'y aura pas de restitution possible des fonds si des poursuites judiciaires ne sont pas engagées aux Philippines avant le mois de janvier 1992, soit un an après la remise des documents nécessaires à ces poursuites. Car pour le gouvernement de Manille aux abois, écrasé par une énorme dette extérieure, les quelques centaines de millions de dollars qui dorment dans les coffres suisses ou ailleurs seraient une belle bouffée d'oxygène, particulièrement bien venue pour redorer le blason de Cory Aquino qui a incontestablement réussi sur le plan de la démocratie, alors que son échec économique est tout aussi indéniable.

Des tractations plus ou moins secrètes sont engagées dès l'été 1991. Chacune des veuves marque son territoire. Aucune des deux ne veut céder un pouce de terrain. Les coups bas fusent. Ainsi apprend-on opportunément que, pour échapper aux poursuites, Imelda, son fils et ses filles auraient acheté des passeports des... Iles Tonga, un petit archipel du Pacifique dénué de ressources, qui cherche à se faire de l'argent en attribuant des nationalités de complaisance à qui veut bien payer. Selon des sources américaines, chaque passeport délivré par le roi des Tonga Taufa'ahau Tupou IV aurait été vendu de 20 000 à 40 000 dollars. Dean Antonio Coronel, l'avocat d'Imelda aux Philippines, dément formellement. « Quand les Marcos sont arrivés à Honolulu, m'explique Coronel, plusieurs pays amis qui voulaient les aider, et qui étaient outrés par les violations des droits de l'homme dont ils avaient été victimes, ont offert toutes sortes de passeports et diverses nationalités pour les protéger contre ce qu'ils percevaient comme des persécutions du gouvernement Aquino. Je peux citer le Maroc, le Portugal, des pays du Moyen-Orient, et même la Libye! Il n'en reste pas moins vrai que le prince des Tonga a offert un passeport aux Marcos. Mais ce geste a été plus tard annulé parce que l'Assemblée des Tonga a considéré que le prince n'avait pas le pouvoir de délivrer un passeport. En fait, Imelda s'est bien vu délivrer un passeport des Tonga, mais elle n'a jamais prêté serment comme citoyenne de ce pays, elle n'a jamais accepté ce passeport qui se trouve toujours à la chancellerie de ce pays [34]. »

Peut-on croire Dean Antonio Coronel, redoutable bretteur et grand provocateur? Habituellement vêtu de blanc, un béret basque rouge masquant un petit visage maigre à l'expression grimaçante, Coronel fait salon chaque jour dans la coffee-shop du plus grand hôtel de Manille, le Peninsula, et il reçoit ses invités au bar de la piscine.

D'intoxications en coups de théâtre, la situation évolue cependant si bien qu'Imelda et son fils « Bong Bong », alias Ferdinand Marcos Junior, décident de rentrer aux Philippines, non pour comparaître devant la justice, car ils ne reconnaissent pas la légalité du gouvernement Aquino, mais pour se présenter aux élections : la mère pour les présidentielles, le fils pour la chambre des représentants.

Cory Aquino et Francisco Chavez restent intraitables, malgré les pressions de toutes sortes exercées à Manille, et pas toujours par les anciens *cronies* des Marcos. Lorsque, le 1er août, elle reçoit l'autorisation de rentrer, la veuve noire est avertie que, en contrepartie de son passeport, il lui sera notifié, dès sa descente d'avion, un acte d'accusation très lourd. Elle devra en répondre devant le Sandiganbayan, le tribunal anti-corruption, et diverses cours criminelles des Philippines.

Imelda n'accepte pas formellement ces conditions, car elle est convaincue que la pression populaire joue en sa faveur. L'ex-présidente explique même qu'on ne saurait la poursuivre pour fraude fiscale. Certes, elle n'a plus réglé d'impôt depuis son départ de Manille, ni même rempli une déclaration fiscale, mais, affirme-t-elle, c'est normal : s'acquitter de ses impôts dans un pays dirigé par l'usurpatrice Cory Aquino serait immoral [35] ! Imelda reste toujours agrippée à son argent comme à ses fantasmes de gloire, de richesse et de mort...

Pour tenir ses promesses à l'égard de la justice helvétique,

Manille engage, début septembre 1991, des poursuites contre Imelda Marcos. Celle-ci doit faire face à cinquante-six chefs d'accusation; tous tournent autour de la fortune évaporée, volée suppose-t-on par le couple dictatorial : trente-huit pour escroqueries, détournements de fonds, non-respect d'une circulaire sur la réglementation des changes, sept pour fraudes fiscales, et le reste pour corruption et ingérence datant de l'époque où elle était ministre du Logement [36].

Tous les obstacles sont levés. Imelda a même accepté de différer le retour du corps de son mari après les élections. Elle peut rentrer. Elle affrète donc, à Hawaï, un Boeing 747, le remplit de journalistes et de supporters. Le 3 novembre 1991, voici l'avion en route vers Manille. Après quelque six ans d'exil, la reine est de retour. Or, malgré les exagérations des journalistes occidentaux qui ont voulu dramatiser à tout prix cet événement, l'accueil n'est pas aussi enthousiaste dans la capitale philippine que l'aurait souhaité la veuve noire. Certes, quelques milliers de ses partisans l'acclament à l'aéroport, pour l'essentiel des petites gens. En revanche, aucun mouvement de soutien n'est perceptible chez les militaires, d'habitude si prompts à se lancer dans les pronunciamentos.

A dire vrai, la classe politique a d'autres soucis. L'année a été particulièrement mauvaise. Considérée comme une des plus importantes catastrophes volcaniques du siècle, l'éruption du volcan Pinatubo a dévasté le centre-nord de l'île de Luzon, à quelques dizaines de kilomètres de Manille. A peine le volcan est-il calmé qu'un typhon ravage le nord de l'île. Sur le plan politique, on ne parle que du bras de fer entre Cory Aquino et le sénat philippin à propos des bases américaines de Clarke (aviation) et Subic Bay (marine). Dans un élan nationaliste inattendu, les sénateurs ont refusé de ratifier le renouvellement du bail avec les USA, privant d'un seul coup les Philippines de plusieurs centaines de millions de dollars. Cory a beau tempêter, rien n'y fait. D'ailleurs, tout est fini pour la base de Clarke : elle a été définitivement submergée par les cendres volcaniques émises par le Pinatubo.

A l'aéroport, une mauvaise surprise attend l'ex-présidente : notification lui est faite des accusations. On la laisse en liberté moyennant une caution de 175 000 pesos (35 000 francs). La caution est versée en liquide, les billets emballés dans un sac plastique, un sac remis au juge Antonio Solano de Quezon City qui l'a inculpée pour avoir omis de payer 192 080 pesos d'impôt sur le revenu en 1985, 23 032 pesos en 1986, et pour avoir « oublié » de notifier par écrit à l'administration le décès de son mari en 1989. Une caution supplémentaire de 100 000 pesos est imposée par le juge Tomas Tadeo pour quatre chefs d'accusation d'évasion fiscale.

Imelda n'ira jamais vraiment en prison... Mais elle sent le vent du boulet le mercredi 29 janvier 1992. De bon matin, la veuve de l'ex-président sort majestueusement de l'hôtel de grand luxe, le Philippine Plaza, où elle s'est installée dès son arrivée dans une suite à 2 000 dollars par jour. Candidate pour les prochaines présidentielles, la veuve Marcos mène campagne. Elle a l'intention de passer la journée en province afin d'y tenir plusieurs meetings électoraux. Pour magnifier l'événement, elle a convoqué de nombreux journalistes et photographes, son service de presse a même loué deux cars pour transporter la troupe. Ce départ n'est qu'une mise en scène : les journalistes sont venus simplement parce que l'attaché de presse les a prévenus que l'ancienne « First Lady » risquait d'être arrêtée.

Ce qui arrive d'ailleurs bel et bien : à la demande du juge José Hernandez, du tribunal de Quezon City, Imelda est interpellée sans ménagement par les policiers. Elle voulait s'installer dans sa limousine, les sept agents en uniforme l'en empêchent, la forcent à monter dans un vulgaire véhicule de police sans toutefois aller jusqu'à lui passer les menottes. La scène se déroule devant la meute de journalistes. Les photographes s'en donnent à cœur joie. L'ex-« First Lady » a bien choisi de se faire interpeller de façon spectaculaire en ne versant pas les cautions exigées afin de bénéficier d'un surcroît de publicité et de mieux passer pour une victime harcelée par le gouvernement de Corazon Aquino. Aux Philippines, aux États-Unis, en Europe, les rédacteurs en chef, qui n'ont cure des vrais problèmes philippins, tempêtent pour obtenir les photos d'Imelda encadrée par les policiers.

« On ne lui a rien épargné, raconte un témoin, puisque, arrivée au poste de police, les agents lui ont pris les empreintes digitales, suprême humiliation pour l'ancienne première dame du pays. Devant le tribunal, un petit groupe de ses partisans scandait son nom, tandis que, l'air furieux, elle attendait à l'intérieur que son avocat lui amène sa caution libératoire. Jusqu'alors elle avait versé une série de cautions... Cette fois, pour s'en tirer, elle doit verser 10 000 pesos par compte ouvert à l'étranger (2 000 francs). Elle a été libérée quelques heures plus tard quand elle a versé les fonds nécessaires : ils représentaient à peine trois jours d'hôtel! »

Le *Sollicitor General* Francisco Chavez juge ainsi ce comportement : « Nous sommes un pays libre, si Mme Marcos veut faire le clown, c'est son affaire. Mais elle a été arrêtée parce que le procès est en cours, nous ne serons pas autrement ému par cet incident. Qu'importe si elle veut pleurer en public, la loi veut qu'elle soit poursuivie sans tenir compte de ses larmes de crocodile [37]. »

La fin du voyage

Pour Imelda, c'est bientôt la fin du voyage politique. Le 11 mai 1992, se tiennent aux Philippines les premières élections générales totalement libres depuis trente ans. Enfermée dans ses fantasmagories, Imelda Marcos croit encore à ses chances. Elle entend reprendre la présidence à l'autre veuve, celle qui l'a abattue, Corazon Aquino.

Au départ, ils étaient soixante-dix concurrents. Quelques jours avant le vote, ils restent sept en lice. Cory, la « Yellow Lady », ne se représente même pas. Elle a fait du fidèle d'entre les fidèles, le général Fidel Ramos, son dauphin et son champion.

Imelda n'a aucune chance réelle, le tout-Manille politique se moque d'elle. L'ex-présidente n'en a cure. Elle multiplie les meetings, les prières spectaculaires dans les églises pour montrer l'étendue de sa piété. Elle n'hésite pas à visiter les bidonvilles ignobles et puants qui occupent 40 % de la métropole philippine. Embijoutée, vêtue comme un mannequin, elle chante, pérore imperturbablement, sérieuse et sûre de son bon droit. La revenante croit tenir un argument électoral majeur en se présentant comme la victime d'un procès politique, une idée simple qui lui permet de proclamer sans rire devant ses supporters déshérités des bidonvilles : « Je suis avec vous, je suis comme vous, moi aussi je suis une sans-logis et ils ont pris tous mes biens [38]. »

Sur quoi, elle remonte dans sa limousine climatisée (il fait déjà épouvantablement chaud en ce début de mai) et la voiture la ramène vers son palace, le Philippine Plaza, où elle « loge » modestement dans une suite magnifique.

Mais qui paie cette suite d'un luxe tapageur? Qui paie les meetings, les cars de journalistes, les avions nécessaires pour rejoindre les provinces lointaines? L'argent ne vient pas de Suisse, car les banquiers de Zurich, de Berne, de Fribourg ou de Genève n'ont pas lâché prise. L'or de Kloten, s'il existe, n'a pas été extrait des coffres blindés de l'aéroport de Zurich, l'argent n'est pas sorti des comptes bloqués dont les relevés ont été remis aux services du *Sollicitor General* Francisco Chavez [39].

En revanche, on a tout lieu de penser qu'Imelda dispose encore de certaines réserves cachées. On parle de mystérieuses rentrées de fonds en provenance d'Amérique du Sud ou d'Australie. Plus sûrement, on évoque un flux d'argent liquide issu de la région d'Illicos Nortes, le fief des Marcos. Des billets de banque insolites sont soudain apparus sur le marché, pour l'essentiel des coupures de 50 pesos émises avant 1986, et signées par Ferdinand Marcos, des *Bagon lipunan.* Après cinq ans de circulation, de tels billets devraient être totalement usés : la plupart ont d'ailleurs depuis longtemps été retirés de la circulation. Or, ces billets-là sont rigoureusement neufs et authentiques; ils ont manifestement été conservés à l'abri durant les six dernières années.

Simultanément, des évêques philippins dénoncent, dans une déclaration solennelle, l'introduction d'argent sale dans les fonds électoraux, suspectant Imelda Marcos et les siens de tenter de truquer les élections présidentielles du 11 mai. L'accusation est enregistrée avec beaucoup de sérieux par la Comelec, commission de contrôle des élections. Et, le gouvernement philippin de décider, début février 1992, la démonétisation des billets contestés...

Réapparue furtivement, une partie de la fortune des Marcos

disparaît aussitôt! Imelda ne pourra plus en faire usage pour acheter des votes, comme naguère, puisque l'un de ses principaux moyens d'action lui a été confisqué.

Plus tard, on estimera que la campagne présidentielle menée par la veuve noire a justement échoué faute de ressources suffisantes. Car un candidat à la présidence aux Philippines coûte fort cher, c'est un gros investissement pour ses supporters. Le journaliste Francisco Tatad, ancien ministre de l'Information de Marcos, m'a révélé que pour atteindre la présidence, un candidat devait dépenser à peu près 1,5 milliard de pesos (environ 300 millions de francs) Des rumeurs persistantes suggèrent que la campagne de Fidel Ramos a été financée en grande partie par les milieux d'affaires sino-philippins, qui contrôlent largement la distribution moderne, les Taïwanais et le sultan Bolkiah de Bruneï. Ce souverain est tellement riche, dit-on à Manille, qu'il n'a pas besoin de voler : propriétaire personnel de son petit État pétrolier, la fortune du sultan est classée par le magazine *Fortune* comme la première du monde, 3,7 milliards de dollars [40].

Incorrigible Imelda : pour aller voter le 11 mai 1992 dans un bureau de San Juan, un quartier périphérique de Manille, elle revêt malgré l'heure matinale une robe de cocktail, parée d'or et de diamants. Elle n'a rien perdu de sa fougue, et déclare sans barguigner aux journalistes qui la harcèlent : « Je n'ai jamais rien vu de pareil, le secret du scrutin n'est absolument pas protégé et je ne retrouve aucun de mes candidats sur les listes proposées. D'ailleurs mon nom n'y figure même pas. »

Elle n'a pas entièrement tort : en fait d'isoloir, les électeurs disposent d'une grosse boîte en carton posée en équilibre instable sur une table, et les modalités du vote sont si complexes que le plus habile des experts politiques pourrait encore se tromper. Il faudra d'ailleurs plusieurs semaines pour que le dépouillement s'achève et permette de proclamer la victoire de Fidel Ramos.

Mais la rigueur et l'honnêteté de la consultation sont-elles vraiment au cœur des préoccupations d'Imelda? On peut en douter. Elle rêve toujours d'un prochain tour. A peine les élections passées, la voilà qui décide de continuer à manœuvrer pour échapper à la justice. Sans aucun fondement, elle se déclare victime de graves fraudes électorales, accuse Cory Aquino d'en être directement responsable. Donc elle ne peut reconnaître la justice philippine et ses juges. Donc elle ne déférera plus aux convocations, allant jusqu'à interdire à son avocat d'effectuer en son nom le moindre acte de procédure ! La veuve noire n'a plus d'illusion : si elle recueille encore un score un peu flatteur à Manille et dans ses faubourgs, ailleurs les résultats électoraux sont désastreux. Moins de 3 % des voix... Elle en oublie de protester contre les fraudes, le verdict de la population philippine ayant été sans appel.

Faute de gagner les élections, il ne reste plus à Imelda et à sa camarilla qu'à saboter le procès, à faire durer les choses jusqu'à lasser définitivement les autorités : « Le paradoxe de la démocratie est de devoir accorder des droits et des protections légales à ses opposants, à ceux qui projettent sa destruction », souligne Raul Raza, un des premiers membres de la PCGG.

Ultime tour de passe-passe : bon gré mal gré, l'ex-présidente doit reconnaître la victoire de Fidel Ramos, son plus farouche ennemi après Cory Aquino. Le nouveau président élu a recueilli 23,5 % des voix.

En fait, cette élection ouvre une nouvelle période de négociations. Ramos a apprécié que la veuve noire ait finalement reconnu sa défaite. Pour la remercier, il accepte que l'on discute à nouveau. Quelques semaines après la proclamation du résultat, Ramos ordonne à la justice d'abandonner tous les chefs d'accusation ayant trait aux exportations illégales de capitaux, une des principales revendications présentées par l'avocat Dean Coronel. Raison invoquée par Fidel Ramos pour justifier cette mansuétude : le contrôle des changes est aboli [41]. Cette décision est un des éléments du dispositif mis en place par la nouvelle administration philippine pour amener la veuve Marcos à résipiscence. L'enjeu ultime de nouvelles tractations reste le corps cryogénisé de feu le dictateur Ferdinand Marcos : en contrepartie d'un enterrement décent dans la province d'Illicos Norte, Ramos propose à Imelda de rendre les fonds détournés toujours gelés à l'étranger...

Pour montrer sa bonne volonté, il l'autorise à se rendre à Hong Kong où elle peut sans doute plus facilement mener des négociations pour le retour de son mari. Cet ultime voyage du cadavre qui, dit-on à Hawaï, commence à se décomposer, se heurte à l'intransigeance d'Imelda. Elle veut un bel avion pour le retour, pas le cargo militaire proposé par Ramos ; de splendides funérailles à Manille, et non une cérémonie à la sauvette à Lagoat, dans la province lointaine d'Illocos Norte.

Le nouveau président n'accepte rien. Alors, comme d'habitude lorsqu'elle est contrariée, Imelda tombe malade. Hypertension aiguë. On doit l'hospitaliser à l'hôpital de Makati. Et comme un malheur ne vient jamais seul, elle apprend qu'un tribunal fédéral américain d'Hawaï a prononcé un jugement qui reconnaît Ferdinand Marcos coupable d'atrocités, de milliers de cas de torture ou d'exécutions sommaires, ainsi que de 723 disparitions. Pour accorder aux victimes des compensations qu'elles ont estimé à 11 milliards de dollars, le tribunal a ordonné la saisie de la fortune des Marcos.

Ce jugement contrecarre le rapprochement en cours entre les Marcos et le général Ramos. Le 2 septembre 1992, Ferdinand Jr, fraîchement élu représentant, est reçu avec chaleur par Ramos au palais de Macalañang pour analyser les problèmes posés par le retour du corps de son père et... par le développement de la région nord.

En octobre, lors d'un voyage dans la province d'Illocos Norte, fief de l'ex-dictateur, la veuve noire et le nouveau président scellent leur réconciliation par des embrassades publiques. Une réconciliation de pure forme d'ailleurs, car les négociations pour le retour du corps de Ferdinand n'avancent pas malgré la désignation d'un interlocuteur spécial, Rafael Alunan III, secrétaire d'État à l'Intérieur et aux Affaires locales. Imelda veut un mausolée à Manille ou rien, Ramos est intraitable.

Pour l'ex-présidente, la situation ne paraît pas évoluer très favorablement : elle doit quitter sa « suite » du Philippine Plaza et s'installer chez sa fille dans une maison du quartier chic de Forbes Park.

Ultimes tractations, dans la ligne des épisodes précédents. Les deux avocats d'Imelda, Bruno de Preux à Genève et Dean Coronel à Manille, relancent la vieille idée d'une « fondation » pour gérer les biens de l'ancien président. Pour Imelda, tout plutôt que de laisser à la disposition du peuple philippin les 356 millions de dollars encore déposés dans différentes banques helvétiques, principalement au Crédit suisse. Il s'agit aussi de bloquer les procédures en cours. Imelda et ses conseillers semblent accepter une formule de compromis, prévoyant que les fonds seront bien rapatriés de Suisse et placés sous l'autorité du gouvernement philippin, mais sur un compte bloqué. Puis, nouveau coup de théâtre : le gouvernement philippin apprend qu'Imelda a une nouvelle fois tenté de soustraire l'argent. Selon le nouveau président de la PCGG, Magtanggol Gunigundo, dans une lettre du 10 janvier 1993, la veuve noire aurait mandaté un émissaire, pour qu'il retire clandestinement les fonds et les valeurs déposés en Suisse afin de les mettre à l'abri. Du coup, tous les accords antérieurs sont rompus...

En Suisse, le séisme

Mais pourquoi ces avoirs restent-ils toujours bloqués dans les coffres helvétiques, sept ans après la déposition de Ferdinand Marcos et son départ en exil? Plusieurs explications pour justifier les retards subis par la procédure : l'éparpillement entre les vingt-cinq cantons suisses des procédures mises en œuvre de façon tatillonne alors que les dossiers traités sont toujours d'ampleur internationale; joue également en faveur des capitaux sales la main-mise de l'appareil économique sur la justice par l'intermédiaire des principaux partis traditionnels qui parrainent les candidatures des magistrats élus aux postes clés (en particulier dans le canton de Genève). Cette interpénétration des mondes politique et judiciaire est aggravée par l'exceptionnelle qualité des avocats d'affaires, souvent très proches des banques.

Si, sur le plan des résultats pratiques, le cas Marcos n'a abouti qu'à de modestes retours de capitaux aux Philippines (environ 515 millions de dollars [42]), en revanche il a provoqué un véritable séisme en Suisse. Une totale remise à plat de l'attitude à adopter à l'égard des dictateurs, des dictatures, de l'argent noir en général. Remise à plat qui n'est d'ailleurs pas sans conséquence car l'affaire Marcos a contribué à ébranler de façon durable, voire définitive, les fondements du sacro-saint temple de l'or : la banque suisse et sa tradition de secret.

C'est le résultat d'une très longue démarche, puisque la première demande d'entraide judiciaire a été faite dans les années soixante par le Ghana pour tenter de récupérer les biens qualifiés de détournés par Kwamé N'Krumah après son éviction de la présidence. Au département de police et de justice de Berne, Pierre Schmid se souvient [43] : « C'était une commission rogatoire extrêmement bien faite : la démarche était accompagnée d'un grand livre noir où la fortune était décrite compte par compte. Malheureusement, nous n'avons pas pu donner suite à l'époque parce que la loi ne le permettait pas [43]. »

Après l'éviction du shah d'Iran en 1979, le rejet de la demande d'entraide a fortement secoué les milieux politiques suisses. C'était le début de la réflexion, et de l'action. Moins de deux ans plus tard, le 28 mars 1981, la Confédération helvétique promulgue une loi fondamentale sur l'entraide pénale internationale, qui est entrée en vigueur le 1er janvier 1983, une date capitale pour les juristes suisses. La loi a été presque immédiatement suivie par un traité d'entraide judiciaire entre la Suisse et les USA négocié et conclu à la suite d'une affaire dite « Santa Fé » impliquant la mafia américaine. C'est un traité très ouvert qui prévoit les modalités de remise de preuves à l'État requérant.

L'affaire Marcos est le premier cas d'application important de la loi de 1983.

Par la suite, cet arsenal juridique a été perfectionné. Ainsi, par interprétation de l'article 80 de la loi sur l'entraide judiciaire à propos d'un litige « Paraguay contre Stroessner et autres », le tribunal fédéral a décidé qu'il serait désormais possible de confier à un seul canton l'instruction de l'ensemble des dossiers concernant une même affaire. Ce qui permet d'aller beaucoup plus vite. La décision de saisine est sans recours, de même que toutes les décisions intermédiaires. Seule est attaquable la décision de clôture de l'instruction. Ainsi devraient désormais être évités les innombrables recours et les recours sur recours déposés par les avocats des Marcos.

La révision de cette loi d'entraide judiciaire est au cœur du combat mené depuis plusieurs années par les militants de L'appel de Berne. Cette association suisse a entrepris de lutter contre l'afflux de capitaux qui fuient le Tiers-monde pour s'investir en Suisse. Thierry Pellet anime la section romande de l'association : « Nous estimons, indique-t-il, que 47 millions de francs (suisses) arrivent chaque jour dans les différentes places financières helvétiques. Pour ne prendre que l'exemple des Philippines, nous partageons le point de vue de l'économiste américain James Boyer qui affirme que les deux tiers de l'aide internationale accordée aux Philippines entre 1984 et 1986 sont repartis vers les pays riches sans aucun profit pour le pays. Or, la loi suisse rend particulièrement difficiles toutes les poursuites. C'est pourquoi nous avons lancé une campagne très active pour la refonte de la loi sur l'entraide judiciaire internationale [44]. »

Ces efforts ont été couronnés de succès puisque, après une longue période d'étude par une commission ad hoc, les premières discussions ont commencé dans les instances parlementaires confédérales début 1993, pour aboutir probablement en cours d'année. Au centre du dispositif, la limitation à six mois de la procédure d'entraide judiciaire. Si les recours au niveau cantonal venaient à se multiplier au point de mettre en cause ce délai, l'affaire serait directement évoquée pour décision par le Conseil fédéral. En outre, seules les personnes directement intéressées seraient autorisées à exercer des recours.

Avant même le vote de cette loi, quelques améliorations ont été admises par la Cour fédérale de justice. La principale est la possibilité de désigner le canton le plus efficace. Ainsi, pour la demande du parquet de Berlin concernant l'affaire Schalck-Golodkowsky (*cf.* chapitre VII) c'est le canton de St Gall qui a été désigné. Cependant, la loi présente quelques lacunes. Le niveau de preuve nécessaire pour démontrer l'origine délictueuse des fonds paraît beaucoup trop élevé. Dans la pratique, on s'aperçoit que les mesures de protection sont excessives pour ceux qui ont réussi à s'abriter derrière une série d'écrans financiers. Cette loi est surtout une loi d'entraide pénale... En fait, actuellement, les banquiers suisses sont pris entre les feux de deux délits : ou bien ils se risquent à rompre le secret bancaire, ou bien ils sont accusés de blanchir l'argent. Pour de nombreux juristes, il apparaît nécessaire de dépénaliser la rupture du secret bancaire.

L'avocat-ministre de Zurich Moritz Leuenberger critique la

course d'obstacles imposée aux autorités philippines : « J'estime qu'il y avait une accusation solide. La Suisse était obligée de donner les documents, mais il y a eu encore des recours contre la volonté des procureurs cantonaux pour retarder les échéances. Si l'on creuse un peu, il faut critiquer la suffisance, on peut dire l'arrogance d'un État européen développé face à un pays du Tiers-monde, certes sous-développé économiquement parce que Marcos lui a volé son argent, mais c'est aussi un pays qui a une très ancienne et très forte tradition scientifique et juridique, il n'a pas toujours besoin de recevoir de leçons. Il y a aussi la méfiance d'un pays riche, l'hypocrisie. Les Philippines, c'est un pays du Tiers-monde, alors il faut être prudent, ce pays ne connaît pas la Convention européenne des droits de l'homme, il faut tout expliquer à ces pauvres gens... Si l'État requérant avait été, par exemple, les États-Unis où nos banques veulent ouvrir des filiales, faire des affaires, il n'y aurait pas eu de problème, tout aurait été réglé en un an ou deux. Quand on veut, on peut aller très vite; ainsi le juge d'instruction du canton de Fribourg a abattu en trois mois un travail qui a exigé quatre ans pour d'autres. En fait, lorsque l'argent est arrivé ici, les problèmes juridiques ont été résolus instantanément. Quand même : il est ridicule que la Suisse ait eu besoin de cinq ans pour parvenir à une décision du tribunal fédéral qui... impose un délai d'un an pour que les Philippines ouvrent l'instance [45]. »

Généralement peu tendre pour ses concitoyens, Leuenberger admet que la situation juridique s'est singulièrement améliorée. Quant à Bernard Bertossa, procureur général du canton de Genève, il insiste sur la sincérité du changement d'attitude manifesté par la Suisse, comme le prouvent la multiplication des poursuites en matière de délit d'initié, et l'affaire Marcos : « La Suisse ne doit pas avoir de complexe; les conditions de la vie politique ont tellement évolué que le secret bancaire ne représente plus un enjeu énorme [46]. »

Et Guy Fontanet, avocat associé de Leuenberger installé à Genève, de marteler : « Quels pays se sont souciés de l'argent qui entrait chez eux? Aucun. Il y a une nouvelle sensibilité qui oblige ceux qui ont volé leur peuple à rendre compte devant les tribunaux de leur pays, et à les obliger à rendre le fruit de leurs méfaits; ils ne doivent pas pouvoir bénéficier à l'étranger de tout le mal qu'ils ont commis. Pour moi, c'est une conviction profonde : mon pays ne peut pas offrir l'hospitalité à des capitaux malhonnêtement accumulés. » Guy Fontanet se souvient de ses anciennes fonctions de conseiller cantonal à la Justice lorsqu'il pose malignement la question : « Et si jamais les procès contre Imelda étaient tous perdus, aura-t-elle le culot de demander son dû, et la Suisse acceptera-t-elle de rendre les fonds [47] ? »

Bien qu'il se soit battu sans relâche et avec acharnement pour ses clients, les Marcos, l'avocat Bruno de Preux n'est pas loin de partager ce point de vue. Installé à Genève, à trois pas du palais de Justice, dans le voisinage de l'église russe dont il peut voir depuis sa fenêtre les bulbes dorés sur fond de montagnes, de Preux est un Valaisan, ancien juge d'instruction. Très grand, un faux air du comédien français Jean Rochefort, de Preux est surtout un spécialiste du droit des affaires. Prudent comme le renard, il passe pour très avare de sa parole en dehors des prétoires. Pendant longtemps, il a été convaincu que jamais les Philippines n'oseraient lancer des poursuites contre Imelda Marcos et son clan. Il trouve formidable, et quelque peu surprenant, que ce soit finalement une décision d'un tribunal suisse qui ait contraint la justice philippine à remplir son devoir, dans le cadre strict des droits de l'homme qui exigent un procès contradictoire en présence des inculpés.

Il observe ainsi que depuis longtemps, la Suisse accorde largement l'entraide judiciaire aux autres pays. Dans le cas Marcos, la même ligne de conduite aurait pu être suivie dès le début. Le Conseil fédéral a choisi la voie politique du blocage des comptes avant tout jugement. C'est contre cette décision que l'avocat s'est inlassablement battu, car il estimait que, dans un État de droit, il fallait d'abord passer par les tribunaux : « Le Conseil fédéral, le gouvernement suisse, a pris une décision à caractère politique en bloquant les comptes par référence à un article de la Constitution. Il est quand même intéressant de voir ça dans un pays qui passe pour un paradis fiscal... Il est inévitable que la Suisse évolue, parce qu'elle est scrupuleuse. J'affirme que dans cette affaire, mon pays a bien fait son travail. Le tribunal fédéral a ouvert une porte en exigeant la tenue d'un procès à Manille, si Imelda Marcos a pu rentrer chez elle,

elle le doit au tribunal fédéral suisse. C'est surprenant, non? C'est quand même extraordinaire ce qu'a fait la Suisse pour des raisons purement éthiques [48]. »

Dans le saint des saints de la banque suisse

Tous ces avocats, policiers, procureurs peuvent évoquer une évolution souhaitable sans grand risque : ce ne sont pas eux qui déterminent l'avenir de la Suisse, son essence, les motifs de l'attrait exercé par la Confédération sur les trafiquants, dictateurs, fraudeurs agglutinés comme des mouches sur les banques de la rue du Rhône à Genève ou de la Bahnhofstrasse à Zurich pour y ouvrir des comptes à numéro... En revanche, les patrons des banques eux savent ce que peut leur coûter une telle évolution. Et c'est pourquoi je me trouve dans le bureau d'un des patrons de l'Union de banques suisses, à Zurich, Bahnhofstrasse bien sûr, cette « rue de la Gare » qui est l'artère vitale de toute la banque d'Helvétie.

Le siège de l'UBS, première banque suisse, n'est pas un gratte-ciel orgueilleux, mais un immeuble bas à l'ancienne, plus cossu d'apparence que vraiment luxueux. Dans le bureau de mon hôte, un dépouillement presque excessif. Juste une grande toile abstraite au mur pour égayer l'atmosphère. La table du banquier est vierge de tout papier, le téléphone invisible : il est payé, me dit-il, pour penser, pour réfléchir beaucoup plus que pour se livrer à des activités frénétiques. Robert Favarger, vice-président de L'UBS, le banquier suisse qui accepte de parler est un grand seigneur à l'allure austère, mais aimable. Il ne cache pas que l'évolution économique de la Suisse pose problème, la monnaie n'est plus aussi stable, le chômage pointe le nez. Et pourtant, son établissement a pris la décision radicale de ne plus accueillir l'argent noir en général, et l'argent des dictateurs en particulier. « Notre banque se soumet sans réserve aux dispositions de la convention de diligence, valable pour tous les membres de l'Association suisse des banquiers; je ne sais si nous jouons un rôle d'exemple en Suisse, mais nous devons en tout cas avoir un comportement exemplaire. Depuis de nombreuses années, notre direction générale a édicté des règles internes très strictes, valables pour tout le groupe, tant en Suisse qu'à l'étranger, en vertu desquelles nous n'établissons pas de relations d'affaires avec des personnalités publiques susceptibles de disposer ou de manipuler des fonds publics, ou avec des organisations subversives. Par personnalités publiques, il peut s'agir aussi bien de politiciens, de chefs militaires, de chefs religieux, d'extrémistes. Les demandes qui pourraient nous être présentées devraient être traitées au plus haut niveau. Le cas échéant, nous exigeons que la relation soit établie au nom d'une institution de l'État du solliciteur. Certes, on ne peut pas tout éviter, mais nous devons nous refuser à toute forme d'extrémisme. Les événements nous conduisent à adopter des vues de plus en plus rigoureuses et tranchées. C'est le directeur général du groupe qui prend les décisions, sans appel. Et je n'ai pas souvenir d'exception. Si certains tentent quand même de nous approcher, nous imposons que le compte soit ouvert au nom d'une institution de l'État qui peut être contrôlée [49]. Il est évident que la réputation de notre établissement, son éthique professionnelle et son sérieux draînent une forte demande de dépôts, il ne faut pas se leurrer, nous aurons toujours des accidents en raison de cet attrait exercé par la banque suisse, le métier de banquier est terriblement périlleux... »

Robert Favarger estime qu'il est non seulement possible, mais même souhaitable, de limiter les bavures. La bonne réputation du système financier, et donc son avenir à long terme, est à ce prix. Le banquier est cependant sans illusion : il estime que pas plus qu'une autre, l'Union de banques suisses n'est à l'abri. Même ses meilleurs collaborateurs présentent des risques. Tout bon banquier sait blanchir l'argent sale. On consent un prêt à une société-fantôme [50] pour constituer son capital, la société rembourse clandestinement, ni vu, ni connu : en fait, pour effacer les traces, la banque se prête l'argent à elle-même par le détour d'un prête-nom. Ce tour de passe-passe est généralement efficace, surtout parce que le cheminement est très obscur pour le non-initié!

Cette soudaine bonne volonté des banques helvétiques laisse sceptiques bon nombre de Suisses. Ils se déclarent convaincus que les banquiers sauront toujours trouver les meilleurs moyens pour biaiser avec les lois destinées à limiter l'invasion des capitaux gris (fraude fiscale) ou noirs (détournements de l'aide internationale par les pays du Tiers-monde; blanchiment de l'argent des dictateurs, du crime organisé, de la drogue) [51].

L'affaire Marcos a, depuis longtemps, dépassé le cas Marcos, en Suisse et dans d'autres pays d'ailleurs qui, comme l'Autriche, le Luxembourg, étaient également accueillants pour certains capitaux en fuite. Le scandale a contribué à faire prendre conscience aux banquiers, aux hommes de loi et aux gouvernements des nécessités d'une véritable déontologie financière.

Le cas philippin a aussi accéléré l'évolution des législations réprimant l'évasion et le blanchiment des capitaux dans le monde entier. Désormais, les dictateurs, et avec eux les fraudeurs et les trafiquants, ne seront plus autant en sécurité dans le refuge suisse, il leur faudra faire preuve de plus d'imagination, et probablement prendre beaucoup plus de risques pour cacher le produit illégitime de leur vampirisme. Résultat paradoxal de l'entreprise de spoliation dont les Philippins ont été victimes sous la dictature...

III

L'or et le croissant

LES FOLIES DES SEIGNEURS DU DÉSERT

Les dictatures ne sont pas l'apanage de quelques encombrants « présidents » qui ont pris et gardé le pouvoir par la force. L'absence totale de contrôle parlementaire sur les dépenses publiques et (privées) des princes du désert, et parfois malheureusement une répression très dure, ont exactement les mêmes conséquences que dans les dictatures labellisées.

Réalité difficile à admettre, car non seulement ces pays refusent de se voir attribuer le qualificatif infâmant, mais encore les vraies démocraties entretiennent avec ces États d'excellentes relations. Des relations fondées en général sur les intérêts commerciaux : fournitures de matières premières essentielles comme le pétrole; ventes de marchandises manufacturées de haute valeur, les armes par exemple.

Tel est très exactement le cas de tous les États du Moyen-Orient. A l'exception d'Israël, et de la Turquie dans une moindre mesure, tous les royaumes, émirats, empires, républiques, confessionnelles ou non, sont des tyrannies où l'on ignore le contrôle parlementaire. La gestion de ces pays souvent extrêmement riches est pour le moins critiquable...

Presque chaque jour s'envolent de Manille des avions bondés de travailleurs immigrés philippins, ouvriers du bâtiment et bonnes d'enfant. Fuyant la misère organisée par feu Ferdinand Marcos et ses amis, ils s'en vont chercher survie et complément de revenu pour leurs familles sur les rivages du golfe Persique, dans les émirats, au royaume saoudien. Dans ces contrées du monde où se pratique encore presque ouvertement l'esclavage. Des États où le concept de démocratie n'a pas encore pris corps. Des régions où, par la grâce de leur pouvoir tyrannique, les chefs, les rois, les sultans, les cheikhs, les émirs peuvent dépenser leurs immenses fortunes non seulement sans compter, mais encore sans avoir à se justifier ni auprès d'un parlement, ni auprès d'une opinion publique. Et encore moins devant la justice.

Ces pays étaient naguère un immense désert de sable baigné à l'est par les eaux vertes et onctueuses d'un golfe dont on ne pouvait percevoir les limites. Les rivages désolés n'étaient fréquentés, depuis la nuit des temps, que par quelques felouques de pêcheurs aux belles voiles blanches triangulaires. Des pêcheurs qui se transformaient à l'occasion en redoutables pirates; d'où le nom attribué par les voyageurs étrangers à ce pays qui ne devait pas être totalement sans histoire : la « côte des Pirates ». Depuis l'Antiquité, le temps ne semblait pas s'y écouler, quelques tribus nomades hantaient les pistes, poussant devant elles leurs troupeaux de chèvres, de moutons et de chameaux à la recherche d'improbables pâturages. Parfois, une lourde caravane remontait depuis les lointaines contrées du Sud pour transporter vers de merveilleux palais bâtis dans les montagnes des chargements d'encens...

Ce pays serait sans doute resté à jamais mystérieux si des géologues n'y avaient découvert, à la fin des siècles obscurs, d'énormes quantités de pétrole et de gaz, des sources d'énergie dont étaient avides les puissances qui, dans les brumes du Nord, de l'autre côté des terres, de l'autre côté des mers, s'acharnaient à produire, produire toujours plus...

Les nomades n'ont pas compris tout de suite dans quelle aventure ils allaient désormais devoir s'engager; la plupart ont continué à hanter les déserts, tandis qu'un petit nombre de chefs soudain couverts d'or et de devises, jetés comme des météores dans un monde clinquant, technique et métallique pour lequel ils n'étaient pas préparés, ont vu leur vie bouleversée. Quelques-uns de ces chefs étaient si loin de ce nouveau monde que, quand les capitalistes européens leur donnaient de l'argent – si peu d'ailleurs car, dans ce temps-là, le prix du baril ne dépassait pas quelques dollars –, ils en exigeaient le versement en liquide.

Une telle richesse ne pouvait échapper aux convoitises et aux grandes manœuvres de la diplomatie internationale, des banques et des financiers de haute et basse volée. Tant et si bien que la côte des Pirates, et quelques autres émirats dans le sillage du royaume saoudien, ont peu à peu émergé sur la scène internationale. D'abord sous la tutelle des grandes puissances mondiales, le Royaume-Uni, les États-Unis d'Amérique. Puis, au fil des décennies, sous leur propre responsabilité.

La richesse devient pactole avec la crise du pétrole, et l'augmentation des prix qui s'ensuit. Les pays musulmans producteurs de pétrole décident, en 1973, d'augmenter massivement le prix de l'or noir pour punir les Occidentaux d'avoir apporté leur soutien à Israël pendant la guerre de Kippour. Avec le recul, on s'aperçoit que les initiateurs de cette politique sont les immigrés palestiniens, qui ont, depuis deux décennies, accédé aux plus hautes fonctions financières dans les États du Golfe, royaume saoudien non compris; mais le gouvernement de Ryad apporte tout son soutien à cette orientation pour des raisons religieuses.

Presque d'un jour à l'autre, des monceaux de devises, de dollars, de livres affluent vers les principautés du golfe Persique; quatre pays du Golfe en ramassent les deux tiers : Le royaume saoudien en tête, suivi par les Émirats arabes unis, l'Irak, le Koweït, l'Iran. Derrière, un peloton de petits, qui n'en sont pas moins extraordinairement prospères grâce à leurs populations modestes. Tombée sur des pays sans tradition économique cette manne pétrolière est devenue une plaie qui a perverti toutes les structures. Elle aigrit jusqu'à l'extrême le moindre conflit de culture ou simplement de frontière.

A l'heure actuelle, on estime que les avoirs arabes à l'étranger atteindraient 400 milliards de dollars, dont 80 % libellés en dollars. Cette fortune serait investie pour moitié en bons du Trésor émis par les Grands de l'économie occidentale (USA,

Allemagne, Japon); un quart en actions; un sixième dans l'immobilier. Le magot continuerait à s'arrondir au rythme de 30 milliards de dollars par an. Grâce à ces ressources, les pays producteurs de pétrole auraient pu promouvoir, chez eux et dans le monde non occidental, un concept de développement radicalement différent. Peut-être en raison d'une absence fondamentale de culture économique, ils se conduisent au contraire comme des hommes du Moyen Age projetés en plein XXIe siècle, petits chefs capricieux, gâtés, parfois avares, manifestant presque toujours le désintérêt le plus total pour le long terme. Ces seigneurs de l'or noir ne paraissent pas comprendre que même la plus libérale des économies suppose quelques règles du jeu. Il faut néanmoins distinguer les « premiers riches » (Irak, Iran, Koweït, Bahrein, Oman) qui ont appris qu'un minimum de travail, un minimum d'évolution sont nécessaires, et les « nouveaux riches » encore fort peu soucieux de leur avenir.

Le krach du Souk al Manach (Koweït), au début des années quatre-vingts, a montré l'ampleur des ravages que cette manne pétrolière pouvait provoquer entre des mains inexpertes. Le Souk al Manach était une sorte de bourse informelle. Des opérateurs totalement inexpérimentés, sans la moindre culture économique, se sont lancés dans des spéculations effrénées. L'embryon de bourse s'est effondré en quelques mois. Les pertes se sont élevées à la somme faramineuse de 15 milliards de dollars... finalement épongée par l'État koweïti et ses organes d'investissement.

Cette affaire place sous une lumière crue les méfaits provoqués par les profiteurs d'une économie aux structures balbutiantes et le rôle nocif des intermédiaires innombrables, vautours exclusivement préoccupés de tirer le maximum de ces princes et non de les aider. Des armes en masse, des prières en masse et le jeu des extrémistes, des spéculations, une gigantesque corruption sont les seuls résultats de cette chance ratée... Les Occidentaux n'ont rien vu. En 1988, certains observateurs en étaient encore à célébrer l'extrême sagesse de tous ces potentats du Golfe qui n'auraient eu d'autre souci que le bien de leurs peuples.

Cependant, les coutumes anciennes résistent. Elles sont définies et par la tradition, par le Coran et par la Charia (la loi) qui en découle. Un subtil mélange qui préside au gouvernement et à la gestion tels que l'entendent les émirs et les cheikhs.

Qu'il s'agisse du cheikh Zayed à Abu Dhabi, du cheikh Jaber al Sabah, émir du Koweït, du cheikh Qabous à Oman, du roi Fahd d'Arabie, ou de quelques centaines d'autres princes de leur parentèle, ils se considèrent comme les seuls propriétaires privés du sol, du sous-sol, de leur produit et de leurs sujets. Plusieurs facteurs expliquent – sans la justifier – cette position commune à tous les chefs d'État dans le Golfe.

La première est naturellement l'accession très récente de tous ces États à un mode de vie économique moderne. Mais joue également l'étroitesse de la population « indigène ». Dans chacun des émirats, les « citoyens » ne représentent souvent pas plus de 15 à 20 % de la population. Au Koweït, les Palestiniens d'origine étaient plus de 400 000, presque autant que les Koweïti. Sans compter les Pakistanais, les Indiens, etc.

Les machineries des États et des économies recourent largement au système du mercenariat à tous les niveaux, de l'échelon parfois le plus élevé de l'État aux emplois les plus modestes. Sous certaines de ses formes, ce mercenariat s'apparente même parfois à de l'esclavage modernisé.

Mercenaires les armées occidentales qui, pour le compte du royaume saoudien et des émirats, iront lutter contre Saddam Hussein. Mercenaires la plupart des fonctionnaires du Koweït, mercenaires les ingénieurs, les techniciens, les hommes d'affaires, qui opèrent dans la péninsule arabique... Parce qu'ils sont les mieux éduqués, les plus évolués en raison même de leur condition d'exilés, les Palestiniens tiennent l'administration et même parfois d'importants postes politiques. Par exemple, au Koweït, le ministre des Finances al Rashed longtemps aux affaires était l'un d'entre eux.

Les Pakistanais occupent la plupart des emplois commerciaux ou ouvriers : les mâles philippins font tourner les grands chantiers, tandis que les femmes philippines forment, dans les maisonnées, le personnel de service, dans des conditions souvent proches de l'esclavage, y compris sexuel.

Les cadres supérieurs des entreprises privées sont britanniques, américains, japonais et même français. Français aussi les responsables de la sécurité. Dans les armées, les instructeurs sont britanniques ou américains. Dans les entreprises pétrolières, les ingénieurs sont souvent américains, et sur les plateformes de forage *off-shore*, l'encadrement technique est français.

Il est bien entendu que tous ces « mercenaires » ne peuvent prétendre exercer une influence politique quelconque sur la politique menée par les cheikhs, les émirs, les rois. Quant à la population d'origine, elle ne pense qu'à jouir de l'argent et des plaisirs dont on la gave, sans la moindre prétention démocratique pour sa très grande majorité.

Face à cette masse, les seigneurs peuvent se conduire comme naguère à la tête de leurs tribus nomades : ils se considèrent comme des chefs de clan, avec tous les droits et les devoirs qu'implique cette position. « Dans leur comportement, souligne un financier libanais qui fréquente le Golfe depuis de nombreuses années, ils se fondent sur la tradition du contrat clanique. Qu'est-ce que ce contrat? C'est une société et une économique sous seing privé, c'est-à-dire que tous les événements de la vie sont réglés par les rapports d'allégeance au maître qui tire sa légitimité de son ascendance, voire simplement de sa force et de sa richesse. Les sujets appartiennent au Seigneur; en contrepartie celui-ci doit une assistance absolue à quiconque vient le solliciter [1]. »

C'est le système du Majlis la cour ouverte à tous. Pour vous l'expliquer on vous raconte l'histoire suivante. Un jour, en novembre 1991, l'un des neveux du roi Fahd d'Arabie saoudite voit arriver chez lui un berger, l'air furieux, qui lui tient ce langage :

« O Seigneur, la sécheresse a décimé mon petit troupeau, vous qui êtes le maître du beau et du mauvais temps, puisque vous n'avez rien fait, vous êtes responsable. » Le prince écoute la remontrance en toute humilité, et il répond : « Fais-moi écrire tout ça sur un papier, je donne tout de suite l'ordre de te dédommager sur ma cassette personnelle. » Ce qui fut fait aussitôt, et sans vérification.

Le coutume tribale a été respectée à la lettre. Mon interlocuteur affine le tableau : « En fait, on se trouve en face d'un colossal système d'assistanat. Dans les émirats, le budget public finance en totalité la défense, l'éducation, la police, la santé, et en outre subventionne très largement les biens de consommation, tandis qu'une totale liberté économique est laissée aux sujets. Ce système est parfait quand les revenus du pétrole sont importants, quand la population concernée par ces libéralités est faible. »

Les listes civiles attribuées aux cent cinquante princes majeurs d'Arabie Saoudite, c'est-à-dire aux frères, oncles, fils, cousins, neveux, peuvent atteindre un million de dollars par jour. Ce montant doit permettre de faire face à l'entretien de leurs clans, ce qui représente plusieurs dizaines, voire plusieurs centaines de personnes. Généralisée en Arabie Saoudite et dans tous les émirats du Golfe, cette pratique est fort ambiguë puisque, en contrepartie de ce devoir d'assistance, le sujet abandonne tout droit de regard sur la gestion des fonds possédés par le chef. En vertu de la loi de Dieu, l'or appartient au maître, dictateur théocratique. Il ne peut en être autrement.

La religion est utilisée comme un outil pour justifier *a posteriori* la coutume clanique et son contrat social, par interprétation extensive du Coran. Dans les temps anciens, le livre saint des musulmans a attribué au seigneur de la tribu le soin de gérer au mieux le bien commun du groupe. C'était sans doute justifié dans une économie de subsistance où les biens étaient fort modestes. Par la suite, rois et émirs se sont vu confier la responsabilité des biens *waqf* attribués pour des motifs religieux à la communauté. Au fil du temps, une confusion s'est opérée entre le rôle religieux de l'émir et sa fonction civile [2]. Il a oublié les règles anciennes, considérant que par loi divine il est le propriétaire personnel de tous les biens dans son territoire, sol, sous-sol, capital et intérêt. Ce qui est particulièrement dangereux et peut même constituer une aberration susceptible d'entraver la modernisation de la société.

Le malentendu est complet entre les Occidentaux et les seigneurs traditionnels de la péninsule arabique. Lorsque ceux-ci sont attaqués sur le terrain des biens matériels, ils interprètent les révélations de la presse comme des agressions non contre leur personne, mais contre l'Islam. Ni le cheikh Jaber al Sabah au Koweït, ni le cheikh Zayed bin Sultan al-Nahyan à Abu-Dhabi, ni le cheikh Qabous à Oman, ni le cheik Khalifa bin

Hamad al-Tahni ne peuvent concevoir qu'il puisse en être autrement.

L'avocat français Francis Lamand a été, plusieurs années durant, professeur de droit islamique à l'université de Koweït. Il reste un conseiller écouté en Arabie Saoudite. Écoutons-le approfondir le raisonnement : « Le concept de Trésor public n'existe pas en droit islamique. Par conséquent, les autorités gouvernementales ne peuvent pas établir une distinction claire entre les “ biens publics ” et les “ biens privés ”, surtout si le pouvoir est entre des mains royales. Plus important encore, les personnes morales ne sont pas reconnues par le droit musulman. Les biens publics (Bayts al Mâl) sont ceux de la communauté, les princes les gèrent au mieux des intérêts de tous. Il y a donc un obstacle institutionnel majeur à faire sortir du giron de la famille régnante les biens publics pris au sens large du terme. En outre, dans toutes ces théocraties, Arabie saoudite, émirats, mais aussi Maroc, la famille royale est considérée comme dépositaire de l'héritage mystique (Hassan II porte le titre de “ commandeur des croyants ”) du royaume, et, par conséquent, comme le meilleur gérant possible de l'héritage matériel. Il n'est pas surprenant que, fondé comme État moderne en 1932 par le roi Abdul Aziz Ibn Saoud, le royaume d'Arabie ait attendu 1936 pour se doter d'un vrai gouvernement, avec un ministère des Finances. De même, en Iran, le shah et ses conseillers se sont expressement référés à la tradition religieuse lorsqu'ils ont établi les statuts de la “ fondation Pahlavi ”, en principe attributaire de fonds destinés à aider les étudiants pauvres et méritants par don de bourses. Quand les religieux ont pris le pouvoir en 1979, ils se sont contentés de rebaptiser cette institution, qui est devenue la “ Fondation des déshérités ”, mais sans toucher ni à ses structures, ni à ses bases financières. »

Dépenses somptuaires

Le sultan d'Abu Dhabi, cheikh Zayed bin Sultan al-Nahyan, ne parvient toujours pas à résoudre un délicat problème : que faire de cet argent qui n'en finit pas de s'accumuler ? Le prince s'est fait bâtir un palais digne des Mille-et-une-nuits pour y installer ses douze femmes auxquelles il a donné de dix-neuf à trente fils selon les estimations. Il craint par-dessus tout la maladie. C'est pourquoi il a fait transformer en hôpital volant le Boeing quadriréacteur qui lui permet de visiter quelques-unes de ses propriétés dans le monde.

Hors de l'émirat, le cheikh possède un château à Salève en Haute-Savoie, au moins une propriété de chasse en Sologne, l'observatoire de Cannes; Ascot Place, une propriété vieille de deux siècles qu'il achetée 19 millions de livres dans le Berkshire en Angleterre. Il est encore le maître de quatre maisons des Boltons, en plein quartier londonien chic de Chelsea. Dans l'émirat, les installations sportives du Wahda Sport Club, dirigé par sultan Al Otaibe, sont absolument somptueuses, à commencer par le stade de football susceptible d'accueillir 80 000 spectateurs, alors que, travailleurs immigrés compris, le pays ne compte qu'un million huit cent mille habitants.

Son désert est devenu un parc, le climat va changer grâce à la plantation de millions d'arbres entretenus par des milliers de jardiniers pakistanais. Il a donné à ses gens deux mille fermes, lesquelles, soutenues par de grosses subventions, assurent l'autosuffisance alimentaire de l'émirat. Ses sujets sont littéralement gavés, enrichis par l'obligation faite à toute société étrangère désirant s'installer dans le pays de s'associer à un *sponsor* local, lequel, moyennant 49 à 61 % des actions et une grasse rémunération, donne son nom. L'émirat est sillonné d'autoroutes illuminées jour et nuit.

Que faire de mieux? Pour répondre à cette question, une nouvelle lubie : dans le monde occidental se multiplient les parcs Disney. A Abu Dhabi, on fera mieux, plus grand, plus somptueux. Tel un mirage sur la mer surgira bientôt, face à la ville, Wonderworld « Lulu Island [3] », le « Père de tous les parcs d'attraction »... deux milliards et demi de dollars d'investissements prévus, une île artificielle érigée en face du front de mer. Sous de gigantesques tentes, s'élèveront des modèles réduits des grandes villes de l'Islam, et au cœur de l'ensemble, toujours sous une tente, un château des Mille-et-une-Nuits. Dix ans de travaux. Et qu'importe que des parcs d'attraction soient déjà ouverts à Koweït et Qatar!

Encore une folie : le golf de Dubaï. En plein désert, sept tentes surgissent. Peut-être une tribu nomade? Quand on s'approche, on voit que les tentes sont immenses et en acier car elles abritent la « golf house » d'un des plus grands terrains du monde, un « 36 trous », pelouses vallonnées, paradisiaques, parsemées de petits étangs où nagent des carpes japonaises! Quatre millions de litres d'eau par jour pour arroser. Les huits cents clients sélectionnés sont tous des « travailleurs immigrés » européens ou japonais de très haut niveau. Cette folie est due à Mohammed al Maktum, ministre de la Défense de la Fédération des Émirats arabes unies.

Cheikh Mohammed a d'autres passe temps. En bon Arabe, il est fou de chevaux. Tellement entiché qu'il est aussi le premier propriétaire de chevaux de course en Grande-Bretagne, avec trente-cinq montures. Quand, estimant que les charges étaient trop lourdes et les gains en course trop modestes, le cheikh et ses trois frères (quatre-vingt-cinq chevaux contre cent quatre-vingt-dix il y a trois ans) ont entrepris le transfert de leurs écuries de l'autre côté du Channel, ils ont provoqué un séisme. Ils contrôleraient 10 % de l'élevage britannique...

Et que dire de l'automobilomania du sultan d'Oman, Qabous bin Saïd al-Saïd? Oman, 300 000 km^2, deux millions d'habitants. Le pétrole fournit 90 % des recettes du pays bien que celui-ci ne soit pas un des grands producteurs, au point de ne pas avoir adhéré à l'OPEP. Le sultan a le sens de l'hospitalité, et c'est pourquoi il entretient, pour ses hôtes, une armada de quatre cents limousines Mercedes et une autre flotte, de yachts cette fois. Al Bustan, son palais, construit à l'occasion d'une réunion du Conseil coopératif du Golfe, a coûté 2 milliards de francs. Sans compter un hôtel de luxe de deux cent cinquante chambres. Il ne sera sans doute jamais rentable. A titre indicatif, les seules factures mensuelles d'eau et électricité s'élèvent à 320 000 francs.

Parfois, las des sables du désert et désireux de contempler les mille feux de la civilisation occidentale, les rois, les princes, les émirs, les sultans, les cheikhs, leurs cours, leurs femmes et leurs enfants voyagent. Pas bien loin en général : leur contrée de prédilection reste la Méditerranée. Ainsi, en juillet 1991, sans doute pour se détendre après les horreurs de la guerre du Golfe,

Khalifa bin Hamad al-Tahni, émir de Qatar, a-t-il embarqué dans son yacht pour voguer vers la Côte-d'Azur. Bien que l'on fût en plein été, au large de la Corse, voici une tempête. Le seigneur de Qatar n'hésite pas, il se fait débarquer avec toute sa suite dans le premier port figurant sur la carte. Bastia, en Corse. L'émir se réfugie à l'aéroport jusqu'à l'arrivée de son avion personnel, un Boeing 707 aménagé comme un palais d'Aladin. Dans cette île de « mauvaise réputation », cheikh Khalifa ne craint rien car il s'est assuré la protection du plus prestigieux des gardes du corps, le capitaine (CR) Paul Barril, celui-là même qui naguère, en 1979, a vaincu les rebelles fondamentalistes qui s'étaient emparés du tombeau du Prophète à La Mecque. L'avion rentrera-t-il à Doha, la capitale de Qatar ? Pas question : on poursuit les vacances, on atterrit à Nice puisque l'émir possède une vaste propriété sur les hauteurs de Cannes, chemin des Collines, dans le lotissement de Super-Cannes.

C'est, pour un seigneur du Golfe, la plus belle et la plus exclusive des adresses. Dans ce paradis pour milliardaires, les maisons entourées de hautes grilles blindées et électrifiées sont enfouies sous la végétation. Les voisins sont tous aussi prestigieux les uns que les autres : boulevard des Horizons, le roi Fahd d'Arabie lui-même, sa mère, son frère. Voisin encore, le chef du gouvernement du Qatar, M.Al Kawari, qui a payé sa villa 49 millions de francs. Voisins toujours, le roi Hussein de Jordanie, la Begum, mère de l'Agha Khan, Jean-Claude Duvalier, Gaith Pharaon (villa Le Carat), l'aîné des frères Khashoggi (villa La Tropicale). Cheikh Zayed a acheté le plus bel espace, l'Observatoire, qui domine toute la ville de Cannes, le funiculaire qui permet d'y accéder, la gare du funiculaire décorée de fresques et 19 000 m^2 de terrain dont, il est vrai, seulement 1 900 m^2 sont constructibles : certaines règles d'urbanisme n'ont pas permis au cheikh d'aménager les lieux comme il l'entendait.

Entre soi, on n'a pas à craindre les lazzi moqueurs quand on se promène dans les allées de Super-Cannes, habillé selon la coutume du Golfe. Parfois, un hélicoptère survole la colline de la Californie et ses parcs de rêve pour assurer les trajets de tel ou tel prince pressé. Les Toyota 4 × 4 chargés de gardes du corps circulent en toute impunité sur les routes du lotissement.

Jamais un gardien de la police nationale ou de la police municipale, qui patrouille les hauteurs de Cannes et piétine en garde statique devant le portail d'un roi, n'aura l'idée de vérifier si les hommes sont armés ou non.

La suite, les aides, les secrétaires, les bonnes philippines et autre chaouchs (domestiques) sont logés dans les hôtels de la Croisette, comme le Gray d'Albion, ou dans des résidences bâties à flanc de colline, dans la Californie.

La Croisette est aussi le lieu de rassemblement et d'exhibition des automobiles, Mercedes, Ferrari Testa Rossa, ou Rolls-Royce plaquées or. Le soir, on se retrouve chez l'un ou chez l'autre, dans de grandes fêtes, au son de la musique arabe diffusée par de puissantes chaînes stéréo, ou bien dans les grands restaurants de Mougins ; on termine la nuit dans des boîtes, ou, mieux, au « Privé », le casino de l'Hôtel Carlton où ne sont admis que les *happy few*. On y joue gros à l'occasion : l'un des princes du Golfe n'a-t-il pas perdu là près de 90 millions de francs en un mois ?

Quant au yacht, on l'amarre dans le port d'Antibes, quai protégé par des grilles de l'International Yacht Club, ou au Port Canto à Cannes. « Super-Cannes, explique un Cannois de longue date, s'est trouvée colonisée par les Arabes un peu par hasard. Ils auraient pu s'installer à Nice, ou à St-Jean-Cap-Ferrat. Ils ont choisi Cannes peut-être par anglomanie, se souvenant que ce sont les Anglais qui ont assuré la fortune de Cannes. D'abord il y a eu un seigneur du Golfe, le roi Fahd peut-être. Ensuite, tous les autres sont venus parce que cela faisait bien. Et la colonisation est loin d'être terminée : après Super-Cannes et la colline de la Californie, c'est désormais la colline de la Croix-des-Gardes qui est investie. »

Durant la guerre du Golfe, la côte a été envahie par les réfugiés koweïti. Ils se sont bientôt fixés un peu plus près de Nice dans le lotissement des Hauts de Vaugrenier, au-dessus de Villeneuve-Loubet. La guerre est passée et, quoiqu'en disent les agents immobiliers, l'argent est toujours là.

Celui du pétrole, qui permet par exemple au roi Fahd d'Arabie d'assurer leur rente quotidienne aux cent cinquante princes majeurs de la famille. Dans la péninsule arabique, royaume saoudien ou émirats, on compte 250 000 grosses fortunes. Le seul vrai problème est de répartir les dépenses.

Autre source non négligeable de revenus : les commissions d'intermédiaires. Surtout, ne pas tenir ces honoraires pour les bakshishi de la corruption. Tous les bénéficiaires peuvent expliquer que les sommes versées sont parfaitement justifiées par les démarches destinées à faire obtenir aux entreprises occidentales des marchés juteux, sources d'énormes profits. Par exemple, ce ne seront pas les industriels de l'aéronautique britannique qui iront se plaindre d'avoir eu à payer quelques centaines de millions de dollars, pour la vente de quarante-huit chasseurs bombardiers Tornado. Ce marché donne du travail à des milliers d'ouvriers britanniques au plus mauvais moment de la crise. Et, de toute façon, la commission est comprise dans le prix; donc, en fait, à la charge du gouvernement saoudien. Même l'administration française n'y trouve rien à redire, puisque les commissions sont considérées fiscalement comme des « frais de négociation » déductibles. On ne peut mieux dire.

Depuis des décennies, sur les conseils avisés d'Occidentaux, et souvent avec l'aide d'institutions financières spécialement créées à cet effet, les pétro-dollars sont pour l'essentiel investis sur les marchés occidentaux.

L'une de ces institutions est assez étonnante. C'est une banque, basée à Londres, dont la fonction est tout simplement de servir de « paravent » aux investissements en provenance du Golfe. Cette Bank of England Nominees (BOEN), fondée en 1973, compte parmi ses actionnaires bien des têtes couronnées, telles que le roi Fahd d'Arabie (sixième fortune du monde) le sultan de Bruneï (première fortune du monde), le roi Bhumibol Adulyadej de Thaïlande, Saddam Hussein et ses proches et, ce qui peut paraître à première vue plus surprenant, la reine d'Angleterre et sa famille [4], bien que ces derniers ne soient jamais mentionnés formellement dans les registres. La famille royale ne fournit jamais aucune information détaillée sur sa fortune.

Cette « banque de paille » ne peut être fréquentée que par les chefs d'État, leur famille proche, les gouvernements ou les institutions gouvernementales ou proches des gouvernements. Le contrôle est en principe – en principe seulement – dévolu au ministre du Commerce. Mais la banque est la seule institution financière anglaise à avoir le droit de garder ses bilans secrets... Derrière leur façade officielle, les Grands de ce monde peuvent donc mener leurs affaires en toute tranquillité.

Le bas de laine du Koweït

Que font-ils de leur argent? Les stratégies d'emploi des pétro-dollars divergent. L'Arabie saoudite privilégie les placements spéculatifs sous forme de bons du Trésor, ou l'immobilier : le roi possède, outre la propriété de Cannes, un château près de Roquencourt dans les Yvelines (directement raccordé à l'autoroute de l'Ouest!) et un hôtel particulier dans le XVIe arrondissement à Paris. De même, au début de 1993, le prince Alwaleed bin Talad bin Abdulaziz al Saud s'est porté acquéreur, pour 100 millions de dollars, d'actions représentant 11 % de Saks, le plus prestigieux des grands magasins de la 5e avenue à New York. Il faut dire que le même prince avait déjà placé 590 millions de dollars dans la City Corp, la principale banque commerciale américaine. Aucune personne privée n'avait jamais réalisé un tel investissement.

La famille régnante du Koweït, les al Sabah et leurs conseillers, accorde une préférence évidente aux investissements industriels. A l'étranger, en Allemagne, en Espagne. Les Koweïti passent pour de bien piètres gardiens de leur fortune, qu'ils ont tendance à dilapider.

Sous quelques dizaines de milliers de mètres carrés de sable, le sous-sol du Koweït recèle des réserves pétrolières évaluées à 92 milliards de barils, extraites au rythme quotidien de 1,5 millions de barils [5], soit un revenu journalier de 13,5 à 16,5 millions de dollars (5 à 6 milliards de dollars par an). Le prélèvement de l'État koweïti est d'au moins 50 %. En pratique, il ne profite qu'à l'émir et à ses proches.

Une partie de ces fonds est affectée au budget de fonctionnement. Mais le surplus était jusqu'à la guerre du Golfe très important : or les fameux pétro-dollars ne sont pas investis sur place pour préparer l'avenir, l'essor économique du pays.

La guerre du Golfe a permis de faire de bien intéressantes découvertes. On sait que le souverain, son fils, prince héritier et

Premier ministre, tous les princes, la cour, les épouses, le clan, le gouvernement et de nombreux fonctionnaires se sont réfugiés à Taef, en Arabie Saoudite. Pour conserver un train de vie « décent » entre août 1990 et mars 1991, le gouvernement koweïti a dépensé de 8 à 10 milliards de dollars. Pour l'essentiel, ces fonds ont été puisés dans les liquidités, bons du Trésor japonais, obligations, dépôts bancaires, avoirs en or et en devises possédés hors du Koweït. Compte tenu du soutien financier aux 400 000 familles exilées, du moratoire sur les dettes privées (4 milliards de dollars), du paiement des arriérés de salaire à 70 000 fonctionnaires, la guerre a finalement coûté à l'émirat 22 milliards de dollars. Or, à la fin du premier trimestre 1990, la Banque des règlements internationaux estimait à 17 milliards de dollars le montant des avoirs koweïti déposés dans des banques occidentales. Pour faire face, le gouvernement a préféré emprunter sur le marché international des capitaux pour éviter d'entamer les réserves de change de la banque centrale.

Cependant, ces sommes colossales font pâle figure auprès des 100 milliards de dollars (ou plus) d'immobilisations publiques à long terme affectées à la Réserve pour les générations futures. Sous la houlette de la KIA (Kuweït Investment Authority), cette réserve est gérée par son opérateur sur la place financière de Londres, le KIO (Kuweït Investment Office) [6]. Depuis vingt ans, le KIO s'est systématiquement intéressé aux grands marchés occidentaux.

Les investissements privés atteindraient pour leur part 100 milliards de dollars également.

En France, dès le début des années soixante dix, les représentants de l'émirat achètent l'une des premières tours de la Défense (Manhattan). Selon une source gouvernementale, le Koweït aurait investi 8 milliards de francs en prenant des parts dans les banques Paribas, Suez, ainsi que dans le holding financier Cerus et, ce qui est moins heureux, dans le parc d'attractions des « Schtroumpfs » en Lorraine. En Italie, le Koweït est actionnaire de Fiat. En Grande-Bretagne, le KIO a pris une part significative de la Midland Bank, une des principales banques anglaises, et 9 % dans la British Petroleum, une des « majors » du monde pétrolier, opérateur d'origine sur les champs pétrolifères d'Irak et du Koweït.

L'Allemagne et l'Espagne ont particulièrement attiré les responsables de l'organisation. Le plus beau joyau est une participation de 14,9 % dans le conglomérat Daimler-Benz, qui contrôle entre autres Mercedes et Deutsche Airbus Industrie. Les Koweïti n'ont jamais demandé de siéger au conseil d'administration [7]. Le Koweït possède également de gros intérêts dans Metallgesellschaft (20 %) et dans le groupe chimique Hoechst (25 %).

En Suisse, les capitaux Koweïti atteindraient 4 milliards de francs suisses (3,15 milliards de dollars). Un paradoxe : le revenu de ces placements tend à dépasser celui de la production pétrolière ! Et un principe : les Koweïti ne doivent se manifester que comme des *sleeping partners,* ne prenant que des participations minoritaires, simples placements dans des compagnies sur le cours desquelles l'actionnaire koweïti n'interfère pas.

En Espagne, l'offensive a pris plus d'ampleur. Mais comme le prudent principe de gestion passive n'a pas été respecté, l'affaire s'est transformée en débâcle financière. Ceci essentiellement en raison d'une certaine naïveté des Koweïti, celle qui accable les hommes qui reçoivent d'un coup d'énormes fortunes. L'aventure commence par une rencontre en apparence fortuite dans une station balnéaire de la Costa Brava entre le cheikh Fahad al Rachid, président de la Kuwait Investment Authority, et un jeune homme d'affaires catalan, Javier de la Rosa, alors âgé de 35 ans [8]. De cette rencontre naîtra la décision d'investir massivement dans la péninsule Ibérique, jusqu'à 7 milliards de dollars, gérés par le Grupo Torras, un conglomérat multiforme. Au faîte de son développement, le groupe employait plus de 35 000 personnes, pour un chiffre d'affaires de 2,2 milliards de dollars. Une gestion plus qu'hasardeuse a contraint le KIO – alors dirigé par le cheikh Fahad Mohammad al Sabah, cousin de l'émir –, d'abord à injecter 2 milliards de dollars dans la trésorerie, pour combler d'énormes pertes, puis à se retirer du jeu en déposant le bilan.

Les enquêteurs se sont aperçus que les comptes avaient été falsifiés. Ils ont identifié les membres de la famille régnante qui avaient prélevé des fonds : les pertes étaient, comme par miracle, passées dans leurs poches, c'est-à-dire dans les avoirs de sociétés leur appartenant enregistrées notamment en Suisse.

D'autres investissements koweïti en Europe se sont révélés tout aussi malheureux. Non à la suite de malversations supposées, comme dans l'exemple précédent, mais souvent, comme dans le cas de la banque française BAII, aujourd'hui filiale de la Banque nationale de Paris, en raison d'une certaine indifférence des autorités koweïti à l'égard de leurs avoirs. Un autre établissement financier lié à une banque française, la Kuweïti French Bank, a pris la décision de fermer à la suite de grosses pertes consécutives à des investissements dans l'immobilier. La banque était détenue à raison de 20 % par le groupe CIC et de 80 % par des investisseurs privés de l'émirat, dont plusieurs membres de la famille régnante... Après cessation des activités, elle doit repasser sous le contrôle de la Kuweït Investment Authority.

Cette gestion cahotique des investissements à l'étranger a naturellement pesé lourd dans la campagne électorale qui, en octobre 1992, a permis aux partis opposés à la famille régnante al Sabah de remporter la majorité dans la nouvelle assemblée consultative. Comble du paradoxe, les Koweïti ont même réussi à devenir aujourd'hui de gros débiteurs sur le marché international des capitaux, tout comme plusieurs autres États de la région. Les conséquences de la guerre du Golfe n'expliquent pas tout.

Le financement du prosélytisme

Le financement de la propagation de l'Islam est à l'origine d'importantes dépenses. Seraient-ce aussi des investissements?

Le cas le plus extrême est celui du Koweït, encore lui : l'examen des comptes de la BCCI (*cf.* chapitre IV) a montré qu'en 1988, l'émirat avait versé 60 millions de dollars au groupe terroriste d'Abou Nidal, la plus radicale de toutes les organisations palestiniennes. Officiellement, il s'agissait d'obtenir que le groupe terroriste cesse ses attaques contre l'émirat, qui maintenait en prison plusieurs dizaines d'activistes de l'organisation. L'émirat a pris sa revanche en 1991, après la guerre du Golfe, en excluant de son territoire la plus grande partie des 400 000 Palestiniens qui y avaient fait leur vie.

L'Arabie Saoudite, pour sa part, traîne un boulet qui l'engage dans des dépenses énormes et très ciblées : le royaume est, en fait, une théocratie d'autant plus accrochée à la religion qu'elle abrite la ville de La Mecque et quelques-uns des plus grands lieux saints musulmans. La vigueur des prises de positions est renforcée par la virulente contestation des chi'ites en particulier, des fondamentalistes en général, autrement dit par la pression exercée avant tout par l'Iran.

Dans cette perspective, le royaume saoudien consacre une partie notable de ses ressources au financement direct des mouvements musulmans en lutte contre des parties non religieuses. Des témoins affirment avoir vu au Pakistan, un financier officieux du roi Fahd d'Arabie, déverser d'importants fonds aux moujahidines afghans les plus ultra au cours de la guerre contre l'Union soviétique. De même, le mouvement palestinien a reçu chaque année des centaines de millions de dollars jusqu'à la guerre du Koweït en 1990. Comme Yasser Arafat et l'OLP (Organisation de Libération de la Palestine) ont assez maladroitement pris, pendant ce conflit, des positions très favorables au dictateur irakien Saddam Hussein, le choc en retour ne pouvait manquer de se produire. Les versements officiels ne sont plus assurés. En revanche, selon les milieux du renseignement, le relais aurait été pris par des dons privés, transférés aux communautés palestiniennes en Israël et hors d'Israël avec l'approbation ouverte du gouvernement de Ryad.

L'Arabie Saoudite pratique aussi le subventionnement pur et simple de mouvements à caractère religieux, tel le FIS (Front islamique du Salut) en Algérie : au retour d'un voyage en Arabie saoudite, Abassi Madani, le leader intégriste du FIS, a brandi en signe de victoire un chèque d'une valeur d'un million de francs. Le chèque n'était pas établi à son nom, mais il était bien destiné à son organisation.

Le royaume saoudien et les Saoudiens en tant que personnes privées sont presque toujours présents dans les projets de mosquée ou d'école coranique construites ou installées pour les musulmans du monde entier. De 1973 à 1990, l'Arabie Saoudite aurait consacré 22 milliards de dollars au prosélytisme musulman [10].

Même l'entretien des mosquées de Al Qods-Jérusalem est

l'objet de toutes les sollicitudes saoudiennes, bien que ces biens *waqf* – les biens religieux – soient normalement à la charge du royaume jordanien, gardien des lieux depuis un siècle. Mais le petit roi Hussein n'a pas d'argent, il se débat pour tenter de trouver 10 millions de dollars et se propose même de vendre une de ses maisons en Grande-Bretagne pour réunir les fonds. Comme il s'est, lui aussi, désigné comme « Gardien des lieux saints », le roi Fahd d'Arabie propose de consacrer 70 millions de dollars, notamment pour la restauration du « Dôme du roc » [11] et le fait savoir par la télévision. Du coup, on évoque la rivalité séculaire qui oppose les Saoudiens et les Hachémites dans la péninsule arabique. Le Haut-conseil islamique déclare qu'une intervention du roi Fahd serait dangereuse, l'Égypte s'interpose... L'enfer est pavé de bonnes intentions.

Les Saoudiens se manifestent également en France, où la communauté musulmane, forte de deux millions et demi de croyants, est bien pauvre puisqu'il s'agit pour l'essentiel de paysans qui ont dû émigrer pour vivre.

Ainsi, dans la banlieue parisienne, 10,5 millions de dollars nécessaires pour la nouvelle mosquée d'Évry, édifiée sous l'égide de la Ligue islamique mondiale, ont été totalement financés par des « dons privés » en provenance d'Arabie saoudite. Malgré les rumeurs, le gouvernement saoudien nie absolument toute forme de participation publique.

Autre exemple, plus intéressant, celui de l'Institut européen des sciences humaines, dirigé par Zuhair Mahmoud, installé au château de Bouteloin, près de Saint-Léger-de-Fougeret dans la Nièvre. Il s'agit en fait d'une université pour imams. L'achat du château à la société Schlumberger a coûté 2,5 millions de francs, et le budget de fonctionnement est supérieur à un million de dollars par an, entièrement couvert par des dons réunis par les promoteurs de l'opération, l'Assemblée mondiale de la jeunesse musulmane à Djeddah en Arabie saoudite, l'Union des organisations islamistes d'Europe recommandée par le ministère de la Justice et des Affaires islamiques des Emirats arabes unis, la Fondation internationale de charité islamique à Koweït. Selon la police française, se masqueraient derrière ces cautions des fondamentalistes proches des Frères musulmans et financés par les plus conservateurs des émirats dont ils sont les adversaires résolus [12] !

Un institut sous influence

Ce n'est pas tout. Les États du Golfe ont été (et devraient rester) les principaux *sponsors* de l'Institut du monde arabe de Paris, dont l'immeuble se dresse en bordure de Seine, quai de Jussieu, face à l'île Saint-Louis. La construction a coûté 400 millions de francs. L'initiative de l'Institut revient à Valéry Giscard d'Estaing; elle fut prise dans la foulée du grand mouvement de rapprochement avec l'Islam consécutif au choc pétrolier de 1973. Mais sa réalisation sera l'un des « grands chantiers » du président François Mitterrand.

Dès l'origine, il avait été prévu que l'IMA serait une fondation très largement financée par les pays arabes. D'emblée, « conservateurs » et « progressistes » se sont vivement opposés sur la conception et l'objectif assigné à l'Institut. Les progressistes ont tiré prétexte de ce désaccord pour ne rien payer. Seuls les conservateurs, entraînés par l'Arabie Saoudite et les émirats, ont versé leur quote-part. De même, un grave malentendu s'est très vite creusé entre la France et les fondateurs. Les pays arabes entendaient que l'Institut soit avant tout un organe de promotion (donc de propagande) de l'Islam comme religion. La France, elle, ne considérait l'Islam que sous l'angle culturel...

Deuxième malentendu : quand les pays arabes fondateurs se sont vu réclamer 254 millions de francs, ils ont cru qu'il s'agissait d'un apport définitif permettant de financer et la construction, et le fonctionnement ultérieur de l'Institut. Le bâtiment imaginé par les architectes était immense et somptueux. Il devait abriter un musée, une très grande bibliothèque, des salles d'exposition et de réunion, une librairie, des services de recherche. Le projet était d'une telle ampleur que la mise de fonds a été tout juste suffisante pour la construction. Le budget de fonctionnement annuel est de 100 millions de francs, couvert seulement à 60 % par la France.

Le gouvernement français n'a cessé de quémander aux pays arabes de nouveaux apports afin que puisse vivre l'Institut. Les plus conservateurs des financiers, telle l'Arabie Saoudite, se sont souvent montrés irrités par la « liberté » manifestée par les animateurs de l'IMA. Aussi son histoire n'est-elle, en somme, qu'une longue succession de crises, déficits budgétaires vertigineux très largement dus à la « défaillance » des États arabes fondateurs. Un long rapport établi par l'Inspection des Finances en 1990 [13] montre que la « crise » ne peut que perdurer puisqu'elle est structurelle : « [...] La plupart des États arabes fondateurs ne versent pas les contributions qui leur reviennent au titre du fonctionnement. Un laxisme a marqué depuis sa création la gestion financière de l'établissement; il n'existe pas de contrôle effectif de cette gestion; et le flux des dépenses est largement incontrôlé [...]. »

En conséquence, les déficits d'exploitation, après versement des subventions gouvernementales françaises, atteignent 18,349 millions de francs en 1988, 41,364 millions de francs en 1989, 35,028 millions de francs fin 1990. En 1988, la nomination à la tête de l'IMA d'Edgard Pisani, alors conseiller personnel du président François Mitterrand pour les affaires arabes, a permis d'arrondir quelques angles. Mais à la fin de 1991, le montant global du déficit était de 170 millions de francs. Début 1993, la dette totale des pays arabes s'élevait encore à elle seule à 155 millions de francs. On préfère financer la religion que la culture.

La crise du Golfe et le soutien inconditionnel de la France à la cause koweïti a tout de même rendu possible un allégement de la dette : en novembre 1991, le cheikh Zayed bin sultan al-Nahyan, l'émir d'Abu Dhabi, remet un chèque de 1 million de dollars, bientôt suivi par une contribution saoudienne de 4 millions. Au cours d'un dîner des ambassadeurs arabes au Quai d'Orsay à la fin 1991, les autres pays arabes promettent de verser leur obole. A l'Institut, la ligne traditionnaliste tend dès lors à prévaloir. Faut-il y voir une relation de cause à effet? Lors de l'exposition « Mille et une bulles » consacrée peu après à l'Islam vu par la bande dessinée, un seul ouvrage était absent, *Le Coran en bande dessinée,* interdit quelques mois plus tôt par les autorités religieuses islamiques. Ce soupçon d'alignement sur les positions religieuses des états payeurs, Edgard Pisani le rejette avec hauteur [14].

Quant à *Qantara,* la revue de l'IMA, elle présente en pleine page une publicité pour Radio-Orient qui émet dans tout le bassin méditerranéen. Radio-Orient appartenait alors à un financier libanais qui a revendu le poste au milliardaire saoudien Rafik Hariri [15]. Libanais de naissance, Hariri doit sa nationalité saoudienne à son amitié avec le roi Fahd. Il est crédité d'une fortune de 4 milliards de dollars. En septembre 1992, Rafik Hariri s'est porté acquéreur d'un gros paquet d'actions du groupe Indosuez, lui-même actionnaire de TF1. En octobre 1992, le milliardaire deviendra Premier ministre de son pays d'origine, le Liban.

Pour appuyer leur prosélytisme religieux, les Saoudiens se constituent, depuis quelques années, un empire médiatique complexe : deux chaînes de télévision par satellites, à commencer par MBC à Londres, dont le roi Fahd voudrait faire le CNN du monde arabe; deux radios (y compris Radio-Orient), quatorze périodiques distribués dans le Moyen-Orient, en Europe et aux USA, notamment sous l'autorité de trois princes majeurs de la famille saoudienne : le prince Salman, frère du roi; le prince Khaled bin Sultan, son neveu, ministre de la Guerre et chef des forces islamiques durant la guerre du Golfe; cheikh Walid al-Ibrahim, beau-frère du roi. Déjà cité pour Radio-Orient, Rafik Hariri possède un hebdomadaire à Paris, *Al Mostaqbal*. Dans ce bouquet, le titre le plus important est le quotidien beyrouthin*Al Hayat,* passé sous le contrôle de Khaled bin Sultan. Publié simultanément à Londres, Francfort, Le Caire, Beyrouth, Bahrain, Marseille et New York, ce journal est considéré comme l'un des mieux informés du Proche-Orient, et aussi comme l'un des plus indépendants, et des plus intelligents [16].

Évolution quand même

On ne peut se contenter de ce tableau d'un Orient conservateur, égoïste à l'extrême, épris de religion. En fait, la situation bouge sur tous les fronts, même au plan des rapports entre l'argent et les princes. Francis Lamand, l'avocat expert du monde islamique, précise : « Si la loi coranique ne prévoit pas la distinction entre biens publics et biens privés, elle ne l'interdit pas, et l'évolution démocratique doit automatiquement conduire dans cette direction si l'esprit de la Charia est bien respecté : l'intérêt de la communauté prime absolument sur l'intérêt privé, à un tel point que personne, entité morale ou physique, n'a le droit de tirer un profit d'un investissement sous forme d'intérêts [17]. »

C'est sur cette base qu'a été fondée la Banque islamique de développement. Sa philosophie d'action se veut à l'opposé du comportement « imprévoyant » des émirs et autres princes du Golfe. L'originalité de cette institution est de financer des projets d'intérêt majeur dans tout le monde musulman grâce à des prêts sans intérêt, selon le système dit de « la banque islamique ». Comme une banque ne peut vivre sans ressource, la BID exige en contrepartie que les pays bénéficiaires participent sous forme de subvention à la constitution de réserves permettant de monter de nouvelles opérations.

Officiellement, la BID est un organisme intergouvernemental réunissant plusieurs dizaines de pays « actionnaires ». Elle fonctionne sur le principe de la co-responsabilité, exemple remarquable de ce que peut-être une gestion correcte de l'aide internationale au monde en voie de développement.

Dans la pratique, la direction et les orientations stratégiques sont placés sous la responsabilité majeure de l'Arabie Saoudite et de ses satellites du Golfe. L'établissement intervient dans l'ensemble du monde musulman, de l'île de Mindanao aux Philippines à la Mauritanie en passant par tous les pays les moins développés. Des centaines de chantiers, des équipements lourds, des industries nouvelles sont financés, parfois à fonds pratiquement perdus, tant les États réceptionnaires sont pauvres et incapables de faire face à la moindre dette. La BID sait oublier de se faire rembourser quand c'est nécessaire.

Pour mesurer l'importance de l'institution, il suffit de savoir que son capital atteint aujourd'hui 7 milliards de dollars. L'action de la Banque Islamique de développement est positive et à long terme.

Le royaume saoudien accorde, en effet, une grande importance idéologique à l'aide apportée aux pays du Tiers-monde, considérée comme une forme moderne de la charité islamique. Témoin ce texte publié sous forme de placards publicitaires à l'occasion du soixantième anniversaire de l'État : « [...] eu égard à l'héritage de sa civilisation et aux valeurs islamiques qui encouragent la coopération et l'entraide sociale, l'Arabie Saoudite a réservé une partie de son PNB à l'aide aux pays pauvres et en voie de développement... L'Arabie Saoudite a versé entre 1973 et 1989 cinquante-neuf milliards cent soixante-dix millions de dollars aux pays en voie de développement, c'est-à-dire 5,45 % de son PNB annuel [18]. »

Dans le même esprit politico-religieux, les Émirats arabes unis affirment consacrer 10 % de leurs ressources pétrolières à l'aide au Tiers-monde. Francis Lamand considère comme un indice très favorable d'évolution le fait que les royaumes renoncent à leur égoïsme ancestral. Il lui paraît en effet dangereux que la plupart des émirats n'aient pas réussi à s'adapter à l'économie moderne. Face à d'énormes masses d'argent, ils ne font pas preuve d'assez de rigueur. Dans les gouvernements, dans les banques centrales, dans les administrations, opèrent, certes, de grands commis intègres, souvent bien formés dans les universités britanniques ou américaines. Mais ils ne sont pas écoutés par les souverains et leurs clans, parce que non-membres « de la famille ».

Seule l'Arabie Saoudite a consacré une grande partie de ses ressources à des investissements d'avenir. Par exemple, en subventionnant massivement l'agriculture. Le royaume crée les conditions de l'autosuffisance alimentaire, qui semble déjà proche. L'Arabie Saoudite est déjà exportatrice de blé : un miracle, pour un pays désertique. Mieux, une classe capitaliste bourgeoise est en cours de formation. C'est l'assurance que, dans l'avenir, le pays bénéficiera d'une assise intellectuelle et commerciale solide. Ces nouvelles élites manifestent un certain sens de la responsabilité inconnu dans les pays voisins : depuis quelques années, les riches saoudiens ont rapatrié dans leurs pays 20 à 30 milliards de dollars auparavant investis dans les économies occidentales [19].

En contrepartie, très timidement, depuis le printemps1992, le roi Fahd a fait quelques pas en avant, en promulguant une « loi fondamentale du pouvoir ». Il a également décidé de former un embryon de parlement, le Majlis al-Choura : un conseil consultatif de soixante membres dont l'institution avait été promise... vingt ans plus tôt par Fayçal, le prédécesseur de Fahd sur le trône [20]. C'est le « progrès sans bouleversement », la devise du royaume.

Les futurs conseillers ne sont pas élus, mais nommés par le roi. Les lois du royaume continueront à s'inspirer du Coran et de la Sunna (la tradition du Prophète Mahomet). L'évolution est fort prudente : le royaume reste la propriété personnelle du roi, qui concède un droit de discussion, mais non de décision, au Majlis al-Choura.

Ce changement dans les mentalités des souverains et des familles régnantes conservatrices a des limites. Hassan II, le roi du Maroc, les résume bien, à propos des conséquences du référendum constitutionnel de septembre 1992 :

« [...] L'Islam m'interdirait de mettre en place une monarchie constitutionnelle dans laquelle le Souverain déléguerait tous ses pouvoirs et régnerait sans gouverner [21]. »

Pour la plupart des Occidentaux, ces avancées sont considérées comme de la « poudre aux yeux démocratique ». Cette attitude à courte vue aide-t-elle vraiment à comprendre le cours des choses dans la péninsule arabique?

Ces royaumes très conservateurs et religieux sont en butte à une opposition religieuse interne souvent proche du fanatisme. Relativement peu nombreuse, et dans le cas du Golfe implantée surtout dans les communautés immigrées qui n'ont pas leur mot à dire, cette opposition du clergé est capable de mobiliser des foules considérables. Les événements de La Mecque en novembre 1979 restent présents dans tous les esprits : quelques centaines de religieux fanatiques ont réussi à se rendre maîtres des « lieux saints » de l'islam; les policiers saoudiens n'ont pu dominer la situation; il a fallu recourir aux gendarmes d'élite français du GIGN [22], alors dirigé par le capitaine Paul Barril, pour les déloger. Ces émeutiers entendaient bien renverser la monarchie saoudienne parce qu'ils la tenaient pour corrompue, c'est-à-dire avant tout trop moderne. Terrorisés, les capitalistes saoudiens se sont repliés sur les banques occidentales. En quelques heures, 7,7 milliards de dollars ont été retirés de la banque centrale pour être transférés vers des places financières sûres. Les intégristes estiment d'ailleurs que ce sont 21 milliards de dollars, dont 14 milliards virés de compte à compte, et 46 tonnes en lingots d'or qui auraient été « volés ». L'affaire s'est terminée par l'exécution de trois princes.

Conscient de la nécessité de l'évolution, le royaume saoudien entend mener son affaire avec d'autant plus de circonspection et de prudence que dans les pays voisins, une marche en avant trop rapide, alliée à une lutte trop peu décidée contre la corruption, a débouché sur une rupture brutale du contrat clanique, sur de vraies révolutions. Ainsi furent chassés de Turquie les sultans; ainsi les frères ennemis du Baas ont-ils conquis, par la violence, le pouvoir en Syrie et en Irak à partir de 1958, et, plus encore, en 1968. Ainsi ont été éliminés les rois et les empereurs en Égypte, par Nasser, en Libye par le colonel Kadhafi, puis par les religieux en Iran.

Rupture de légitimité

Le pacte clanique ne peut s'appliquer qu'à des systèmes politiques dans lesquels, face à des populations peu nombreuses, les chefs se réfèrent expressément à la religion pour justifier l'origine de leur pouvoir. C'est le cas du sultan de Bruneï, des émirats, du Koweït, Abu Dhabi, Dubaï, Oman, et, dans une moindre mesure, de l'Arabie Saoudite et du royaume du Maroc. A partir du moment où une certaine dose de démocratie est insufflée dans le système politique, c'est-à-dire quand les autorités tirent leur légitimité du vote populaire et non de l'héritage religieux, le principe de la gestion des biens du royaume par la famille régnante sur des bases purement privées s'effondre.

Pour les musulmans traditionnels, il n'est pas possible d'abandonner la gestion des biens de la communauté aux politiciens non religieux, parvenus au pouvoir par des révolutions ou des coups d'État, puisqu'ils ne peuvent se prévaloir ni d'un héritage religieux, ni de la légitimité populaire.

La seule alternative au pacte clanique, pour s'installer et se maintenir au pouvoir, est la dictature pure et simple, appuyée sur les polices secrètes.

Curieusement, au Proche-Orient, plusieurs des régimes révolutionnaires ont suivi la même évolution : ils avaient généreusement promis de rendre au peuple le pouvoir et la fortune dont il avait été spolié par les régimes tyranniques. Mais ils ont rapidement dérivé vers un système d'exploitation au profit d'un clan très étroit, qui n'avait rien à envier à la royauté précédente.

La rupture du pacte en Iran

Ce triste 28 novembre 1979, deux adjoints du shériff de New York, escortés par un représentant du cabinet d'avocats Hugues, O'Dwyer & Bernstein, se dirigent vers la porte de l'hôpital de Cornell University pour y apposer le texte d'une assignation visant Muhammad Reza Pahlavi, ci-devant Shahin Shah d'Iran. Les nouveaux maîtres au pouvoir à Téhéran, les ayatollah, ordonnent à Reza Pahlavi de rendre la fortune qu'il aurait volée à l'Iran. Un pactole évalué à 20 milliards de dollars, plus de 36,6 milliards de dollars de dommages et intérêts. Il faut se dépêcher : dans une chambre de l'hôpital, l'ex-empereur est soigné pour un cancer de la rate à un stade avancé [23].

Les deux Deputy Sheriffs et les juristes en ont-ils conscience? Ils sont les acteurs d'une lutte à mort qui oppose les Pahlavi père et fils aux religieux chi'ites iraniens depuis cinquante-cinq ans, lutte qui s'est peu à peu cristallisée autour de l'immense fortune que la famille impériale d'Iran est suspectée d'avoir accumulée, puis détournée vers l'étranger.

Les Pahlavi ont commis la faute d'avoir voulu mener beaucoup trop vite la modernisation du pays, et par conséquent d'avoir rompu le contrat clanique.

L'Iran est une région stratégique sur la route des Indes, grosse productrice de pétrole. Sortie de nulle part, la « dynastie » Pahlavi s'est imposée en 1921 à Téhéran par un coup d'État. Malgré une absence totale de légitimité historique, s'inspirant sans le copier de l'exemple donné par Kemal Atatürk en Turquie, le général Reza Khan écarte, en 1925, l'ancienne lignée royale des Qadjar pour fonder sa propre dynastie, les Pahlavi. Reza Khan devient Reza Shah.

Face à une très forte opposition du clergé islamique, grâce à un étroit contrôle policier [25], le régime prévoit d'assez profondes réformes économiques. La Seconde Guerre mondiale interrompt le processus. Trop favorable aux forces de l'Axe, le shah doit abdiquer en faveur de son fils Muhammad Reza Pahlavi, lequel tiendra le pouvoir de 1941 à 1979. D'abord très démocratique, son régime se durcit au fur et à mesure que s'intensifie la guerre froide. Écarté du pouvoir et chassé du pays en 1953 par le Premier ministre neutraliste Mossaddegh, lequel deux ans plus tôt avait nationalisé toutes les entreprises pétrolières occidentales, Muhammad Reza se réinstalle sur le trône en 1955 avec l'aide des mêmes Occidentaux. Tout comme les Philippines de Marcos, l'Iran devient un indispensable bastion face à l'Union soviétique. Des milliers de conseillers militaires américains affluent vers l'empire perse, dont l'armée est entièrement équipée de matériel US payé cash.

Même schéma, même résultat : à l'abri du parapluie américain sévit une coterie toujours plus profondément corrompue appuyée sur une police redoutable et cruelle, la Savak.

A partir du début des années soixante, le régime iranien tente d'accélérer la modernisation du pays. L'objectif est d'assurer une totale prééminence économique et militaire de l'Iran sur cette région de l'Asie, face à la fois aux Soviétiques, au Nord, et aux régimes arabes alentours, qu'ils soient « royalistes » ou « socialistes ». Cette accélération de l'évolution et de la corruption provoquent l'émergence d'une intense opposition religieuse chi'ite. Laquelle, comme naguère les partis démocratiques ou pro-communistes depuis longtemps éliminés, est persécutée par la Savak. Parce que le souverain a voulu aller trop vite, il y a désormais divorce total entre le gouvernement despotique et la population.

Le 26 octobre 1967, à Persepolis, se tient en plein désert, pour le sacre du shah, une cérémonie d'un luxe inouï qui restera longtemps dans les mémoires. Les innombrables invités occidentaux ne semblent pas trop choqués. Le général de Gaulle avait été convié, mais il a refusé de participer à une telle mascarade, s'est fait représenter par son Premier ministre, Jacques Chaban-Delmas. Ces festivités heurtent profondément l'opinion publique mondiale, elles seront à l'origine d'une hostilité tenace à l'égard de l'empereur.

L'homme ne méritait pas tant de haine. Mais il n'a pas su prendre les mesures nécessaires à temps pour corriger les excès de son entourage, en raison de sa faiblesse et de son indécision.

A l'origine de sa fortune, les prélèvements sur la production : les revenus pétroliers représentent au minimum 20 milliards de dollars par an à la fin des années soixante-dix. Le shah est accusé de ponctionner une dime personnelle d'un milliard de dollars par an sur les revenus de la NIOC (National Iran Oil Cy), la compagnie pétrolière nationale. Avantage annexe pour la cour : l'exemption des droits de douane. Il suffit qu'un document d'importation porte la mention « Darbar » pour obtenir la détaxation. Encore un petit bénéfice : comme en Haïti, une partie du produit de la loterie nationale est répartie entre les membres du clan...

Autre source, au profit cette fois des soixante membres de la pléthorique « famille » de l'empereur : les fruits de la corruption endémique. Ainsi, une princesse proche du souverain est-elle suspectée d'utiliser gratuitement les soutes des avions volant sous pavillon d'Iran Air afin de transporter des tapis persans vers l'Europe. A Paris, elle introduit la marchandise en fraude en transitant par le salon Saint-Saens, réservé, à l'aéroport d'Orly, aux chefs d'État. C'est là que la douane finit par découvrir le pot aux roses. Dans le même ordre d'idée, à l'occasion de la conclusion d'un contrat de 243 millions de dollars entre l'Iran et la société américaine ISC (International Systems & Control Corporation) de Houston, Texas, pour la réalisation d'une chaîne industrielle de production de papier (abattage, pulpe, pâte à papier), un proche du shah, aurait encaissé une « commission » de 10 millions de dollars, en se masquant derrière un homme de paille. Ces détails sont connus grâce à une enquête menée par la SEC, Security and Exchange Commission. Un autre proche de Reza, est devenu sans bourse délier actionnaire de la banque arabe BCCI, afin de faciliter le développpement de cet établissement en Iran. Mahmoud Pahlavi sera dépouillé de ses actions après la victoire des ayatollahs.

Ce ne sont que de petits exemples. La corruption a pris une telle ampleur qu'en juillet 1978, le shah est obligé d'édicter un code de conduite financière à respecter par les membres de la « famille » impériale. Le sujet est si sensible que l'existence du nouveau code n'est même pas révélée à l'intérieur de l'Iran, de peur de provoquer des émeutes.

Pour abriter les fonds, un instrument vit le jour en 1958 : la

Fondation Pahlavi. Le shah en fait don à l'État en 1964, en même temps que de ses terres. L'institution est gérée par... une de ses filiales, la banque Omran, qui s'occupe habituellement des affaires privées de l'empereur. La Fondation est censée aider les étudiants nécessiteux en leur accordant une bourse de 1200 dollars par an pour poursuivre leurs études à l'étranger. Dans cette perspective, elle bénéficie d'une autorisation permanente de transfert de fonds à l'étranger. En réalité, toute l'affaire n'est qu'un habillage commode pour occulter les exportations privées de capitaux vers l'étranger.

Le siège de la Fondation est installé à New York, dans un immeuble de Manhattan-Midtown, 5th Avenue, tout à côté du Rockfeller Center et de la cathédrale St. Patrick. Le building a été acheté au moins autant pour sa valeur de placement, 60 millions de dollars, que pour abriter les bureaux de l'institution qui n'en occupe d'ailleurs qu'une faible surface. C'est un des investissements lourds de la Fondation, qui est un conglomérat multiforme; en Iran, elle détient des intérêts dans d'innombrables sociétés, banques, métallurgie, mines, matériaux de construction, travaux publics, alimentation et commerce [25]. L'établissement possède, en outre, les trois quarts des grands hôtels iraniens, qu'elle partage parfois avec la compagnie Iran Air, ou avec la NIOC.

A l'étranger, la Fondation possède de très gros capitaux mobiliers aux USA, en France; des intérêts dans des sociétés minières, des hôtels et des agences de tourisme. On l'a compris : l'institution « charitable » est devenue le plus gros holding financier de l'Iran moderne. Son management surprend. Ainsi, la Fondation avait obtenu de la Banque européenne de l'Industrie et des mines un prêt de 20 millions de dollars pour reconstruire l'hôtel Balak à Téhéran. Or, non seulement les travaux n'ont pas été entrepris, mais le montant du prêt s'est retrouvé sur le compte ouvert dans une banque de Luxembourg par une société israélienne d'ingénierie. Il y a plus grave pour cette banque : les engagements de débiteurs iraniens dans ses comptes ont atteint le double du capital de l'établissement financier.

Il est clair que la Fondation Pahlavi est le principal paravent de la fortune impériale : en 1979, *Le Canard Enchaîné* publie une page du compte ouvert par l'institution à l'Union de banques suisses à Genève : en une semaine de février 1962, ce compte a reçu 12 millions de dollars de la NIOC et a versé aux proches du shah 56 millions de dollars. Impossible de déterminer avec exactitude la ligne de partage entre les affaires publiques et les affaires privées. La mère du souverain, sa sœur jumelle Achraf (dite « La Panthère noire »), et la shahbanou Farah Dibah possèdent chacune leurs fondations, bénéficiant d'une dotation annuelle dont le montant varie selon les sources de 10 millions à 100 millions de dollars.

Comme toujours les plus invraisemblables rumeurs courent sur cette fortune, on confond allègrement les avoirs iraniens, la fortune personnelle du shah, celles de ses proches, les capitaux détenus par la Fondation Pahlavi. Il est vrai que les propriétaires de ces avoirs ne sont pas toujours définis avec toutes les précisions souhaitables.

Inventaire « de luxe »

Le chiffre le plus fantaisiste a été avancé par le shah en mars 1979 dans un entretien avec Barbara Walters, la star de la chaîne de télé américaine ABC : 100 millions de dollars. En se faisant passer pour un « nouveau pauvre », l'empereur s'est payé la tête des télespectateurs. Les analystes américains estiment qu'une partie notable des 2 à 4 milliards de dollars transférés d'Iran vers les USA en 1977 et 1978 appartenaient au shah ou à sa famille. Quant aux autorités iraniennes issues de la révolution, elles gonflent les chiffres à l'extrême : 15 à 23 milliards de dollars. Ces variations ne peuvent surprendre puisque, par définition, une partie de cette fortune (comme celles des autres « dictateurs ») est cachée derrière des prête-noms, des sociétés-écrans. Ce qui n'est pas sans risque.

L'évaluation la plus sérieuse paraît être celle de Safi Haeri, ancien directeur de la radio-télévision iranienne [26] : 7 milliards de dollars, en actifs mobiliers et immobiliers, partagés entre le shah, ses trois sœurs et ses cinq frères; la part du souverain lui-même oscillerait entre 1 à 2 milliards de dollars. Ce qui reste confortable.

En prime, du solide : les bijoux de la Couronne que le souverain a emporté dans son exil.

Les immeubles constituent quand même le placement le plus sûr. Comme les autres clans dictatoriaux, les Pahlavi ont contracté la « maladie de la pierre ». Qu'on en juge : en Suisse, le shah vient le plus souvent possible se reposer en hiver à Saint Moritz, dans le canton des Grisons, derrière les murs de sa Villa Suvretta, vingt-huit pièces. Construite en 1906, dans le plus pur style victorien, la maison a été longtemps utilisée comme hôtel. Elle est flanquée d'un petit bâtiment moderne pour les gardes et de l'hôtel voisin pour les invités. Valeur globale : 3,9 millions de francs suisses en 1979 (soit 15,6 millions de francs).

A Genève, dans le très joli quartier de Collonge-Bellerive, au sud du lac, la princesse Shahanaz, sœur du shah, possède une superbe villa début de siècle enfouie dans un parc. Valeur : 3 millions de francs suisses.

A Paris, la princesse Achraf possède un splendide appartement au bas de l'avenue Montaigne, une villa à Juan-les-Pins. Et bien sûr, un appartement Park Avenue, à New York.

Une autre sœur, la princesse Shams, est également propriétaire de son grand pied-à-terre, Park Avenue à New York, plus une ville à Beverly Hills, plus une autre à Acapulco au Mexique.

Mahmoud est propriétaire à Los Angeles.

L'inventaire immobilier du shah n'est pas moins impressionnant : à Paris, un petit immeuble dans le XVIe, et à Rome, l'édifice qui abrite l'ambassade d'Iran; deux *townhouses* à Manhattan (l'équivalent des hôtels particuliers parisiens), quatre îles dans l'archipel des Seychelles, un hara et une propriété de 65 hectares à Munstead dans le Surrey. Cette dernière appartenait officiellement à l'Imperial Breeding Institute of Iran (Institut impérial iranien d'élevage). Mais il s'agit peut-être d'un propriétaire-écran. Mêmes doutes quant au propriétaire de douze Rolls-Royces, dont une Silver Ghost d'avant-guerre, que le constructeur venait de restaurer pour 25 000 livres quand le shah s'est enfui d'Iran.

Les relevés établis par les autorités suisses, au printemps 1979, donnent une idée des fonds en fuite [27] : 1 432 millions de francs suisses déposés dans des banques ou détenus par des sociétés-écrans. Sur le territoire américain, les avoirs sont autrement plus importants en 1979, les USA peuvent geler 9,5 milliards de dollars d'avoirs iraniens, pour leur quasi-totalité déposés ou investis avant la révolution. Dans le lot, 4,5 millions de dollars sur le compte ouvert par Mahmoud à la City Bank de New York, et 10 000 actions de la First National Bank of Wisconsin, à Milwaukee, présumées appartenir à la Banque Omran.

Dans cet inventaire, on n'omettra pas 700 000 actions de la société pétrolière BP (British Petroleum), l'un des anciens grands opérateurs sur les sites iraniens, achetées par le shah en 1977, mais, après la révolution de 1978, revendiquées par la compagnie pétrolière nationale...

Des méthodes peu orthodoxes, mais efficaces

Lors de la chute du régime, en 1979, les biens de l'ex-empereur et de sa famille sont nationalisés. La Fondation Pahlavi est reprise en main par un opérateur immobilier de New York, natif d'Iran, dont il s'avère bientôt qu'il est tout simplement un agent du nouveau régime : Manoucher Shafie prend possession de la tour de Manhattan avant d'annoncer que la Fondation est dirigée par de nouveaux administrateurs nommés par Téhéran, et rebaptisée Mostaz'afin, Fondation des déshérités, qui doit apporter son aide à deux cents jeunes gens poursuivant encore leurs études aux États-Unis.

La mainmise sur l'énorme pactole est bien sûr l'objectif prioritaire, même si comme ailleurs, la foule et les nouveaux gouvernants exagèrent quelque peu l'ampleur du magot. Il faut faire vite. Dans les mois qui ont précédé la révolution, la fuite des capitaux s'est accélérée. Ainsi, selon Ali Reza Nobari, gouverneur de la Banque d'Iran, au cours de la seule année 1979, le shah a transféré au moins 50 millions de dollars (dont il y a preuve écrite pour 30 millions de dollars) sur un compte ouvert à la Chase Manhattan Bank. La Banque Omran a fait virer 12 millions de dollars. Cette somme a transité par le compte de la First National Bank of Wisconsin à Milwaukee avant d'être inscrit dans un compte du Crédit suisse à New York. Ils avaient été préalablement blanchis par transit dans les finances de la société nationale de construction Atisaz.

En tout, la banque Omran aurait sorti près de 180 millions de dollars. Selon les nouvelles autorités, ce seraient au total 84 milliards de francs qui auraient été transférés au cours des derniers mois de 1978. Comme si le shah, se sachant malade et condamné, avait préparé l'exil des siens.

Dès le départ définitif du souverain déchu, disparaît l'un des reponsables de la Fondation : il emporte le secret des refuges où sont cachés 800 millions de dollars sous prétexte de les soustraire aux ayatollahs. Autant dire qu'on n'en reverra pas la couleur. A plusieurs reprises, le shah ou les membres de sa famille seront ainsi rackettés, voire tout simplement escroqués. Bien des hommes de paille s'attribueront les capitaux qui leur avaient été simplement confiés. Bébé Doc Duvalier n'a pas été le seul à « bénéficier » de ce triste privilège.

Pour ramasser la mise, les Iraniens suivent d'abord le cheminement habituel : le 16 février 1979, le Premier ministre Mehdi Bazargan demande à la Confédération helvétique de bloquer les comptes du shah. La loi destinée à lutter contre les capitaux sales n'est pas encore en vigueur, et les esprits restent mal préparés : le 5 mars, au nom du sacro-saint principe de la propriété, Berne rejette la demande et incite les Iraniens à s'adresser aux tribunaux.

Le conseiller fédéral (ministre) Kurt Furgler développe à cette occasion une argumentation, qui avec le recul, paraît stupéfiante : « Nous vivons dans un monde où les gouvernements vont et viennent. Je vous le demande : faut-il qu'à chaque changement de régime sur n'importe quel continent, notre Conseil fédéral crée une norme pénale [vote une loi], qui annule tous les contrats existants? Et que devient la crédibilité de notre État de droit? »

Les nouveaux maîtres religieux de Téhéran comprenent vite. Ils emprunteront d'autres voies, tout en poursuivant les démarches judiciaires pour distraire l'attention.

On peut concevoir que la prise des otages de l'ambassade américaine à Téhéran (cinquante-deux diplomates enfermés durant des mois et libérés à la veille de l'élection à la présidence de Ronald Reagan) a été l'un de ces moyens aussi peu orthodoxes qu'efficaces utilisés par les maîtres de l'Iran intégriste. Les ayatollahs ont très vite posé comme condition à la libération le dégel des capitaux bloqués aux USA et le « retour de la fortune du shah à ses légitimes propriétaires ». Ils ont même fixé le prix de la rançon : 24 milliards de dollars.

Cette libération produit les effets attendus : tandis que les USA offrent de débloquer 7,9 milliards de dollars, les autorités iraniennes sont autorisées par la Suisse et la France à mener quelques actions judiciaires, pour l'essentiel la saisie de biens immobiliers. C'est ainsi que sont « récupérées » la villa Suvretta et ses dépendances à Saint-Moritz, et la villa de Collonge-Bellerive à Genève. Cette dernière servira bientôt de siège à l'antenne locale de la Savama, les services spéciaux, après avoir abrité un temps le leader algérien Ahmed Ben Bella. En France, l'immeuble du XVIe arrondissement à Paris devient la « Maison de l'Iran » où se réuniront pendant plusieurs années les plus excités des étudiants intégristes avant que la police n'ordonne la fermeture des lieux.

Le shah meurt au Caire le 27 juillet 1980. Sans avoir livré – tant s'en faut – tous ses secrets financiers. Du pactole subsistent de beaux restes, qui permettent en particulier à son fils, le prince héritier Reza II Pahlavi, de vivre très confortablement, sautant d'une maison à l'autre entre l'Europe, la Nouvelle Angleterre et la Californie [28].

Pourtant, Téhéran ne se lance pas dans de nouvelles actions judiciaires. La libération des otages a, certes, permis de récupérer quelques fonds; mais sans rapport avec les chiffres faramineux naguère avancés. Pourtant, après les premiers coups médiatiques du printemps 1979, on n'entend plus parler de poursuites : ni l'ex-empereur, ni aucun de ses parents, frères, sœurs, enfants, cousins, ne sont assignés, encore moins inculpés, pour détournement ou corruption.

Pourquoi les Iraniens n'ont-ils pas mené une bataille judiciaire à la mesure des grandes manœuvres menées par les Haïtiens ou les Philippins? Un de mes informateurs m'a livré la clé de ce mystère en Suisse, à Genève : « Les religieux de Téhéran n'ont pas engagé de grands procès parce qu'ils n'en ont pas eu besoin. Ils ont réussi un coup de maître : dès leur arrivée au pouvoir, ils ont arrêté le directeur général de la banque Omran, assez proche du shah pour connaître ses secrets financiers. Bien que sa femme soit la petite-nièce de l'ayatollah Kalkhali, l'un des durs du nouveau régime, ce banquier n'a pas échappé à la prison. Il y est resté jusqu'en 1985. Il n'a été relâché que lorsqu'il a accepté de fournir toutes les informations sur la fortune du souverain [29]. »

Les fonds déposés à la Banque Omran représentaient alors encore 70 millions de tumans (700 millions de ryals, soit environ 140 millions de francs). Depuis, le financier est installé dans une grande villa de Thonon-les-Bains. Mais les ayatollahs le tiendraient toujours sous leur contrôle : quand on connaît l'efficacité des agents secrets iraniens, on comprend le poids de ce mot.

Toujours à la hauteur de leur réputation d'adresse et d'intelligence, les Iraniens auraient donc découvert, et probablement récupéré, la plus grande partie des investissements du shah. Sans procès, sans bruit. Sans bavure ou presque. On verra plus loin que les religieux de Téhéran, jouant toujours dans le même registre, sauront même obtenir la livraison de matériel de guerre américain par l'intermédiaire des Israéliens. Alors que les USA avaient frappé l'Iran d'embargo et que les Iraniens affirmaient que les Israéliens étaient leurs pires ennemis [30].

L'Irak, 10 milliards de dollars

Les guerres incessantes menées par Saddam Hussein depuis l'agression contre l'Iran en 1980 ont certainement appauvri l'Irak à l'extrême. Mais non moins sûrement enrichi le « Raïs » et son clan, qui se comportent souvent en pillards.

La scène restera à jamais dans les mémoires puisqu'elle a été filmée par un amateur et diffusée à maintes reprises par toutes les télévisions du monde : le 2 août 1990, sans rencontrer de véritable résistance, les blindés irakiens envahissent Kuweit-City, la capitale de l'émirat du Koweït qualifié de « dix-neuvième province » par Saddam Hussein, le prédateur de Bagdad. Ainsi commence le plus grand hold-up à main armée de tous les temps, puisque, durant sept mois, l'Irak va systématiquement piller l'émirat, volant les lingots d'or, les voitures, les richesses, les tableaux, les tapis, les marbres, et même les sièges de WC ! Les Koweïti estimeront à 700 millions de dollars le montant de ce pillage en règle. Quant aux femmes restées sur place, des Philippines et quelques Koweïti, elles sont systématiquement violées.

Ce comportement semble relativement insolite pour un pays qui avait su préserver jusqu'alors une certaine réputation de vertu. Alors que la guerre suit son cours, de biens curieux événements se déroulent.

Transportons-nous bien loin du désert. Ce mardi 22 janvier 1991, atterrit sur l'aéroport hollandais de Schipol-Amsterdam un avion des Royal Jordanian Airlines. Surprise des autorités, car l'horaire habituel de ce vol est fixé au samedi. Des flancs de l'appareil sont débarquées deux voitures de marque allemande, une Mercedes bleu foncé et une BMW beige, sans immatriculation ni carte grise. Destinataire : Barzan Ibrahim al-Takriti, ambassadeur d'Irak auprès des Nations unies à Genève et demi-frère du président Saddam Hussein. Les douaniers hollandais ne barguignent pas : ils confisquent les véhicules, en vertu de l'embargo imposé par l'ONU. Embarras en revanche du gouvernement néerlandais qui décide finalement de « libérer » les belles Allemandes. On les embarque aussitôt sur un camion à destination de Genève. Entre-temps, les douaniers ont pu constater que, dignes de l'Aston Martin de James Bond, les automobiles étaient dotées d'aménagements spéciaux dans les portières permettant l'emploi d'armes à feu. En Suisse, c'est au tour des autorités confédérales d'être gênées, car le mystérieux colis est entré sous couverture diplomatique. L'affaire est d'autant plus délicate qu'il apparaît bientôt que les véhicules ont été volés au Koweït...

Ce curieux transfert place en pleine lumière Barzan Ibrahim al-Takriti [31], dont on avait aperçu la silhouette courtaude lors des ultimes négociations de Genève en janvier 1991 entre Tarek Aziz, alors ministre des Affaires étrangères irakien, et James Baker, le secrétaire d'État américain.

Ce Takriti est l'ancien patron des services spéciaux irakiens. Il n'occupe que très occasionnellement la villa de Coligny où est sise l'ambassade, car il lui préfère la « sécurité » de l'Hôtel Intercontinental. Outre ses fonctions diplomatiques, Barzan al-Takriti aurait été le chef d'orchestre d'un réseau étendu sur le monde entier. Il a démenti bien sûr. Son but ? Il était double :

drainer vers l'Irak les armes et la technologie nucléaire et chimique nécessaires pour un effort de guerre prolongé, et réaliser tous les investissements nécessaires pour faire fructifier le pillage non seulement du Koweït, mais aussi de l'Irak proprement dit dans les établissements financiers et les industries occidentales utiles. Barzan al-Takriti est aujourd'hui « conseiller spécial » du président irakien.

Le bénéficiaire quasi exclusif est le clan des Takriti, la famille de Saddam Hussein originaire de Takrit, une grosse bourgade située sur la rive de l'Euphrate au nord de Bagdad. Au sommet de l'échelle politico-sociale de l'Irak, ce clan très restreint issu de la révolution ba'assiste s'impose à des populations par la violence la plus extrême. Les Arabes musulmans sunnites d'Irak sont relativement épargnés, mais toutes les autres minorités ont été ou sont persécutées pour la seule gloire du chef, que l'on appelle ici le Raïs : les Kurdes, gazés; les chi'ites, bombardés; les chrétiens, expulsés; les juifs, massacrés, pendus, les survivants expulsés.

Tout comme chez l'ennemi iranien, la légitimité du régime ne repose pas sur un contrat clanique quelconque, mais sur la terreur, exercée par la police secrète.

Avec une capacité supérieure à 5 millions de barils par jour, soit un revenu quotidien d'au moins 100 millions de dollars, l'Irak est l'un des tout premiers producteurs mondiaux de pétrole. Saddam Hussein a dilapidé ces ressources dans une frénétique course aux armements. Pour vaincre l'Iran, l'ennemi héréditaire; pour écraser tous les pays arabes alentours afin de s'emparer de leurs champs de pétrole; pour abattre Israël, le fantasme; pour vaincre le monde peut-être...

Encore un diable pour les Américains? Si l'on en juge par la guerre et les déferlements d'informations accablantes, peut-être. Mais qui donc a aidé le régime irakien à mener son effort de guerre? Toutes les enquêtes ont formellement établi que jamais l'Irak n'aurait pu mener à bien sa politique d'armement sans l'aide et la complicité de plusieurs dizaines de sociétés industrielles occidentales en Allemagne (guerre chimique, moyens de transport), en Grande-Bretagne (le fameux canon, les machines-outils, les détonateurs nucléaires), sans oublier les États-Unis (la technologie nucléaire, l'informatique), la Belgique (travaux publics), l'Union soviétique et la France, bien sûr, pour les fournitures d'armement, des avions entre autres.

Au-delà de cette collusion hypocrite entre les Américains, les Britanniques, les Français d'une part, et, de l'autre, les Irakiens, de nombreuses questions restent posées. La principale est celle de l'identité exacte des propriétaires des biens attribués aux Irakiens. « Parfois, me raconte en mars 1991 David Rosenthal, l'un des directeurs de Kroll and Ass., il est difficile d'établir la distinction entre Hussein et sa famille, mais le contenu est toujours les biens de l'État irakien. Ainsi, dans une société-écran, dans une société de droit panaméen, il est impossible de savoir qui sont les vrais propriétaires. Mais au cours de nos enquêtes nous avons pu constater certaines relations entre ces sociétés et plusieurs autres qui dans l'ensemble nous font penser qu'il s'agit bien d'Irakiens [32]. »

Saddam Hussein et son clan n'échappent pas à la règle, déjà bien établie : très difficile de les identifier derrière les portes fermées, les sociétés-écrans, les rideaux de fumée. Il est évident qu'une confusion totale s'est progressivement établie entre les biens de l'État irakien et le patrimoine personnel du dictateur. Saddam étant l'État irakien, il le personnifie, et gare à celui de ses citoyens qui pourrait en douter : il peut s'attendre à une intervention expéditive de la police secrète.

Pour payer son armement, comment l'Irak a-t-elle mobilisé ses moyens financiers ? La lumière a été en partie faite par une enquête menée par l'agence new-yorkaise de Kroll. « Il y a cinq mois, précise David Rosenthal, un cabinet d'avocats, qui représente le Koweït aux USA, nous a demandé d'enquêter sur les biens de l'État irakien, de Saddam Hussein et de sa famille dans le monde entier. Nous avons trouvé ce qui ressemble à un réseau international de dissimulation des fonds de l'État irakien, une opération qui a duré plusieurs années à l'échelle du monde. »

Grâce au réseau orchestré par Barzan al-Takriti et par un membre de sa famille, le dictateur irakien aurait détourné 5 à 10 milliards de dollars des revenus pétroliers. Les enquêteurs américains affirment avoir des preuves formelles pour 2,4 milliards de dollars déposés au seul bénéfice de Saddam Hussein et de son clan.

Le prédateur aurait distrait à son profit une part substantielle des gigantesques contributions (probablement plusieurs milliards de dollars) offertes par le roi Fahd d'Arabie pour la reconstruction de l'Irak, et plus particulièrement de Bassorah, après la guerre avec l'Iran. Autre moyen, qui relève du pillage caractérisé : à partir de 1985, les autorités irakiennes acceptent que les importateurs de cigarettes ou de matériaux de construction gonflent de 25 % leurs factures à condition qu'ils consentent à être réglés officiellement par traites à douze mois. En fait, ils sont payés *cash* en sous-main, mais les traites sont quand même déposées à la Banque centrale pour obtenir un prêt [33], la différence de 25 % tombant dans la poche du clan Takriti...

Les enquêteurs de Kroll disposeraient également de preuves à propos de « commissions » d'un montant de 2,5 % prélevées sur des marchés conclus entre l'Irak et des sociétés japonaises, commissions déposées dans une banque de Tokyo. L'équipe du dictateur va même jusqu'à détourner les contributions volontaires en nature, bijoux, or, liquide, données par la population pour l'effort de guerre !

Iraqgate, phase 1 : aux USA

En fait, le régime de Saddam Hussein est passé maître dans l'art d'exploiter les failles du capitalisme, y compris celles du capitalisme américain. Bagdad a bien compris que, pour se remplir les poches, il faut aider les complices à s'enrichir, si possible avec la bénédiction des autorités politiques en place. C'est sur ces bases que se sont développées des relations industrielles et financières entre l'Irak et ses futurs ennemis de la guerre du Golfe, relations qui déboucheront aux États-Unis et en Grande-Bretagne sur le scandale dit de l'Iraqgate.

Au titre de l'aide alimentaire, les financiers irakiens obtiendront en particulier l'attribution d'un crédit de 5 milliards de dollars. Avec habileté, ils échangeront, dans des pays tiers tels que la Turquie, des céréales contre des fournitures massives d'armement et de machines perfectionnées pour mener à bien leurs programmes de fabrication de fusée et de bombes atomiques [34].

La plus grande partie de ces crédits a été consentie par la filiale américaine de la banque nationalisée italienne, Banca Nazionale di Lavoro, installée à Atlanta en Georgie. Avec l'accord de la direction générale romaine, affirment deux anciens directeurs de la banque. La responsabilité de l'affaire est imputée au directeur d'Atlanta, Christopher P. Drogoul, 43 ans. Un parfait inconnu? Pas pour les milieux français de New York; en effet le père de Christopher, un Libanais de nationalité française, a longtemps été le représentant général aux USA d'industries françaises et vice-président de la chambre de Commerce franco-américaine [35].

En février 1991, en pleine guerre du Golfe, Christopher Drogoul est inculpé. Plaidant coupable, il a décortiqué l'affaire au cours de son audition d'inculpation : « Tout a commencé, a-t-il raconté à Marvin H. Shoob, juge au tribunal de district fédéral d'Atlanta, dans le cadre de rapports entre les USA et l'Irak pour livrer des produits alimentaires à l'Irak. Vous savez que les compagnies agricoles américaines, pour vendre notamment leur blé et obtenir les subventions à l'exportation correspondantes, doivent obtenir des garanties de financement bancaires. Comme dans la fin des années quatre-vingts, plus aucune banque américaine n'acceptait de donner de telles garanties, les Irakiens se sont tournés vers nous et mon agence d'Atlanta a délivré ses premières garanties à partir de 1983, d'abord pour quelques centaines de millions de dollars. C'est en principe sans risque puisqu'il s'agit plutôt d'une formalité administrative que d'une véritable opération bancaire, il n'y a pas d'argent à sortir. De fil en aiguille les Irakiens ont exigé toujours plus de garanties, pour obtenir de plus grandes quantités de surplus alimentaires. J'étais en contact avec Safa Habobi et Rafa Hassan Ali, qui étaient devenus de véritables amis. Pour mener ces affaires, je n'ai jamais demandé l'aval du siège de Rome. »

On découvrira plus tard – trop tard pour Drogoul? – que les deux hommes n'étaient pas d'obscurs commerçants, mais des fonctionnaires irakiens en mission : Habobi était l'un des responsables du réseau irakien de collecte d'armements; et Rafa Hassan Ali, directeur général au ministère irakien du Développement technologique.

Les livraisons agricoles sont telles que le ministère de l'Agriculture américain est intrigué; il lance une équipe d'enquêteurs pour éclaircir l'affaire. Une perquisition est menée en août 1989. Les documents font découvrir le pot aux roses. Les enquêteurs communiquent leurs conclusions au département d'État, qui convoque le ministre des Affaires étrangères irakien Tarek Aziz, lequel, la main sur le cœur, jure qu'il n'y a aucune irrégularité... et demande une nouvelle garantie de crédit pour 500 millions de dollars.

Bizarrement, alors que la tension ne cesse de croître avec l'Irak, qui vient d'écraser les Kurdes sous les bombes chimiques, le département d'État croit sur parole Tarek Aziz et donne son feu vert pour cette nouvelle garantie. Lobby agricole américain oblige? Officiellement non. Dans une déposition, le secrétaire d'État adjoint Lawrence Eagleburger se permet même d'accuser les démocrates américains de sortir l'affaire pour des raisons purement politiques. Et de justifier la décision par la nécessité d'abord de soutenir l'Irak contre les entreprises iraniennes, d'ancrer le régime dictatorial de Saddam Hussein dans le camp des modérés arabes ensuite [36].

L'administration du président sortant fait tout pour se défausser sur Drogoul de la responsabilité exclusive de l'affaire. La CIA est même contrainte de reconnaître qu'elle a fourni des informations volontairement incomplètes à la justice. L'agence a omis de communiquer les résultats d'une enquête menées par des officiels américains en Italie. Or, l'enquête établissait que les rapports entre la BNL et l'Irak ont commencé dès 1982, pour le financement d'un achat de 9 millions de mines de tous types. Des mines fabriquées par Valsella Meccanotechnica – une société devenue trois ans plus tard une filiale de FIAT – et commercialisées par un holding luxembourgeois, Casalee. Dirigée par un Sud-Africain, Casalee avait auparavant livré à l'Irak... du tabac.

De même la CIA a-t-elle oublié de mentionner un rapport de ses services daté d'août 1990. On y soulignait le recours par l'Irak à de nombreuses sociétés-écran pour acheter le matériel de guerre et les composants. La CIA aurait même utilisé une société de Vienna, Virginie, RD&D (aujourd'hui en faillite), pour tourner l'embargo contre l'Irak. RD&D a mobilisé à son tour les services de la BNL d'Atlanta pour financer l'expédition de machines-outils vers l'Irak. Rexon Technology Corp., Wayne (New Jersey), a servi de la même manière. De 1981 à 1985, l'administration républicaine a autorisé la vente, à travers un système de licence compliqué, de matériels et de technologies à utilisation militaire pour 1,5 milliard de dollars. Au point que, dans une note envoyée le 25 juillet 1990 au secrétaire au Commerce, James A. Baker, le secrétaire d'État, rappelait l'urgence d'un contrôle plus strict sur les exportations qui pourraient contribuer à l'armement irakien, ceci alors que Saddam massait déjà ses troupes sur la frontière koweïtienne.

Iraqgate, phase 2 : la France, puis la Grande-Bretagne

Après les États-Unis et l'Italie, le scandale de « l'Iraqgate » va se déplacer vers la Grande-Bretagne et la France. L'Irak a joué sur tous les tableaux pour accumuler les armes – si possible sans les payer –, et le clan de Saddam Hussein pour arrondir ses biens.

Pour démonter la mécanique, il faut reprendre comme fil conducteur l'enquête menée pour les vingt limiers de Jules Kroll. Jawad Haschim a été ministre irakien du Plan jusqu'en 1979 et conseiller de Saddam Hussein jusqu'en 1982 : il estime que les conclusions sont trop modestes. Pour le démontrer il pose ce problème mathématique : « De 1979 à 1990, les revenus pétroliers ont atteint 250 milliards de dollars, les crédits exportateurs et les aides 100 milliards de dollars; or, les dépenses n'ont pas excédé 300 milliards. Où est passé le reste? A tout le moins, je pense que les fonds distraits de la richesse irakienne pourraient atteindre 33 milliards de dollars [37]. »

L'Iran avait sa Fondation Pahlavi, l'Irak a le « Fonds du Parti Ba'as » instauré en 1973, qui dispose bien sûr de son compte en Suisse, à l'UBS. Le réseau aurait placé l'argent détourné sur des « comptes-paravents » ouverts au nom d'individus ou de sociétés dans une quarantaine de banques occidentales, et non des moindres : la Midland Bank britannique; en Suisse, l'UBS et le Crédit suisse; à Luxembourg, la BCCI; et à Paris, la banque Paribas, l'Union de banques arabes et françaises (UBAF), une filiale du Crédit lyonnais devenue quasi-banque officielle au Proche-Orient.

L'enquête de Kroll est relayée par les investigations officielles menées par l'OFAC, Office of Foreign Asset Control, dépendant du Département du Trésor américain (ministère des Finances) qui publie bientôt une première liste de cinquante-deux entreprises susceptibles d'appartenir à l'Irak et de trente-sept personnes privées servant sans doute de paravents. L'ensemble des éléments établit que l'Irak et/ou le clan Takriti ne se sont pas contentés de déposer leur argent en banque.

L'OFAC a réussi à identifier plusieurs dizaines de sociétés sous contrôle irakien hors du territoire national, dans plusieurs pays européens et aux États-Unis. Parmi ces sociétés, des fabricants de machine-outils, des bureaux d'études.

Au cours de l'émission de télévision « Sixty minutes » sur la chaîne CBS, Jules Kroll dévoile à grand fracas au public américain qu'une société de droit panaméen, installée dans une boîte aux lettres de Genève, Montana Management, a acquis en août 1989 pour 775 millions de francs un important paquet d'actions dans le groupe multimédias français Hachette.

Filiale de la holding Midco International, Montana paraît être l'œuvre de Barzan al-Takriti, le chef d'orchestre. Suscitée en 1979, cette compagnie prend corps en 1984 par le dépôt de ses statuts à Panama. Le capital social est de 100 000 dollars. Plus intéressant : l'état-major est entièrement constitué de « commerçants » irakiens, tous domiciliés à Bagdad, le directeur Abdulsattar Ali al-Abdullah, le trésorier Mauwafak Abdul Karim, le secrétaire général Alladin H. Alwan, et deux autres cadres, Khalaf al-Dulimiet et Habib Mohammed Turki.

Cette participation de Montana était connue et d'Hachette et des milieux boursiers, mais la présence de l'Irak parmi les actionnaires, totalement ignorée. Tout comme l'ampleur réelle de la participation avait échappé aux observateurs : environ 12,5 % au lieu des 8,43 % reconnus en 1989. Hachette ne craignait pas ce partenariat, car la holding était verouillée à hauteur de 51,6 % par le groupe Marlis, directement contrôlé par Jean-Luc Lagardère, Sylvain Floirat et Daniel Filipacchi, et soutenu par le Crédit lyonnais.

Cependant, Lagardère et le groupe n'apprécient pas du tout cette révélation. Hachette estime que c'est un coup bas, une torpille lâchée par les milieux financiers américains. Décision est prise de geler tous les droits de vote détenus par Montana Management, qui ne semble d'ailleurs jamais s'être manifesté en Conseil d'administration.

Pourquoi le Koweït, et Kroll, choisissent-ils de prendre Hachette et la Suisse pour cibles, alors que des dizaines d'autres entreprises à capitaux d'origine irakienne restent tapies dans l'ombre, en Allemagne par exemple ? Sans doute le Koweït est-il irrité de voir la France traîner les pieds pour geler les avoir indirects prêtés au clan de Saddam Hussein alors qu'elle a pris « tout son temps » et d'infinies précautions pour libérer les avoirs koweïti placés sous protection lors de la guerre.

Cette tentative clandestine de participation dans Hachette est un symptôme de la volonté manifestée par Bagdad de s'infiltrer à tous les niveaux dans l'économie occidentale pour faciliter l'effort de guerre. A travers elle, Saddam Hussein espérait peut-être exercer une influence quelconque sur le producteur de matériels militaires Matra dont Lagardère est par ailleurs un gros actionnaire. Plus délicate, au demeurant, est la question de savoir à qui appartient réellement Montana Management, car la société est elle-même la filiale d'une autre holding, Midco Financial...

A malin, malin et demi...

Plus ambiguë est l'histoire de Matrix Churchill. Il faut suivre avec attention le récit qui suit : il permet de découvrir le jeu de paravents derrière lequel se cachaient les Irakiens. Sous le nom de Matrix-Churchill, on n'identifie d'abord qu'une petite société américaine d'exportation de machines-outils, sise à Solon, dans la banlieue de Cleveland, Ohio. Cette firme, qui n'employait que 12 ouvriers, devait disparaître au début de la guerre du Golfe ; mais on la suspecte d'avoir été utilisée comme couverture pour l'achat par l'Irak de matériels très sensibles aux USA. La suspicion devient certitude en remontant la filière, jeu de poupées russes : on découvre que la maison-mère, Matrix-Churchill (Grande-Bretagne), est passée, en 1987, entre les mains de TMG Engineering Co. Cette société, enregistrée à Londres, appartient en fait à l'Irak, par le biais d'une société de

Dubaï, el Arabi, proche de Montana Management. Pour assurer la liaison avec l'Irak, on retrouve le Dr Safa al Habobi. Président de Matrix et directeur de la société irakienne Nassr, l'importateur irakien Habobi était, on s'en souvient, le principal partenaire de Drogoul pour la négociation des prêts consentis par la BNL. Quant aux commissions reçues par Matrix, elles étaient réglées par l'Union de banques arabes et françaises à Paris.

Mais les autorités britanniques sont depuis longtemps parfaitement au courant des attaches d'Habobi, et donc de Matrix. Ce fait est établi formellement lors d'un procès intenté devant le tribunal de l'Old Bailey à Londres, fin septembre 1992, contre les trois principaux cadres de Matrix, dont l'ancien directeur général. Ils sont accusés d'avoir contribué à exporter des matériels sensibles vers l'Irak, en infraction aux règles de l'embargo [38].

Le ministère du Commerce et de l'Industrie britannique reproche aux trois directeurs d'avoir trompé ses services sur le caractère militaire des matériels exportés par Matrix. Pour y parvenir, ils auraient établi de fausses déclarations quant à la nature des matériels. A l'appui de l'accusation, des documents démontrant que les machines et leurs modes opératoires ont toujours eu un usage militaire. Ainsi un contrat passé avec la firme chilienne Cardoen, qui avait pour objet des composants de détonateurs pour les bombes. Matrix vendait même la formation du personnel irakien.

Le 26 septembre, coup de théâtre : le traître était un héros! Une intervention de l'avocat de Paul Henderson contraint un représentant du ministère du Commerce à convenir que Paul Henderson racontait tout au service d'espionnage britannique, le MI6, plus connu en France sous le nom d'Intelligence service. Henderson admettra plus tard avoir travaillé pour le MI6 depuis plus de 20 ans, d'abord dans le bloc soviétique, puis en Irak. C'est pourquoi, en toute connaissance de cause, le ministère a accordé en 1989 des licences d'exportation de matériel sensible vers l'Irak. En particulier de machines-outils susceptibles d'être utilisées dans des usines de munitions. Ceci afin de mieux suivre le développement du programme d'armement nucléaire de Saddam Hussein. Des échanges de courrier et des rapports secrets datant de 1990, et faisant référence à des informations remontant à 1987, prouvent, sans contestation possible, que les autorités étaient parfaitement averties.

Dix-huit sociétés travaillant dans le domaine de l'armement, fournisseurs de l'Irak, contrôlées ou non par Bagdad, ont été identifiées en Grande-Bretagne : Marconi, Rolls-Royce, Thorn EMI, BSA Tools, etc.

Rappelons que durant toutes les années quatre-vingts, la France n'a pratiquement pas cessé de livrer du matériel militaire, avions, électronique, munitions entre autres, et à l'Irak et à l'Iran. L'affaire « Luchaire », du nom du fabricant d'obus fournisseur de l'Iran, dans laquelle était impliquée la société nationale SNPE (Société nationale des Poudres et explosifs) a permis de mettre à plat toutes les liaisons secrètes avec les belligérants du Golfe. Cette affaire s'est, rappelons-le aussi, terminée par un non-lieu.

L'engagement massif de la France s'exprime de façon concrète dans le montant des avoir irakiens « gelés » en France lors de l'invasion du Koweït en août 1990 : 1,5 milliard de francs, alors que l'ardoise irakienne se monte à 40 milliards de francs, dont 25 milliards garantis par la Coface, l'organisme public d'assurance pour le financement des grands chantiers [39].

Les canons dorés du petit roi

L'un des amis les plus fidèles de Saddam Hussein, supporter sans grande marge de manœuvre, est le voisin, le petit roi Hussein de Jordanie, dont le trône chancelle depuis plusieurs décennies. Fort peu préoccupé de respecter les impératifs du pacte clanique, cet ultime représentant de la dynastie hachémite tente, au sens propre du terme, de survivre. Il est monté sur le trône après l'assassinat de son prédécesseur et oncle. Sa peu enviable position auprès d'Israël lui a valu d'incessantes luttes depuis un demi-siècle, et la présence sur son sol d'une colonie d'immigrés palestiniens dont l'importance dépasse celle de sa propre population. A la suite d'une des guerres livrées à son voisin, en 1967, il a perdu une part notable de son territoire, la Cisjordanie, « les territoires occupés » pour les Arabes, la Judée et la Samarie pour les Israéliens.

La Jordanie n'est qu'un désert, dénué des immenses ressources pétrolières qui permettent à ses voisins orientaux de vivre comme des nababs. L'industrialisation est balbutiante. La seule vraie ressource est l'accès à la mer par le port d'Akaba ouvert sur la mer Rouge, avec pour client majeur l'Irak. Frappé par l'embargo aérien, interdit de passage dans le golfe Persique, en Iran à l'est et en Turquie au nord, l'Irak n'a qu'une porte de sortie principale : la Jordanie, qui s'est déclarée neutre dans le conflit entre l'Irak et les « alliés ». Difficile de gouverner un pays dans d'aussi mauvaises conditions.

Or on apprend avec étonnement que, pour financer la restauration du « Dôme du Rocher », Hussein est prêt à vendre une maison à Londres. La surprise s'accroît quand on découvre qu'Hussein est propriétaire de trois maisons en Grande-Bretagne; d'une belle villa à Vienne, dans le quartier chic de Grinzing, en bordure de la forêt viennoise, la fameuse Wienerwald qui s'étend sur les collines au nord de la capitale autrichienne. Pour compléter cet inventaire déconcertant, une somptueuse résidence dans le lotissement de Super-Cannes, à Cannes. Comble de la stupéfaction, comme tous les autres rois et émirs, Hussein est également titulaire d'un compte en banque en Suisse; il possède un avion privé, un Lookheed Tristar noir qu'il pilote d'ailleurs lui-même à l'occasion. D'où le petit roi peut-il tirer ses ressources puisqu'il n'y a rien à gagner dans son pays?

La réponse est simple : elle est fournie par les embargos multiples imposés à l'Irak. L'Irak paie pour faire transiter ses camions entre Akaba et la frontière jordano-irakienne; pour utiliser le nom et la fonction du petit roi comme homme de paille afin d'acheter des armes, ou pour mettre à l'abri ses capitaux.

L'affaire des canons autrichiens en est une excellente illustration. En bon élève des militaires soviétiques, Saddam Hussein est un fou d'artillerie lourde, en particulier des canons de 155 mm long. Malheureusement, fort peu de pays possèdent la technologie nécessaire pour produire ces armes. Il y a les USA : difficile d'acheter directement de telles pièces aux États-Unis. Mêmes obstacles pour la Grande-Bretagne, d'autant plus que ce pays est déjà (plus ou moins) involontairement le fournisseur du gigantissime et fantasmatique Super-Gun qui devait être l'arme absolue. Par la France, on se fait livrer des avions et des missiles. Le Suédois Bofors produit d'excellents tubes, mais l'industriel vient de se faire prendre en flagrant délit de corruption alors qu'il cherchait à obtenir un gros marché pour la Fédération indienne : le scandale de New Delhi interdit au Scandinave de se lancer dans de nouvelles ventes contestables en direction du Tiers-monde.

Reste l'Autriche : l'industrie d'armement de ce petit pays est très agressive au plan commercial, et Kurt Waldheim, alors président de la République après avoir été secrétaire général de l'ONU, est un grand ami des chefs d'État arabes, de Hussein de Jordanie en particulier.

Profitant de cette configuration favorable, Saddam Hussein propose à son petit voisin un marché dont le détail m'est ainsi décrit par un informateur généralement bien au fait des choses [40] : par l'intermédiaire de la société sud-africaine Armscor et de sa filiale de commercialisation Nimrod International, la Jordanie achète à l'Autriche (et à crédit) des pièces de 155 mm long Howitzer, modèles G5 et G6. La transaction est garantie par le fonds d'assurance que l'Autriche a mis en place à l'imitation de tous les autres exportateurs vers le Tiers-monde. Ensuite, le royaume hachémite revend les armes à l'Irak, en répercutant le crédit, plus une commission versée cash au roi.

Dans ce montage apparaît également la Casalae, la société de John Bredenkamp, dont, dès 1981, le catalogue faisait mention du Howitzer 155 G6 conçu avec l'aide du Canadien Gerald Bull, alors que ce matériel n'a été officiellement commercialisé qu'en 1982. Mieux, des courriers secrets démontrent que Armscor et Bredenkamp négociaient la vente de ces armes simultanément avec l'Irak et avec l'Iran!

Pour Saddam, l'affaire est fort intéressante puisque, à 500 000 dollars l'unité, il obtient des canons que l'Autriche aurait certainement refusé de lui livrer. Le coût facturé à la Jordanie étant de 700 000 dollars par pièce, revendue 1,2 million de dollars. Une centaine de canons aurait été ainsi acquise par l'Irak : pour cette seule opération, le bénéfice pour la partie jordanienne serait de 50 millions de dollars, uniquement pour avoir servi d'écran [41]. Nominalement, l'acheteur est en effet la Jordanie, mais l'argent a été fourni par l'Irak. Saddam Hussein et le petit roi se sont partagé un profit de 750 millions de dollars qui ont été placés en Autriche : triple bénéfice pour Vienne qui a vendu ses canons, récupéré une partie de l'argent et s'est attiré la confiance du souverain jordanien.

Un rapport britannique dénonce la Jordanie pour avoir également servi d'écran dans l'achat par l'Irak de pièces détachées de véhicules blindés produits par la firme Vickers. Visitant en 1991 le champ de bataille koweïti après la défaite de l'Irak, John Wyatt, expert en explosifs, raconte dans ce mémorandum : « Quand j'ai vu ces dépôts de munitions, roquettes, mines, il m'a paru évident que tout ce matériel avait été fourni par la Grande-Bretagne à la Jordanie qui l'a repassé à l'Irak... Dès 1988, j'ai acquis la certitude qu'il y a eu d'importants transferts entre la Jordanie et l'Irak car j'ai la conviction qu'à ce moment-là il y avait un soutien ferme en faveur de l'Irak contre l'Iran [42]. »

La transaction sur les canons a donc été renouvelée pour de nombreux marchés d'armes. Le petit roi possédait, en 1981, un capital de 15 millions de dollars. Après huit ans de guerre entre l'Irak et l'Iran, puis après le gigantesque effort militaire consenti par l'Irak de 1988 à 1990, voici Hussein riche de 500 millions de dollars au bas mot. « L'interface principale entre Saddam Hussein et les marchés financiers occidentaux, m'explique un observateur libanais, était l'Arab Bank, un établissement d'Amman appartenant à des Palestiniens de Jordanie, installé dans le quartier Wahadat à proximité des casernes des unités spéciales. Hussein de Jordanie avait déposé l'essentiel de sa fortune personnelle à cette Arab Bank. »

En août 1990, lorsque la guerre du Golfe éclate, l'établissement palestinien joue encore un rôle bien étrange [43]. Dès le 3 août 1990, débute une énorme entreprise de dissimulation des capitaux irakiens sortis clandestinement, malgré l'embargo édicté par l'ONU à la suite de l'agression contre l'émirat du Koweït. L'Arab Bank se voit notifier un transfert de 16 millions de dollars entre le compte de la Rafidain Bank à la Midland Bank et le compte ouvert dans l'établissement palestinien au nom de la Banque centrale de Jordanie. A Bahrein, la banque ALUBAF (Arab International Bank in Bahrein) reçoit un ordre similaire : il s'agit cette fois de convertir 75 millions de dollars déposés en francs suisses à la Rafidain Bank pour effectuer un dépôt sur le compte de la Banque centrale de Jordanie à l'Union de banques suisses, siège de Zurich. Ces détails donneraient à penser que la Jordanie aidait l'Irak à contourner l'embargo financier, en dissimulant des centaines de millions de dollars. Les virements incriminés, selon Michel Marto, adjoint au gouvernement de la Banque centrale jordanienne, sont des paiements programmés (12 à 15 millions de dollars par mois) à-valoir sur une dette irakienne à l'égard de la Jordanie de 300 millions de dollars.

L'Office (américain) of Foreign Asset Control détient des telex adressés à des banques étrangères prouvant que l'Irak a bien ordonné le transfert de 10 millions de dollars dans une banque jordanienne. L'information est confirmée par un fonctionnaire de Bahrein, Abdul Rahman al-Wasan, administrateur pour les dépôts étrangers de l'Agence monétaire bareini.

Au-delà de son intérêt personnel, Hussein de Jordanie peut-il se permettre le luxe d'appliquer l'embargo édicté par les Nations Unies à l'issue de la guerre du Golfe? De déplaire à son très turbulent voisin? De mener son pays à la ruine? A l'heure actuelle, le royaume hachémite ne survit que grâce aux revenus générés par la noria de camions qui roulent de la mer Rouge vers l'Irak : ainsi, en décembre 1991, le *Norisk*, cargo jordanien enregistré à Hambourg, est arraisonné en mer Rouge dans le détroit de Tiran alors qu'il transporte des armes nord-coréennes destinées à l'Irak via le port d'Akaba.

Si l'embargo est trop strict, la Jordanie mourra et, très probablement, Hussein sera victime d'un nouveau coup d'État après tant de putschs avortés. Au soir de sa vie, atteint d'un cancer des reins, le petit roi ne songe probablement même pas à « obéir » aux Occidentaux qui veulent étrangler Saddam Hussein.

L'embargo frappant l'Irak aurait donc enrichi la Jordanie. Le petit roi n'en reste pas moins prudent. Quand éclate la guerre du Golfe, le souverain met à l'abri ses « maigres biens » : il transfère en Suisse tous ses avoirs auparavant déposés à l'Arab Bank. Quant à l'avion, c'est Robert Denis, journaliste français en poste pour RFI en Autriche qui me conte son odyssée : « Quelques jours avant le début de l'offensive alliée contre

Saddam, en janvier 1991, Kurt Waldheim devait effectuer une visite officielle dans l'émirat d'Oman. Il s'était fait accompagner par quelques journalistes dont j'étais. Le ministre des Affaires étrangères, Aloïs Mock, nous a rejoint au Caire. Nous devions poursuivre notre route jusqu'à Oman, mais le survol de l'Arabie Saoudite était interdit. Kurt Waldheim a donc décidé de se rendre à Bagdad, via Amman. Il imaginait qu'il était encore possible de jouer les médiateurs. L'initiative s'est révélée impraticable. D'ailleurs, l'équipage autrichien a refusé de décoller en raison des risques de guerre. C'est alors que Hussein de Jordanie a envoyé son avion personnel au Caire pour prendre Waldheim et sa suite. L'appareil était un Lookheed Tristar, un gros porteur. J'ai été stupéfié par le luxe de l'aménagement. L'avion était un vrai palais avec salon, salle de jeux pour les enfants, chambres, à l'arrière une cabine spéciale pour les gardes du corps; des hôtesses jolies comme des anges habillées en hyper mini-jupes nous ont servi les mets les plus luxueux, caviar et alcool à profusion. Pour atteindre la Jordanie, l'appareil a survolé Israël! A Amman, longue discussion entre Waldheim et Hussein dans les salons de l'aéroport. Ensuite, le jet du roi a redécollé avec les invités d'Hussein à son bord. Direction Vienne : l'avion privé du souverain n'a jamais plus quitté l'Autriche jusqu'à la fin des hostilités. En fait, le petit roi s'est servi de Kurt Waldheim pour mettre son avion personnel à l'abri [44] ! »

Les dollars du pétrole, l'argent gris de la corruption, l'or noir de tous les trafics... Les guerres et l'exercice sans partage du pouvoir n'ont pas fini de générer au Proche-Orient des fortunes immenses, cotoyant parfois le dénuement le plus extrême. Et sous la lumière pâle du croissant de lune, il y a encore bien des trésors cachés dans toutes les « non-démocraties » du monde musulman, chez les émirs, les rois, les princes, les cheikhs et les présidents arabes.

Mais, désormais, ils ne pourront plus disposer du réseau bancaire qui avait été édifié et conçu à leur attention, pour leurs services, pour tous leurs services : la Banque pour le Crédit et le Commerce International, nom de code : *Sandstorm,* tempête de sable.

IV

Le maître et le mercenaire

Pour l'Histoire, cette saga restera sous le nom de BCCI : Bank of Commerce & Credit (International). Une dénomination inexacte, car ses promoteurs n'ont jamais connu que la BCC, la BCCI n'étant qu'une filiale internationale. Cette affaire extraordinaire par son ampleur – elle a porté sur 100 milliards de dollars, dit-on – permet de mieux comprendre les rapports complexes qu'entretiennent avec leurs fortunes les plus grands princes et les plus grands magnats d'Arabie et du golfe Persique. Ce qui deviendra finalement l'épopée calamiteuse de la Bank of Credit & Commerce est la démonstration par l'absurde des dangers représentés par ces immenses capitaux manipulés par des mains inexpertes : l'absence de contrôles démocratiques et le rejet des contrôles techniques financiers débouchent irrémédiablement sur des désastres.

Des désastres aggravés par une irresponsabilité telle que les acteurs ne parviennent même pas à comprendre ce qu'est la responsabilité.

Ce gigantesque naufrage bancaire démontre aussi que, contrairement aux vérités assenées par les dictateurs, leurs régimes ne sont porteurs que de désordre, gabegie, gaspillage, pertes irréparables, victimes par dizaines de milliers.

Cette fois encore, la dictature n'est pas incarnée dans un seul personnage, mais dans un clan, et même dans un système. C'est pourquoi il est d'ailleurs si difficile à faire admettre que la débâcle de la BCC est bien le résultat de l'exercice tyrannique du pouvoir.

Un krach au carrefour de tous les détournements – ou presque – commis par les dictatures au cours des deux dernières décennies. C'est pourquoi, même s'il est extraordinairement complexe, cet exemple spectaculaire reste incontournable. La plupart des « héros » de cet ouvrage s'y retrouvent ou englués, ou impliqués. Duvalier? Client de la BCCI-Cannes. Marcos? Ses capitaux auraient transité par les circuits de la banque. Le shah d'Iran? Son frère était actionnaire. Saddam Hussein? Utilisateur des circuits de la BCC. Noriega? C'était sa banque favorite. Abou Nidal, le fameux « terroriste » palestinien? Titulaire d'un compte ouvert à Londres. Les trafiquant des cartels colombiens de la cocaïne? Clients des agences de Tampa et de Miami. Les princes ou les milliardaires de la péninsule arabique? Clients, actionnaires ou victimes de cette banque que l'on retrouve aussi en Asie, en Afrique, en Amérique du Sud et du Nord. Partout où il y avait de l'argent douteux à manipuler. Et surtout, partout où des dictateurs et des membres de leurs clans avaient à cacher de l'argent.

« L'objectif réel du réseau, raconte l'avocat Amer Lodhi, qui a longtemps travaillé pour la multinationale, était de créer un climat susceptible d'attirer les gros déposants personnels qui voulaient et sortir leur argent de leur pays, et voir leurs capitaux gérés discrètement à l'abri des yeux trop curieux [1]. »

Cette saga s'est construite autour d'une amitié. Elle a constitué la colonne vertébrale d'une ascension fulgurante, mais soigneusement masquée. Aussi, quand il a fallu tenter de comprendre la réalité de cette machine, les enquêtes se sont révélées particulièrement ardues, débusquant des faits tellement ahurissants qu'on n'a d'abord pas cru les chasseurs de vérité. Aujourd'hui encore, face aux véhéments démentis des principaux responsables, on n'accorde toujours pas une totale confiance à ces enquêteurs.

UNE ÉTRANGE AMITIÉ

L'histoire de la BCC est un conte oriental, cruel et tragique.

Il était une fois... Abu Dhabi, une principauté aux frontières mal définies entre mer et désert, sur la côte des Pirates, à l'orient de la péninsule arabique. L'émirat est théoriquement placé sous la protection de l'empire britannique, mais Londres se désintéresse totalement de ce bout de désert peuplé seulement de quelques milliers de Bédoins nomades. Sultan al-Nahyan est l'obscur émir de ce pays perdu.

Sultan al-Nahyan a un frère, cheikh Shakbut. Un frère jaloux du pouvoir de son aîné. Une nuit de 1926, il le fait assassiner et prend sa place. Désormais, enfermé dans son modeste palais, le cheikh gèrera son pays comme un petit chef de tribu bédouine sans perspective. Et nul n'aurait plus entendu parler de cette tragédie fratricide si, en 1962, le pétrole n'avait jailli des sables d'Abu Dhabi. Au lieu de faire fructifier les royalties de l'or noir, déjà confortables bien que le premier choc pétrolier fût encore loin, cheikh Shakbut s'est contenté d'entasser les billets sous son matelas.

En 1966, l'émirat ne comportait toujours pas une seule route goudronnée... Un vrai scandale pour les Britanniques, tuteurs du pays. Ils prennent les mesures nécessaires pour que la famille dépose le cheikh afin de le remplacer par un chef moins conservateur. C'est lors de cette révélation de palais que sont découverts des billets entassés sous le matelas de cheikh Shakbut depuis si longtemps que les liasses avaient été dévorées par les rats : 2 millions de dollars, dit-on, auraient été la proie des rongeurs.

Le nouveau maître est le fils de l'émir assassiné en 1926. Il s'appelle cheikh Zayed bin sultan al-Nahyan. C'est un vieil homme pacifique et austère, méfiant et renfermé, dans la tradition des seigneurs du désert. Il espère depuis toujours récupérer le trône de son père, car il nourrit de grandes ambitions politiques. Il a accueilli comme un dû l'aide des Anglais pour recouvrer l'héritage paternel.

L'émir bouillonne d'idées. Bien conseillé, il transforme rapidement son petit pays désertique en riche oasis. Grâce au pétrole, les revenus de la population atteignent d'incroyables niveaux, parmi les plus élevés du monde. Le cheikh n'a-t-il pas un jour expliqué ainsi la différence entre ses sujets et les Occidentaux : « Pour l'Occident, l'idéal est de donner du travail à tous. Pour nous il s'agit de permettre à tous de ne pas travailler. » Cette saine philosophie implique que le pays bénéficie de solides revenus, ce qui est le cas de l'émirat, dont les seuls royalties pétrolières dépassent les 10 milliards de dollars par an.

Évidemment, elle exige aussi le recrutement d'une armée de travailleurs immigrés. Attirés par l'extrême richesse du pays, des dizaines de milliers de Pakistanais, d'Égyptiens, de Palestiniens et autres Philippins acceptent de se faire engager pour trois sous. Bientôt ces immigrés constituent 80 % de la population totale. Curieusement, les Arabes d'origine n'apprécient pourtant guère la politique du nouveau cheikh.

Le cheikh Zayed se révèle être un écologiste sincère et convaincu. Nous avons vu comment il a planté des forêts dans son désert à grands renforts d'arrosages massifs et de terres rapportées, contribuant à transformer le paysage et le climat.

Le cheikh avance en âge et en honneur. Et pourtant, il est affligé d'une insondable tristesse. La vie n'est pour lui qu'une épreuve. Il n'a qu'une seule et vraie passion, une grande passion : la chasse au faucon. Malheureusement, dans notre monde technique, la chasse au faucon se perd. Et probablement cheikh Zayed bin sultan al-Nahyan aurait-il pu se résoudre à oublier cette passion si, lors d'un voyage officiel au Pakistan en 1967, il n'avait pas fait la connaissance de Agha Hasan Abedi.

Tout opposait les deux hommes.

Agha Hasan Abedi est banquier. Ce natif d'Inde a dû s'exiler pour fuir la terrible guerre civile qui a opposé les hindouistes et les musulmans lors de l'indépendance de l'Inde en 1947. Devenu Pakistanais, l'homme impressionne malgré sa petite taille, car il est doté d'un grand charisme. Mystique, tout de blanc habillé, pieux et quelque peu illuminé, ce musulman chiite est aussi adepte de la secte ésotérique soufi.

Il a failli devenir le plus grand banquier du monde, sans personnellement posséder la moindre once de capital.

De la rencontre entre ces deux hommes va naître ce que l'on peut appeler une étrange amitié qui durera jusqu'à la mort mentale d'Agha Hasan Abedi. Pendant vingt ans, le cheikh ne refusera rien à son ami le banquier-philosophe de Karachi.

Cette amitié, c'est aussi une relation ambiguë entre un maître et un mercenaire : homme sans fortune, le mercenaire a rendu tous les services, satisfait à tous les caprices du souverain. En échange, une sorte de pouvoir absolu lui a été concédé – temporairement – par le maître. Le produit de cette amitié sera un immense empire bancaire, la Banque pour le Crédit et le Commerce (International), qui disparaîtra presque aussi vite qu'elle est apparue.

Les analystes qui ont eu à connaître de cette affaire négligent l'importance fondamentale de cette relation, totalement insolite à ce niveau d'intensité dans le monde des affaires. Tout l'avenir de l'empire tient dans la qualité de cette amitié. Une sorte de contrat moral a profondément lié les deux hommes : au banquier l'apparence du pouvoir, le devant de la scène; au prince arabe la réalité de la possession des biens, dont il ne reprendra la maîtrise que lorsque la maladie emportera le Pakistanais.

Durant deux décennies, le mercenaire portera le masque du maître, si bien que l'on oubliera qui des deux était le vrai détenteur du pouvoir. Tels sont les personnages fondamentaux de ce conte oriental. Un conte qui est aussi une terrible histoire vraie, mal connue, une histoire qui a mis en jeu des dizaines de milliards de dollars, un drame qui a fait des milliers de victimes, une saga planétaire dont soixante-dix pays, des plus grands aux plus pauvres, servent de décor.

Aux côtés d'Abedi et du cheikh Zayed, les protagonistes sont innombrables : on y rencontre pêle-mêle de modestes Pakistanais, un ancien président américain (Jimmy Carter), un ancien Premier ministre britannique, beaucoup de responsables des services spéciaux du Tiers-monde, mais aussi des pays riches, des terroristes, un avocat ancien secrétaire d'État à la Défense américain, Clark M. Clifford, et son associé

Robert Altman, marié à une actrice de cinéma, des naïfs et des roublards, des aventuriers de la finance et des hommes d'affaires (américains, arabes, européens) peu scrupuleux.

La jeunesse d'un banquier

Quand Abedi rencontre le cheikh Zayed, qui ne dirige alors que l'émirat d'Abu Dhabi, la réputation du jeune banquier n'a pas dépassé les frontières du Pakistan. Coincé entre le sous-continent indien, l'Afghanistan, l'Union soviétique et la Chine, le « Pays des purs » (traduction littérale de Pakistan) a été constitué pour recueillir les réfugiés indiens musulmans de la guerre de 1947. Ce pays est alors avant tout un grand producteur de coton, il a su se doter de l'industrie textile nécessaire pour exploiter les fibres. Sa position stratégique en fait un allié quasi obligatoire des États-Unis.

La population est très largement divisée en clans, dirigés par des propriétaires terriens féodaux qui commencent alors à cultiver le pavot afin de pallier l'interdiction du commerce international de l'opium, édictée en 1953. Ce détail explique la croissance rapide de la masse monétaire qui cherche les meilleurs placements financiers.

Les salaires des travailleurs émigrés dans les pays du Golfe constitue l'autre ressource importante du Pakistan. Pour gérer tout cet argent, le Pakistan développe ses premières banques importantes, parfois issues de la communauté indienne musulmane, comme la Habib Bank, où Agha Hasan Abedi a fait ses débuts.

Ensuite, avec l'aide de la famille Saigol, des magnats du textile, Abedi fonde à Karachi la United Bank, spécialisée dans les dépôts des petits porteurs. Les immigrés pakistanais exilés à Abu Dhabi appartiennent à cette clientèle et Abedi désire obtenir du cheikh Zayed l'autorisation d'ouvrir une agence à Abu Dhabi.

L'occasion va lui en être donnée, en 1967, au Pakistan, lors d'un des premiers voyages officiels du cheikh depuis sa prise de pouvoir l'année précédente. Les deux hommes se plaisent aussitôt. Abedi offre sa montre en or; le cheikh confie au banquier de gros dépôts d'argent et lui consent l'ouverture d'une agence de la United Bank à Abu Dhabi.

Un vrai coup de foudre. Abedi découvre la passion du cheikh pour les faucons. Les relations dépassent vite ce stade. On suggère en particulier que, pour les caprices des proches du cheikh, une collaboratrice d'Abedi à la United Bank procure des services très particuliers, sous la forme de très jeunes vierges prêtes à satisfaire tous les caprices sexuels des uns et des autres [2].

Agha Hasan Abedi devient le conseiller financier personnel de l'émir, le grand ordonnateur de ses placements à l'étranger, l'organisateur de son holding privé. Éminence grise du souverain, il dirige la construction de son nouveau palais au Pakistan, l'ameublement de ses villas aux Maroc ou en Espagne, voire le fonçage des puits pour ses maisons dans le désert. Comme l'entourage de l'émir est très fruste, tout le monde dépend d'Abedi et de la banque d'Abedi pour la moindre initiative. C'est même lui qui fournit l'argent de poche pour les voyages : 400 dollars pour le cheikh dont les goûts sont modestes, plusieurs centaines de millliers de dollars pour les familiers.

En contrepartie, cheikh Zayed devient l'un de ses principaux clients. Dans les premières années, plus de 50 % des dépôts dans la banque proviennent de l'émir et des siens. Les revenus du pétrole, totalement accaparés par la famille régnante, atteignent 750 millions de dollars dans les années soixante-dix, et grimperont ensuite jusqu'à 10 milliards de dollars par an...

Premier et immense service rendu par Abedi : il passe pour être l'organisateur – le manipulateur? – du rapprochement politique grâce auquel est fondée la confédération des Émirats arabes unis, au seul profit de son ami le cheikh Zayed. De très vives tensions surgissent alors avec l'émirat voisin de Dubaï, beaucoup plus commerçant, beaucoup plus ouvert sur le monde. Agha Hasan Abedi court de l'un à l'autre, il se dépense, imposant peu à peu sa conviction : Abu Dhabi, Dubaï, Charjah, Ajman, Um al Qaiwan, Ras al Khaiwah et Fujeirah se réunissent en 1971 pour former un nouvel État souverain. A sa tête, les émirs désignent l'homme qui leur a été présenté par le banquier pakistanais comme le plus sage et le plus riche, le cheikh Zayed bin Sultan al-Nahyan.

La banque des pauvres et des déshérités

En 1972, catastrophe : le gouvernement pakistanais dirigé par le président Ali Bhutto (le père de Benazir Bhutto) nationalise toutes les banques, y compris la United Bank dont Agha Hasan Abedi est chassé en novembre 1972. Dépouillé de son outil de travail, le financier n'apprécie pas ce qu'il considère comme une spoliation.

Germe alors dans sa tête le projet de la Banque du Crédit et du Commerce. Les structures de ce nouvel établissement devraient être d'emblée et définitivement à l'abri de toute nationalisation. Hors de tout contrôle. Agha Hasan Abedi imagine une fantastique construction où lui-même et ses proches assureront le « management » de la banque (et détiendront donc le pouvoir effectif) tandis qu'aux richissimes pétro-cheikhs, et en premier lieu le cheikh Zayed, sera attribué la propriété des actions, donc les bénéfices attendus. Il est bien entendu que les actionnaires n'auront rien à faire d'autre qu'à encaisser les dividendes.

Telle est la nature du contrat qu'Abedi propose aux émirs et aux milliardaires du Golfe. L'affaire est d'ailleurs conforme aux coutumes locales : quand un investisseur étranger projette de s'implanter dans un émirat, il doit préalablement s'associer à une personnalité locale, laquelle lui apporte son nom.

Le « marchand de rêves » Abedi n'est pas un banquier comme les autres. Il sait qu'en Orient, les affaires ne se mènent pas de la même manière qu'en Occident. Inutile d'afficher ses objectifs, au contraire : la fidélité d'un client s'obtient par tous les moyens, sauf par des services bancaires trop voyants. Dans les pays du Golfe où l'on est toujours très croyant, c'est d'autant plus important qu'en principe, le Coran interdit le versement d'intérêts, fondement essentiel de la pratique bancaire occidentale telle qu'elle a été déterminée par les marchands de Venise.

Agha Hasan Abedi est le contraire d'un homme brutal. Le

petit Pakistanais habillé de blanc se veut le prophète de la renaissance économique des pays islamiques, qui pourraient ainsi échapper à l'emprise des capitalistes occidentaux. C'est dans ce but, ce seul but, affirme-t-il, qu'il projette de fonder une nouvelle banque appelée à devenir le porte-drapeau de l'économie islamique.

Il est exclu de penser qu'Abedi soit motivé par un appétit de lucre tel qu'il puisse le conduire au crime. C'est avant tout un saint homme quelque peu illuminé. Mystique et bougrement convaincant. Ce qui ne l'a d'ailleurs jamais empêché de mener un grand train de vie.

Le petit banquier est profondément imprégné du « hundi », cette pratique financière très ancienne fondée sur la confiance. Dans le sous-continent indien, elle a réglé les rapports d'affaires depuis des siècles. Faute de pouvoir faire circuler en toute sécurité des espèces en grandes quantités, les commerçants indiens ont élaboré un système de compensation régi par la parole donnée : un débiteur remet une somme à un des membres du réseau dans une ville, et dans la ville de destination, informé par message oral, un associé délivre une somme équivalente au créditeur. C'est, sans aucun document, l'équivalent des « lettres de crédit » pratiquées par les banquiers vénitiens et de notre système de compensation bancaire moderne.

S'inspirant de cet exemple, à l'initiative d'Agha Hasan Abedi, le réseau de la Banque pour le Crédit et le Commerce (BCC) fera ainsi fictivement circuler d'énormes sommes d'une agence à l'autre, en fonction des besoins. Au départ, il n'y a certainement pas volonté de frauder : Abedi est un homme trop sincère, sinon vraiment honnête. Son objectif est avant tout l'efficacité dans le respect des coutumes traditionnelles. Et, probablement, la rupture avec la pratique bancaire occidentale.

C'est ainsi que commence l'aventure de la nouvelle banque. Son projet fondamental est simple : la nouvelle inspiration de l'établissement doit mettre les richesses infinies des « pétrocheikhs » au service des plus pauvres, pour la plus grande gloire de l'Islam. Et accessoirement du Pakistan. Son champ d'action, son marché,. c'est le *street banking*, la banque de rue, les millions de travailleurs immigrés négligés par les autres éta blissements. Pour le seul Pakistan, ces expatriés sont estimés à 14 millions, dont les revenus s'élèvent à 65 milliards de dollars.

Au début des années soixante-dix, la vogue est à la restauration des valeurs du Tiers-monde. Et en 1973 survient le séisme du premier choc pétrolier.

Agha Hasan Abedi est trop intelligent pour ne pas comprendre les opportunités qui se présentent pour un banquier musulman. Il connaît assez bien la mentalité des seigneurs du désert pour savoir que s'il réussit à persuader l'un des plus prestigieux princes de devenir actionnaire, tous les autres se précipiteront dans le sillage.

Le Pakistanais ne peut tenir à l'écart son vieil ami, le cheikh Zayed bin sultan al-Nahyan, avec lequel les relations d'affaires étaient déjà si étroites du temps de la United Bank. Agha Hasan Abedi a décidé de tirer parti de la passion de cheikh Zayed pour les faucons. Passion en soi assez anodine, mais assez forte pour que l'émir ait fondé une clinique, unique établissement spécialisé dans le monde pour le soin de ces rapaces [3].

Abedi n'ignore naturellement pas que, si le cheikh est totalement inculte en matière économique (il ne craint même pas de se faire passer pour illettré) il n'en nourrit pas moins de fortes ambitions politiques que pourrait illustrer sa participation à la renaissance économique des pays islamiques. Donc Abedi invite son ami le cheikh Zayed à d'impressionnantes parties de chasse au faucon dans les montagnes pakistanaises, dans les contreforts sud de l'Himalaya. Là, il dévoile son rêve à son hôte. Pour conforter son discours, il indique qu'il dispose depuis plusieurs années de l'appui d'une puissante banque californienne, la Bank of America. Lors d'un voyage à New York, en 1972, le banquier pakistanais a convaincu ses interlocuteurs américains que grâce à son intermédiaire ils pourraient prendre pied dans le Golfe persique, alors quasiment interdit aux Occidentaux.

On ne s'avisera que plus tard des intérêts rigoureusement contradictoires des deux parties : la Bank of America cherchait à prendre pied au Proche-Orient, tandis que la BCC avait l'ambition d'ouvrir aussi une tête de pont, mais dans l'autre sens, en Grande-Bretagne et aux USA. Contradiction fondamentale et définitive, les chevaux tiraient en sens contraire.

Le discours enflammé et mystico-bancaire du petit Pakistanais séduit le chef de clan bédoin. Celui-ci est flatté par les égards et les flagorneries d'Agha Hassan Abedi, passé depuis longtemps maître dans l'art de plaire. Le souverain ne mesure sûrement pas l'ampleur de son engagement, quand il accepte d'entrer dans le montage proposé par son ami financier.

Cinq exigences à l'origine de la BCC : le siège social sera fixé dans un havre secret. Un état-major solide lui sera assuré par les anciens cadres de banques pakistanaises nationalisées. La confiance internationale sera assise sur les relations avec une institution financière occidentale réputée. Il faudra disposer en permanence d'une source de dépôts d'au moins 100 millions de dollars. Quant au capital de départ, il devra traduire dans sa composition ces impératifs majeurs.

La Bank of America souscrit au capital pour 2,54 millions de dollars, le cheikh et sa famille s'engagent pour un investissement modeste, donc sans grand risque : 500 000 dollars.

Ces deux actionnaires majeurs, deux piliers, permettent à Abedi d'atteindre son but initial. Le nom du cheikh Zayed attire, comme prévu, bien d'autres puissants actionnaires pour renforcer les fondations : entre autres un homme d'affaires saoudien, cheikh Khalid bin Mahfuz, propriétaire du premier établissement financier d'Arabie Saoudite, la National Bank of Commerce (NBC), qui passe pour être la banque personnelle du roi Fahd, souverain d'Arabie Saoudite, royaume fondé en 1932 par son père Abdul aziz Ibn Saoud. A ce titre, le roi est l'homme le plus puissant, le plus riche du Moyen-Orient, classé dans le répertoire Forbes comme la sixième fortune du monde. Khalid bin Mahfuz, le banquier du roi, devient actionnaire de la BCC. Quel succès pour Abedi!

En revanche, ses efforts pour circonvenir la famille impériale d'Iran ont moins de succès, en raison de l'hostilité déclarée du cheikh Zayed à l'encontre du souverain perse. Certes, le frère du shah, Mahmoud Riza, se voit remettre des actions, mais les relations ne prendront jamais une ampleur significative. Et elles sont brutalement interrompues en 1979 par la révolution des ayatollahs. Lui-même chi'ite, Agha Hasan Abedi semble avoir pris le parti des nouveaux maîtres de Téhéran. Probablement davantage par conviction religieuse que par intérêt.

A ce stade, une question essentielle : qui a manipulé qui? Agha Hasan Abedi est-il devenu le maître de cheikh Zayed, dont il contrôle toute la fortune? Ou bien le prince s'est-il simplement offert les services d'un mercenaire de grande classe? La nouvelle banque n'est-elle qu'un élément parmi d'autres dans le patrimoine du souverain? La modicité de la mise initiale de l'émir et de son clan pourrait faire pencher vers la première hypothèse. En revanche, les dépôts massifs de fonds semblent un argument beaucoup plus décisif : cheikh Zayed n'avait pas besoin de posséder de nombreuses actions pour contrôler l'établissement. Il lui suffisait de retirer ses dépôts s'il avait décidé de changer d'outil financier. L'évolution du capital va tout à fait dans le sens de cette hypothèse. Il est très probable que l'émir d'Abu Dhabi, président des Émirats arabes unis, n'a vu dans la BCC qu'un instrument de pouvoir pour concrétiser, affirmer sa volonté de puissance.

Actionnaires minoritaires

Le Pakistanais s'attire ainsi la confiance de quatre personnages : d'abord Gaith Pharaon, Kamal Adham, et Abdullah Darwish. Ce dernier est le conseiller financier personnel du cheikh Zayed, en fait, son représentant direct au conseil d'administration. Le quatrième homme, le Koweiti Faisal al-Fulaiji, fait plus figure de comparse. Comme dans une comédie, il apparaît et disparaît à la demande : ainsi cet ancien président des Kuwait Airlines sera bombardé *chairman* de la filiale bancaire koweïti de la BCC, la KIFCo (Kuwait Investment Financial Company).

Kamal Adham est l'un des deux actionnaires minoritaires importants en raison de sa position et de son passé. Ce milliardaire saoudien, d'apparence pittoresque et bonasse, est un *trader*, un intermédiaire de haut niveau. Il est également le fondateur des services secrets saoudiens, formés par la CIA. A ce titre, il a, durant plusieurs années, rémunéré au mois... Anouar el-Sadate, le futur président de l'Égypte, dont il est le fournisseur en armes occidentales. Il aurait joué un rôle personnel décisif au cours de négociations entre Anouar el-Sadate et le

Premier ministre israélien Menahem Begin, négociations qui ont débouché sur les accords de Camp David en 1978 et la reconnaissance de l'État d'Israël par les Égyptiens [4]. Kamal Adham s'est manifesté à de nombreuses reprises dans la vie de la banque, en particulier lorsqu'il a fallu trouver des figures « honorables » pour couvrir certains achats clandestins aux États-Unis. Compte tenu de l'absence de réaction des Américains quand Kamal Adham se manifestait, on est en droit de penser que l'homme agissait en fait pour leur compte, et plus précisément sous la férule de la CIA.

Auprès du cheikh Zayed, ces gros actionnaires sont en fait les représentants dans la banque du monde des affaires arabo-persique, plus particulièrement de l'entourage direct du roi d'Arabie Saoudite. Avec quelques autres, ils joueront divers rôles, dont, à l'occasion, celui de paravents pour diverses opérations clandestines...

Acquéreur de 9,9 % des actions d'origine, Gaith Pharaon domine le lot. Ce personnage est à la fois trop proche du roi Fahd d'Arabie, et trop omniprésent dans la BCC pour qu'on ne s'y arrête pas. L'homme est d'un abord sympathique. Rond, barbichu, ce Libanais d'origine a fait ses études en France, au lycée Jeanson-de-Sailly, puis aux États-Unis où il devient titulaire du diplôme de MBA (*Master of Business Art*) à l'université de Harvard. Pharaon a longtemps été fixé à Paris à l'une des adresses les plus prestigieuses, puisque son support financier Concord holding est propriétaire du seul immeuble de bureaux situé 4, place de la Concorde, entre l'hôtel Crillon et le ministère de la Marine. En prime, le Libano-Saoudien s'est offert un petit appartement dans le XVIe arrondissement, ouvert sur les frondaisons du Bois de Boulogne : plusieurs centaines de mètres carrés avec piscine privée. Il est également propriétaire d'un château en Périgord. Quant à sa villa à Cannes, il l'a modestement appelée Le Carat.

Quel est le secret de Pharaon? Son père Rachid a été le médecin et l'un des conseillers d'Abdul Aziz, le fondateur de l'Arabie Saoudite, avant de devenir son ambassadeur en Europe de 1948 à 1954. En outre, sa sœur est mariée avec le roi Fahd. Cette alliance lui a très tôt ouvert les bonnes grâces du souverain, si bien qu'il a pu devenir un important entrepreneur de travaux publics, propriétaire d'une chaîne du froid alimentaire, et enfin, un intermédiaire pour les énormes marchés passés par les Saoudiens dans les années soixante-dix, notamment en matière d'armement. Pharaon a su ne pas se contenter de ce rôle, il s'est implanté dans le commerce international du pétrole (Attock Oil) et du ciment (Attock Cement). Ces deux compagnies étaient, en fait, les filiales d'Attock Petroleum, une très ancienne société britannique qui a eu la chance de découvrir du pétrole au Pakistan.

A la suite d'assez curieuses manœuvres politiques dans lesquelles sont intervenues d'une part les autorités pakistanaises, d'autre part le cheikh Zayed bin Sultan al-Nahyan d'Abu Dhabi conseillé par... Abedi, la KIFCo s'est rendue maîtresse d'Attock Petroleum en juillet 1977. Qui était le principal actionnaire de la KIFCo aux côtés de la BCC? Pharaon, bien sûr.

Depuis longtemps implanté aux USA, le Libano-Saoudien s'est taillé une excellente réputation grâce à laquelle il a ouvert bien des portes. Ce qui ne pouvait manquer d'intéresser Abedi. Pharaon y opérait notamment dans le cadre du holding Inter-Redec Inc., enregistré aux Bahamas pour vendre des peintures, du développement rapide pour photos, des pantalons produits par des sous-traitants des Caraïbes. En 1986, il a acheté la Chris Craftboard Company à Miami. Pharaon a été longtemps l'heureux possesseur d'un vrai palais à Savannah en Géorgie, naguère propriété d'Henry Ford, le constructeur d'automobiles [5]. Il est toujours propriétaire d'un hôtel à Orlando en Floride, à proximité de Disney World et de... Cap Kennedy, la base aéro-spatiale.

Il n'a pas négligé le marché français, apportant à l'occasion son aide aux promoteurs du Parc Mirapolis en difficulté [6]. Porteur de 5 % des actions du Club Méditerranée, de 5 % de BSN (ces deux dernières participations sont aujourd'hui revendues), de 10 % de Buitoni, il a acheté le grand magasin Les Trois Quartiers en face de l'église de la Madeleine en même temps que la chaîne de distribution alimentaire Primistère Félix Potin. En Amérique latine, il est l'un des importants animateurs de la chaîne d'hôtels Hyatt. Il possède personnellement le Hyatt de Buenos Aires en Argentine.

Produit direct du « Oil-boom », Gaith Pharaon est un partenaire de poids pour Abedi. De leur rencontre découle un mariage d'affaires. Quand, vers le milieu des années quatre-vingts la flambée de l'immobilier s'apaise en Arabie Saoudite, Gaith Pharaon perd beaucoup d'argent et se déclare en faillite. Agha Hasan Abedi a le sens de l'amitié, et le Saoudien l'a déjà trop aidé pour qu'il ne lui porte pas secours à son tour : comme on peut le constater, les actionnaire de la banque sont en fait les membres d'un club très fermé [7].

Parmi d'autres actionnaires arabes, on cite Mohammad Hammoud, décédé en 1990.

Une particularité : tous ces porteurs de parts bénéficient d'un régime exceptionnellement favorable, puisque le contrat d'achat des actions les prémunit contre toute dépréciation. Si l'action a baissé quand ils revendent, la banque compense la perte !

Abedi n'oublie pas l'état-major dans le partage : ses collaborateurs deviennent les actionnaires secrets de la fondation ICIC, enregistrée dans le protectorat britannique des îles Caïmans, dans les Caraïbes, laquelle se voit attribuer la moitié des parts dans la nouvelle banque. Ce montage n'est pas officiellement dévoilé, il restera même clandestin, jusqu'aux enquêtes menées après la chute de la banque. Auparavant, tout le monde est convaincu que ICIC est une filiale de la BCC.

Seul mystère dans ce tour de table : Agha Hasan Abedi, « Agha Sahib », est-il actionnaire ou non? Personne ne parviendra jamais à l'établir, mais, étant donné le personnage, il est probable que « le président » n'a jamais eu dans la banque d'autre intérêt personnel que le pouvoir.

Voici donc l'ossature de la nouvelle banque. La structure prend corps lorsque est enregistrée, le 21 septembre 1972 à Luxembourg, une société holding sous le nom de Bank of Credit & Commerce (International), qui va fédérer la banque proprement dite. Pourquoi Luxembourg? Parce qu'à l'époque, la législation et les autorités bancaires du Grand-Duché sont considérées comme particulièrement souples. En clair, le Luxembourg est un paradis bancaire implanté au cœur de l'Europe et du Marché commun. Les bureaux de la direction sont ouverts à Londres, parce que la capitale britannique est alors encore la deuxième place financière du monde.

La banque, qui s'affirme islamique, doit donner d'elle une image exemplaire aux pays du Tiers-monde soucieux de sortir de l'ornière.

Cadre ou troupier, le personnel est soumis à une terrible discipline « à la Japonaise », avec des relents de féodalisme dans les rapports hiérarchiques. Pour susciter l'enthousiasme, Abedi se livre à un incroyable matraquage idéologique pseudo-mystique. Exemple de ce discours, tiré d'une publication interne du groupe : « Le concept de fraction et de totalité est l'un des meilleurs moyens pour commencer à comprendre la philosophie de la BCC. La totalité est composée de fractions et les fractions sont dans la totalité. Il y a une relation nécessaire entre les fractions et la totalité. L'esprit individuel est une fraction de l'esprit total. Il est dans la nature de l'esprit individuel de se rapporter à l'esprit du tout. Une organisation possède aussi un esprit. Il est constitué des esprits des membres de l'organisation... La BCC n'est pas seulement une machine à faire du profit. C'est la seule banque qui offre à chaque membre de la famille BCC l'occasion de devenir un meilleur humaniste en même temps qu'un meilleur banquier [8]. »

Tel est le curieux langage tenu par le fondateur et patron de la banque, Agha Hasan Abedi, le « Vizir » qui prend sur ses épaules toute la charge morale de l'entreprise. Pour le personnel, pour les clients, pour les partenaires de la BCC, pour les autorités bancaires de contrôle, c'est Abedi le maître. Un maître en trompe-l'œil : il a si bien joué son jeu qu'on finira par croire que les vrais propriétaires n'étaient que des hommes de paille.

Les membres de la famille l'appellent respectueusement Agha Sahib. Abedi manifeste un grand talent pour s'attacher ses collaborateurs, mettre le feu à leur moral, non par l'attrait du gain, mais en leur insufflant une conviction inébranlable quant au bien-fondé des objectifs définis par le « Chef ». Lequel réunit souvent ses cadres en conclave dans une ville ou l'autre du monde pour leur prêcher les vertus de l'humilité et de la soumission à Dieu, mais aussi de l'esprit marketing le plus agressif.

Dans son rapport au Parlement britannique, Sir Thomas Bingham insiste sur les contradictions du personnage. Il parlait d'humilité, mais se comportait avec arrogance, voire vanité. Il plaidait pour les pauvres et les opprimés, mais sa vie personnelle était opulente, sous-tendue par une grande volonté de puissance. Idéaliste, mais rusé, il avait une manière bien à lui de cultiver les riches et les puissants susceptibles d'être utilisés à son avantage [9].

Parce que son père était un ami de Agha Hasan Abedi, T.K., un Pakistanais informaticien de profession, entre dans la banque dès sa fondation. Très vite, il gravit les échelons. Après avoir occupé des postes en Afrique noire et dans le midi de la France, T.K. est récompensé de son ardeur par une nomination dans la filiale française. Il évoque l'esprit des rapports hiérarchiques : « Nous étions astreints à une discipline quasi religieuse. En 1974, par exemple, pour mettre en place l'informatisation, j'ai travaillé un mois de suite 22 heures par jour, nous dormions sur le plancher. On se défonçait vraiment, parce que la BCC nous donnait l'occasion de nous développer hors du Pakistan. » Le salaire mensuel de base du Pakistanais est en 1990 de 11 000 francs, mais en réalité il gagne 35 000 francs. « Nous étions gâtés, sinon tenus avec de grosses primes, des avantages en nature, avec un salaire de base très modeste. Si nous n'obéissions pas parfaitement, ils nous menaçaient de nous renvoyer au Pakistan, où, nous le savions, nous serions contraints de retourner au sous-développement, là-bas le salaire d'un cadre dans une banque est de 5 000 roupies (1 200 FF). Lorsqu'en 1990, à la suite d'importants problèmes dans la filiale française, celle-ci a décidé de muter un certain nombre d'entre nous dans d'autres pays, en Italie par exemple, on nous a mis le marché en main : ou bien vous acceptez la mutation assortie d'une forte baisse de salaire, ou bien c'est le licenciement sans indemnité, puisque rien n'est prévu pour ces circonstances dans le droit du travail des... îles Caïmans où était enregistrée la société holding dont dépendait la filiale française [10]. »

Les hauts responsables bénéficient de faveurs particulières, le plus souvent sous forme de prêts à des conditions extrêmement favorables. Ainsi un administrateur et directeur non exécutif s'est-il vu ouvrir une ligne de crédit tournante de 1,6 million de francs à la BCC France. Identifié en 1988, ce crédit a été totalement remboursé par l'intéressé.

Agha Hasan Abedi passe ses nuits au bureau. Son adjoint, Saleh Naqvi, n'est pas moins acharné, au point d'être qualifié de *workaholic*, intoxiqué du travail. Une particularité : tous les dossiers de Naqvi sont exclusivement rédigés à la main.

Bizarrement, malgré cet enthousiasme exceptionnel du personnel, la BCC deviendra par la suite le symbole de l'incapacité, de l'impuissance, de la gabegie, et bientôt du mensonge le plus éhonté, de l'escroquerie la plus délirante découlant d'une gestion aussi peu démocratique que possible.

L'évolution de la banque s'est déroulée en trois phases. Les deux schémas représentent les états extrêmes de l'évolution, du début à la fin.

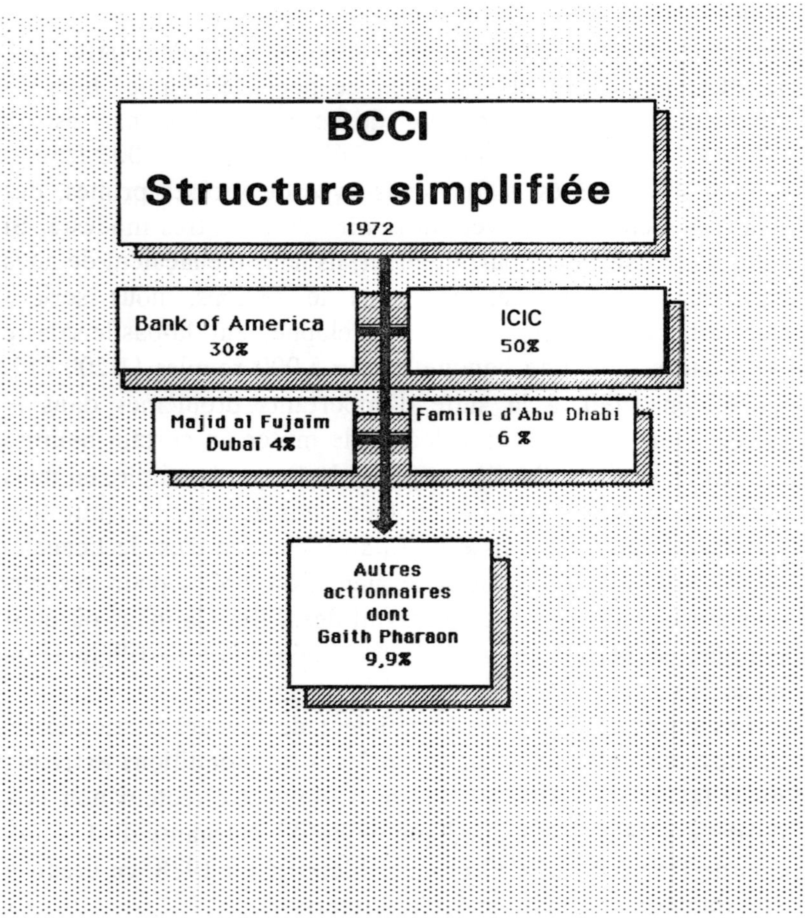

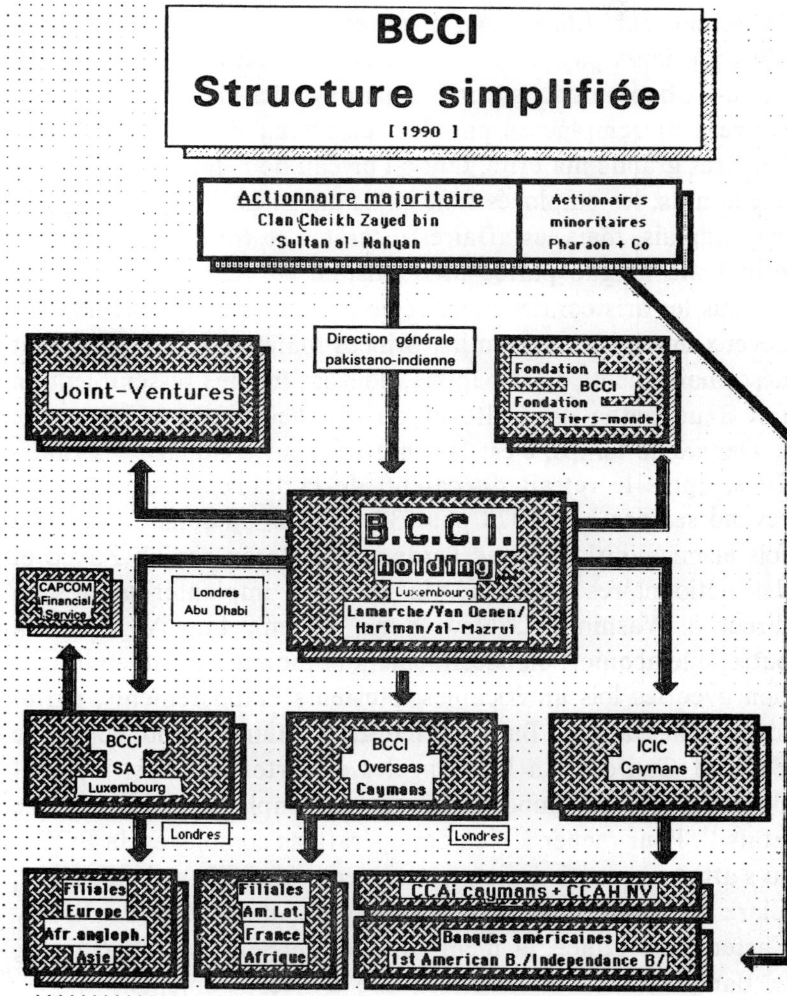

En vingt ans, à l'abri des regards occidentaux, souvent dans un climat de secret absolu, le groupe va connaître une ascension fulgurante, suivie d'une chute plus rapide encore.

Dans un premier temps, c'est la conquête du marché du golfe Persique et de la clientèle représentée par les immigrés indo-pakistanais qui accordent leur confiance à une « banque du pays ». Les locaux ne paient pas de mine, les machines à écrire sont vétustes. Le montant des dépôts ne dépasse pas alors 200 millions de dollars, mais le groupe étend déjà ses tentacules. En

1976, plusieurs filiales sont ouvertes à Londres, Paris, Monaco, dans plusieurs pays d'Afrique. Dès 1977, on compte cent quarante-six bureaux dans trente-deux pays; les vieilles machines à écrire sont remplacées par des terminaux d'ordinateur. Dans leur très grande majorité, tant au niveau de l'état-major que des exécutants, les employés sont pakistanais. La langue de travail est l'anglais, mais les affaires discrètes se traitent en urdu, la principale langue parlée au Pakistan.

Tous les aristocrates de la région, tous les frères, sœurs, fils, neveux des rois et des émirs, princes majeurs ou mineurs, sont désormais clients de la banque, dont les listings ressemblent en fait à un gotha du Golfe et du Proche-Orient.

Deuxième temps, c'est la tentative pour conquérir les États-Unis, après le retrait du capital de la Bank of America qui revend ses parts en 1978 pour 34 millions de dollars, soit 13,6 fois la mise initiale. Avec l'aide constante du cheikh Zayed et des actionnaires du Golfe, la BCC va implanter un réseau direct à Washington, New York, Miami, Los Angeles. En outre, elle acquiert clandestinement et indirectement, en infraction avec les lois américaines, plusieurs établissements, parmi lesquels la National Bank of Georgia à Atlanta, l'Independance Bank of California à Los Angeles et surtout la First General Bankshare, une importante chaîne implantée dans treize États [11]. Pour mener à bien ces opérations complexes, la BCC a su s'attirer le soutien d'un ancien secrétaire d'État à la guerre, Clark M. Clifford, de l'ancien directeur du budget de Jimmy Carter, Bert Lance, et même d'un établissement franco-arabe, la Banque arabe et internationale d'investissements.

Cette implantation apparaissait d'autant plus nécessaire aux conseillers du cheikh Zayed qu'ils procédaient alors à d'importants investissements directs aux USA. Ainsi, en 1986, abrité derrière un agent immobilier, l'ADIA (Abu Dhabi Investment Authority) acquiert et rénove un building de Manhattan, le 330 Madison Ave. L'investissement représente 55 millions de dollars, il est financé... par la BCCI dont l'ADIA est actionnaire [12].

Cette conquête américaine coûtera 200 millions de dollars au groupe. Elle sera en partie à l'origine de son effondrement. Car la banque est parvenue au faîte de sa puissance. Le réseau est devenu un « poids lourd » de la banque mondiale. Toile d'araignée intercontinentale aux mailles serrées, le groupe emploie 14 000 salariés. Ses avoirs atteignent 23 milliards de dollars ; 1 300 000 déposants ; 400 bureaux ou succursales, quarante filiales dans soixante-treize pays, entre lesquelles, au gré des besoins d'une branche ou d'une autre, ne cessent de circuler d'énormes masses de capitaux. La multinationale est classée au septième rang mondial des banques à capitaux privés.

La troisième phase est celle d'une rapide déconfiture. Sa principale raison est une capacité insuffisante (pour ne pas dire totale) des cadres à absorber et à maîtriser leurs conquêtes. Les responsables se montrent complètement défaillants. Les actionnaires laissent faire. Les administrateurs sont paralysés. Les différents organes de contrôle externes sont abondamment trompés et par l'état-major de la banque, et, au cours des dernières années, par les actionnaires. C'est d'abord la faillite d'un des principaux clients, les armateurs pakistanais Gokal, qui doivent au moins 700 millions de dollars : une bagatelle. Le trou est creusé par d'énormes erreurs de gestion, notamment des spéculations extrêmement maladroites sur les marchés financiers entreprises par le directeur de la trésorerie du groupe, Syed Ziauddin Ali Akbar [13]. Directement ou par l'intermédiaire de sa société CAPCOM Financial Service, Akbar serait responsable d'une perte de 380 millions de dollars dans les comptes de la BCC.

Les pertes avouées atteignent 75 millions de dollars dès 1984, 150 millions de dollars en 1985 et 55 millions de dollars en 1986. La perte réelle est bien plus importante : le cabinet d'audit Price Waterhouse avance le chiffre de 430 millions de dollars. Pour essayer de sauver la machine, on jongle avec la trésorerie d'une agence à l'autre, d'un continent à l'autre. Ce qui est parfaitement illégal.

Qu'importe... Certains actionnaires ponctionnent la caisse, comme de petits commerçants nécessiteux : Gaith Pharaon doit 580 millions de dollars, Kamal Adham 300 millions de dollars. De nombreux princes se font attribuer des crédits qu'ils ne remboursent pas. Pour se défendre, certains affirmeront qu'on a mis sur leur compte des emprunts qu'ils n'auraient pas contractés ! Six membres de la famille du cheikh Zayed apparaissent dans les livres pour un montant total d'emprunts de 329 millions de dollars, dont 60,5 millions de dollars pour le cheikh lui-même. Dans certaines agences du Golfe, sont ouverts des comptes fictifs, crédités de gros « prêts » justifiant les sorties d'argent; ou bien de vrais clients se voient attribuer, sans le savoir, et sans recevoir le moindre sou, d'énormes prêts qui gonflent la masse de capitaux susceptibles d'être mis à la disposition des branches déficitaires. C'est le cas, par exemple, du groupe Attock de Gaith Pharaon. Inquiet, l'un des grands actionnaires d'origine se fait racheter sa part pour 586 millions de dollars, qui lui sont réglés rubis sur l'ongle en pompant dans des réserves interdites... « Il faut bien se mettre dans la tête, insiste T.K., l'ancien cadre parisien de la banque, que les idées de tous ces actionnaires arabes étaient assez simplistes. Ils se sont servis dans la caisse, sans contrepartie, à l'image du comportement du cheikh Zayed qui considérait la BCC comme son bien propre. Quoiqu'on ait pu dire ou écrire par la suite, seule cette réalité-là a compté [14]. »

L'ascension de la Bank of Credit and Commerce a été le fruit de la volonté de puissance de ces princes, même s'ils se sont, par commodité, cachés derrière les figures d'Agha Hasan Abedi et de son état-major pakistanais. Même s'ils ne le reconnaissent pas, les propriétaires sont les premiers responsables de l'effondrement final du réseau : « partenaires dormants », ils ont préféré gagner de l'argent sans rien faire, plutôt que d'assurer le minimum de contrôle qui eût très certainement évité les dérives.

Les actionnaires ont essayé de faire croire qu'ils avaient été manipulés par une bande d'escrocs, Abedi, Naqvi, et autres Pakistanais. Dans les faits, il s'est passé exactement le contraire : les banquiers ont tout tenté pour faire face.

La banque s'est vue surnommer par ses propres employés « Bank of Crooks and Criminals Incorporated [15] ». Comme il faut bien vivre, on va chercher la clientèle dont les autres banques ne veulent pas, le groupe finit par drainer tous les trafiquants, tous les fraudeurs, tous les dictateurs soucieux de mettre à l'abri le produit de leurs rapines, de leurs détournements, de leurs pillages. L'incompétence, les délires fantasmagoriques des dirigeants, la rapacité des princes du Golfe en ont fait l'outil de tous les dictateurs, de tous les capitaux en fuite.

Collapsus

En février 1988, Agha Hasan Abedi doit se rendre d'urgence aux USA pour régler un « litige », en fait, un chantage qui lui aurait coûté 3 millions de dollars. A son retour au Pakistan, le 9 février, il doit assister à un dîner à Lahore avec le président du Pakistan, Zia, en l'honneur du cheikh Zayed.

Déjà écrasé par les problèmes, Abedi est épuisé. Malgré l'amicale pression de son entourage, Agha Sahib décide de se rendre à la réception. Il rejoint Lahore à bord de l'avion privé de la banque. Alors qu'il se prépare pour le dîner, un très grave malaise l'accable. Crise cardiaque aiguë. Deux semaines plus tard, nouvelle crise cardiaque, plus grave, doublée d'une attaque cérébrale. A bord du Boeing-hôpital du cheikh Zayed, Abedi est aussitôt transporté à Londres, au Cromwell Hospital : le plus grand et le plus célèbre établissement privé de la capitale britannique a été acheté par la BCC et totalement rééquipé pour que le cheikh Zayed puisse y trouver les meilleurs soins...

L'entourage s'affole, on fait appel aux amis dans le monde entier, l'ancien président américain Jimmy Carter entre autres. Si bien que se retrouvent bientôt au chevet d'Abedi toutes les sommités médicales du monde (anglo-saxon). Une décision étonnante est prise : Abedi ne peut être sauvé que s'il bénéficie d'une transplantation cardiaque. L'opération a lieu le 9 mars 1988.

Une très grande pudeur couvre le secret de cette « transplantation d'urgence ». Comment un cœur a-t-il pu être trouvé presque séance tenante alors que des centaines de patients attendent parfois l'organe salvateur des années durant? On ne le saura jamais.

L'opération réussit, mais les médecins n'ont pu éviter les conséquences de l'attaque cérébrale. Aphasique, sans doute gravement handicapé mental, après une longue convalescence, Agha Hasan Abedi rentre chez lui, officiellement à la fin de 1990. Il se retire dans sa modeste maison de Karachi, dans le quartier de Clifton. Il y vit aujourd'hui en reclus sous la surveillance de sa seconde épouse.

La légende veut qu'Abedi ait conservé toute sa lucidité.

Certes, mais plus personne ne le verra jamais dans les bureaux. Les 14 000 employés que compte alors la banque ont raison d'être catastrophés par cette tragédie. Elle est non seulement à l'origine d'une violente lutte de pouvoirs, mais elle affecte aussi profondément le fonctionnement du groupe. Le président-gourou n'est plus là pour arbitrer, prendre les décisions essentielles, couvrir de son aura certaines dérives. Voici qu'est rompu le couple fondateur de la banque : Agha Hasan Abedi ne fera plus route aux côtés du cheikh Zayed, le petit Pakistanais ne pourra masquer le prince dans son ombre. Devenu sans objet, le contrat fondamental entre le maître et le mercenaire sera bientôt déchiré. Le maître, l'émir d'Abu Dhabi, se retrouve seul face à ses responsabilités. Des responsabilités qu'il refuse d'assumer, mais qu'il entoure d'un épais secret. Ce secret qui, depuis vingt ans, a permis à la banque de prospérer à l'abri de toutes les indiscrétions. Un secret qui aurait pu n'être jamais levé. Même les spécialistes ignoraient tout. Même les organismes chargés du contrôle de la banque n'étaient pas vraiment au fait de la situation...

Stupéfiantes découvertes

Une série d'enquêtes exceptionnelles sera nécessaire pour découvrir les arcanes de ce groupe financier. Ces investigations n'ont d'ailleurs pas été menées dans les principaux pays où exerçait le groupe, en Grande-Bretagne, au Luxembourg, en France, au Proche-Orient, et la banque n'était pas l'objectif initial. C'est pratiquement par hasard que les activités de la multinationale ont pu être dévoilées. Et encore, pour beaucoup, certaines énigmes restent entières.

Les premières et principales investigations sont menées aux États-Unis. Elles ont pour but de découvrir comment les trafiquants de drogue pouvaient blanchir leurs revenus illicites... sur le territoire américain. Et, éventuellement, de savoir s'il n'y aurait pas quelques liens entre ces pratiques financières douteuses et la politique étrangère des États-Unis. On paraît fort éloigné des princes du golfe Persique et de leur or. Plus curieusement encore, ces recherches ne sont conduites, comme on aurait pu s'y attendre, ni par des fonctionnaires de la DEA (Drug Enforcement Administration), ni par des policiers du FBI et encore moins par des agents de la CIA. Quoi qu'il en soit, sans l'intervention d'hommes aux marges de toute cette affaire, il est très probable que les mystères du groupe BCC n'auraient pas été levés.

La première enquête débute en 1986, bien loin du golfe Persique, sur la côte du golfe du Mexique. Dans ce secteur exerce un douanier de choc, Robert Mazur, chargé des investigations. Comme en France d'ailleurs, aux États-Unis les douanes ne se contentent pas du contrôle des bagages et des marchandises aux frontières. Cette administration mène aussi l'offensive contre la délinquance financière, et, en particulier, contre le blanchiment de l'argent sale, quelle qu'en soit l'origine : fraude fiscale, crime organisé, drogue, grandes malversations internationales. Assisté de Kathy Ertz, Mazur tente de décortiquer les circuits d'importation de la drogue, plus particulièrement de la cocaïne. Comme tous les spécialistes de la question, l'officier des douanes s'est vite convaincu qu'il ne pourrait pas y avoir de trafic sans la complicité active de très nombreuses banques installées sur le territoire américain, notamment dans l'État de Floride.

C'est ainsi qu'il est conduit à s'intéresser au cas de l'agence floridane de la BCCI, installée à Tampa, un port du golfe du Mexique. Selon de nombreux informateurs, cet établissement financier, alors obscur, est soupçonné de laver de grandes quantités d'argent sale provenant du Cartel de Medellin, en Colombie.

Au printemps 1986, Mazur soumet à William von Raab, patron des douanes américaines, un projet audacieux : il s'agit de monter une opération secrète de pénétration (*Undercovered Operation*), dans le réseau de trafiquants et dans les parages de la banque pour établir formellement l'implication pénale de la BCCI de Tampa. Personne n'imagine la cascade de conséquences que va provoquer cette initiative.

Von Raab est enthousiasmé. Il faut dire qu'il est lui-même un personnage : ayant rang de vice-ministre, cet avocat de Washington a été nommé par Ronald Reagan à la tête de l'administration des douanes, avec la mission de participer à la lutte acharnée contre la drogue. Von Raab est connu pour sa vigueur, son audace... et sa petite taille qui lui valent d'être surnommé « le petit Kaiser ». Il donne le feu vert à Mazur. L'opération *C. Chase* peut commencer. En arrière plan, une préoccupation politique : on veut démontrer non seulement que la BCC blanchit de l'argent, mais aussi que Manuel Antonio Noriega bénéficie du trafic [16].

C. Chase signifierait pour les uns *Cocaïne-Chase* (traque à la cocaïne) et selon d'autres *One hundred dollars/series C-Chase,* les billets de 100 dollars série C étant les coupures favorites des blanchisseurs d'argent. J'opterais plutôt pour cette dernière interprétation, la plus conforme à l'objectif de l'infiltration.

Robert Mazur prend le nom de Robert L. Musella, se fait passer pour l'ami de sa collaboratrice Kathy Ertz, désormais connue sous le nom de Kathleen C. Erikson. Ils sont tous deux beaux et séduisants.

Patiemment, Mazur se fait admettre comme « trafiquant » par des Colombiens de Medellin et les banquiers de la BCCI. Il s'insère dans la chaîne du blanchiment de l'argent, en remonte tous les maillons et découvre progressivement que cette banque est implantée dans le monde entier.

Comme il ne s'agit pas pour le moment de faire tomber cet édifice, il se contente de faire fonctionner le réseau : au nom de la société qu'il est censé diriger, Financial Consulting, il réussit à déposer dans des comptes non résidents ouverts à la BCCI de Tampa (côte ouest de la Floride), à la BCCI-France et dans une société de gestion de portefeuille alliée, la CAPCOM, des fonds censés provenir du trafic de la drogue : 14 millions de dollars. Une fois que les douaniers auront réuni toutes les preuves nécessaires pour établir les charges criminelles [17], ils passeront à la phase répressive. Comme leurs interlocuteurs se sont toujours montrés fort méfiants, ils imaginent un piège pour les attirer : jouant jusqu'au bout leur rôle de couple richissime, Robert Mazur et Kathy Ertz organisent à Tampa, le 8 octobre 1988, un faux mariage censé régulariser les liens entre Robert Musella et Kathy Erikson. Billets d'avion à l'appui, de nombreux cadres supérieurs de la BCCI, des États-Unis, de Grande-Bretagne, de France sont conviés à la réception, laquelle doit se dérouler dans le club-house d'un golf, Innisrook Resort and Golf Club, à Tarpon Springs, dans la banlieue de Tampa. A l'aéroport, des limousines attendent les invités pour les conduire au golf. En cours de route, changement de programme. Les voitures s'engouffrent dans un parking souterrain, celui du palais de Justice. Point d'orgue comique : quand les hôtes sortent des véhicules, ils sont accueillis par des agents des douanes qui leur passent les menottes.

Six hauts cadres de la BCC sont arrêtés : Nazir Chinoy, directeur pour l'Europe et l'Afrique; Amjad Awan, le banquier personnel de Noriega; Syed Ziaudin Ali Akbar, le patron de CAPCOM; Asif Baakza, le directeur de Londres; lan Howard, un Indien de nationalité britannique, directeur de la filiale française et son adjoint Hassan Sibte.

Dès le lendemain, William Von Raab organise à l'hôtel Sheraton une conférence de presse à grand spectacle. Le monde entier applaudit en apprenant les détails de cette extraordinaire opération. Elle permet au grand public... et aux spécialistes de découvrir l'existence de cette banque bien bizarre. En outre, affirme-t-on chez les experts, qui, la veille, ignoraient cette organisation, un coup sévère aurait été infligé aux malfrats qui blanchissent l'argent sale.

Personne ne s'avise de suggérer que ce coup d'éclat des douanes n'est peut-être pas aussi terrible qu'on l'a dit. En fait, on est passé à côté de la vérité. Les Américains voulaient réunir des preuves décisives contre Noriega, ils n'ont pas réussi. A la recherche d'un souriceau, ils n'ont pas vu le grand fauve dans la maison. Le lavage de l'argent sale dans les banques américaines continue de plus belle, alors que les poursuites contre la BCC sont stoppées net. L'administration américaine retire tous ses moyens à l'agent des douanes. Des milliers de pages de documents saisis au cours des perquisitions restent inexploitées. Mazur finira d'ailleurs par tirer les conclusions de sa déception en démissionnant des douanes américaines en 1991.

Certes, les six cadres supérieurs de la BCCI sont condamnés, mais à des peines bien modestes et bien peu dissuasives : ainsi Syed Ziaudin Ali Akbar, le patron de la CAPCOM, écope de dix-huit mois de prison avec sursis. Quant à la banque, elle accepte le *plea bargain,* l'arrangement à l'amiable, moyennant versement d'une amende de 14,6 millions de dollars. Mécontent du cours des événements, William Von Raab démissionne à son tour de son poste de directeur des douanes : « Dès 1988, me dit-il, les enquêtes des Douanes avaient dévoilé que la BCCI avait d'énormes et nombreuses activités criminelles, trafic de la drogue, blanchiment de l'argent et probablement achat illégal de banques américaines. Nous avons communiqué aux agents du Trésor ces informations que nous avions recueillies. Et rien ne s'est produit. Le département de la Justice a choisi de poursuivre des personnages sans grande importance (*Middle Labour Officers*) sans engager des actions plus larges contre la banque. Pourquoi? Selon moi [au parquet de Tampa], les substituts fédéraux n'ont eu ni assez d'expérience, ni assez de courage. Ils ont eu peur d'en faire trop. Ils n'ont pas vraiment compris le fond du problème, ils n'ont pas vu que l'affaire de la BCCI était beaucoup plus large [18]. »

Depuis, le petit Kaiser ne décolère pas; quand le sénateur démocrate John Kerry lui demande de témoigner devant sa sous-commission, lui le républicain, l'ami de Reagan, provoque un esclandre en exprimant toute sa rancœur contre le département fédéral de la Justice qu'il accuse d'avoir été négligent en se désintéressant du cas BCCI. « En fait, cette affaire de Tampa n'était pas significative, me confie avec raison Yves Lamarche, ancien administrateur du groupe. Je n'ai même pas été d'accord pour que la banque plaide coupable. Le spectacle a fait passer à côté de la réalité. »

De façon très curieuse, l'épisode Tampa semble avoir aveuglé tout le monde sur la Bank of Credit & Commerce. On parle beaucoup de lavage d'argent, mais fort peu du rôle réel du groupe. Ce n'est que très progressivement que l'on va découvrir la nature réelle de la multinationale et l'identité de ses vrais patrons. Tout le monde fait preuve d'abord d'incrédulité, puis de la plus mauvaise volonté. Les actionnaires bien sûr. Mais aussi le gouvernement américain et les autorités de contrôle britanniques. Il faudra attendre plusieurs années pour que soient enfin mises en cause, de façon directe, les autorités d'Abu Dhabi, les politico-milliardaires arabes – saoudiens surtout – qui les entourent, et les myriades de petits princes qui ont profité de la machine.

On aurait pu connaître la vérité beaucoup plus tôt. Car la CIA savait tout ou partie de la vérité. Dans un « mémo » confidentiel daté du 30 septembre 1986, Robert Gates [19], alors patron du département des analyses, et ses experts exposent en cinq feuillets l'organisation étrange et le comportement délictuel de la banque considérée à tort comme pakistanaise, alors qu'elle a toujours été avant tout arabe. Le document paraît avoir été largement diffusé, mais assez lentement, puisque le directeur des douanes US ne le reçoit que deux ans plus tard, début 1988. Cette fois, les investigations vont aller beaucoup plus loin. Elles seront conduites avec un tel acharnement que, dans le monde arabe, on ira jusqu'à évoquer un complot... sioniste contre la BCC.

Les quatre temps de la vérité

Premier temps : les animateurs de cette nouvelle série de recherches sont un sénateur démocrate du Massachussets, John Kerry, et son « chef d'enquête », l'avocat Jack Blum. Très conforme à l'idée qu'on peut se faire des congressmen américains, John Kerry est un membre très actif de la commission des Affaires étrangères, une sorte de contre-pouvoir démocrate face à l'administration républicaine dirigée par Ronald Reagan, puis par George Bush. Dans cette commission, Kerry anime depuis 1986 une « sous-commission sur les affaires de narcotiques, d'armes et de terrorisme international ». Le groupe de travail a été constitué après le scandale de l'Irangate. L'objectif des travaux est tout à fait politique : il s'agit de démontrer qu'avec l'approbation de l'exécutif républicain, la CIA a utilisé les bénéfices du trafic de drogue et certains réseaux du terrorisme international pour financer et mener la lutte clandestine contre le communisme, en Afghanistan et au Nicaragua...

Les commissions d'enquête parlementaires américaines disposent de moyens financiers et même juridictionnels inconnus en France. Elles peuvent recruter du personnel contractuel spécialisé, et, grâce à un système d'injonctions, obliger les témoins à déposer, les administrations et les personnes suspectées à communiquer des documents, y compris des documents confidentiels ou secrets. Ce qui explique l'efficacité de ces commissions d'enquêtes qui se terminent en général par des auditions publiques très spectaculaires.

Afin d'animer sa petite équipe d'enquêteurs, le sénateur Kerry a recruté Jack Blum en septembre 1987. Celui-ci est un bien curieux personnage. Cet avocat d'Annapolis, héros de la guerre du Viêt nam, est un bon vivant et un maniaque des complots. Enquêteur de choc, c'est une sorte de bibendum agile, haute stature arrondie, toujours habillé n'importe comment. Un visage rond, légèrement couperosé, une expression toujours à demi-souriante, parfois presque ahurie.

Tout change dès qu'il parle : voix calme, gros accent américain, presque faubourien. Mais une autorité tranquille qui impressionne et corrige ce qui, dans son allure, pourrait manquer de sérieux. Depuis vingt ans, l'avocat navigue entre la pratique privée et les enquêtes pour le compte des commissions sénatoriales. Blum a eu l'occasion de mettre son nez dans toutes les grosses affaires.

Quand il reçoit sa mission de John Kerry, les deux hommes ignorent tout de l'opération menée par le douanier américain à Tampa. Pourtant, dès le début de ses recherches, Blum se heurte au problème posé par le groupe BCC. Il est conduit à entendre l'ancien ambassadeur de Panama à l'ONU, José Blandon. Celui-ci affirme que la banque est impliquée dans le trafic de la drogue. Plus tard, après avoir reçu d'autres témoignages, Blum apprend par une informatrice anonyme qu'à Londres, Syed Ziaudin Ali Akbar, le patron de la CAPCOM, paraît prêt à parler à son tour. Un rendez-vous est organisé à New York au mois d'août, mais manifestement Ali Akbar n'est là que pour tester le niveau d'information auquel est parvenu Blum, sans rien dire de son propre jeu.

Cependant, Ali Akbar met Blum en contact avec Amjad Awan, alors directeur adjoint pour l'Amérique latine. La perspective de la rencontre entre l'avocat et le banquier déclenche une telle panique à la BCC qu'Awan est muté d'urgence en Europe, avec interdiction de retourner chez lui. Blum réussit quand même à mettre la main sur le Pakistanais, lequel est décidé à parler... sans s'étendre sur son propre rôle. Il décrit en détail les structures de la banque, mais jure que l'établissement n'a jamais participé à la moindre action de blanchiment de l'argent. Cette assertion est énoncée le 30 septembre 1988, alors que l'opération *C. Chase* va se dénouer huit jours plus tard.

Fort de ce savoir, quand il a connaissance des arrestations de Tampa, Blum est persuadé que le parquet va engager une action résolue contre la BCCI. Or, on l'a vu, l'accusation limite ses inculpations à une modeste opération de blanchiment, Noriega n'est même pas mentionné. Pire : Blum voit ses propositions de collaboration repoussées, il ne peut même pas obtenir du District Attorney de Tampa, Marc Jokovsky, la communication de documents qui pourraient l'aider dans sa propre enquête. Il dénonce des silences qu'il considère comme suspects : par exemple, nul n'a tenu compte de l'enregistrement d'une conversation téléphonique entre Mazur et... Amjad Awan, au cours de laquelle l'ami de Noriega raconte sans fard pourquoi et comment la BCC a pris clandestinement le contrôle de la First American Bankshare en 1982, avec l'appui d'un grand nombre d'émirs arabes.

A ce stade, on attribue ces « révélations » à la manie des complots prêtée à Blum. Personne ne le croît quand il affirme que les actionnaires arabes, puissants émirs ou magnats saoudiens, ont entrepris de conquérir l'Amérique, et le monde, peut-être...

Un peu naïf, un peu déçu, mais rancunier, Jack Blum rédige un rapport qui, fin 1988, met gravement en cause la BCCI, et quelques caciques du parti démocrate. Il y dévoile toute une série de transactions illégales, à commencer par l'achat en sous-main des banques américaines.

Ceci au moment même où, John Kerry en tête, les démocrates se démènent pour tenter de ne pas perdre les élections présidentielles et sénatoriales de novembre 1988. Du coup, les travaux de Jack Blum sont négligés. Le 31 mars 1989, il est mis fin à son contrat avec le Sénat.

Deuxième temps : Blum rouvre son cabinet d'avocat. Mais, convaincu que son enquête a été mal exploitée, il tente en vain de se faire entendre par le département de la Justice américain. Le voilà éconduit sans ménagement tant par les procureurs de Tampa que par les fonctionnaires de Washington, qui tiennent probablement l'avocat-enquêteur pour un original un peu excité. Quel fonctionnaire américain sérieux pourrait donner crédit aux accusations invraisemblables proférées par Blum contre une multinationale mondiale, contre un ancien secrétaire à la Défense, contre des gens tous aussi honorables les uns que les autres? Consulté, le département d'État confirme qu'on ne saurait impliquer des souverains et des ministres en exercice; et pas plus des milliardaires tels que Gaith Pharaon, Kamal Adham ou Khaled bin Mahfuz, tous considérés comme de fort fidèles supporters de l'administration (républicaine) américaine.

Pour apaiser ses scrupules, Blum prend alors une initiative personnelle extraordinaire : il va tout raconter au District Attorney chargé du comté de Manhattan, Robert M. Morgenthau. Cette démarche insolite constitue le vrai point de départ des poursuites contre la BCC.

Troisième temps : c'est ainsi que fait irruption dans le dossier un personnage inattendu et incontournable. Ses initiatives singulières – et ses décisions de justice – permettront enfin de briser le mur de silence derrière lequel entendaient s'abriter les actionnaires et les managers de la Bank for Credit & Commerce. Sans l'entêtement de Morgenthau, le département fédéral de la Justice américain n'aurait sans doute pas bougé. Les autorités de contrôle luxembourgeoises, britanniques (voire françaises), auraient probablement conservé le silence sur ce qu'elles commençaient à apprendre. Elles auraient continué à adresser de temps en temps aux administrateurs des remontrances polies, sans les assortir de menaces, et encore moins de sanctions.

Plus tard, on affirmera que le démantèlement de la multinationale a été le fruit d'une action politique « résolue et concertée », menée par les gouvernements occidentaux. C'est faux : les ministres de la Justice et des Finances, les gouverneurs de banques centrales se sont contentés de prendre le train en marche, quand ils ne pouvaient plus faire autrement, parce que le District Attorney de New York County les avait obligés à agir. Bien qu'il n'ait jamais mis les pieds à Abu Dhabi, Ryad ou Karachi, bien qu'il n'ait jamais rencontré personnellement les grands et les petits acteurs de la BCC, le D.A. Robert

M. Morgenthau aura su porter le fer dans la plaie avec une clairvoyance décisive, comprenant parfaitement la réalité des rapports entre les rois, les émirs, les cheikhs... et l'argent des autres.

Agé de 73 ans en 1993, Morgenthau est le descendant d'immigrés juifs allemands depuis longtemps installés à Manhattan. La lignée est illustre : son grand-père a été ambassadeur des États-unis en Turquie, son père, Henry Morgenthau Jr, a été le secrétaire d'État au Trésor du président F.D. Roosevelt durant son premier mandat. Il a effectué, avant la Seconde Guerre mondiale, de nombreuses missions politiques, parmi lesquelles la fourniture de chasseurs américains Curtiss à la France en 1939, c'est-à-dire bien avant l'engagement direct des États-Unis.

Robert M. Morgenthau est particulièrement fier de son père. Le désordre de son bureau du Criminal Courts Building est légendaire : d'invraisemblables piles de dossiers entassées sur les tables et même sur les fauteuils éculés de cuir bleu. Le traditionnel drapeau américain est raide de poussière. Sur des étagères, des plaques commémoratives, offertes par des polices ou des agences de lutte contre la drogue, sont empilées n'importe comment et voisinent avec quelques pièces à conviction oubliées. Aux murs, côtoyant de faux Dufy, des photos de Papa : Papa avec Roosevelt, et encore Papa avec Roosevelt. D'autres clichés encadrés rappellent l'héroïque carrière d'officier de marine du procureur pendant la Seconde Guerre mondiale, lorsque son navire a été torpillé. Ayant donné sa ceinture de sauvetage à l'un de ses marins, il n'avait dû son salut qu'à la chance... Et encore des diplômes signés par Roosevelt, des lettres sous verre. Une photo revêtue des autographes de toute la famille du président assassiné rappelle que Robert Morgenthau a été partisan convaincu et un soutien politique actif des Kennedy [20].

Robert M. Morgenthau est l'un des magistrats les plus estimés de toute l'Amérique. Procureur fédéral au cours de sa vie active de 1961 à 1970, il a été élu en 1975 à la tête du parquet [21] du comté de New York. l'homme, réputé pour son extrême intégrité, est bien décidé à mener une lutte sans merci contre la criminalité. Il se vante de mettre chaque année

15 000 personnes en prison. Pendant longtemps, il est resté totalement ignoré du grand public, qui n'avait d'yeux que pour le procureur fédéral du District Sud de New York, le bouillant et brillant Rudolph Giuliani.

Tel est l'homme que Jack Blum vient trouver en avril 1989. L'avocat est parfaitement conscient du caractère insolite de sa démarche : « J'ai raconté au procureur Morgenthau comment la BCCI [et ses soutiens américains] ont tourné la loi, mais aussi comment la justice fédérale n'a pas paru se passionner pour le cas de la banque arabe [22]. »

Morgenthau ne sourit pas, il écoute sans prendre de note, en fumant l'un des gros cigares qu'il affectionne.

Quand Blum a fini de parler, le procureur consulte son adjoint Michaël Cherkasky, lequel, témoignera Jack Blum, exprime à son tour son scepticisme. Il n'accorde aucun crédit aux allégations d'un vague enquêteur accusant le monde entier de corruption, et une banque internationale des procédés les plus délictueux.

Finalement, le dossier est confié à l'adjoint de l'adjoint, John Moscow, un homme si intelligent que les journalistes new-yorkais affirment qu'il faut sous-titrer ses phrases pour les comprendre, tant elles sont denses [23]. L'avocat remet à Moscow le rapport volumineux qu'il a rédigé pour la commission Kerry. Le problème est de savoir comment engager des poursuites au niveau de l'État de New York contre une banque multinationale. Le biais est bientôt trouvé : l'objectif sera la filiale new-yorkaise de la First American Bank. L'accusation débouche deux ans plus tard en août 1991. Agha Hasan Abedi, son adjoint et successeur, Syaleh Naqvi, sont inculpés. Une année plus tard, c'est le tour des conseillers juridiques de la BCCI, Clark Clifford et Robert Altman, et de deux très importants actionnaires, Khalid bin Mahfuz et Kamal Adham. Ils sont tous accusés d'avoir gravement enfreint les lois américaines en participant à l'achat de la First American Bankshare.

Cette accusation prouve que les enquêteurs américains sont bien convaincus que les actionnaires du groupe BCC sont, au moins autant que les managers, les principaux responsables de la catastrophe bancaire, et non pas de simples hommes de paille. Prudence? Analyse insuffisante? Les juges américains ne vont pas jusqu'à requérir contre le plus important et le plus constant d'entre eux : le cheikh Zayed bin Sultan al-Nahyan.

Celui-ci n'aurait pas pu être inculpé, il est vrai, en raison de l'immunité dont il bénéficie en tant que chef d'État. Échappent également aux foudres judiciaires quelques actionnaires moins importants, sans doute parce que leurs noms n'apparaissaient pas clairement dans les dossiers de la filiale de New York. Tel est le résultat de l'obstination de Robert Morgenthau et de son équipe. Les médias américains rendent très largement hommage au procureur. Et les journalistes commencent à s'intéresser d'un peu plus près à ce groupe bancaire, dont ils n'avaient pas compris l'ampleur mondiale deux ans plus tôt, lors de l'affaire de Tampa.

Le département fédéral de la Justice ne peut pas se laisser ainsi damer le pion par un « petit juge » de New York. Des poursuites sont engagées au niveau de la justice fédérale cette fois, dans le district de Colombia. Le 16 janvier 1991, un grand jury vote à son tour d'importantes inculpations contre le BCCI Holding, BCCCI SA (Sociéte de droit luxembourgeois), BCCI Overseas Ltd (de droit caïman), la fondation ICIC Iverseas Ltd, c'est-à-dire contre les têtes d'affiche de la banque, et ses principaux responsables, Agha Hasan Abedi, Swaleh Naqvi et Gaith Pharaon, tous accusés d'avoir « conspiré » pour s'emparer secrètement du contrôle de banques américaines et singulièrement de la First American Bankshare. Finalement, par souci d'efficacité, la justice fédérale abandonnera les poursuites de façon à laisser opérer les seuls juges de New York.

Ainsi, dès la fin 1990, le gouvernement américain a toutes les cartes en main pour faire avancer l'enquête.

Quatrième temps : comme il constate l'immobilisme de l'administration républicaine, John Kerry reprend ses investigations au printemps 1991, en collaboration avec le sénateur Hank Brown à partir de la synthèse effectuée par Jack Blum. Des dizaines de témoins sont entendus, auditions spontanées mais aussi parfois sollicitées, injonctions judiciaires à l'appui. Certaines des personnes visées par les recherches tiennent à se justifier par écrit : c'est le cas, en particulier, de Clark Clifford et de son associé Robert Altman. Des milliers de documents sont « déclassifiés » pour être versés aux dossiers.

Kerry n'a pas pour premier objectif de déterminer les responsabilités pénales des uns et des autres. Il veut savoir si les républicains ont été impliqués dans l'affaire BCCI – c'est ainsi qu'on l'appelle désormais – et pourquoi les poursuites n'ont pas été engagées plus tôt, et avec plus de vigueur. Brûlot antirépublicain, le rapport de synthèse sera présenté avec fracas à la presse américaine le 30 septembre 1992... en pleine campagne électorale.

Ce rapport est le premier document officiel à souligner les rapports très étroits de mercenariat entretenus depuis toujours entre l'émir d'Abu Dhabi et son « conseiller financier » Abedi. C'est également le premier à critiquer clairement le comportement pour le moins complice des autorités d'Abu Dhabi au cours de la dernière année de vie du groupe bancaire. Cette fois, le pas décisif est franchi : le souverain d'Abu Dhabi et ses alliés de la péninsule arabique ne sont plus épargnés. Dans le rapport, des dizaines de pages sont consacrées à la description précise de ces implications.

Le sénateur Kerry met aussi vivement en cause l'apparente apathie de la Banque d'Angleterre : on termine par où on aurait dû commencer. En effet, si celle-ci avait mené correctement ses contrôles sur la BCCI, il est probable qu'elle n'aurait jamais pu prendre son tournant désastreux de 1986-1987.

Une surveillance très attentive, exercée par les services d'inspection de la Banque de France, a presque certainement empêché le développement du groupe sur le territoire français. La succursale parisienne, affiliée à BCCI Caïmans, a recruté un très petit nombre de clients installés en France, sept cents environ. Le reste de l'activité était orienté vers le crédit aux opérations commerciales et les dépôts sur des comptes dits « non résidents », parce qu'interdits aux contribuables français : pour l'essentiel des hommes d'affaires du Tiers-monde, soucieux de mettre à l'abri le produit de la corruption et de la rapine.

Quand les Britanniques s'en mêlent

Inculpations, arrestations, procès aux États-Unis. Ailleurs, des rumeurs, des inquiétudes. Elles remontent loin : dès décembre 1987, a été formé un groupe de « contrôleurs » réunissant des banquiers de plusieurs pays, Grande-Bretagne, Luxembourg, France, îles Caïmans, Hong Kong, Hollande et Émirats arabes unis. Considérés comme les chefs de file, les Britanniques se hâtent le plus lentement possible. A dire vrai, il ne se passe toujours rien. Les guichets de la banque restent ouverts. Même les « contrôleurs ordinaires », délégués par la société britannique d'audit Price Waterhouse, ne paraissent guère s'émouvoir. Et pourtant.

Tout va vraiment très mal. Les comptes sont au rouge depuis longtemps. La Banque d'Angleterre constate que le bilan 1990 est catastrophique. Le gouffre de 1989 s'est encore élargi. Même à l'intérieur de la BCC, on s'inquiète désormais des pratiques bizarres qui se répandent dans la banque à l'initiative moins de son état-major que des grands actionnaires. Ainsi en 1990, c'est le directeur de la Trésorerie lui-même, Masihur Rahman, qui diligente une enquête interne. Il veut savoir qui est vraiment responsable de l'attribution, derrière son dos, de « gros » prêts qui ont vidé la caisse.

Le 4 mars 1991, la Banque d'Angleterre décide enfin de passer à l'action : elle ordonne à la société de contrôle financier Price Waterhouse de mener de nouvelles investigations très approfondies sur la réalité du groupe BCC. L'enquête est ultrarapide. En effet, chargés depuis 1987 de réviser les comptes de l'ensemble du groupe, les experts de Price Waterhouse disposaient déjà de tous les éléments nécessaires. Le 22 juin est achevée une synthèse de 45 pages, sobrement intitulée *Report on Sandstorm SA under § 41 of the Banking act 1987*. Avec une extrême précision, le document décrit enfin la vie stupéfiante de ce groupe : les vrais et les faux actionnaires, les vrais et les faux comptes, les vrais et les faux crédits, la vraie banque et la banque secrète dans la banque, les transactions clandestines, les actions hasardeuses, toutes les machinations, tous les truquages.

Le document est communiqué aux autorités le 4 juillet, et il est accablant. Une surprise : la BCCI n'est pas désignée nommément, mais masquée sous le pseudonyme de *Sandstorm*, manifestement inspiré par la récente guerre du Golfe. La fondation ICIC devient Fork et la filiale (de droit américain, mais contrôlée par un holding de droit... hollandais) Credit and Commerce American Holding, propriétaire officiel de la First American Bank, est... WXYZ. Au passage, on s'aperçoit que la BCCI a grugé de long en large une institution bancaire islamique, surnommée « Tumbleweed » (littéralement mauvaise chute !), qui perd 400 millions de dollars : basée au Caire, la Fayçal Islamic Bank dépend du groupe saoudien Dar el Maar el Islami ; elle est dirigée par le prince Fayçal el-Saoud, fils de l'ex-roi Fayçal d'Arabie... On découvre à cette occasion que pour ne pas pécher contre la « choura », ces institutions confiaient hypocritement leur argent au groupe dirigé par Agha Hasan Abedi. Bien que bon musulman, le « petit Pakistanais » avait accepté que son établissement assume les fautes commises contre la religion...

Le Coran interdit, on le sait, le prêt avec intérêt. Aussi, divers établissements – dont certains exclusivement – pratiquent ce que l'on appelle « la banque islamique » (dite aussi la banque verte) : les dépôts ne sont pas rémunérés sous forme d'intérêts mais par une association aux résultats, pertes ou bénéfices. Les investissements ne peuvent se porter sur des activités interdites : production d'alcool, élevage de porcs, débits de boissons, casinos, fabrication de cigarettes. Nos avons déjà vu (*cf.* chapitre III) que la Banque islamique de développement était fondée sur ce principe. La BCC se contentait d'entretenir un département islamique important [24].

Pour se conformer aux préceptes, la Fayçal Islamic Bank avait confié 600 millions de dollars à une succursale BCC du golfe Persique. Les experts ont pu établir que ces fonds n'ont jamais été ni inscrits dans les livres, ni déclarés. Le rapport n'exclut aucune information, même la plus accablante. Comme si les experts britanniques s'étaient défoulés.

Un seul point paraît avoir échappé à leur sagacité : depuis un an, le pouvoir effectif est exercé par l'émir d'Abu Dhabi et ses conseillers directs. Après avoir obstinément combattu pour cacher la vérité, ils vont se battre, et avec un certain succès d'ailleurs, pour échapper à leurs reponsabilités...

Mensonges et félonies

Ce nouvel affrontement, nous allons le vivre aux côtés d'Yves Lamarche, car celui-ci a vécu presque de bout en bout l'histoire du groupe bancaire. Il compte même parmi les très rares Européens qui ont suivi l'affaire de l'intérieur, avec Dick J.D. Van Oenen et Alfred Hartmann. Van Oenen, un Hollandais, paraît avoir été le premier cadre approché par Abedi à la Bank of America, qu'il représentait à Karachi lorsque le Pakistanais a commencé ses démarches en direction de l'Occident en 1972. Hartman est un homme d'affaires allemand extrêmement bien implanté en Suisse. Comme ses collègues, Lamarche est un personnage-clé, puisqu'il exerce les fonctions de *Non Executive Director* (administrateur) de la BCCI SA-Luxembourg, société mère de la BCCI Grande-Bretagne. Il est aussi administrateur de la BCCI Caïmans. L'archipel des îles Caïmans, 260 km^2, 20 000 habitants est une « possession de la couronne » britannique bénéficiant de l'autonomie interne, et d'un régime fiscal exceptionnellement « libéral ». L'archipel vit donc essentiellement de l'économie *off-shore* (cinq cents banques y sont enregistrées), et du tourisme : il était normal d'y retrouver enregistrées au moins deux branches du groupe, une société BCCI, et la fondation ICIC.

Yves Lamarche, 65 ans, est binational franco-américain. Il préfère parler en anglais, mais en français, son accent américain est quasi imperceptible. Mince, légèrement voûté quand il est fatigué, l'œil bleu électrique, l'élégance discrète, signe de son attachement à l'Europe retrouvée après sa longue carrière américaine. Fils d'un officier français, Lamarche est né en 1928. La guerre surprend sa famille en Tunisie. L'armée française envoie son père en France dans le Vercors, où l'officier disparaît vers 1944. A la fin de la guerre, en 1946, Lamarche rentre en France, puis décide un an plus tard de tenter sa chance aux USA. Il y achève ses études, au point de pouvoir bientôt obtenir la nationalité américaine.

En 1955, le voilà stagiaire à la Bank of America, l'une des plus importantes du continent par les montants des dépôts, mais limitée par la loi bancaire *(Mac Farden Act)* à la Californie où la banque a ouvert mille agences. Nommé à Panama en 1967, il y reste un an avant d'obtenir une première nomination outre-mer, à Paris, comme responsable de la Bank of America pour la France et l'Afrique de l'Est; en 1976, il est nommé Senior Vice-President, chargé du secteur Europe et Afrique de l'Ouest de l'institution. C'est au nom de l'actionnaire-fondateur Bank of America que, dès 1973, il a été coopté administrateur de la BCC.

En 1981, Yves Lamarche se voit offrir le fauteuil de président de la Banque arabe et internationale d'investissement, une banque d'affaires pilotée par la Banque nationale de Paris, en association avec des capitaux européens et (pour moitié) arabes. Le magnat saoudien Gaith Pharaon compte parmi ses gros clients. En désaccord avec la BNP, Yves Lamarche démissionne de la banque franco-arabe en 1990.

C'est sous sa présidence que la BAII est conduite à donner un coup de main au groupe BCC lors de sa campagne américaine. Ce qui conduit les enquêteurs américains à accuser l'administrateur-président d'avoir suscité une collusion entre les deux établissements financiers. Accusation dont le Franco-Américain se défend avec véhémence : il suggère qu'en fait il a été trompé. Lamarche sait convaincre de sa sincérité. Extrêmement soucieux de défendre sa réputation, il peut se montrer à l'occasion agressif contre tel ou tel : « Je ne me suis jamais caché, j'ai toujours été là. Je veux qu'on reconnaisse mon honnêteté. »

Lamarche occupe le terrain, parle des affaires bancaires avec passion, voire avec véhémence. D'un abord très facile, il apparaît solide et professionnel. Son souci primordial est la franchise, la transparence.

Ce vendredi 5 juillet 1991, le Franco-Américain a pris tôt l'avion à Roissy afin d'être à l'heure à son rendez-vous de Luxembourg, le conseil d'administration mensuel du groupe BCCI. A 9 h 30 précises, Lamarche entre dans la grande salle louée par la banque, au dernier étage de l'hôtel Intercontinental. Une demi-heure plus tard doit, en principe, débuter la réunion. L'administrateur s'attend que ce conseil ne soit pas pure routine. Au contraire, il doit être capital pour l'avenir de l'organisation. Il s'agit de négocier avec la Banque d'Angleterre, représentée par Brian Quinn, un accord de restructuration. Brian Quinn n'est pas encore arrivé. En revanche, côté BCC, presque toutes les têtes sont là : Ghanem al-Mazroui, représentant de l'actionnaire majoritaire, le cheikh Zayed bin sultan al-Nahyan; Dick Van Oenen, ancien cadre supérieur de la Bank of America comme Lamarche; Zafar Iqbal, directeur général depuis octobre 1990. Resté administrateur à titre personnel après avoir été président de l'ancienne filiale suisse, la BCP (Banque de commerce et de participation [25]), Alfred Hartmann rejoindra le groupe en fin d'après-midi après avoir été préalablement reçu par le collège des superviseurs à la commission bancaire suisse.

Un plan de restructuration est en chantier depuis un an, toujours remis au lendemain. Il prévoit l'éclatement du groupe en trois grandes banques indépendantes les unes des autres. Son approbation devrait permettre à la BCC de sortir de l'ornière. Il y a urgence, et pourtant, les travaux ne commencent pas tout de suite. Au contraire, chacun semble vouloir rester dans son coin. Une vive tension est perceptible au cœur de cette grande salle anonyme. Les heures passent. Pour s'occuper, Yves Lamarche prend des notes au crayon sur du papier à en-tête de l'hôtel. Il a le sentiment de ne plus maîtriser la situation.

Il a tout lieu d'être inquiet. Depuis un an déjà, il sait que rien ne va plus dans le groupe; il n'ignore pas le « trou » d'au moins 500 millions de dollars dans les résultats : plus de la moitié du capital! Mais on ne sait pas où est passé l'argent. Comme bien d'autres, il a l'impression d'être déconnecté de la réalité. Il sait aussi que le collège des régulateurs a pris le 6 avril, ici même à Luxembourg, des décisions importantes. Il note : « 1. Nouvelle découverte; 2. Pas de levée des accusations? 3. Difficultés de paiement? »

Quelques jours plus tôt Tim Hoult, un cadre de Price Waterhouse, lui a fait cette confidence au téléphone : « Il y a quelque chose qui ne va pas, Yves, je vous préviens, mais je ne peux pas vous dire de quoi il s'agit, je ne peux pas vous parler au téléphone. »

En raison de ses fonctions, Tim Hoult est vraiment le meilleur des informateurs.

Lamarche ne s'explique pas le retard de Brian Quinn, l'homme de la Banque d'Angleterre. En fait, l'administrateur est totalement tenu à l'écart d'une série d'ultimes tractations qui se déroulent depuis le début de la matinée à Luxembourg. Très tôt, à l'IML, l'Institut monétaire luxembourgeois, Pierre Jaans a reçu Ghanem al Mazroui en tant que représentant des actionnaires majoritaires pour lui notifier un ultime reproche : Abu Dhabi refuse toujours de communiquer les informations sur le groupe BCC et son évolution depuis un an. Puis Quinn a rencontré les représentants de Price Waterhouse, avec lesquels il convient qu'il est inopportun de communiquer la teneur du rapport à Ghanem al-Mazroui.

Celui-ci rejoint les autres administrateurs à l'hôtel Intercontinental sans les informer pour autant...

Ainsi s'achève un bras de fer qui, depuis quinze mois, opposait les autorités bancaires du monde entier à l'émirat d'Abu Dhabi et à ses responsables financiers. Enjeu de cette épreuve de force : déterminer les responsabilités dans l'effondrement prévisible de la BCCI et, par conséquent, les compensations financières qui pourraient s'ensuivre. Les autorités bancaires internationales estiment que les actionnaires arabes sont profondément impliqués. Et ces actionnaires rejettent toute responsabilité, ils se déchargent sur l'état-major de la banque, accusé d'avoir commis de multiples malversations.

La matinée passe... Agenouillé en direction de La Mecque dans un coin de la salle de conférence, Zafar Iqbal fait sa prière. Comme le conseil ne paraît toujours pas devoir commencer, Lamarche va au restaurant, et pendant ce temps...

15 h, la nouvelle tombe sur les téléscripteurs, lâchée par l'agence de presse Reuter : l'ordre a été donné d'interrompre les activités dans plusieurs dizaines de pays, les avoirs sont bloqués (20 milliards de dollars pense-t-on). C'est le clash. La fermeture de la banque. Dans le monde entier, à 14 h GMT (8 h du matin à New York, 15 h en Europe continentale), les policiers investissent toutes les agences de la BCC. Les scellés sont apposés sur les portes. Toutes les agences, filiales et succursales de la BCC aux États-Unis, en Angleterre, en France, au Luxembourg, en Allemagne, etc., sont simultanément fermées. Le Pakistan et l'Arabie Saoudite crient au complot sioniste inter-

national, les autres pays du Golfe préfèrent évoquer une machination de la CIA.

Yves Lamarche découvre la terrible échéance en rentrant de déjeuner. Les administrateurs restent dans la salle, mais ils sont désormais inutiles. Il n'y a pas de discussion possible; le *Non Executive Director* découvre que des tractations de dernière minute n'ont rien donné. La gabegie et la mauvaise gestion ont eu pour conséquence la perte de la quasi-totalité des fonds propres de la BCC. C'est un krach bancaire sans précédent. « Ils auraient dû attendre au moins une heure ou deux avant de lancer leur opération, proteste Yves Lamarche [26]. Abu Dhabi avait promis de couvrir le trou provisoirement à hauteur de 600 millions de dollars, le virement a été émis à partir de New York. L'ordre n'a pas pu être donné la veille au soir, puisque c'était le 4 juillet, le « D » Day, qui est férié aux USA. Donc il aurait fallu attendre, avant de mener cette opération, l'ouverture des bureaux le 5 juillet à 9 h. En plus de ces 600 millions de dollars, le cheikh proposait d'assainir la banque avec un apport de cinq milliards de dollars. Je suis convaincu qu'il y a eu orchestration, coup monté. »

Un représentant des déposants français émet la même hypothèse : « Après avoir réfléchi à la question, me confie-t-il, je ne comprends pas du tout la brutalité de cette mesure prise par les autorités monétaires occidentales. Cette précipitation est tellement contraire aux coutumes des pays arabes où l'on n'est jamais pressé... »

En fait, cette décision a été assez simple à prendre. Après avoir recueilli l'avis de Brian Quinn, c'est le vice-président de la Banque d'Angleterre, Eddie George, qui a imposé son point de vue, vite adopté par les autres membres du collège des régulateurs : la France, les États-Unis, le Luxembourg, en particulier. Tous estiment qu'il n'est plus possible de laisser la banque s'enfoncer. Seul Robin Leigh-Pemberton, le gouverneur de la Banque, est d'un avis différent, il souhaite ménager la susceptibilité du cheikh Zayed. Cette position, et de vives critiques sur la conduite du contrôle de la multinationale, lui vaudront de perdre sa place, dix-huit mois plus tard, au profit... de son adjoint.

Les victimes évaluent la casse. Les plus touchés sont les

employés de la BCCI. Ils sont mis au chômage; mais il y a pire : alimenté par des cotisations régulièrement prélevées, leur « fonds de pension » (les retraites) était géré par la Fondation ICIC aux Caïmans, dont c'était la mission initiale et fondamentale. Le groupe BCC a si bien joué avec ces importantes réserves qu'elles ont disparu. Il ne reste rien pour les retraites. La liste des victimes est interminable : trente communes de la banlieue londonienne voient disparaître tous leurs fonds; le Trésor public et les postes de Monaco se retrouvent sans le sou, la Banque africaine de développement perd 20 millions de dollars; la Sécurité sociale du Togo et les chemins de fer du Zimbabwe sont ruinés. En Grande-Bretagne, 130 000 petits déposants, d'origine pakistanaise pour la plupart, sont spoliés, dont nombre de petites et moyennes entreprises familiales.

En France, la majorité des titulaires de comptes personnels sont des « expatriés » dans les pays africains, de petits épargnants qui ont utilisé la BCCI pour contourner le contrôle des changes. Ils sont « lessivés ». Tel retraité envisageait d'utiliser ses économies pour se faire opérer du cœur. Plus question. Au Cameroun, la paie des fonctionnaires doit être suspendue, tandis que dans plusieurs États africains, présidents, ministres, et nouveaux magnats doivent passer leurs économies au chapitre des pertes sèches. Avec la complicité de quelques-uns de ses propres responsables politiques, le Nigeria voit disparaître 200 millions de dollars. La Chine populaire voit se dissiper 400 millions de dollars. Aux États-Unis, la banque de l'American Express est dépossédée de 30 millions de dollars. Plus insolite dans la liste des victimes : Khun Sa, le maître des champs de pavot dans le Triangle d'Or (à cheval sur la Thaïlande et la Birmanie), aurait perdu 300 millions de dollars, déposés dans des filiales de BCCI à Hong Kong et Taïwan ! En fait, la liste des grandes victimes est longue de vingt-sept pages, et ces victimes sont quand même dans leur quasi-totalité honorables.

Fuite devant les responsabilités

Pour comprendre, il est nécessaire de revenir en arrière, au début 1990, quand les affaires ont commencé à être franchement mauvaises.

Le gouvernement d'Abu Dhabi, la famille du cheikh Zayed bin Sultan al-Nahyan, les conseillers du souverain, et certainement sur leurs ordres, l'état-major de la BCCI ont tout fait pour que la situation catastrophique de la banque ne soit pas dévoilée. Mentir pour tenir le reste du monde hors du jeu. Une seule question subsiste : l'émir lui-même a-t-il été mis au courant, a-t-il participé à cette entreprise d'intoxication? Ce qui revient à se demander si le prince et son entourage sont devenus, à partir d'un certain stade, les vrais responsables de la catastrophe.

Tout concourt à démontrer que ces vrais responsables sont bien les actionnaires fondateurs, appartenant en particulier à la famille régnante d'Abu Dhabi, engagée dans cette galère par souci exclusivement spéculatif. Aucun contrôle politique populaire n'était exercé puisque, comme tous les autres royaumes et principautés du Golfe, l'émirat ne comporte aucune représentation démocratique [27]. Plus grave : les autorités ont tenté par tous les moyens de se soustraire au contrôle des organismes qui, au plan international, sont chargés de discipliner un peu (si peu) les opérateurs du « grand capitalisme ».

La situation ne cesse de se détériorer. Les experts de Price Waterhouse se montrent fort inquiets. Pour expliquer leur refus de signer les comptes de 1989, le 18 avril 1990, ils rédigent un rapport alarmiste. Le document est remis à la direction de la BCC, alors assurée « provisoirement », depuis la maladie d'Agha Hasan Abedi, par son adjoint, Swaleh Naqvi. Le texte est également communiqué aux membres du Conseil d'administration qui, dès ce jour, savent donc très bien à quoi s'en tenir : la BCC est au plus mal.

Ce diagnostic provoque un séisme dans la banque. Mais, bien appuyé par les responsables d'Abu Dhabi, l'état-major obtient de Price Waterhouse un sursis. On s'engage à combler les pertes et à lancer un vaste plan de restructuration si rien ne filtre dans la communauté financière internationale. Price

Waterhouse accepte cet arrangement. Dans la foulée, les administrateurs signent les comptes de 1989.

Brume de sable sur un désastre

Contrôlant personnellement tous les dossiers, Swaleh Naqvi était bien placé pour « apprécier » la qualité du rapport de Price Waterhouse. Sans être surpris, le voici effrayé par ce qu'il lit, noir sur blanc. Les échéances lui paraissent inéluctables. Convaincu qu'il ne pourra pas éviter le naufrage, il craque. En avril 1990, il quitte Londres précipitamment. Pas pour les Bahamas ou le Brésil, non : il court s'abriter chez le vrai maître de la banque, l'émir d'Abu Dhabi. Le directeur par interim rend compte : Naqvi a emmené avec lui toutes ses archives personnelles, six mille cinq cents dossiers intégralement manuscrits. Il les remet à l'actionnaire, certes encore minoritaire, mais si important... La date de cette remise est d'ailleurs controversée, certaines sources d'origine britannique retenant le 29 juillet 1990 [28]. L'essentiel est dans ce que Naqvi va raconter au cours d'une longue confession.

Swaleh Naqvi est placé en état d'arrestation dans les locaux du club de la police. En présence de Ghanem al-Mazroui, le ministre des Affaires privées, celui qui demeure le patron de fait de la banque est d'autant plus longuement interrogé que son histoire paraît à première vue incroyable. Cependant, les dossiers laissent peu de doute.

Le souverain estime indispensable la présence de son ami Agha Hasan Abedi. Il l'envoie quérir d'urgence à Karachi, malgré son infirmité. On l'installe dans la plus belle suite de l'Intercontinental, le meilleur hôtel de la capitale. Fait extraordinaire, le souverain se déplace en personne pour rendre visite au Pakistanais dans son appartement, pour s'entretenir avec lui des mesures urgentes à prendre [29].

Las : cheikh Zayed se rend compte qu'il n'y a plus rien à tirer de son vieil ami. Ses capacités mentales sont trop atteintes. Pratiquement aphasique, Abedi n'est plus que l'ombre de lui-même. Il perd la mémoire. L'entrevue ne dure que quelques minutes, Abedi se plaint de son état de santé, et le cheikh de lui répondre : « Vous vous préoccupez de votre santé, et moi je dois me préoccuper de votre banque. »

Devenu inutile, « inapte au service », le Pakistanais peut être traité comme un moins que rien. Renvoyé dans ses foyers puisqu'il ne peut plus servir. Le maître est contraint de reprendre le pouvoir.

Pour l'émir, la déception est terrible. L'état d'Abedi et ces révélations provoquent chez le vieil homme un choc émotionnel épouvantable. Comme la mort d'un enfant, pourront même affirmer plus tard certains témoins. La confiance s'est effondrée, la fiction de la délégation de pouvoir s'est brisée. Entre les propriétaires et le mercenaire idéaliste, le contrat d'origine est rompu. Le prince, les princes, les intermédiaires, les rapaces savent qu'ils sont lourdement impliqués, et qu'ils vont devoir défendre leurs biens pas à pas. Mais les conseils avisés d'Agha Hasan Abedi feront défaut. Et les nouveaux responsables de la banque se montreront incapables de prendre les mesures nécessaires pour son redressement, et même de faire face à la situation. Ils sont persuadés que quelques gros mensonges suffiront à les exonérer de toute responsabilité, à détourner la curiosité des contrôleurs, des enquêteurs.

Un conseil de guerre

Le cheikh Zayed réunit un conseil de guerre, animé par son ministre des Affaires privées, Ghanem al-Mazroui, flanqué de Mohammed Habroush al Suweidi, ministre des Finances de l'émirat et patron de l'Abu Dhabi Investments Authority (ADIA), qui a la charge de gérer une gigantesque fortune dont on ignore si elle appartient à l'émirat ou à l'émir. Curieusement, Swaleh Naqvi est maintenu en fonction alors que le cheikh le considère déjà comme « le plus grand des bandits », premier responsable de la catastrophe. En ce printemps 1990, le trou dans la caisse a pu être estimé à 4 milliards de dollars, ce qu'a démenti Abu Dhabi. Il faut colmater les brèches. L'émir doit prélever sur ses fonds personnels 500 millions de dollars. A cette occasion, le souverain et la famille régnante deviennent actionnaires majoritaires, détenant désormais 77 %

du capital [30]. Parmi les actionnaires minoritaires, Gaith Pharaon, toujours fidèle au poste.

Comme mesure d'accompagnement, un « plan social » draconien. A Paris, un tiers de l'effectif est supprimé, les agences de Marseille et Cannes sont fermées. Dans l'ensemble du groupe, 4 000 employés sont licenciés, d'autres fictivement mutés dans des pays aux lois sociales défavorables. Les bureaux de Londres sont transférés à Abu Dhabi.

Ce remue-ménage alerte les milieux financiers. La rumeur court. « The Bank » (d'Angleterre), la Banque de France, le Federal Reserve Board aux USA sont mis au courant. On applique les instructions communautaires européennes en matière de transparence financière. Estimant qu'il ne dispose pas du personnel suffisant pour assurer le contrôle effectif du holding luxembourgeois, l'Institut monétaire de Luxembourg informe ce qu'on appelle encore la « Banque pakistanaise » qu'elle devra trouver, en 1991, un autre pays d'accueil pour son siège social...

L'administrateur Yves Lamarche n'a pas été le dernier à enregistrer les rumeurs. Il lui est au contraire revenu très tôt qu'à Londres, Swaleh Naqvi rencontrait les pires problèmes.

Lamarche multiplie les démarches pour cerner de plus près la vérité. En raison sans doute d'un ordre de l'actionnaire majoritaire, il va se heurter à un mur de silence. Dès le 1er mars 1990, le banquier franco-américain écrit à cheikh Khalifa pour l'instruire des rumeurs. Le prince héritier est alors aux affaires, s'étant vu confier le pouvoir politique dans l'émirat par son père. Cheikh Khalifa répond qu'il est au courant, mais sans plus de précision.

Le banquier se tourne alors vers Tim Hoult, chez Price Waterhouse à Londres. Mais son correspondant (et ami) indique qu'il ne dispose pas des informations nécessaires.

Le 9 octobre, Lamarche repart à la charge, accusant la société d'audit d'incompétence. Il demande la formation d'une commission d'investigation interne. L'accord est donné, mais la commission ne fonctionnera jamais. Personne ne doit avoir connaissance de l'ampleur du désastre. Et le banquier franco-américain de noter encore : « Il faut bien réaliser qu'il s'agit là de la plus grande fraude possible dans le monde de la finance. Il n'y avait aucun moyen pour gérer ça. Prenez l'exemple du groupe d'affrètement Gokal, le plus grand débiteur de la banque. Les demandes de prêts étaient présentées au conseil d'administration sur la base d'un dossier complètement falsifié, c'était invérifiable ! Autre exemple, le cas du cheikh Mohammed [al Maktoum] de Dubaï. Il avait un dépôt à terme dans la banque de 100 millions de dollars ; on a mis sous son nom des crédits à hauteur de 150 millions de dollars, dont il n'a jamais vu la couleur. Les responsables de la banque expliquaient au conseil que tout était parfaitement documenté. »

Dans le secret le plus absolu, en octobre, le cheikh Zayed et ses conseillers prennent des décisions capitales : tandis que 1,2 milliard de dollars sont réinjectés dans la banque, décision formelle est prise d'écarter enfin Agha Hasan Abedi et son lieutenant Swaleh Naqvi. Abedi ne sortira plus de sa retraite de Karachi, Naqvi est de facto assigné à résidence à Abu Dhabi. Désormais l'actionnaire majoritaire dicte sa loi pour la moindre décision. La ligne de conduite est simple : pas question d'ingérence extérieure.

Ces propos paraissent bien sévères à l'égard d'un groupe d'actionnaires qui a quand même perdu plusieurs milliards de dollars dans l'aventure. Pourtant, les charges sont accablantes : le gouvernement d'Abu Dhabi et ses conseillers ont tout fait pour éluder leurs responsabilités lorsque des enquêtes ont été lancées pour clarifier la situation. Il a même refusé délibérément de coopérer. Telles sont les conclusions essentielles du deuxième rapport de la sous-commission sénatoriale d'enquête menée par les sénateurs américains John Kerry et Hank Brown.

• En 1990, quand Naqvi vient déposer ses dossiers aux pieds du cheikh, l'émirat *ne fournit aucune information* au groupe des cinq contrôleurs internationaux.

• *Une forte pression est exercée sur Price Waterhouse* pour bloquer l'information.

• *On injecte assez de capitaux pour maintenir la banque à flot* en apparence, sans prendre de vraies mesures de restructuration.

• *Les témoins sont enfermés*, il leur est rigoureusement interdit de communiquer avec l'extérieur.

• Face aux demandes répétées des instances judiciaires américaines et de la sous-commission sénatoriale Kerry, les *autorités emirati opposent dans un premier temps un refus absolu de communiquer la moindre pièce* pour étoffer le dossier, sous prétexte que les pièces sont couvertes par le secret de l'enquête. Par la suite, les enquêteurs américains sont autorisés à consulter, à l'ambassade des Émirats arabes unis de Washington, une sélection de photocopies qu'ils n'ont pas choisies, avec interdiction de photocopier et de prendre des notes.

• Quand le sénateur John Kerry demande à l'émirat d'entendre un témoin important sur cette affaire, on lui envoie Ahmed al Sayegh, directeur de l'ADIA, lequel répond à toutes les questions : *« Je ne sais pas », « Je ne peux pas répondre », « Je ne suis pas au courant », etc. Et quand par hasard il offre une réponse d'apparence sensée, il ne dit pas la vérité*[31].

• Ghanem al-Mazroui, délégué des actionnaires majoritaires au conseil d'administration, est l'un des principaux responsables des relations entre la BCC et la famille régnante depuis dix ans.

« La BCCI, observe le rapport Kerry, n'était pas simplement une banque possédée partiellement par le cheikh Zayed. Le cheikh n'était pas simplement le principal déposant. Durant des années, la BCCI a assuré la gestion principale des biens du souverain et de sa famille, allant jusqu'à organiser tous les déplacements extérieurs et une vaste gamme de services limités uniquement par les désirs de la famille al-Nahyan. »

Le nouveau pilote est Ghanem al-Mazroui. Autant dire qu'une chape de plomb s'abat sur les comptes. Mazroui sait tout, c'est incontestable, puisqu'il a confessé Naqvi et a pu lire tous ses dossiers. Or, comme on l'a vu, il ne communique rien au conseil d'administration. « On a suggéré qu'il était lui-même impliqué dans les malversations, remarque un expert du dossier. On peut aussi penser qu'il a eu peur de parler au cheikh, sachant que la colère de l'émir pouvait être terrible. »

La fulgurante ascension de Ghanem al-Mazroui date de 1981. Secrétaire général, depuis 1976, de l'ADIA, al-Mazroui accède au poste envié de gestionnaire des affaires privées du cheikh Zayed. Simultanément, il est nommé administrateur *(Non Executive Director)* de la BCC, et président d'un groupe informel, « le groupe de travail des actionnaires ». Il succède dans ces fonctions hautement stratégiques à Abdullah Darwish.

Darwish, homme de confiance du cheikh Zayed et actionnaire fondateur de la BCC, a été arrêté le 8 décembre 1981 à la suite d'une accusation d'escroquerie à l'encontre de la famille régnante. En fait, Darwish représentait les intérêts du cheikh Mohammed, le fils préféré de cheikh Zayed, tandis que Ghanem al-Mazroui est l'homme du cheikh Khalifa, le prince héritier. Autrement dit, l'arrestation de Darwish n'est rien d'autre que le résultat d'une révolution de palais. Cette affaire en dit long sur les pratiques locales... On s'est même demandé si, après l'éviction d'Agha Hasan Abedi, le cheikh Khalifa n'a pas tenté d'écarter son père et de l'immense fortune de la famille, et du gouvernement lui-même. Les enquêteurs américains voient en tout cas dans Ghanem al-Mazroui l'instrument de ce complot de sérail.

L'intéressé en sort en tout cas largement gagnant : en 1982 il reçoit des « actions garanties sans risque » de la BCC. Il les liquidera en 1986.

Le financier méritait-il réellement ces récompenses? Depuis 1981, il était administrateur de deux entités financières qui surgissent soudain dans le dossier : la Hong-Kong Deposit & Guaranty Bank, et Tetra Finance Inc. Ces deux entreprises de placement ont fait faillite en 1983, accusant des pertes de centaines de millions de dollars au détriment des actionnaires et des déposants. Une déconfiture qui préfigurait celle de la BCC. Malgré tout, al-Mazroui reste l'homme de confiance de la famille régnante d'Abu Dhabi [32]!

Orage au dernier conseil

En décembre 1990, est réuni dans l'émirat un dernier conseil d'administration de la Banque. Le ministre des Finances, Mohammed Habrouch al-Suweidi, est présent. Au nom des cadres de la Banque, Yves Lamarche lui exprime sa frustration d'avoir été tenu à l'écart. Encore une fois, la réponse des autorités d'Abu Dhabi est inconsistante, dilatoire : oui, on a appris qu'il y avait depuis longtemps des irrégularités, mais on ne sait pas bien, d'ailleurs ça ne vous regarde pas vraiment. Mieux, le cheikh Zayed fait lire une admonestation à ses directeurs : « Si jamais des irrégularités sont découvertes dans la banque, le plan de restructuration sera annulé. »

Naturellement, ces épisodes bancaires passent rigoureusement inaperçus. Le monde n'a alors d'yeux que pour les troupes « alliées » qui, dans le cadre de l'opération *Desert Storm*, s'apprêtent à affronter les divisions irakiennes. L'attaque décisive est lancée au mois de janvier 1991; les opérations s'étendent jusqu'en mars. Le Koweït est ravagé, des milliers de puits de pétrole en feu. Les difficultés financières d'un petit émirat, éloigné du champ de bataille et qui ne pèse pas au plan militaire, laissent indifférente l'opinion publique mondiale.

Dans le silence, Abu Dhabi affirme préparer un plan de restructuration pour apurer la banque. Mais on ne se presse pas, les négociations s'éternisent, les Britanniques ont le sentiment que le cheikh et ses conseillers tergiversent.

C'est probablement exact, surtout parce que les émirats ne tiennent pas à voir les Américains et les Anglais mettre leur nez dans leurs affaires. C'est le clash, la fermeture des guichets de la banque partout où c'est possible. La filiale d'Abu Dhabi sera naturellement une des rares à échapper à l'ordre.

En dehors des milieux financiers, pour spectaculaire qu'elle soit, la décision du 5 juillet 1991 passe relativement inaperçue. On parle de la « chute de la banque de la drogue », mais on reste totalement incrédule face aux montants fantastiques des capitaux en cause. De façon assez curieuse, le cheikh Zayed ne manifeste pas immédiatement sa colère. Dans un communiqué, il se déclare irrité et même choqué de ne pas avoir été prévenu de cette mesure drastique contre la banque dont il est quand même le chef de file. Il demande en conséquence des explications et diffuse largement son opinion par pages de publicité entières dans la presse, grand public ou économique : « Les actionnaires majoritaires du groupe BCCI ont été choqués par l'action abrupte engagée par la Banque d'Angleterre, l'Institut monétaire luxembourgeois et autres institutions de contrôle pour geler les biens du groupe BCCI et fermer ses agences. L'action a été engagée sans consultation ni des actionnaires ni de la Banque centrale des Émirats arabes unis, membre du collège des contrôleurs. »

L'émir ne paraît guère touché par le krach dont il se dit la première victime : le 6 juillet, il monte à bord de son jet privé pour aller passer ses vacances en Europe ! Dans sa propriété de Savoie d'abord, puis dans sa maison de maître, 11th Boltons à Chelsea. Avant de partir, il n'a pas manqué de laisser quelques instructions concernant ses amis. Alors que tout est gelé, bloqué, le cheikh Zayed donne ses ordres : toutes les mesures nécessaires doivent être prises pour que son ami et alter ego, le cheikh Mohammed al-Maktoum de Dubaï, soit aussitôt et intégralement indemnisé.

Le mensonge du Golfe

A l'abri des nuages de sable soulevés par la guerre du Golfe, et fortes de l'éventuelle pitié qui pourrait se porter sur ces petites principautés arabes menacées par l'ogre irakien, les autorités d'Abu Dhabi élaborent un étonnant scénario : alors que la famille régnante a pris directement les rênes du pouvoir dans le groupe BCC depuis plus d'un an déjà, elle tente de faire croire qu'elle n'a aucune responsabilité dans le désastre qui vient de s'abattre.

Voici la thèse officielle : un cheikh richissime et bon s'est fait rouler par les voyous qui dirigeaient la « Banque des escrocs et des corrompus ». Le cheikh Zayed a été totalement tenu dans l'ignorance de l'énorme hold-up. L'affaire lui a coûté plusieurs milliards de dollars et tous les efforts ont déjà été consentis, au-delà de toute mesure, pour sauver l'institution. Pour être plus sûr que toutes les oreilles pourront entendre, un contrat est passé avec la société américaine de relations publiques Robinson, Lake, Lerer et Montgomery. A l'époque, le choix paraît bon : James Lake est le directeur-adjoint de la campagne pour la réélection de George Bush.

Un journaliste français se voit, par exemple, dispenser par un conseiller du souverain une explication assez ahurissante : « Le rachat de la banque, il y a moins de deux ans, s'inscrivait dans les gigantesques réalisations du pays, les autoroutes illuminées, les buildings d'Abu Dhabi... La BCCI devait nous permettre d'avoir accès à un réseau financier nous connectant au monde. Mais l'investissement a été réalisé à la hâte. Sans le savoir, le cheikh Zayed se connecte surtout avec une incroyable organisation criminelle. Ce sont d'ailleurs les dirigeants de l'émirat qui ont prévenu la Banque d'Angleterre quand ils ont découvert l'étrange gestion de la banque. »

Au moins deux énormes contre-vérités dans cette analyse : primo, on sait que le cheikh Zayed n'a pas racheté le réseau bancaire de gaîté de cœur, mais sous la pression de la nécessité. Secundo, les dirigeants de l'émirat n'ont jamais prévenu la Banque d'Angleterre quand il était temps.

La publicité de l'émirat est tout aussi significative : « Comme on le sait bien, la BCCI a rencontré bien des problèmes de fonctionnement au cours des dernières années et a subi des pertes substantielles. Pour régler ces problèmes, les actionnaires majoritaires ont décidé d'importants changements au niveau de l'état-major et ont procédé à de substantielles injections de capitaux frais dans le groupe [...] A la demande des actionnaires majoritaires, une enquête interne sur ces irrégularités a été diligentée [à l'automne 90] et se poursuit. Les actionnaires majoritaires estiment qu'ils s'apprêtaient à prendre des mesures de prévention effectives afin d'éviter de nouvelles irrégularités. »

Et de développer le fameux plan de réforme des structures que les « actionnaires majoritaires » entendaient mettre en œuvre, et dont la décision des autorités monétaires provoque l'effondrement. L'émir a raison au moins sur un point : il n'a pas ménagé son portefeuille pour sauver la banque, puisque entre décembre 1989 et octobre 1990, il a déboursé 3,086 milliards de dollars, plus 3 milliards de dollars de traites à vue *(promissory-notes)*, consenties en mai 1991 pour couvrir les *bad-loans* (crédits douteux). L'addition est salée. Pour le cheikh, les Occidentaux sont les grands fautifs, puisqu'ils ont abattu l'édifice en fermant autoritairement la banque.

Plus tard, devenu porte-parole de l'émirat (après avoir été son témoin devant la commission Kerry), Ahmed al Sayegh enfonce le clou au cours d'une conférence de presse à Londres en août 1992 : « Nous sommes les plus grandes victimes, nous avons perdu des milliards de dollars, nos lois ont été violées, notre réputation atteinte, nous ne pouvons pas laisser passer ça sans enquête, sans poursuites appropriées [33]. »

En septembre 1991, pour conforter sa position d'homme trompé, et sous prétexte d'avoir été mal informé de la réalité, le cheikh Zayed fait arrêter dix-huit cadres de la BCC convoqués dans l'émirat sous un fallacieux prétexte : c'est ainsi que Swaleh Naqvi, Zafar Iqbal son successeur, etc. se retrouvent au secret des semaines durant, sans interrogatoire ni inculpation. Il faudra attendre août 1992, soit près d'un an, pour que soit définitivement rédigé l'acte d'accusation. Cette manœuvre d'intoxication est indispensable pour justifier une attitude dilatoire face aux demandes d'indemnisation des petits déposants, lesquels pèsent certes moins lourd que l'émir de Dubaï.

Dans quelle mesure l'émir d'Abu Dhabi a-t-il été personnellement informé? Il n'a pu ignorer l'ampleur des pertes, puisque sa « cassette personnelle » n'a cessé d'être sollicitée pour renflouer le navire. Pouvait-il être le seul à être écarté du secret essentiel, à savoir les manipulations financières indispensables pour faire survivre l'institution?

C'est douteux. Mais sans doute ignorait-il l'ampleur des dégâts. Pourtant, lorsqu'en septembre 1991, au cours d'un voyage officiel en France, le cortège du souverain remonte les Champs-Élysées et passe donc devant l'ancien siège de la BCCI, des employés licenciés manifestent pour attirer l'attention de l'émir. Au lieu du geste de compassion attendu, ils voient le vieux souverain tourner ostensiblement la tête dans une autre direction.

Le cheikh Zayed maintient sa position contre vents et marées. Interrogé par Régis Faucon, de TF1, non sans avoir manifesté son agacement de revoir surgir l'affaire BCCI, le souverain déclare : « Un seul homme ne peut être tenu pour responsable de tout ce qui se passe dans son pays, il distribue les rôles. Il y a une enquête. Personnellement, je ne sais pas qui est fautif : des fonctionnaires du gouvernement ou des employés de la banque. Moi, je ne suis pas responsable [34]. »

Et, comme il affirme ne pas être responsable, l'actionnaire majoritaire ne veut pas admettre que le trou atteint très probablement 100 milliards de dollars, et que lui, le propriétaire effectif de la banque, le vrai détenteur du pouvoir, pourrait avoir à rendre des comptes.

Le cheikh finit par consentir à verser 1,7 milliard de dollars pour indemniser les dizaines de milliers de déposants spoliés (rappelons quand même que ses revenus annuels dépassent les 10 milliards de dollars). Fidèle à son rôle de « victime », prétextant avoir subi une perte réelle de 1,9 milliard de dollars, Zayed indique qu'il a lui-même fait réduire de 30 % le montant des compensations promises. On imagine la colère des victimes lésées, colère qui deviendrait fureur s'ils apprenaient que, lors du krach, le cheik Zayed a retiré les 3 milliards de dollars en traites à vue qu'il avait signées en mai 1991 en faveur du groupe BCC [35].

Les Américains frappent fort. Gaith Pharaon, actionnaire? 36 millions de dollars d'amende. La National Bank of Commerce saoudienne, actionnaire? 160 millions de dollars. Kamal Adham, actionnaire et pilote du raid sur la First American Bankshare? 105 millions de dollars d'amende transactionnelle. La BCCI accusée, inculpée, coupable? Un nouvel accord de transaction est consenti le 19 décembre 1991 : 10 millions de dollars d'amende, et saisie des 550 millions de dollars, soit la totalité des fonds immobilisés dans les agences de la banque aux USA. Ils serviront à régler les frais de justice et à alimenter un fonds d'indemnisation mondial.

550 millions de dollars récupérés après quelques semaines de négociation seulement? N'est-ce pas le montant des fonds péniblement ramassés par les Philippins après neuf ans de chicanerie? Dans le cas de la BCCI, les victimes sont des Européens ou des banques américaines. Il y avait donc urgence. On est d'ailleurs tellement pressé qu'entre justice fédérale et justice d'État de New York, on fait assaut de zèle pour ouvrir le plus vite possible un procès à grand spectacle contre Clark Clifford et son protégé Robert Altman. Ils seront les seuls à passer en justice, puisque l'état-major de la banque du Golfe a pris les mesures pour éviter de comparaître. Nous l'avons vu : c'est Morgenthau qui a obtenu la gloire de mener le procès.

Qui aurait d'ailleurs pu aller au tribunal? Le cheikh Zayed bin Sultan al-Nahyan? En tant que souverain, il bénéficie d'une immunité totale. Les dix-huit derniers membres arabes de l'état-major de la banque? Ils sont toujours emprisonnés sans jugement à Abu Dhabi. Abdullah Darwish? Il est lui aussi en prison. Ghanem al-Mazroui? Il est toujours ministre. Gaith

Pharaon, Kamal Adham, le cheik bin Mahfuz? Ils sont tous réfugiés en Arabie Saoudite ou à Abu Dhabi : bien à l'abri des commissions rogatoires, ils peuvent continuer leurs affaires. Ce n'est pas le roi Fahd d'Arabie qui ira leur chercher noise, et encore moins faciliter l'extradition, lui qui a convoqué l'ambassadeur américain à Ryad, Charles W. Freeman Jr, pour s'étonner des poursuites engagées contre son ami et banquier Khaled bin Mahfuz, allant jusqu'à exiger le retrait des inculpations. Le diplomate américain a été obligé d'expliquer au souverain qu'aux États-Unis, le pouvoir exécutif ne peut interférer dans les actes judiciaires. En revanche, les autorités américaines ont contraint la banque de Mahfuz, National Commerce Bank, à fermer son bureau de New York. Du coup l'établissement saoudien a vendu toutes ses réserves d'argent.

Le 3 janvier 1992, la liquidation est prononcée en Grande-Bretagne. Quelques semaines plus tard à Luxembourg, l'empire BCC est rayé de la carte. Seuls quelques lambeaux seront sauvegardés ici ou là par des intérêts locaux publics ou privés, en particulier par la Habib Bank pakistanaise. Yves Lamarche, l'administrateur, poursuit ses activités de conseiller financier international à Paris. Agha Hasan Abedi, le mercenaire-manager, reste cloîtré dans sa maison de Karachi sans contact avec son maître d'autrefois. Le cheikh Zayed est aujourd'hui trop vieux pour la chasse au faucon, il ne sort plus qu'exceptionnellement de son palais. L'émir a renoncé à ses ambitions mondiales, ses soucis locaux suffisant à l'occuper : il n'a pas réglé ses problèmes de succession, et la Fédération des Émirats arabes unis doit résister aux pressions expansionnistes de ses voisins : l'Iran, qui s'est emparé d'une île stratégique dans le détroit d'Ormuz, au large de la côte, et le royaume saoudien, qui se verrait bien dominer toute la péninsule arabique et ses fabuleuses richesses pétrolières.

Qui est coupable?

Les actionnaires arabes et les managers pakistanais ne sont pas les seuls fautifs. La BCC n'a pu se maintenir si longtemps qu'en raison d'une protection proche de la complicité des gouvernements occidentaux. Cette protection est la seule explication de la paralysie des gouvernements et des contrôleurs britanniques, américains, français et autres. L'Occident a besoin de capitaux et de commandes, et donc de la bienveillance des États du golfe Persique. Pour de nombreux diplomates, cet impératif prime toute autre considération dans les rapports qu'entretiennent les démocraties avec tous ces régimes qui n'ont justement que faire de la démocratie.

Donc, plutôt que d'aller chercher noise aux potentats du Golfe, on préfère s'en prendre au médecin qui a posé le diagnostic : feu sur le cabinet d'audit Price Waterhouse. Au départ, cette idée simple, mais erronée : si l'expert-comptable avait manié à temps la sonnette d'alarme rien de grave ne se serait passé.

Les « actionnaires majoritaires » embrassent avec enthousiasme cette version si commode. Dans leur communication du 16 juillet 1991, ils estiment « ne pas pouvoir exonérer Price Waterhouse de toute responsabilité puisqu'ils ont été les experts-comptables d'une filiale majeure (BCCI Overseas) durant quinze ans, et de tout le groupe depuis 1987 ».

Abu Dhabi décide d'ailleurs de poursuivre Price Waterhouse en responsabilité civile, révèle, en août 1992, Ahmed al-Sayegh, le porte-parole de l'Émirat.

Le comportement des Britanniques est caractéristique. Quand, en 1988, Jack Blum enquête pour la sous-commission Kerry, il se rend en Grande-Bretagne pour rencontrer les représentants du Serious Fraud Office (Office des grandes fraudes). L'avocat souhaiterait savoir ce que savent les fonctionnaires anglais, apportant bien sûr des informations en contrepartie. Blum constate que ses interlocuteurs britanniques ne manifestent pas le moindre intérêt pour sa démarche !

En fait, dès le printemps 1990, « The Bank » détenait assez d'éléments pour s'inquiéter, comme l'a admis son gouverneur, Robert Leigh-Pemberton. Ce n'était pas suffisant, ajoutera-t-il en substance, pour constituer des preuves permettant d'engager des poursuites, voire de prendre des mesures conservatoires. Ainsi l'institution monétaire a-t-elle laissé pourrir la situation. Les financiers britanniques avaient surtout le souci de protéger l'attrait de la place de Londres. Des poursuites contre des financiers arabes risquaient de dissuader d'autres Arabes de placer leurs capitaux à Londres... Le pronostic était juste, comme ont pu le constater les observateurs dès l'automne 1991 : par mesure de représaille contre la fermeture de la banque, de nombreux investisseurs « arabes » ont déserté les places occidentales, en particulier celle de Londres, pour se rabattre sur le marché suisse, ou tout simplement sur le Moyen-Orient. Ce que note le journaliste financier Edmund O'Sullivan dans l'hebdomadaire *Middle East Economic Digest* : « Les institutions arabes ont tiré les leçons [...] du scandale de la BCCI. Les établissements arabes deviennent plus sélectifs et plus prudents dans leurs opérations internationales [36]. »

Pour protester contre cette prudence excessive du gouvernement anglais, une virulente campagne de critiques est orchestrée, notamment par Keith Viaz, député (travailliste) à la Chambre des Communes, lui-même d'origine pakistanaise. Afin de couper court, les autorités décident de confier une enquête à Sir Thomas Bingham, 58 ans. Il s'agit en particulier de déterminer les responsabilités de la Banque d'Angleterre.

Lord Justice Bingham est de la race des Morgenthau : d'une rigoureuse intégrité. Il se met au travail à l'automne 1991, rédige un premier document de mille pages. Par des entretiens avec tous les protagonistes qui y consentent, il a vérifié avec minutie toutes les informations disponibles.

Lord Justice Bingham reconnaît d'emblée la bonne foi des membres du conseil d'administration face aux « silences » de Price Waterhouse et des actionnaires. Le juge ne manque pas de critiquer aussi la Banque d'Angleterre. Mais, le magistrat découvre aussi que les autorités d'Abu Dhabi ont été parfaitement informées dès l'arrivée de Naqvi dans l'émirat en avril 1990.

Telle est la teneur des premières informations qui filtrent. Elles provoquent un démenti embarrassé : Sir Thomas aurait mal interprété les témoignages. Il n'est pas évident que les responsables de la BCC se seraient conduits autrement si Naqvi n'était pas venu dans l'émirat. D'ailleurs ses propos étaient confus, aucune note n'a été prise. On n'a pas cru le Pakistanais, affirment avec un certain culot les « actionnaires majoritaires » d'Abu Dhabi.

Lord Justice Bingham s'est, quant à lui, forgé une conviction : l'émir a fort bien compris de quoi il retournait, même s'il fait courir le bruit qu'il aurait pu être trompé par ses proches.

Mais la publication du rapport ne cesse d'être retardée de semaine en semaine. Le gouvernement britannique craint une crise diplomatique avec Abu Dhabi, qui remettrait en cause un important contrat d'assistance militaire à l'émirat en cours de négociation. Rendue publique en Grande-Bretagne le 23 octobre 1992, sous la responsabilité du Chancelier de l'Échiquier (ministre des Finances) Norman Lamont, après plusieurs semaines d'hésitations au sein du gouvernement de John Major, la version divulguée est fortement édulcorée : c'est le résultat d'un compromis auquel ont participé en particulier les diplomates du Foreign Office. Il n'y est plus question que de façon très incidente des rapports avec Abu Dhabi !

Il paraît difficile d'incriminer l'Institut monétaire du Luxembourg. Ce dernier doit contrôler et inspecter cent quatre-vingts banques qui ont ouvert dans ce micro-État des filiales et des agences avec l'intention manifeste de tout faire pour ne pas être contrôlées. Pour remplir cette tâche titanesque, Pierre Jaans dispose en tout et pour tout de vingt-six employés. Le directeur de l'IML était à ce point inquiet que, bien avant la fermeture de la BCC, il lui avait ordonné de déménager son siège.

Le ministère des Finances français était, lui aussi, parfaitement au courant, mais laissa faire dans la mesure où cette activité ne concernait pas les contribuables français. Toutefois, les rumeurs concernant la BCCI avaient décidé la Banque de France à geler l'ouverture de nouveaux comptes... résidents à Paris. Il n'en reste pas moins qu'en 1991, le montant total des dépôts dans cette succursale, installée sur les Champs-Élysées, atteignait 1,4 milliard de francs. Mais trop de banques à capitaux arabes avaient déjà été mises en faillite pour que l'on décide une nouvelle fermeture.

Cette attitude française fait toucher du doigt l'hypocrisie dont font preuve à l'occasion les autorités monétaires. Une hypocrisie qui frise l'égoïsme : les autorités monétaires françaises ne sont guère pressées de faire pression sur la Grande-Bretagne pour que les admonestations se transforment en sanctions.

En outre, la politique étrangère française est traditionnellement favorable aux régimes arabes modérés. Le Quai d'Orsay entend exploiter les vélléités d'indépendance d'Abu Dhabi tant à l'égard du royaume saoudien que des Britanniques ou des Américains. La France est le premier fournisseur d'armes de la petite armée des Émirats arabes unis, 43 000 hommes équipés grâce à Giat-Industrie ou Panhard pour les blindés, Dassault et Thomson pour l'aviation et l'électronique. Abu Dhabi a consacré 272 millions de francs au développement du nouveau char AMX-Leclerc, qui sera finalement retenu pour l'équipement des forces armées des Émirats arabes unis : 390 chars de combat, plus 52 chars dépanneurs, 21 milliards de francs à dépenser en dix ans. On attribue d'ailleurs à la position de la Grande-Bretagne dans l'affaire BCCI l'éviction du char Challenger 2 de cette compétition : le constructeur Vickers en attendait 1,6 milliard de livres.

Les ventes d'armes sont alors vitales pour l'équilibre du commerce extérieur français. Aussi, lorsque le cheikh Zayed vient en visite officielle à Paris les 9, 10 et 11 septembre 1991, le président François Mitterrand effleure-t-il à peine le problème posé par l'indemnisation des quelques centaines de petits déposants français à la BCC. Dans les médias, on préfère s'étendre, d'une façon toute diplomatique, sur la visite du sultan d'Abu Dhabi au haras du Pin. On rappelle que le cheikh est un grand amateur de chevaux, et que lors de la dernière vente de yearlings à Deauville, en août 1990, cheikh Mohammed bin Rachid al-Maktum, émir de Dubaï et ministre de la Défense des émirats, a acheté plusieurs poulains et une pouliche payée 340 000 dollars [37].

Restent les Américains. Comme nous l'avons vu, la CIA est au courant depuis longtemps. Mais l'administration Bush n'agit pas. Voici les raisons profondes de cette discrétion :

Pour l'administration républicaine, la BCC aura été un formidable outil de politique internationale et de pénétration clandestine dans le Tiers-monde. A tous les niveaux, des acteurs importants, à commencer par Kamal Adham, l'un des actionnaires fondateurs, étaient proches de la CIA. Il en allait de même pour les services spéciaux pakistanais ou autres. Les agents de la CIA, comme leur rivaux de la NSA (National

Security Agency), ont usé et abusé de la multinationale arabe pour leurs transactions financières clandestines (nous en verrons des exemples spectaculaires dans le chapitre suivant consacré à Manuel Noriega). La CIA a ouvert de nombreux comptes dans la banque : pour payer ses informateurs, mais surtout pour faire transiter des fonds.

Après bien des atermoiements, la « Compagnie », en la personne de Richard Kerr alors directeur-adjoint, finit par reconnaître cette réalité : les liens d'affaires remonteraient au début des années quatre-vingts, ce qui a permis à la CIA de recueillir dès cette époque de précieux renseignements sur les étranges structures de la banque, et surtout sur son implication dans des activités illégales telles que le blanchiment d'argent et le terrorisme. Pourquoi n'avoir pas lancé de très sérieux avertissements dès cette époque? Simplement parce que la Maison-Blanche et la CIA ne tenaient pas à se mettre à dos les Arabes et à lâcher un réseau bancaire largement infiltré.

William Casey, Robert Gates et George Bush, responsables plus qu'attentifs de cette politique, ont certainement tout tenté pour que la BCC ne soit pas inquiétée. Comme conseiller du président Reagan, puis comme chef de l'exécutif, George Bush paraît à cet égard porter la plus lourde responsabilité. C'est sans doute sur ses instructions que, selon le District Attorney de New York Country, Robert Morgenthau, le General Attorney [38] Dick Thornburg bloquera quasiment toutes les poursuites judiciaires au plan fédéral jusque dans les derniers mois de 1991.

Il faut aussi préciser que la BCCI apparaît à de nombreuses reprises dans les affaires au demeurant assez chancelantes, de George W. Bush, le frère aîné du président George Bush. George W. était membre du directoire de la Harken Energy Corporation, dans la formation de laquelle on retrouve Khalid bin Mahfuz, le banquier saoudien, actionnaire fondateur de la BCC. En janvier 1990, la Harken s'est fait octroyer d'importants permis de recherche dans le Golfe, au large de Bahrein. Le propre fils du président, John E. (Jeb), était un proche d'Abdur Sakkhia, le directeur de la BCCI de Miami, laquelle a largement participé aux financements des affaires immobilières de Jeb. Répondant aux critiques, le président Bush fera préciser par l'intermédiaire de son porte-parole, Marin Fitzwater, que ces accointances ne posaient pas de problème [39].

Quand courent les premières rumeurs, à partir de 1990, l'administration Bush a d'autres soucis. Le 2 août, c'est l'invasion de l'émirat du Koweït par l'armée irakienne. Pour les USA qui s'apprêtent à lancer l'opération *Desert Storm*, l'appui des royaumes et des émirats arabes est rigoureusement indispensable. L'affaire BCC est donc mise sous le boisseau. Il faut ménager les immenses capitaux arabes nécessaires pour la relance économique mondiale. D'où cette attitude ambiguë, ondoyante, indécise. Comment expliquer à ces seigneurs du désert que le capitalisme, ce n'est pas faire n'importe quoi, prendre des décisions insensées, gruger les petits, arroser les grands pour qu'ils deviennent plus grands et plus riches?

L'amitié d'un roi Fadh, d'un cheikh al-Jaber, d'un cheikh Zayed bin Sultan al-Nahyan et de quelques hauts personnages de leur entourage proche vaut bien quelques sacrifices. On fermera les yeux sur l'absence totale de démocratie dans ces royaumes et ces émirats. Il serait si malséant de qualifier ces régimes de dictature! Ce qualificatif doit être réservé à des personnages reconnus comme peu reluisants, tel Manuel Noriega...

V

Prébendes pour un deuxième couteau : Noriega & Co

L'agent du FBI qui entre dans le prétoire pendant la pause porte sous le bras un oreiller. Un gros oreiller blanc pour un lit de grand-mère. Un gros oreiller insolite, qui, pourtant, ne paraît surprendre personne, ni les journalistes gribouillant fébrilement leurs notes, ni les dessinateurs mettant une dernière main à leurs croquis, ni les pleureuses de la famille qui, toutes vêtues de noir, babillent à mi-voix.

Le policier pose l'oreiller sur un fauteuil. S'asseoit alors en grimaçant l'avocat Franck Antonio Rubino. Il vient de batailler des heures durant pour faire expliquer par un témoin, Ricardo Bermude, ancien ministre du Logement et de l'Équipement de Panama, comment de nombreux avions transitant par le territoire panaméen pouvaient échapper au contrôle des autorités. Le contre-interrogatoire serré, mené par un adjoint du Federal Attorney Sullivan, n'a pas permis d'infirmer le témoignage. Donc Frank Rubino peut s'asseoir et se dégager un instant de la pression terrible qui pèse sur ses épaules.

Frank Antonio Rubino a commencé sa carrière comme agent des... services spéciaux fédéraux à la NSA (National Security Agency), puis comme garde du corps du président Richard Nixon. A l'occasion pilote de course amateur, cet Américain aux allures de latino est petit et mince. L'expression est tendue à l'extrême, l'attitude agressive et peu aimable, la silhouette voûtée. Des mains qui s'agitent sans cesse, un curieux visage maigre éclairé par des yeux bleus délavés qui jettent sur son entourage des regards irrémédiablement tristes et angoissés. Rubino s'inscrit dans la grande tradition des Defense Attorneys qui réussissent à gagner les causes perdues à force d'acharnement judiciaire. C'est l'un des avocats les plus connus de Miami, figure du White Powder Bar, ce collectif qui assure habituellement la défense des trafiquants de drogue traduits devant la justice fédérale de la grande cité floridane. Rubino s'est taillé une solide réputation de gagneur : très souvent, il a obtenu pour ses clients des non-lieux ou des peines très légères.

Bien qu'il soit très sûr de son talent, il a appelé en renfort pour cette cause précise un excellent juriste, John May. Rubino sait que cette aide ne sera pas suffisante pour gagner, et même pour limiter les dégâts. Quel avocat pourrait en effet démontrer l'innocence du diable?

Le diable, c'est ce petit bonhomme anodin assis près de lui à la place de l'inculpé. Le prisonnier fédéral matricule 41 586, alias Manuel Antonio Noriega, 58 ans, ancien patron des forces armées panaméennes, ancien chef du gouvernement, ancien président de la République de Panama, présenté dans le monde entier comme le modèle des dictateurs malfaisants et corrompus. Et, en outre, indirectement responsable de la chute de la Bank of Credit & Commerce, comme nous l'avons vu.

Le diable est poursuivi par la justice américaine pour d'innombrables crimes, et non des moindres. Dans le dossier d'accusation, dix chefs d'inculpation, en majorité fondés juridiquement sur la procédure RICO [1]. Griefs principaux : Noriega aurait utilisé sa position officielle, moyennant paiements, pour transformer Panama en une base internationale pour les trafiquants de drogue; il aurait autorisé l'usage des couloirs aériens et des aéroports pour faire transiter la cocaïne originaire de Colombie vers les USA; il aurait accordé sa protection à un laboratoire de cocaïne opérant au Panama; il aurait donné refuge aux trafiquants de drogue pourchassés; il aurait permis le dépôt, dans les banques panaméennes, du produit du trafic de drogue, et, enfin, il aurait mené des tractations avec Fidel Castro pour arbitrer un conflit avec le Cartel de

Medellin. En prime, et c'est cela qui nous concerne le plus ici, il se serait enrichi de façon illicite et même délictueuse.

C'est pourquoi, quatre jours par semaine, d'octobre 1991 à juin 1992, le général Noriega s'est installé derrière une modeste table de bois. Des jours, des semaines, des mois durant, il a attendu tranquillement, avec cet air un peu absent que lui donne l'écoute attentive – au casque – de la traduction des débats. Les interprètes ont beau être ravissantes (et panaméennes), il n'a pas un regard pour elles. Noriega est rigoureusement impassible, comme un homme sûr de son bon droit.

Bien qu'il ait été déchu de tous ses grades et titres, Noriega arbore chaque jour son grand uniforme de général. Depuis son arrestation, il veut se faire passer pour un prisonnier de guerre. Il n'y réussira qu'un an plus tard. Rablé comme un haltérophile, Manuel Noriega est petit, et même très petit. « Un petit homme dans un costume de général trop grand pour lui », l'a croqué d'un trait assassin un de ses adversaires les plus résolus.

Pour de nombreuses raisons de politique intérieure et extérieure américaine, « l'affaire Noriega » a été exagérément amplifiée. La réalité n'est pas à la mesure des torrents de critiques déversés sur le général. Comme nous allons le voir, il n'a même pas été possible de prouver l'immensité de la fortune qu'il est censé avoir détournée. Pour Duvalier, on fait état de centaines de millions de dollars. Pour Marcos, les princes du Golfe et les malversations commises dans le cadre de la Bank of Credit & Commerce, on compte en milliards de dollars. Pour Noriega, on doit se contenter de « modestes » dizaines de millions. Cependant, les événements ont été trop fracassants, les informations trop sensationnelles pour qu'on en fasse l'économie.

Malgré son uniforme constellé de décorations, Noriega reste un petit général d'un petit pays. De loin, sa « face d'ananas » grêlée de cicatrices ne présente pas la laideur barbare qui a fait sa gloire médiatique. Grâce à des cheveux d'un noir de jais, il ne porte pas son âge. Le regard noir est rigoureusement inexpressif. Jamais un sourire : l'expression est figée, impénétrable. Malgré sa position peu confortable, l'attitude reste arrogante et combative. Intelligent, retors, prudent jusqu'à en paraître couard. Acharné, affamé, âpre au gain : ce « personnage sans importance » est bien devenu l'enjeu, peut-être même le symbole, de tous les « latinos injustement poursuivis et persécutés » par ces « gringos » arrogants et incapables.

Mais Noriega est intimement convaincu de l'importance et de sa personne et des secrets qu'il détient. Il veut à tout prix démontrer qu'il n'est pas le diable comme les procureurs voudraient le faire croire, mais un fidèle allié, victime de la plus terrible des méprises. On l'a dit sans état d'âme, alors qu'il a sans doute été très sincère dans son souci du bien populaire. Parmi ses décorations, il arbore avec une extrême fierté la Légion d'honneur, qui lui a été remise lors d'un voyage en France, au printemps 1987 [2], et la médaille d'Interpol.

Mais où est donc le diable, la bête noire des Américains? Le petit bonhomme paraît si insignifiant qu'on en oublierait presque sa présence. Au sens littéral, il semble écrasé par le lourd décorum de la cour fédérale, une longue salle grise garnie de boiseries sombres. Le reste est mieux connu grâce aux films américains : l'aigle doré, la bannière des États-Unis dominant une haute estrade, la noble figure du juge fédéral William Hoeveler, haute taille, cheveux d'argent. A sa gauche, le jury : douze titulaires et deux suppléants. Dix femmes sur quatorze jurés; et dix noirs. Pour aboutir à cette composition inhabituelle, il a fallu d'intenses tractations entre le parquet et la défense.

A droite, Noriega. Au milieu du rectangle, les attorneys, les agents du procureur Sullivan et les avocats. Œuvrant dans le cadre de la procédure accusatoire (contradictoire) [3], ils ferraillent dur pour tenter les uns de démontrer la culpabilité du petit général, les autres de démolir les arguments de l'accusation.

Durant les quelque six mois d'audience, Manuel Noriega ne prononcera pas un seul mot, il n'esquissera pratiquement pas le moindre geste. Non sans quelque dédain dans l'expression, il laisse le soin d'assurer sa défense à ses avocats, May et Rubino. Ce dernier est convaincu qu'en dépit du poids des charges criminelles, ce procès est purement politique. On ne gagne jamais un procès de ce genre, surtout quand il est intenté par la plus grande puissance du monde contre l'un de ses anciens serviteurs. Durant quelques semaines, Rubino a espéré porter la cause sur le plan politique. En vain. Résultat de ce qui paraît avoir été l'objet d'un arrangement secret entre le parquet et la défense, le juge fédéral Hoeveler lui rappelle qu'il ne peut citer le moindre témoin politique.

Pour se rattraper, l'avocat du diable a fixé ses honoraires à un montant invraisemblable, menaçant de ne pouvoir assurer sa mission si le juge refusait de débloquer les fonds nécessaires pour le payer 350 dollars de l'heure : il faudra un accord d'État à État entre Panama et les USA, le 3 avril 1991, pour régulariser cette épineuse question. Pour payer Rubino d'avance, Panama doit accepter le débloquage de 1,6 million de dollars sur un compte ouvert au nom de Noriega à la Commerzbank de... Vienne, en Autriche. Le solde (4,4 millions de dollars) sera versé à partir d'un compte domicilié à la Deutsche Süd-Amerikanische Bank à Hambourg.

Tels sont les acteurs d'un procès pas tout à fait comme les autres, ne serait-ce qu'en raison du retard pris, et de sa durée exceptionnelle. Pour parvenir à cette instance, il a fallu mener une vraie guerre – bizarrement appelée *Just Cause* –, avec des avions, des chars, le débarquement de 22 500 *Marines*, 23 tués chez les Américains, de 500 à 2 000 du côté panaméen, dont au moins 200 civils. Coût de l'affaire : 163,6 millions de dollars pour la guerre, 86 millions de dollars pour le procès.

Pour le président Bush, la guerre est la continuation de la publicité électorale par d'autres moyens : il a engagé *Just Cause* pour démontrer au monde que, lui aussi, est capable de lutter contre le trafic de drogue. Une lutte menée avec des moyens disproportionnés, marteau-pilon pour écraser un moustique. Il a fallu d'invraisemblables et d'interminables joutes juridiques pour que puisse enfin comparaître le moustique Noriega devant le juge Hoeveler. C'est pourquoi le procès s'est ouvert avec un an de retard. En prime, trois procureurs se sont succédé pour soutenir l'accusation : Dick Gregory, écarté du dossier au printemps 1990, Dexter Lehtinen, qui a démissionné plus ou moins contraint et forcé parce qu'il risquait d'être partial, Sullivan enfin.

Pourquoi une telle parade judiciaire, que d'aucuns n'hésitent pas à qualifier de mascarade? Officiellement parce que Noriega est tenu pour un trafiquant de drogue notoire, suspect d'avoir volé des centaines de millions de dollars à son pays. La réalité est peut-être sensiblement différente.

Sauve-toi si tu peux

Seule l'Histoire permet de saisir les racines de la haine étrange vouée par les Américains au petit général.

Tout commence comme un mélodrame : il était une fois un quartier miséreux de Panama-City. C'est là, dans une immonde venelle appelée « Sal si puedas » (sauve-toi si tu peux !) que, le 11 février 1934, une femme de ménage, dont on ne connaît que le prénom, Moreno, met au monde un garçon prénommé Manuel Anthony.

Officiellement le père est inconnu. En réalité, on sait qu'il s'agit d'un petit fonctionnaire employé aux écritures, ivrogne et coureur de jupons, Ricaurte Tomas Noriega. Ricaurte ne reconnaît pas son fils, mais accepte que l'enfant porte son patronyme. Quant à Moreno, elle s'en va mourir de la tuberculose dans son village natal en 1939.

Le petit Manuel est alors adopté par une institutrice amie de sa mère, sa marraine, Luiza Sanchez, sa vraie mère en vérité. Contrairement à certaines légendes, Luiza sera une merveilleuse lumière dans la vie de son fils adoptif qu'elle élèvera au mieux, le conduisant jusque sur les bancs du lycée [4]. De cette naissance peu flatteuse, Noriega conservera un culte sincère et profond de la famille en général, de sa mère... et de la Vierge Marie en particulier.

La République de Panama a été fondée au début du siècle sur les décombres de l'immense scandale financier consécutif au creusement du canal transocéanique par Ferdinand de Lesseps et la France. En pleine ascension depuis la fin de la guerre de Sécession et la victoire sur l'Espagne en 1898, les USA se construisent alors un empire colonial déjà fortement charpenté autour du Pacifique. Pas question de laisser hors de contrôle une voie aussi stratégique que le canal de Panama, qui permet d'établir des liaisons régulières entre les côtes occidentales et orientales du pays. Le 22 janvier 1903, par le traité Hay-Herràn, les USA obtiennent de la Colombie, propriétaire du pays, la concession pour cent ans du canal et d'une zone de cinq kilomètres de chaque côté de la voie d'eau. L'accord est à ce point favorable aux USA que le parlement colombien en rejette la ratification. Les Américains suscitent alors un « mouvement d'indépendance » à Panama, dont la sécession est proclamée le 3 novembre 1903 grâce à l'appui bienveillant de la flotte américaine qui, sur ordre du président Theodore Roosevelt, mouille devant les deux principaux ports du pays.

La nouvelle république de Panama est un État bizarre, tout en longueur, et privé de sa zone centrale dévolue aux occupants américains (16 000 personnes dont 11 000 soldats en 1990). Au fil des décennies, la *Canal zone* devient un pôle d'extrême richesse qui se développe sous le nez des Panaméens miséreux; ceux-ci ne recueillent que les miettes de la prospérité. Ici, les pelouses amoureusement tondues et les piscines luxueuses, des fonctionnaires et des soldats américains, un climat d'apartheid et de racisme à peine dissimulé; là-bas, les taudis où grandit le futur dictateur et les forêts équatoriales malsaines de Panama.

Après l'affaire de Suez de 1956, à l'exemple du Liberia, la république mercantile de Panama se voit conseiller par les politiciens *américains* d'édicter une législation permettant d'immatriculer. sous pavillon de complaisance des navires *américains* pour tourner le droit du travail et les règlements fiscaux *américains*. Si bien que pour un pays dont la population ne dépasse pas 2 millions d'habitants, la flotte commerciale atteint, en 1987, 43,3 millions TJB (tonnes de jauge brute) [5].

La plus grande partie de ces navires n'a jamais vu ni ne verra jamais le moindre port panaméen. D'ailleurs le registre d'immatriculation se trouve... aux USA! Dans la foulée, toujours à l'imitation d'autres pays, dont certains comme les Caïmans sont de proches voisins, Panama devient un paradis fiscal (en anglais, ce qui est plus clair : *Tax Heaven*) où, contre paiement d'une redevance modeste, n'importe qui peut fonder une société. Laquelle n'aura d'existence réelle que dans le dossier d'un homme de loi, quelque part à Genève, à Zurich, à Jersey, voire à Paris ou à Londres. Au plus fort de la vague, on comptera jusqu'à 200 000 entreprises fantômes inscrites sur les registres du commerce panaméen. Des sociétés suivies par 116 banques [6], dont les plus grands établissements américains et la plupart des « nationalisées » françaises.

Le général a toujours été avare de confidences. Il est donc difficile de déterminer les options politiques réelles de Manuel au long de sa vie. Plusieurs indices tendraient à démontrer qu'il fut toujours, et avant tout, un nationaliste intransigeant. Un demi-frère rencontré au lycée de Panama (Luis Carlos Noriega Hurtado) aurait joué un rôle fondamental dans l'évolution politique de Manuel. Luis Carlos était en effet l'un des principaux leaders des étudiants socialistes, et donc nationalistes anti-américains [7], qui luttèrent avec détermination et succès contre le projet de renouvellement du traité américano-panaméen qui devait être signé en 1947. Soumis à cette influence, Manuel Noriega aurait même été membre du parti socialiste panaméen, participant à de nombreuses manifestations anti-américaines. Il passait à l'époque pour un antimilitariste farouche.

A l'issue de ses études secondaires, Manuel Noriega trouve un vague emploi de laborantin dans un hôpital. Rien qui puisse satisfaire son ambition. Pour se tirer de la misère, et malgré ce qui paraît toujours être sa conviction profonde, le jeune homme s'engage dans la Garde nationale, qui fait office d'armée. Très vite, il commence à fournir des informations aux Américains. Pour le récompenser, ses mentors lui attribuent une bourse, qui lui permet de poursuivre ses études à l'Institut militaire de Lima, où les USA forment les cadres des armées vassales grâce auxquelles ils s'assurent le contrôle des États latino-américains.

Le destin du futur dictateur est scellé. Plus que pour la chose militaire proprement dite, Manuel Antonio Noriega a du goût pour les actions secrètes, les coups fourrés, les manipulations, les informations confidentielles. En bref, pour tout ce qui assure un véritable pouvoir, et, incidemment, peut rapporter beaucoup plus gros que la solde d'un officier. De retour au pays, il s'oriente rapidement vers les services de renseignement. Il redevient presque tout de suite (et logiquement, en raison de sa formation), un informateur attitré des Américains. Plus particulièrement de la CIA. C'est le début d'une longue carrière de deuxième couteau, fructueuse et trouble collaboration avec l'Agence américaine qui ne finira que dans un divorce tumultueux et sanglant.

Noriega n'a cessé de servir les Américains. Et ce service paraît avoir été le moteur de sa fortune. Chaque étape importante de sa vie semble une occasion pour encaisser des pots-de-vin.

En 1968, lorsque le général Omar Torrijos renverse le président élu Arnulfo Arias – parce qu'il serait trop favorable aux thèses neutralistes et même castristes (dont Torrijos se déclarera plus tard le partisan) – le commandant Noriega est présent dans l'ombre. En 1976, le lieutenant-colonel Noriega devient le patron du G2, version locale des services de renseignement militaro-policiers.

Cette carrière n'est qu'un tissu de zones d'ombre. Manuel Antonio Noriega ne cesse de déployer ses douteux talents d'agent secret, alternant rackets et coups fourrés. Personne ne peut déterminer dans quel camp se range cet homme de l'ombre. Est-il un fidèle serviteur d'Omar Torrijos? Un sbire de la CIA? Un supporter des rebelles sandinistes, ou bien de leurs ennemis les contras? Est-il une taupe des Cubains, un trafiquant de drogue, ou au contraire un adversaire résolu du Cartel de Medellin? Peut-être tient-il tous ces rôles, successivement et simultanément, pour le plus grand bien du seul parti qui compte pour lui : sa personne... et son compte en banque.

Torrijos était un leader populiste, très marqué par l'idéologie tiers-mondiste. Noriega organise sous son règne un trafic intense qui permet d'armer les rebelles sandinistes cherchant à renverser le dictateur Somoza au Nicaragua. L'officier prélève, dit-on, sa dîme sur ce trafic pour « services rendus ».

Somoza est chassé du pouvoir fin 1979 par les sandinistes. Les Cubains veulent s'assurer le contrôle du régime procommuniste installé à Managua : Noriega et José Blandon, son principal conseiller diplomatique, se rendent à La Havane en janvier 1980 pour expliquer à Fidel Castro qu'il n'a rien à faire au Nicaragua. Mais le Lider maximo ne veut rien entendre. Phare du prosoviétisme le plus dur dans les Caraïbes, il tient pour traîtres tous les chefs qui, tels Torrijos, ne partagent pas son choix sans retour pour la révolution prolétarienne internationale. Noriega est bien servi par l'évolution du Nicaragua, où Daniel Ortega et ses compagnons du FSLN (Front sandiniste de libération nationale) instaurent progressivement une véritable démocratie populaire. Ce sera l'extrême pointe du développement du communisme en Amérique centrale.

Puis, renversement des alliances. Sur le conseil de Noriega, Omar Torrijos décide d'apporter son appui aux déçus du sandinisme dirigés par son ami Eden Pastora Gomez, le « Commandante Zero », qui deviendra plus tard le premier chef des contras avant d'être tué dans un attentat. Noriega et les siens n'abandonnent pas pour autant leurs contacts avec les Cubains, au contraire. Norman Bailey, ancien conseiller à la sécurité de Reagan, reconnaît : « La CIA a su depuis toujours que Noriega était un agent double. Mais les gens de Langley ont établi que les informations que nous obtenions de lui sur Cuba étaient beaucoup plus précieuses que celles qu'il donnait aux Cubains [8]. »

La complexité de la situation dans ce secteur de l'Amérique centrale et des Caraïbes apparaît à Noriega comme une nouvelle source de revenus, de manipulations, de jeux complexes et troubles. L'épisode semble ramener les Panaméens dans l'orbite occidentale. Les Américains saisissent l'occasion pour demander au dictateur Torrijos d'accueillir un hôte bien encombrant : le shah d'Iran, lui-même chassé du pouvoir quelques semaines plus tôt par les ayatollahs de Téhéran. Muhammad Reza Pahlavi est hébergé dans l'île de Contadora de décembre 1979 à mars 1980, et placé par Omar Torrijos sous la surveillance directe de Noriega. Déjà gravement malade, atteint d'un cancer de la rate, l'ex-empereur d'Iran doit donner des pourboires à son protecteur-geôlier pour le moindre de ses gestes. En tout, il lui aurait versé 12 millions de dollars.

Quand le président Torrijos est tué dans un accident d'avion en juillet 1981, on soupçonne Noriega d'avoir mis la main à la pâte. Cette accusation ne paraît pas sérieuse. Mais il est vrai que le petit général voit la route se dégager pour de nouveaux mauvais coups. Désormais, son rôle et son influence ne cesseront de croître. Sans jamais occuper un poste politique, il devient celui qui fait et défait les présidents. Plus important encore, il devient vraiment l'homme des Américains à Panama.

Détour par l'Irangate

« It was our Baby », n'hésitent pas à reconnaître les connaisseurs des affaires caraïbes. Les États-Unis supportent mal l'installation d'un régime procubain à Managua. En vertu du droit d'ingérence que, depuis la présidence de Theodore Roosevelt, les Américains s'attribuent dans leur zone d'influence, le gouvernement Reagan décide non de lancer une opération militaire pour renverser le nouveau régime – elle eût été trop dangereuse dans le contexte de la guerre froide –, mais d'accorder son appui aux groupes contre-révolutionnaires, les contras.

C'est ainsi que Noriega entre, par la petite porte comme d'habitude, dans l'un des épisodes les plus secrets, les plus complexes de l'histoire moderne : « l'Iran-Contra Gate ». On y voit apparaître une très singulière galerie de barbouzes, d'agents secrets, de marchands d'armes plus ou moins officiels, menant les actions les plus tordues par l'intermédiaire de sociétés-écrans, basées dans tous les paradis fiscaux du monde. C'est ainsi, également, que Noriega et son entourage vont s'enrichir subitement.

J'ai entendu parler pour la première fois de cette affaire à Genève au milieu de 1987. Un « informateur » m'avait raconté une invraisemblable histoire de transit, par l'aéroport de Genève, de missiles Tow [9] destinés à l'Iran. Malheureusement, l'homme n'avait pas de preuve, et je ne le tenais pas pour très sérieux. La suite m'a donné tort : plusieurs cargaisons sont passées par l'aéroport suisse, maillon essentiel d'une étrange transaction.

A l'origine, l'action résolue d'un lobby américain violemment anticommuniste, le Council for a National Policy, une organisation très marquée à droite, assez largement œcuménique, inspirée par les évangélistes et les charismatiques, des néo-orthodoxes catholiques. Dans la même mouvance, la Heritage Foundation, elle-même en partie financée par la Rand Corp. pour mener des travaux de recherches sur le monde communiste. Ces différents groupes avaient activement soutenu, en 1980, la candidature républicaine de Reagan.

Pour participer à la conduite des opérations spéciales anticommunistes, fin 1981 ou début 1982, la Maison-Blanche recrute le lieutenant-colonel Oliver North, un officier des *Marines* considéré comme un héros de la guerre du Viêt-nam. Religieux pratiquant, North a été chaudement recommandé par le Council for a National policy.

Sous l'égide du vice-président George Bush et du secrétaire d'État Alexander Haig, le gouvernement américain échafaude un plan qui permettrait en même temps d'aider son allié israélien, considéré comme une pièce capitale sur l'échiquier du Moyen-Orient, et d'obtenir des ayatollahs iraniens qu'ils conseillent à leurs supporters libanais du Hezbollah de libérer les otages enlevés à Beyrouth à partir du début 1985. Plus tard, le lieutenant-colonel Oliver North ajoutera un troisième volet à cette opération, en imaginant de financer l'armement des contras du Nicaragua avec les profits des ventes d'armes à l'Iran.

L'opération mobilisera un étrange patchwork de personnages, tous couleurs de murailles : le marchand d'armes iranien Manoucher Gorbanifar, Ben Banerjee, un « commerçant » britannique d'origine indienne, l'intermédiaire saoudien Adnan Khashoggi (encore lui), d'autres marchands d'armes, israéliens ceux-là, Yaacov Nimrodi ou Marcos Katz.

Selon des sources américaines [10], le projet de fourniture d'armes à l'Iran pour contrebalancer la puissance montante de l'Irak soutenue par l'Union soviétique, remontait au tout début de 1981. Un accord secret aurait même été conclu à l'automne 1980 entre l'administration démocrate et l'ayatollah Khomeyni. Mais la mise en œuvre serait intervenue plus tardivement, en 1982.

Il avait toujours été prévu qu'Israël jouerait un rôle important dans ce montage. Jérusalem était en l'occurence surtout soucieuse d'entretenir la guerre entre l'Iran et l'Irak, ses deux principaux adversaires au Proche-Orient. L'opération devait durer de six à dix-huit mois et porter sur des fournitures d'armes neuves et de pièces de rechange représentant plusieurs dizaines de millions de dollars.

Le premier contrat, d'un montant de 136 millions de dollars, est signé le 24 juillet 1981 par un marchand d'armes, ancien des services spéciaux israéliens. Presque chaque mois, au plus fort de l'affaire, des cargos immatriculés au Danemark ou au Panama ont vogué d'Eilat en Israël à Bandar Abbas en Iran; des avions loués en Argentine, en Irlande et aux États-Unis se sont envolés de la base secrète de Tucson en Arizona (Marana Air Park) pour transporter des armes et des pièces détachées américaines vers l'Iran. Personne ne doute depuis longtemps que ces livraisons ont bien eu lieu. J'ai pu par ailleurs obtenir la preuve formelle que la France a été impliquée dans la transaction. Des documents commerciaux attestent en effet que, fin 1985, est livrée une impressionnante cargaison de missiles antichars Tow : il y en a pour plusieurs dizaines de millions de dollars, soit 5 000 missiles Tow (en trois livraisons) et leurs plates-formes de lancement; des Sam 7 soviétiques; des Milan franco-allemands. Officiellement l'acheteur est le... gouvernement portugais, pour le compte du ministère nigérian de la Défense qui délivre le certificat d'usage final [11] garantissant que ces missiles ne seront pas livrés à un pays placé sous embargo. Or, l'épais dossier en ma possession prouve que les ventes de matériels américains à l'Iran n'ont pu être effectuées que grâce à l'intervention d'une chaîne d'intermédiaires directement liés à la Grande-Bretagne, aux États-Unis et même aux services officiels français. Les sociétés opératrices sont souvent domiciliées dans des paradis fiscaux, Liechtenstein ou Panama, mais on en retrouve également en Grande-Bretagne et en France.

Surgit même, au détour de ce dossier, le nom d'un officier français, chef d'escadron, très officiellement accrédité par le ministère de la Coopération pour vendre des armes à l'étranger. Il paraît agir en liaison avec le marchand d'armes indo-britannique Ben Banerjee (B.R. & W industries Ltd), auquel succède une mystérieuse société Arab Gate (*sic*) domiciliée à Dubaï. Pour couvrir les opérations aux plans financiers et des assurances, on trouve des sociétés aussi prestigieuses que Lyon-Traill Altenborough, courtier d'assurances de la Lloyd, l'Union de banques suisses, la Chase Manhattan Bank, le Crédit suisse, la Westminster National Bank, la banque hollandaise ANB (Algemeine Nederland Bank) et, inévitablement, la BCCI. Celle-ci opère dans sa spécialité première, c'est-à-dire la garantie de crédit et de bonne livraison.

Le rapport de la commission sénatoriale Tower l'a établi de façon formelle [12] : la CIA s'est bien servie du réseau BCC pour mobiliser les profits de l'Iran-Contra Gate. En 1986, Khashoggi a même pu brandir devant la sous-commission Kerry un chèque de 12 millions de dollars tiré sur la filiale monégasque de la BCCI, représentant une partie des ventes clandestines. Dès

1986, un ancien agent secret israélien, Ari Ben-Menashe, fera à ce propos des révélations accablantes : considérées à l'origine comme douteuses, elles seront par la suite largement confirmées. Mais les fonds nécessaires à cette opération ont fait un détour par l'Arabie saoudite afin de brouiller les pistes, avant de retourner sur un compte ouvert à la BCCI par un chef des contras, Adolfo Calero [13].

De l'Irangate à l'Iran-Contra Gate et Noriega

Les transactions avec l'Iran génèrent plusieurs millions de dollars de bénéfices. Ces sommes seront-elles purement et simplement réservées au Trésor américain? Pas question, proteste Oliver North, qui rappelle ses grands besoins d'argent pour l'armement des contras. Ce financement est rendu particulièrement difficile par l'interdiction édictée par le Sénat de Washington (amendement Boland, voté le 21 décembre 1982 à l'initiative du sénateur du Massachussets Edward Boland et de la majorité démocrate du Sénat [14]) de verser directement des subventions aux contras.

Oliver North obtient le feu vert de la Maison Blanche pour tourner cette interdiction en réinvestissant dans l'achat d'armes en faveur des contras les profits des ventes d'armes à l'Iran. Manuel Antonio Noriega va gagner beaucoup d'argent en s'insinuant dans ces opérations, clandestines par essence.

L'opération *Black Eagle* peut commencer. Elle est dirigée par un homme de la CIA, Donald Gregg [15], placé en « congé spécial » pour cette tâche.

Le premier collaborateur de Donald Gregg sera un pilote d'hélicoptère, Felix Rodriguez. « Frères de sang » depuis la guerre du Viêt-nam, les deux hommes ont opéré ensemble dans une unité anti-guérilla de la CIA. Les moyens employés ont valu à Gregg le joli surnom de « Monsieur Napalm ». Revenu à la vie civile, Rodriguez est un mercenaire, animé par un anticommunisme viscéral. Gregg n'a donc pas de mal à le recruter.

L'opération est mise au point lors d'une réunion tenue le 1er décembre 1981 dans la « situation room » de la Maison Blanche. Sont présents : William Casey, alors patron de la CIA, le président Ronald Reagan, George Bush et un petit groupe d'officiels et d'officiers. Bush est au courant de tout, en particulier grâce aux rapports qu'il reçoit régulièrement en raison de ses fonctions au Conseil national de sécurité. Tout au long des opérations, les réunions de travail se tiendront dans les locaux... de la vice-présidence !

Coût prévu du programme : 19 millions de dollars, pour la mise sur pied au Nicaragua d'une unité de 500 contras. Dans la pratique, les effectifs de ce qui est devenu une armée contre-révolutionnaire compteront 15 000 hommes.

Les armes destinées aux contras sont soviétiques, elles proviennent de saisies opérées dans les caches palestiniennes au Liban par les troupes israéliennes lors de l'opération de 1982, *Paix en Galilée*. Cependant, on trouve aussi dans le lot des armes d'origine israélienne. Travaillant en liaison étroite avec Marcos Katz, un marchand d'armes israélien installé à Mexico, les israéliens remettent les armes contre l'assurance d'avoir accès aux services des satellites-espions américains.

Le Mossad détache plusieurs conseillers techniques pour diriger les affaires sur le terrain. Mais il faut livrer ces armes : on dispose certes de vieux DC6 et autres C123 [16] volant aux couleurs de la Southern Air Transport, une fantomatique compagnie d'avions-cargos basée à Miami, et d'un terrain d'atterrissage au Salvador, au nord du Nicaragua. Mais rien au sud. Il faudrait obtenir un « droit de transit » au Panama.

Rien ne peut se faire à Panama sans l'aide active de Noriega. C'est donc, pour le chef d'état-major de la petite armée panaméenne, l'occasion de prendre pied dans *Black Eagle* au printemps 1983. Pour mieux définir les règles du jeu, George Bush décide de contacter lui-même Manuel Noriega. Les deux hommes se connaissent depuis une première rencontre à l'ambassade du Panama à Washington, en 1976. La deuxième rencontre a lieu au Panama : Noriega est reçu à l'ambassade américaine par Bush lors d'un voyage officiel du vice-président en Amérique centrale, en décembre 1983. Donald Gregg et Oliver North assistent à l'entretien ; le vice-président demande à Noriega de mettre un frein à la corruption dans son pays, mais il lui indique qu'il le considère toujours comme un allié essentiel dans la région.

Grâce à la bonne volonté de Noriega, *Black Eagle* est une réussite : l'opération permet la livraison d'armes pour un montant d'au moins 20 millions de dollars. En outre, Noriega a autorisé l'ouverture de camps d'entraînement pour les contras sur le territoire panaméen.

On s'aperçoit vite que les avions ne servent pas simplement au transport d'armes. Tout comme naguère, pendant la guerre du Viêt-nam, la compagnie Air America [17] avait été suspectée de participer au trafic d'héroïne pour financer les opérations spéciales en terrain ennemi, les appareils affrétés dans le cadre du programme *Black Eagle* auraient été utilisés aux mêmes fins par le Cartel de Medellin, afin de livrer de la cocaïne aux trafiquants sur le territoire américain même. Avant de remonter vers les États-Unis pour prendre leurs chargements d'armes, les appareils de la SAT auraient fait assez régulièrement le détour par des pistes clandestines de la Colombie voisine. Et Noriega est suspecté de faciliter l'action des trafiquants de drogue, puis de prélever sa dîme sur les fonds blanchis remis dans les banques panaméennes. Mais ces affirmations relèvent de la rumeur, sans véritables preuves.

José Blandon, l'ambassadeur du Panama à Washington, demande l'asile politique aux USA. Il affirme que les dirigeants américains auraient accepté un accord diabolique, consistant à fermer les yeux sur le trafic de drogue à condition que 1 % du produit soit consacré à l'achat d'armes. C'est sans doute cet accord qui inspire à Noriega une délicate et fameuse déclaration : « Je tiens Bush par les couilles. »

Fin 1984, l'affaire se gâte. Noriega a trop dénaturé l'opération. Craignant d'être impliqués, les Israéliens et les responsables d'origine se retirent du jeu.

L'amendement Bolland joue désormais à plein, et en principe, il n'y a plus d'argent. Le lieutenant-colonel Oliver North imagine alors le montage financier dit de « Iran-Contra Gate », qui sera également cité à plusieurs reprises dans l'affaire Irangate. Le transfert des fonds est assuré par trois Panaméens dirigés par un avocat installé à Genève. Avec ses associés, il a créé quatre sociétés-écrans enregistrées à Panama. Il est aussi l'avocat de Noriega en Europe !

Mais les livraisons sont insuffisantes pour faire face aux

besoins croissants des contras. C'est alors qu'est prise une initiative restée dans l'ombre jusqu'à aujourd'hui : n'écoutant que son ardente foi anticommuniste, le lieutenant-colonel Oliver North lui-même prend son bâton de pèlerin pour démarcher divers pays amis. Au nom de la campagne anticommuniste contre les sandinistes du Nicaragua, il obtient que les Saoudiens versent un million de dollars par mois pour relayer l'aide américaine défaillante. Plusieurs États d'Amérique latine et de la zone caraïbe versent de l'argent liquide. On cite les cas du Guatemala, qui donne presque un million de dollars, du Pérou, de Haïti, de Saint-Domingue...

Pour parvenir à ses fins, North semble avoir recours au chantage : aux pays les plus pauvres, il promet, en échange de la « contribution volontaire », des dons alimentaires dans le cadre du programme d'aide PL 480 [18]. Pour bien montrer qu'il n'utilise pas ces « contributions » pour son propre compte, le lieutenant-colonel-conseiller-spécial fait envoyer aux donateurs une lettre officielle de remerciements, dont l'objet réel n'est naturellement pas mentionné. Signature : George Bush, alors vice-président des USA. Les intéressés sont vivement priés d'être discrets [19].

Grâce à ces méthodes peu orthodoxes, Oliver North accumule près de 20 millions de dollars, qui seront réinvestis dans l'aide clandestine aux contras.

Les « bras cassés » de la CIA montent, sans la collaboration des Israéliens cette fois, une opération de rechange baptisée *Enterprise*, sous la couverture d'une société, Gretsch World, enregistrée à Panama. La première caisse d'armes achetées en Chine populaire arrive en Amérique centrale avec beaucoup de retard en avril 1985, d'où la mise sur pied d'une deuxième filière, *Supermarket*.

Dirigée par deux personnages qui naviguent entre les ventes d'armes et le mercenariat, cette nouvelle organisation doit permettre la livraison d'armes soviétiques acquises au Portugal, pour un montant de 2 millions de dollars. Persuadé qu'en réalité les deux personnages en question sont financés (et manipulés) par Noriega, qui tenterait ainsi et d'affermir son trafic de drogue, et d'y mouiller les services secrets américains, Oliver North se méfie des deux compères et leur coupe les vivres. 18 millions de dollars d'armes impayées sont bloqués au Honduras.

Entre les responsables d'*Enterprise* et de *Supermarket* s'instaure une compétition acharnée pour s'emparer des fonds secrets dispensés par les USA ou levés par les « amis » des contras. Pour clarifier la situation, en novembre 1985, Noriega est invité au siège de la CIA, à Langley, où il rencontre le patron, William Casey. Difficile d'affirmer que la collaboration du petit général avec la CIA et les barbouzes américaines fut fortuite et clandestine. Un porte-parole du Justice department révèle d'ailleurs : « John Lawn, le patron de la DEA (Drug Enforcement Agency) a soulevé, à six reprises au moins, le problème posé par Noriega, au cours de réunions avec des gens du département d'État et du Conseil national de sécurité. Ils savaient tout sur les investigations de la DEA, ils savaient aussi ce qu'elles impliquaient. »

En mai 1987, l'Attorney General adjoint [20] Stephen Trott affirme encore : « En matière de lutte contre la drogue, le bilan du Panama est superbe. » Sous-entendu : grâce à Noriega, qu'il faut donc défendre.

Les livraisons aux contras partent en quenouille au cours de l'été 1986. On comprend bientôt pourquoi : prenant les devants, dès le début de la même année, George Bush et son entourage ont entrepris de démentir formellement toute implication directe dans cette affaire qui sent par trop le scandale politique. Plus tard, George Bush nuancera son propos, se contentant de prétendre publiquement avoir été très mal informé de cette affaire, dont il n'aurait appris que des bribes à la fin de 1986. Pourtant, il avait écrit dans son carnet de bord, en date du 5 novembre 1986 : « Je suis l'une des rares personnes au courant de tout dans le détail [21]. » Quelques jours plus tôt en effet, Robert McFarlane, conseiller du président Ronald Reagan pour les affaires de sécurité, venait de se rendre à Téhéran pour régler certains détails de l'opération. Alors vice-président, et au surplus ancien directeur de la CIA, George Bush ne pouvait rien ignorer de ces épisodes. Il faut savoir en outre que son fils, John « Jeb » Bush, que nous avons déjà rencontré dans les parages de la BCCI, était, à Miami, le principal animateur du lobby pro-contra...

La thèse de Bush a d'ailleurs été totalement contredite par une note rédigée par Amiram Nir, un assistant de Shimon

Perès, alors Premier ministre d'Israël. Nir était le correspondant israélien d'Oliver North : il a expliqué comment il avait tout raconté au président Bush au cours d'une rencontre à l'hôtel King David de Jérusalem, le 29 juillet 1986 [22].

Ces épisodes peu reluisants de la politique américaine n'offriraient qu'un médiocre intérêt s'ils n'avaient donné l'occasion à Noriega et à son clan d'arrondir un peu plus leur magot, le plus clair de cette affaire étant que le général Noriega et les siens, s'ils ont réellement contribué à la lutte des USA contre la « subversion communiste » au Nicaragua, ont plus que largement tiré profit de la filière. Car Noriega n'a pas agi gratuitement, tant s'en faut. Sa participation aux différentes opérations Irangate/contras aurait rapporté net de 30 à 48 millions de dollars.

On considère généralement que la source de sa fortune est là. Payé à l'origine 100 dollars par information en récompense de tous ses services, Noriega a reçu personnellement, et de façon tout à fait officielle (selon les Américains), 323 168 dollars, soit 161 000 dollars reconnus par la CIA de 1971 à 1989, et 162 168 dollars remis par l'armée américaine (dont 10 000 dollars pour la seule année 1976) en récompense de renseignements essentiels qui permirent aux États-Unis de mieux négocier le nouveau traité sur le canal de Panama.

On s'accorde pour estimer que Noriega et son clan se seraient emparé au minimum de 10 millions de dollars provenant des fonds secrets. Son avocat Frank Rubino affirmera même, sans être sérieusement démenti, que les agents secrets américains fermèrent volontairement les yeux sur ces détournements.

Le général ne nie pas. Il estime même, qu'en réalité, les sommes ont été infiniment plus importantes : les 10 millions de dollars étaient justifiés, dit-il, par le silence exigé pour couvrir les opérations clandestines. Les autorités américaines quant à elles, si elles reconnaissent que de telles sommes ont pu être débloquées, affirment qu'elles l'ont été pour l'assistance militaro-politique au Panama, et non pour l'usage personnel de Noriega.

Des rapports troubles

Il est évident que cette collaboration douteuse embarrasse les Américains, au point de les mettre sans cesse en porte-à-faux. Après avoir soutenu Noriega, ils vont tenter de s'en débarrasser par tous les moyens. Le petit dictateur devient de moins en moins fréquentable. Selon les Américains, il est chaque jour plus clair qu'il ne se contente plus des modestes bénéfices de la corruption ordinaire. Noriega ne cache plus ses ambitions.

A Panama, le service de renseignement G2 n'ignore rien du trafic de drogue. Afin d'obtenir les « droits de transit » indispensables pour livrer la cocaïne de Colombie aux USA, les maîtres du Cartel de Medellin, Cali et Bogota, ont très tôt entrepris des grandes manœuvres visant à s'assurer la protection bienveillante des Panaméens. Contrairement à de nombreux jugements qui l'ont « diabolisé », Manuel Noriega n'était pas un candidat dictateur, gangster par essence. Très soucieux des intérêts de son pays, il n'était pas fatal que cet officier nationaliste devienne complice des trafiquants de drogue. Pourtant, s'appuyant sur les témoignages de « repentis » ou de trafiquants qui ont bénéficié de peines réduites, de nombreux observateurs sont persuadés que Noriega a toujours « touché à la drogue ».

En fait, les Colombiens ont rencontré les pires difficultés pour l'entraîner dans une collaboration formelle. Car l'homme est non seulement intelligent et rusé, mais en outre d'une extrême prudence. Il sait depuis longtemps que, quel que soit le niveau de participation, le trafic de drogue est une affaire dangereuse dans laquelle on se brûle presque toujours les ailes.

Oui et non, Noriega a-t-il joué double dans ses rapports avec les Américains? A-t-il simultanément reçu de l'argent pour informer la CIA et la DEA sur le trafic de drogue tout en couvrant le même trafic? La réponse ne paraît pas douteuse : Noriega a misé sur les deux tableaux. Mais cette attitude peut tout aussi bien s'interpréter comme une volonté d'infiltrer le milieu de la drogue pour mieux le détruire.

Le Cartel de Medellin se serait manifesté dès 1982. Les premiers pas semblent avoir été le fait de Carlos Lehder, l'un des fondateurs du Cartel, intercepté par la police américaine lors de rocambolesques opérations dans des îles désertes de l'archipel des Bahamas, et, depuis, condamné à la prison à perpétuité par un tribunal de New York [23].

Il est suivi par deux des patrons du Cartel, Pablo Escobar lui-même et Gustavo Gaviria, qui se déplacent en personne à Panama pour soumettre leurs offres à celui qui n'est encore que le colonel Noriega, mais apparaît déjà comme l'homme fort du pays après l'élimination politique ou « accidentelle » de ses adversaires.

Ces offres sont-elles insuffisantes? Ou bien la prudence de Noriega prend-elle encore le dessus? L'accord traîne... Selon Floyd Carlton Cacerès, pilote d'un des avions qui assurent le trafic de la drogue, il faut attendre le mois de novembre 1982 pour que Noriega accepte de fermer les yeux, grâce à un premier paiement de 100 000 dollars, suivi d'un autre au moins de 200 000 dollars cette fois, en décembre 1983.

D'autres informateurs assurent que le dictateur prélevait une dîme de 1 % sur la valeur de tous les chargements. Dans son témoignage, Carlos Lehder assure que Noriega encaissait 1 000 dollars pour chaque kilo de cocaïne parvenu aux USA, plus 5 % de tous les profits déposés dans les banques panaméennes. Or, dans les années quatre-vingts, une tonne par mois transitait par Panama. En prime, Lehder accuse Noriega d'avoir livré des dizaines de Colombiens aux USA pour s'emparer de leurs biens. Ricardo Bilonick, ancien ambassadeur de Panama aux États-Unis, considéré par la suite comme le « chargé d'affaires du Cartel » auprès du général, affirme que celui-ci aurait reçu de l'organisation au minimum 10 millions de dollars pour laisser transiter par son pays 300 tonnes de cocaïne, transportées à bord des avions de la compagnie Inair, qui lui appartenait.

On a aussi surnommé Noriega « The Lord of the Spies », le roi des espions. Au cours de toutes ces années, Noriega apparaît en effet surtout comme un maître incontestable du jeu double et des cartes biseautées. Certains trafiquants de drogue ont eu à s'en plaindre amèrement. Pour bénéficier de la protection de Noriega, ils affirment lui avoir offert des pots-de-vin. Le général est accusé d'avoir reçu lors d'un voyage à Medellin, durant l'été 1983, une valise contenant 500 000 dollars. Et, en prime, les services de six « danseuses » françaises.

En 1984, le Cartel projette d'installer un laboratoire clandestin dans la jungle panaméenne. Pour boucler l'affaire, les trafiquants auraient fait verser 4 millions de dollars à Noriega par un certain Boris Olarte. Que se passe-t-il réellement? Noriega assure qu'il aide les USA dans leur lutte contre les stupéfiants en livrant le laboratoire à la DEA, qui détruit l'installation en mai 1984. Plus tard, sur la foi du témoignage de Carlos Lehder, les autorités judiciaires américaines rétorqueront que, en fait, sous prétexte de « protection », Noriega a bel et bien rackettè les trafiquants avant de les dénoncer.

Double jeu encore : « ami » des Américains, Noriega entretient aussi des rapports étroits avec Fidel Castro. Il se rend à plusieurs reprises à La Havane, la première fois, affirme le général, pour dissuader le Lider maximo d'intervenir lorsque les américains envahissent l'île de Grenade en 1983. Les autorités américaines accusent au contraire le Panaméen Noriega d'avoir aidé Cuba à rompre le blocus économique qui étouffe l'île. Une accusation qui paraît d'ailleurs tout à fait justifiée.

Ainsi, ce ne peut être qu'avec l'aval de Manuel Antonio Noriega qu'a pu s'installer et prospérer dans la zone franche de Colon l'entreprise Sito Miñanco, produisant des cigarettes de marque Winston certes, mais fabriquées avec du tabac cubain. Or, le tabac cubain est précisément une des marchandises frappées par l'embargo. Devenu Winston à Panama, le tabac est blanchi; il peut être réexporté sans difficulté. Chiffre d'affaires de l'entreprise; 7,4 millions de dollars par an. Elle a pour fonction annexe de servir de base à une trentaine d'agents spéciaux de la DGI (Dirección General de la Inteligencia), la Sécurité cubaine; on a vu l'un de ces « employés-espions » exercer une surveillance quasiment constante des semaines entières devant l'ambassade américaine.

Noriega se faisait-il graisser la patte pour fermer les yeux sur cette affaire? De même, a-t-il été informé des trafics de drogue organisés par les Cubains pur « empoisonner » les Américains et financer la guerre d'Angola [27]? Voire pour acquérir des matériels américains de haute technologie par l'intermédiaire d'une autre société de Colon, Reciclaje SA, sans compter les faux certificats de destination et d'origine de la marchandise destinés à contourner le blocus [24].

Une certitude : Noriega entretient d'assez bonnes relations avec Fidel Castro pour se rendre à plusieurs reprises à Cuba, où il rencontre son homologue communiste. En particulier le 5 juillet 1984. Version de la justice américaine : Fidel Castro s'est proposé d'arbitrer le conflit d'intérêts entre Pablo Escobar et Manuel Noriega : le trafiquant colombien accuse le dictateur panaméen de l'avoir purement et simplement trahi en dénonçant à la DEA la présence sur son territoire du laboratoire de transformation de cocaïne qui sera détruit en 1984. La version Noriega est sensiblement différente : il aurait entrepris ce voyage pour préparer un accord secret entre les USA et Cuba, aux termes duquel les Américains devaient renvoyer à Cuba près de 3 000 réfugiés cubains considérés comme des « délinquants de droit commun ». En échange de quoi, Fidel Castro interviendrait auprès du régime sandiniste de Managua pour qu'il modère ses livraisons d'armes aux insurgés salvadoriens.

Les petites économies de Noriega

Au-delà des rumeurs, que sait-on de la « fortune » du petit général d'allure si modeste? Son seul revenu officiel était une solde d'officier, soit 30 000 dollars par an, traitement qui sera porté à 50 000 dollars lorsque, très tardivement, il deviendra le chef du gouvernement. Pas de quoi se constituer un gros viatique quand on entretient une femme, trois filles, au moins une maîtresse, et qu'on a des besoins, même si nombre d'entre eux sont satisfaits sur fonds secrets. Les soins de peau à Genève, la fête à Londres, les palaces à New York, toutes ces activités coûtent cher.

On crédite Noriega de 500 000 livres en Grande-Bretagne, de 20 à 25 millions de francs en France, gérés un temps par une société, Gaswit, fondée par l'ancien ambassadeur panaméen Gaspard Witgreen [25] sur des comptes ouverts au CIC, à la BNP et à la Société générale. Il possède deux appartements dans les beaux quartiers de Paris, à l'ombre de la tour Eiffel dans le VIIe arrondissement : l'un à son nom avenue de Suffren et l'autre au nom de sa femme, Felicidad, rue de Grenelle.

En revanche, on peut émettre quelques doutes à propos d'un

château dans la vallée de la Loire, jamais identifié. Même incertitude pour une villa qui aurait été acquise en Provence par l'homme d'affaires Jauffrey Newman pour le compte du général, et pour un château à Fiesole, près de Florence : ces trois propriétés n'ont jamais été localisées. De l'argent aurait été également placé au nom d'une amie parisienne : en trois semaines, celle-ci aurait investi 28 millions de dollars dans trois sociétés françaises, dont on n'a pas retrouvé la trace.

Sous son nom ou sous une autre couverture, ont été ouverts des comptes bancaires secrets en Suisse et en Allemagne. Ceux-ci ont vu transiter au minimum 23 millions de dollars. Un joli magot pour ce petit général né dans un taudis de Panama. Pourtant, ces fonds ne représentent peut-être qu'une infime partie de la fortune réellement accumulée par Noriega.

Dans la prison new-yorkaise où il purge une peine de quarante-trois ans de détention, le trafiquant panaméen Ramon Rodriguez affirme que, chaque mois, il « neutralisait » 320 à 350 millions de dollars pour le compte du général Noriega. Cette somme considérable paraît tout à fait invraisemblable. Rodriguez était considéré comme le trésorier du Cartel de Medellin, tout en étant le principal collaborateur du dictateur panaméen. Il a quelque raison d'en vouloir à Noriega : c'est grâce aux renseignements fournis par le général que Rodriguez a été arrêté à Fort Lauderdale (Floride), alors qu'il transportait 5,5 millions de dollars et 28 kilos de cocaïne...

Plus crédible est l'estimation de Tomas Cabal. Ce journaliste économique panaméen a été contraint à l'exil par Noriega, qui ne supportait pas ses analyses. Après la chute du dictateur, Cabal a repris ses enquêtes sur la fortune de Noriega, bénéficiant manifestement de l'aide accordée par Sergio Eusebio Marchowsky, responsable de la Dirección de Recuperacion Patrimonial. Lorsque je le rencontre à Miami [26], Cabal accuse : « Très vraisemblablement, on n'approchera jamais la vérité. Noriega ne s'est jamais mis en position d'avoir à nier quelque chose. J'estime que sa fortune pourrait atteindre de 300 à 800 millions de dollars répartis dans vingt-deux pays, en particulier Taïwan, Hong Kong, Israël, France, Allemagne, Autriche, Venezuela, Argentine, Uruguay, etc. Pour vous donner un exemple précis : durant l'invasion américaine de Panama en 1989, j'ai pu participer à la fouille des bureaux à Panama de Carlos Wittgreen, le fils de Gaspard Wittgreen, ambassadeur de Panama en France. Nous avons retrouvé des documents prouvant qu'au moins 525 millions de dollars avaient transité par ce bureau, en direction des banques suisses, par l'intermédiaire de leurs filiales locales. »

Nul ne paraît s'être vraiment préoccupé de ces fonds qui semblent s'être dissipés. En Suisse justement (à Davos exactement), où s'était d'abord réfugié Carlos Wittgreen. Mais les autorités helvétiques le tenaient pour indésirable. Wittgreen a dû partir au Pérou, mais, en vertu d'un mandat d'arrêt international lancé par Panama pour meurtre, il a été arrêté à Lima le 10 février 1993, et placé sous écrou extraditionnel. Tomas Cabal est d'ailleurs sans illusion : « Il est hautement probable que l'on ne retrouvera jamais la trace de ces capitaux. D'autant plus que Manuel Noriega a fait des émules à Panama même. J'explique toujours aux Américains que, lors de leur opération militaire, ils ont bien réussi à prendre Ali Baba, mais ils ont laissé sur place les quarante voleurs ! »

Manuel Antonio Noriega commence vraiment à se préoccuper de son argent au début des années quatre-vingts. Jusqu'alors, ses fonds étaient déposés dans un établissement spécial, la Banque institutionnelle de la Patrie. Pour ses investissements à l'étranger, le dictateur se reposait sur les conseils de son avocat installé à Genève. Mais, à l'époque, il n'y a pas trace de gros dépôts en dehors de Panama.

La « banque favorite » de Noriega

Pour placer ses économies, le général a utilisé successivement plusieurs banques. L'une d'entre elles va progressivement prendre la première place et devenir sa banque favorite : la Bank of Credit & Commerce (International). Noriega a découvert la BCCI en 1980 quand un modeste Pakistanais, Amjad Awan, lui a proposé les services tout terrain de la banque qu'il était chargé de développer à Panama.

Avec Awan, Noriega trouve à qui confier ses secrets. Né au Cachemire en juillet 1947, le Pakistanais est de nationalité britannique comme tous ceux qui sont nés sur le territoire des Indes avant l'indépendance en 1947. Awan a de qui tenir en matière de transactions masquées : son père Ayub Awan a longtemps été le patron de la police secrète interne du Pakistan.

Noriega et Awan s'étaient rencontrés en 1979 à Londres, lors d'un voyage officiel du général Omar Torrijos : ayant appris que Noriega aimait faire la fête, le Pakistanais lui avait offert la tournée des grands ducs dans la capitale anglaise. Le petit officier est ébloui. Devenu dictateur, il saura s'en souvenir.

Amjad Awan tient un discours qui ne déplaît pas : la BCCI est, affirme-t-il en substance, un réseau bancaire mondial développé par des hommes du Tiers-monde au bénéfice des peuples du Tiers-monde. Il se contente de réciter avec conviction le discours que lui a inculqué Agha Hasan Abedi.

Résultat : dès 1980, la BCCI est autorisée à ouvrir une filiale à Panama-City, la BCCI-Panama. Bien qu'elle ait été inaugurée en grande pompe par Abedi lui-même en présence de Noriega, l'agence ne fait pas encore le poids face à ses concurrents opérant sur le territoire. La BCCI doit se contenter de gérer les petits comptes et les petites économies des Pakistanais installés à Panama ou dans la zone franche de Colon. Awan comprend vite que pour décoller, il lui faut quelques clients prestigieux. Et d'abord le plus prestigieux d'entre tous, le colonel Noriega, dont l'étoile ne cesse de monter au firmament du pouvoir panaméen. Le banquier pakistanais accentue sa pression sur l'officier en multipliant les parties fines, les bombances dans les restaurants. L'objectif est atteint le 19 janvier 1982 : sous sa signature personnelle, et sur du papier à en-tête du G2, le service de renseignement de la Garde nationale, le colonel confirme à Awan sa décision d'ouvrir un compte à la BCCI : « Suite à nos récentes conversations concernant le dépôt des fonds secrets de la Garde nationale dans votre banque, je vous informe que les comptes seront assujettis aux conditions suivantes... Le compte sera à mon nom, il sera soumis à un secret rigoureux, et seules seront admises mes instructions écrites ou verbales. » Cet accord constitue un autre pacte du diable. Désormais, toutes les questions financières concernant Noriega seront gérées par la BCCI. Amjad Awan y laissera son honneur et sa liberté.

A partir de 1982, le général amasse beaucoup d'argent. La BCCI devient la « banque favorite » de Noriega [27]. De nombreux documents attestent clairement l'existence des comptes ouverts par le dictateur. Selon le témoignage d'Amjad Awan ses comptes personnels auraient vu passer au moins 3,4 millions de dollars. Après un premier dépôt de 200 000 dollars en 1982, le rythme des remises aurait été bimestriel ou trimestriel jusqu'en 1988. Et lors de ses voyages aux États-Unis, les hôtels étaient réservés et réglés directement par la BCCI.

Au milieu de 1983, Manuel Antonio Noriega accède enfin au grade de général et prend la direction de l'armée. Simultanément, l'essentiel des fonds est transféré à Londres, où le capital est pris en charge d'abord par la banque arabe, puis, à partir de 1986, par la société spécialement chargée de gérer de tels comptes, la CAPCOM Financial Service, dirigée par Syed Ziaudin Ali Akbar [28]. En cours de route, au moins un demi-million de dollars ont transité par la banque américaine First American Bankshare.

En 1984, le général sollicite de la BCCI-Panama un prêt de 400 000 dollars (qu'il obtient) pour acquérir l'appartement de l'avenue de Suffren à Paris; il affirme avoir versé 150 000 dollars d'apport initial. Pour autant, l'officier ne fait pas toujours un usage strictement privé de son compte BCCI. Selon Amjad Awan [29], Noriega a très largement utilisé les fonds secrets pour manipuler la politique intérieure panaméenne. Ainsi, dès 1983, il réussit à écarter de la course à la présidence le général Ruben Dario Paredes, en faveur de Nicolas Barletta. Pour parvenir à ses fins, il remet personnellement des enveloppes d'argent liquide à certains politiciens! Awan affirme avoir lui-même assisté à cette scène au Panama City Hilton...

Barletta est élu. Pas pour très longtemps, car, en septembre 1985, le président est à son tour évincé par Noriega, accusé par ailleurs d'avoir fait disparaître quelque jours plus tôt Hugo Spadafora. Ce « héros des guerres de libération » était de la trempe d'un Che Guevara, et faisait donc de l'ombre à Noriega.

Entre-temps, par mesure diciplinaire, Awan a été muté au bureau BCCI de Washington. La direction lui reproche de ne pas avoir détecté de faux chèques soi-disant tirés sur le Trésor américain, qui ont coûté à la banque pakistanaise 3,7 millions de dollars. Mais Noriega a obtenu d'Abedi qu'Awan continue à gérer personnellement ses comptes secrets.

L'argent en fuite

Le 4 février 1988, nouveau coup dur : Mark Schnaff, alors procureur fédéral à Miami (Floride), décide d'inculper le général Noriega pour trafic de drogue. Parfaitement au fait de la situation pour le moins acrobatique de la BCCI, Amjad Awan recommande alors la fermeture des quatre comptes entretenus dans des agences londoniennes de la banque. Des comptes qui capitalisent alors 20 millions de dollars. Ces fonds sont d'abord rapatriés sur la BCCI-Panama, puis crédités, début août 1988, dans les livres de la BCCI-Luxembourg, sur les comptes de CAPCOM Financial Service.

Noriega doit une fière chandelle à son « banquier favori » : le 8 octobre 1988, c'est l'immense coup de balai lancé contre les succursales floridanes de la BCCI, puis contre de nombreux responsables de la banque en Grande-Bretagne et en France, à la suite de l'opération d'infiltration menée à Tampa par les Douanes américaines [30]. Amjad Awan est tombé dans la nasse du faux mariage. Tout comme Syed Ziaudin Ali Akbar, le directeur de CAPCOM à Londres, ce qui est beaucoup plus ennuyeux pour Noriega car ce dernier détient les clés de sa fortune.

Heureusement, Ali Akbar sait tenir sa langue. Condamné à 18 mois de prison, il est libéré sur parole, en septembre 1991, et quitte clandestinement la Grande-Bretagne pour rejoindre son amie, qui l'attend dans un hôtel de Calais avec un gros paquet de documents compromettants. Le couple est alors intercepté par la Police de l'air et des frontières françaises.

Les fonds n'ont pas fini de circuler. Plus tard au cours de l'année 1988, en septembre probablement, trois nouveaux avis de virement vident les comptes ouverts à la BCCI-Luxembourg au profit de comptes ouverts au nom de la Banque nationale de Panama, en Suisse, à l'Union de banques suisses, et en Allemagne, à la Deustche Süd-Amerikanische Bank à Hambourg [31] : soit, le même jour, un total de 22 990 163,73 dollars (au cours de l'époque : environ 138 millions de francs).

Incidemment, ce tour de passe-passe permet à l'UBS d'affirmer qu'elle n'a jamais identifié dans ses agences de dépôts appartenant à Noriega. L'argent n'a pas fini de circuler pour autant : les fonds abrités en Suisse et en Allemagne sont réexpédiés à Londres, sur un compte ouvert par une mystérieuse société Finley SA à la Middle East Bank. De là, ils repartiront bientôt créditer le compte ouvert dans une banque de New York par une société encore plus fantomatique que les autres, MAN Trust. MAN pour Manuel Antonio Noriega, évidemment! Mais cette fois l'opération a été si bien réussie que lorsque les enquêteurs réussiront à identifier le MAN Trust, ils ne trouveront qu'une coquille vide. L'argent noir du dictateur caraïbe semble s'être évaporé.

La partie helvétique de ces transactions a pu être révélée grâce à la volonté des autorités panaméennes d'y voir plus clair. Celles-ci ont donc demandé à la Suisse et obtenu, le 17 janvier 1990, le bénéfice de la loi de 1983 sur l'entraide judiciaire.

Un épisode peu connu permet de comprendre combien, dans ce genre d'affaire, il est difficile de cerner la réalité. A la suite des « révélations » faites en mars 1988 à la sous-commission Kerry [32] par le trafiquant Ramon Rodriguez, la banque ANB (Algemeine Nederland Bank, la première banque hollandaise, qui entretient un très important réseau dans les Antilles néerlandaises et en Amérique latine) lance une enquête interne pour tenter de mettre au jour certaines opérations de blanchiment. Selon ces accusations, le siège de Curaçao (Antilles) serait un des principaux relais et du Cartel de Medellin et de Noriega. L'enquête n'aboutit pas, et Ramon Rodriguez ne confirmera pas son témoignage devant la justice lors de son propre procès. Il semble que la dénonciation était tout simplement calomnieuse.

En revanche, l'ouverture en France, le 21 décembre 1989, d'une procédure pour « blanchiment du produit du trafic des stupéfiants et participation à des opérations financières internationales portant sur le produit du trafic des stupéfiants » permet de se faire une petite idée des économies familiales puisqu'elle conduit le juge Patrick Fievet à bloquer une vingtaine de comptes dans les banques suivantes : BNP, CIC, Crédit lyonnais, Banco do Brazil et naturellement BCCI, à Paris et à Marseille. Le montant total des fonds concernés se monte au minimum à 20 millions de francs, mais pourrait atteindre les 25 millions. Les titulaires sont Felicidad Noriega, sa fille Sandra, Juan Beauchamp (le mari de Sandra) [33], Gaspard Wittgreen, ambassadeur du Panama à Paris, Vega, ambassadeur à Londres, Mme Nilsa Doris Aparicio, consul général de Panama à Marseille.

Le 10 janvier 1990, la situation des comptes de la famille Noriega dans l'agence Breteuil du CIC est plus que confortable [34] : Sandra Noriega a de quoi voir venir avec 7 950 642,45 francs; Felicidad est nettement moins bien lotie avec 878 295,85 francs. Mais surprise : le pauvre Manuel a été manifestement dépouillé, puisque son solde s'avère nul!

En fait, les comptes étaient sous surveillance depuis le raid sur la BCCI en octobre 1988. L'alerte a été donnée le 21 décembre 1989 après un ordre de virement suspect, émis à partir du compte CIC de Mme Noriega vers un compte Crédit lyonnais au nom de Mme Aparicio à Marseille, auquel allait succéder un virement destiné à l'ambassadeur de Panama à Luxembourg. Or, à l'époque, il n'y avait pas d'ambassadeur de Panama à Luxembourg...

La technique n'était pas nouvelle. Selon un document produit par la BCCI, dès le 9 janvier 1987, un mois avant un voyage officiel de Noriega à Paris et Marseille, l'agence londonienne de la banque pakistanaise avait émis en sa faveur un virement de 2 193 818,06 dollars. Mais, deux mois plus tard, mouvement inverse, et de plus grande ampleur encore puisque ce sont 13 304 750,46 dollars qui repartent sur le compte de Londres, lequel est de nouveau crédité le 7 juillet de 14 320 271,90 dollars. Les agences de Londres auraient ainsi vu transiter 100 millions de dollars au total [35].

On aura reconnu le système de virements en cascade effectués à un rythme très rapide afin de blanchir l'argent en masquant ses origines. De Duvalier à Noriega, toujours les mêmes méthodes, et d'ailleurs toujours les mêmes banquiers.

La famille Noriega avait manifestement préparé une base de repli en France, considérée comme une place sûre. On peut aussi conclure de tout cela que le « petit général » avait bien arrondi son magot depuis les premiers temps de sa collaboration avec la BCCI et autres banques.

Faisant fi de toute modération dans ses revendications, la République de Panama réclame à Noriega et à son clan 6,5 milliards de dollars devant les tribunaux. Cette demande est manifestement excessive.

Une enquête secrète

On connaît avec précision le déroulement des rapports d'affaires entre Noriega et la BCC, grâce aux enquêtes menées notamment par l'avocat Jack Blum pour la sous-commission sénatoriale Kerry.

L'objectif initial de la sous-commission était, on s'en souvient, d'élucider les liens suspects entre Noriega et l'administration Reagan, en relation avec les ventes clandestines d'armes aux contras du Nicaragua. Nous avons vu pourquoi le champ d'investigation avait été étendu aux problèmes de la drogue, puis en direction de la Bank of Credit & Commerce. C'est dans ce cadre qu'en février 1988, Blum recueille à Washington le témoignage de José Blandon, ancien ambassadeur du Panama. Pour la première fois le nom de la BCCI apparaît au côté de celui du général Noriega. Amjad Awan a vent de ce témoignage, il se précipite chez les avocats de la BCC, le cabinet de Clark Clifford [36], persuadé que les responsables légaux de l'établissement vont recevoir une injonction, peut-être du Congrès. Il s'agirait de s'expliquer sur le rôle de la banque auprès du général Noriega... Pour préparer cette intervention, Awan rappelle à ses interlocuteurs, au cours d'une longue conférence de travail, que, depuis toujours, des rumeurs courent sur l'origine de l'argent de Panama, qui pourrait provenir du trafic de drogue. Amjad Awan précise la position de la BCCI : elle agit dans le cadre légal en faisant des affaires avec des exportateurs panaméens. Le Pakistanais affirme ne rien savoir d'un éventuel transit de l'argent de la drogue par telle ou telle filiale de la BCCI. Il admet cependant que le blanchiment d'argent n'est pas exclu... Les rapports d'affaires entre le général Noriega et la BCCI, précise Amjad Awan, avaient été à l'origine, limités à 200 000 ou 300 000 dollars déposés en garantie de cartes de crédit Visa.

Malgré son éloignement de Panama, Awan se rapproche de plus en plus de Noriega, au point que, lors d'un voyage du général à New York, Awan paie ses dépenses avec sa propre carte de crédit, et lui prête 100 000 dollars en liquide.

Le 25 mai 1988, un article du *New York Times* révèle certains aspects de l'affaire de Tampa, impliquant indirectement Manuel Noriega. Ces révélations inquiètent tellement la BCCI que Swaleh Naqvi, qui assure alors l'intérim de la direction générale, vient lui-même à Washington pour préparer le dossier. Entre-temps, la sous-commission Kerry a fait une demande formelle d'explications à la banque.

L'avocat Clark Clifford indique au sénateur John Kerry que la BCCI accepte d'apporter toute sa coopération. Début août, Clifford et son associé Altman rencontrent donc Jack Blum, qui est assisté de Kathleen Smith. C'est Altman qui répond aux questions de Blum. En substance, la discussion prend le tour suivant :

– Les comptes du gouvernement panaméen à la BCCI sont bien contrôlés par Noriega?

– Je ne peux pas donner d'information à cause du secret bancaire panaméen et à cause des risques présentés sur les employés et les affaires par de telles révélations. Les montants ne seraient susceptibles d'être dévoilés qu'avec l'accord du gouvernement panaméen [alors contrôlé par Noriega].

– Quelles sommes ont été retirées?

– Les comptes ont été fermés durant l'été 1988.

– Et où se trouve maintenant Amjad Awan?

– Durant quelques jours il est en voyage aux USA, mais il doit être muté à Paris. [En fait, la banque avait donné l'ordre à Amjad Awan de quitter définitivement les USA pour éviter d'avoir à se rendre aux convocations de la sous-commission.]

– Combien la BCCI a-t-elle prêté à Noriega?

– S'il y a eu des prêts, ils ont été par nature très modestes. Et puis il y a toujours le secret bancaire.

Altman finit par avouer à Jack Blum combien cette inquisition l'empoisonne. Et d'ajouter : « La réputation de la BCCI pourrait en souffrir si cela se savait! »

Dialogue de sourds, Altman tente de gagner du temps en cherchant à jouer au plus fin. S'il lâche la moindre information sur Manuel Noriega, c'est tout l'édifice de la BCCI qui risque d'être ébranlé, et il en est bien convaincu. En fait le jeu était truqué, les avocats ignoraient manifestement qu'Amjad Awan, de son propre chef, avait eu un très long entretien avec Jack Blum, au cours duquel le Pakistanais avait évoqué la plupart des questions essentielles. Mais uniquement à propos de Noriega, alors l'objectif du chef d'enquête de John Kerry.

Blum établit bientôt une note de synthèse d'où il ressort que, selon les informations rassemblées, la sous-commission peut affirmer qu'à travers ses agences au Panama, Colombie et à Miami, la BCCI est significativement compromise dans le blanchiment d'importants avoirs en liquide découlant de la vente de drogues illicites aux USA. Mais qu'en plus, la banque est largement engagée dans la gestion des avoirs de Noriega.

Le 11 septembre 1988, Clark Clifford fournit un certain nombre de documents complémentaires. Les informations de la sous-commission Kerry ont été recoupées par des sources extérieures, et elle a fini par conclure que le général Noriega apporte une aide décisive à la BCCI au Panama. Réplique en substance de Robert Altman, l'associé de Clifford : « Nous voulons bien coopérer, mais nous ne détenons pas d'informations essentielles, nous avons toute confiance dans cette banque, d'ailleurs les critiques énoncées au cours des années passées se sont toutes révélées sans fondement. On nous a indiqué qu'il n'y avait aucune trace de blanchiment de l'argent dans l'activité normale de la banque et que les rapports d'affaires avec Noriega ne dépassaient pas le niveau du montant de garantie pour la carte Visa. Un officiel de la BCCI qui connaît bien le dossier, ajoute Altman en faisant référence à Amjad Awan, estime que le général Noriega n'a jamais été corrompu par des commissions offertes par des individus impliqués dans le trafic de drogue. »

C'est ainsi en tout cas que l'enquête sur les rapports entre Noriega et les trafiquants de drogue a débouché sur la mise en cause de la BCCI et sur la découverte des rapports secrets entre la multinationale arabe et la First American Bankshare.

Rien ne va plus

Les relations entre les maîtres américains et l'informateur panaméen devaient inéluctablement se gâter. Comme pour les Duvalier et les Marcos, le contexte international joue sans doute son rôle. La guerre froide s'adoucit un peu, l'Union soviétique semble prendre ses distances avec le régime de Managua. Noriega est moins indispensable que par le passé, ses méthodes de gouvernement fondées sur la corruption, le meurtre, les manipulations deviennent de moins en moins admissibles pour les Américains. Certes, il y a déjà eu naguère des crises : Noriega s'est même vu supprimer son salaire par la CIA, avant d'être rétabli dans ses droits par l'entourage de Reagan... après son accession au pouvoir.

Plutôt gênantes apparaissent ses relations supposées avec les hommes du *White Powder* [37]. La rumeur en courait depuis longtemps, mais ce n'était qu'une rumeur. Le 1er novembre 1985, on révèle les conclusions d'une enquête diligentée par le *Southern Command*, qui inclut les troupes américaines stationnées à Panama : le général Noriega et son armée sont formellement accusés de participer de façon active au trafic de drogue. On doit retenir la date : Gorbatchev est au pouvoir à Moscou depuis juillet 1985, la rencontre au sommet de Genève entre le Soviétique et le président américain Ronald Reagan se tient en décembre de la même année. Duvalier et Marcos vont tomber dans quelques semaines. En vérité, la mort politique de Noriega avait certainement été programmée.

Le général ne peut comprendre ce fantastique retournement de l'histoire; il est persuadé qu'il a encore de nombreux beaux jours devant lui.

S'il n'a pas vu venir le coup, n'oublions pas cependant que Noriega est un homme d'une toute autre trempe que Duvalier ou Marcos. Un homme qui tient les Américains « par les couilles ». La CIA l'a trop longemps soutenu pour le laisser tomber, du moins ouvertement. Washington préfère multiplier les tentatives de coup d'État. En vain. Noriega passe à travers les gouttes, à la fois chanceux et trop bien informé. Il faut finalement faire la guerre, comme à la Grenade, pour venir à bout du petit bonhomme devenu si encombrant.

Pendant les vacances de Noël 1989, se déroule une vraie guerre avec pour objectif d'enlever un chef d'État étranger, le ramener sur le territoire américain sans aucun fondement juridique. Les USA ne s'arrêteront d'ailleurs pas en si bon chemin, puisque, en mai 1992, la Cour Suprême, dans un arrêt fameux [38], justifie et légalise l'enlèvement à l'étranger – sans procédure d'extradition naturellement – de toute personne poursuivie aux États-Unis pour des actions criminelles : les Américains confirment qu'ils s'arrogent le droit exorbitant d'être les gendarmes et les justiciers du monde, au mépris bien sûr de toutes les lois et conventions régissant les relations internationales.

La guerre a été difficile et beaucoup plus coûteuse en argent et... en vies que prévu. Noriega s'est placé à l'abri du Vatican, à la nonciature apostolique. Il faut des négociations serrées pour le convaincre de sortir. Le 3 janvier 1990, après la messe, il se rend aux troupes américaines. Transporté en hélicoptère à la base aérienne de Howard, dans la *Canal zone*, il est embarqué dans un avion-cargo C 130 Hercules qui le conduit à la base aérienne de Hampstead, au sud de Miami. Dans les heures qui suivent, il est transféré au Tribunal fédéral de Miami, où le juge William Hoeveler lui notifie les charges retenues à son encontre.

Mais, à l'image de l'opération militaire, le procès va être franchement laborieux.

Depuis des semaines, des mois, des années, les procureurs américains, les services d'enquête des douanes et de la police s'acharnent à réunir des preuves contre le général Noriega et son entourage. En vain : malgré ses 16 000 cotes, il n'y a pas, dans le dossier, de pièces décisives. Ou bien Noriega et ses conseillers ont été assez habiles pour ne pas laisser de traces compromettantes, ou bien le petit général n'a tout simplement pas été « l'horrible corrompu » que fustigent la justice et la presse américaines.

Pour Washington, il est difficile d'admettre que l'Amérique porte un jugement erroné. Les attorneys doivent se rabattre sur les témoignages, appliquant de façon systématique l'opportunité que leur offre le code pénal américain de proposer une remise de peine aux *convicts* qui acceptent de collaborer avec la justice, ceux que l'on appelle d'une façon inappropriée les « repentis ».

Dix-huit de ces repentis seront appelés à témoigner à charge dans le procès qui ne repose d'ailleurs que sur leurs accusations. Or, celles-ci sont d'autant plus douteuses que certains témoins ont été payés pour venir à la barre. Quelle confiance peut-on accorder à Carlos Lehder, l'un des fondateurs du Cartel de Medellin, condamné à la prison à perpétuité plus 135 ans, et qui a obtenu pour sa famille une protection spéciale [39]? A Luis del Cid, qui a vu sa peine réduite de 70 à 10 ans de prison? A Max Mermelstein, qui risquait la perpétuité plus 90 ans, et qui a été condamné à 2 ans et 21 jours (plus il est vrai l'obligation de restituer 700 000 dollars)? Et que dire de Floyd Carlton Caceres, l'ancien pilote de Noriega : il était poursuivi pour avoir transporté 440 kilos de cocaïne, ce qui aurait dû lui valoir la perpétuité; et il ne s'est vu condamner en 1990 qu'à une peine de neuf ans, bientôt transformée en trois ans de liberté probatoire...

Un exemple tout à fait caractéristique : la façon dont on « établit » que Noriega touchait des commissions lors de chaque remise d'argent noir dans une banque de Panama. Les journalistes américains James R. Adams et Douglas Frantz [40], racontent comment un certain Steven Kalish, de Tampa (Floride) vient à Panama City, le 22 septembre 1983, avec l'intention d'ouvrir, avec l'aide de Cesar Rodriguez, alors homme de confiance de Manuel Noriega, un compte dans une banque où il a déposé 2 millions de dollars. Les enquêteurs précisent que le lendemain, Kalish est invité à rencontrer brièvement le général : au terme de l'entrevue, le trafiquant aurait « oublié » dans le bureau du dictateur une mallette contenant 300 000 dollars.

Noriega : « Monsieur Kalish, vous avez oublié votre mallette ! »

Kalish : « Je sais, mais cet oubli est volontaire. »

L'anecdote serait parfaitement significative si elle ne reposait pas uniquement sur les dires de Kalish lequel, moyennant ce témoignage, s'est vu attribuer une remise de peine lors de son procès ! Les auteurs ont manifestement reçu leur information du parquet de Tampa, mais celui-ci n'a pu étayer ce témoignage par des preuves plus précises.

Profitant de ce contexte, la défense se paie le luxe de faire également appel à des témoignages, ceux-ci tenus pour sérieux : il s'agit de faire dire à d'anciens agents de la CIA et de la DEA tout le bien qu'ils pensent des relations qu'ils ont entretenues avec le petit général. Le 5 mars 1992, Francis Mullen, administrateur de la DEA de 1981 à 1985, répond en ces termes à l'avocat Frank Rubino :

Question de Rubino : « A l'époque où vous dirigiez l'agence, avez-vous jamais reçu une information crédible impliquant le général Noriega dans un trafic de drogue?

– Non.

– A chaque fois où vous avez sollicité son aide, vous l'a-t-il toujours donnée?

– Oui. En outre Noriega renvoyait systématiquement aux États-Unis tous les trafiquants de drogue américains en fuite pour qu'ils puissent être jugés, et aucun agent anti-drogue américain n'a été tué tant qu'il a été au pouvoir à Panama... Cependant, il faut reconnaître que Noriega s'est toujours montré un participant passif dans la lutte contre la drogue; on peut même douter de l'engagement réel de Panama dans la guerre contre la drogue [41].

Le procès permet même de lever un voile sur l'une des principales énigmes touchant les rapports entre Castro et Noriega. On se souvient que Noriega aurait bénéficié de l'appui de Castro contre Pablo Escobar à propos de la destruction d'un laboratoire de transformation de la cocaïne en mai 1984. Or, au cours du procès, la défense produit un document résumant quatre câbles de la CIA; il révèle que les 4 millions de dollars versés par les Colombiens pour la protection du laboratoire n'ont pas été encaissés par Manuel Noriega, mais par l'un de ses collaborateurs, le colonel Julian Melo, secrétaire général de l'état-major des Forces de défense panaméennes. Par la suite, Melo a même remboursé aux Colombiens 782 000 dollars pour éviter les violences, proposant en outre d'assassiner Manuel Noriega [42] ! Cette affaire montre à quel niveau les politiques, la justice et les médias américains ont hissé la diabolisation du général Noriega.

L'embarras du parquet de Miami apparaît encore mieux à travers deux faits. On s'en souvient, Dick Gregory, le procureur fédéral primitivement chargé de l'affaire, a été brutalement écarté quand il est apparu que, faute de charges assez solides, il entendait se montrer moins sévère et moins catégorique que ne le souhaitait l'administration Bush, très soucieuse de justifier par une lourde condamnation l'opération *Just Cause* et ses morts.

Plus surprenant encore : l'acte d'accusation n'a pu être communiqué à la presse que très largement censuré. Quels ont été les passages expurgés ? Tous ceux concernant les rapports entre Manuel Noriega et la CIA. C'est pourtant un secret de polichinelle, mais le département de la Justice ne veut toujours pas en reconnaître la réalité.

Il faut bien s'entendre : il ne s'agit ni de brosser un portrait idyllique de Manuel Antonio Noriega, ni de le présenter comme une victime. Mais si Noriega est coupable de mille méfaits, il est non moins évident que la justice américaine est incapable de prouver sa culpabilité.

Est-il préférable d'avoir mené une guerre pour rien, ou bien de condamner injustement un innocent? Ce sont les termes de la tragédie qui s'est jouée durant tout le printemps 1992, dans cette grande salle un peu froide du tribunal fédéral de Miami. Les forces armées américaines avaient choisi de nommer leur opération contre Noriega au Panama *Just Cause*; et voici que ces mots se retournent contre leurs inventeurs. La justice n'a-t-elle pas été trop loin dans le recours systématique aux trafiquants-témoins à charge?, s'interrogent alors les Américains.

L'ex-général Manuel Antonio Noriega refusera d'entrer dans cette comédie judiciaire. Tout au long du procès, il attendra tranquillement, impassible, comme un homme qui est sûr de son bon droit.

Après de mornes et interminables audiences, le procès approche de sa fin. Au début d'avril 1992, le jury est appelé à se prononcer. Les débats s'éternisent à l'hôtel Everglades où sont enfermés les jurés. Trente-cinq heures de discussions en quatre jours, et aucune décision ne paraît devoir émerger. Un des jurés racontera dans la presse [43] comment se sont déroulés les débats, lesquels ne sont pas tout à fait à la hauteur de la réputation d'indépendance de la justice américaine. Le jury ne parvient pas à se prononcer à l'unanimité pour ou contre la culpabilité du général : deux jurés s'opposent à la condamnation. C'est l'impasse. Bientôt il ne reste plus qu'un vote négatif. Alors le président du jury menace : « Nous siégerons sans discontinuer jusqu'à ce que nous trouvions une issue honorable pour sortir de cette impasse. »

Alors le récalcitrant cède... Noriega, coupable.

Complètement escamotée, la collaboration de Noriega avec les promoteurs de l'Iran-Contra Gate. Ni Donald Gregg, ni Oliver North n'ont été autorisés à venir à la barre dire dans quelle (large) mesure le général les a aidés. Quant à George Bush, il ne se souvient tout simplement pas avoir rencontré un jour ce petit bonhomme au teint olivâtre et à la peau grêlée... Totalement escamoté aussi le problème des fonds prétendument détournés par Noriega. La question n'a pas été soulevée pendant les débats, elle n'apparaîtra pas dans le jugement.

Le juge Hoeveler prend tout son temps. Le parquet avait demandé cent vingt ans de prison. Le 11 juillet, le magistrat n'en accorde que quarante. Noriega consent alors à sortir de son silence pour la première et la dernière fois. Deux heures et demi durant, en espagnol, sur un ton monocorde assommant, le petit général développe sa thèse : il est bien un prisonnier de guerre, il récuse le fonds et les modalités d'un procès qu'il tient pour purement politique.

Ensuite, toujours encadré des costauds du FBI, il disparaît par la porte du fond. Le modeste tribunal de province retrouve le calme. Le vieux palais de justice de Miami, l'immeuble le plus ancien de la ville, s'assoupit de nouveau à l'ombre des tours immenses qui l'entourent. Le président George Bush peut soupirer d'aise, lui qui, quelques jours plus tôt, s'est fait huer dans les rues de Panama-City [44]. Qu'importe de telles péripéties, l'essentiel est que le procès ait eu lieu pour que soit symboliquement damné ce diable dont les États-Unis et George Bush lui-même ont tant usé et abusé. Il fallait effacer le noir souvenir des services rendus. Le diable Noriega a bien été jugé, sévèrement, comme le président le désirait. Les héros morts et les dizaines de millions de dollars de *Just cause* sont justifiés.

Dans la foulée, un tribunal de Londres condamne le général Noriega à rendre au Panama les 30 millions de dollars qu'il est accusé d'avoir volé. Mais où sont-ils donc? Les États-Unis demandent la saisie définitive, au profit du Trésor américain, des comptes bloqués dans le monde, d'où les protestations de Frank Rubino, qui constate que le jury de Miami n'a absolument pas prouvé que les fonds déposés sur ces comptes provenaient des bénéfices de la drogue; et pour cause, puisque la question n'a pas été posée! D'ailleurs si cet argent devait revenir à un pays, ce ne serait sûrement pas aux USA, mais bien aux Panaméens qui en ont certainement davantage besoin.

Les poursuites ne cessent pas pour autant. Sur la côte ouest de la Floride, le tribunal de Tampa demande la comparution du général pour répondre à de nouvelles accusations : il s'agit cette fois de trafic de marijuana. A Miami, c'est Felicidad, l'épouse de Manuel Noriega, qui est interpellée dans un magasin alors qu'elle tentait de voler... les boutons dorés d'un tailleur! A Tampa encore, en février 1993, de nouvelles poursuites sont engagées contre les responsables de l'ancienne agence locale de la BCCI pour les contraindre à dévoiler où sont cachés les fonds Noriega. A Panama enfin, le procureur général dévoile que l'ex-dictateur sera prochainement jugé dans son pays pour meurtres et corruption.

Vae victis.

VI

Les kleptocrates africains

L'or au noir du continent noir

Comme il n'a pas été exploité depuis la nuit des temps mais seulement depuis un siècle ou deux, le continent africain recèle, entre autres richesses minières, de belles réserves d'or. La croisière noire commence donc logiquement par une histoire d'or, l'or de Traoré.

Cette histoire obscure et ambiguë est révélatrice et des pratiques douteuses qui ont permis aux chefs d'État africains et à leurs clans de s'enrichir au-delà de toute mesure, et de l'extrême difficulté qui fait obstacle à la récupération des fortunes détournées. Intérêt supplémentaire : l'or de Traoré a provoqué un scandale dans les milieux politiques préoccupés par l'Afrique. Et ce scandale a induit plusieurs propositions pour lutter contre l'enrichissement sans cause des potentats.

Cette fois, le métal noble n'est pas un songe fantasmatique, il existe bien sous forme d'au moins cent soixante-neuf chargements expédiés entre février 1985 et août 1987 depuis le Mali vers la Suisse via Bruxelles. Chaque envoi prenait la forme d'une ou deux caisses métalliques remplies d'or grossièrement raffiné. Le métal jaune devait prendre sa qualité finale dans deux usines helvétiques, UDGC à Genève, et Metalor à Neufchâtel. Les expéditeurs étaient selon les « LTA » (lettres de transport aérien) dix-neuf braves commerçants de Bamako, la capitale du Mali.

Fin juillet 1990, 267 kilos d'or sont encore exportés. Comment un des pays les plus pauvres du monde est-il capable d'expédier en Suisse de telles quantités d'or? L'explication de ce mystère apparaît très simple : le Mali est un producteur notable, en particulier grâce à deux mines situées à Kalami qui recèlent un minerai riche, 9/10 or, 1/10 argent. Mais ce n'est pas tout : durant de nombreuses années, la Banque nationale de Guinée, un pays voisin également producteur mais longtemps régi par un système politique proche du communisme, a fixé un prix d'achat arbitrairement trop faible. Conséquence : les orpailleurs guinéens ont exporté en fraude leur production vers le Mali, qui achetait à meilleur prix. Donc voici Bamako doublement exportateur.

Deuxième question : qui est le vrai bénéficiaire de ces opérations? L'identité des commerçants impliqués constitue en l'occurrence un indice important. Tous appartenaient à l'entourage immédiat de l'homme qui a exercé, de 1968 à 1991, une véritable dictature sur le Mali, Moussa Traoré.

C'est pourtant sous son règne, le 15 août 1987, que le pot aux roses a été « découvert par hasard » par des douaniers maliens opérant sur l'aéroport de Bamako/Sénou. Ils sont trois enquêteurs, Alhassane Singare, membre du cabinet du ministre des Finances, et ses deux adjoints, Hamidou Bocoum et Mamadou Soumano. Vers 21 heures, cette fine équipe s'approche d'un avion de la compagnie belge Sabena qui doit décoller dans une dizaine de minutes.

Les trois fonctionnaires agissent « sur information », c'est-à-dire qu'ils ont reçu un tuyau : en dernière minute on chargera dans la soute de grosses cantines jaunes remplies d'or en vrac, 150 kilos, dit-on. Hélas, le tuyau était percé. Les cantines sont là, mais vides [1]. Le représentant de la Sabena, Rudy De Wulf, explique aux trois enquêteurs que, justement, quelques minutes plus tôt, leur collègue chef de brigade des douanes (par interim) de l'aéroport l'a prévenu que cette nuit il n'y aurait pas de livraison.

Évidemment, les douaniers sont affreusement déçus.

Qu'importe, ils décident d'aller perquisitionner les locaux de la Sabena en centre ville, et c'est là que sont saisies les fameuses « LTA » prouvant cent soixante-neuf envois pour un total de 11 tonnes.

C'est le début d'une « affaire » qui va empoisonner les relations entre la Belgique et le Mali durant les quatre années suivantes. En effet, de façon assez curieuse, les services des douanes ne s'en prennent pas aux expéditeurs de l'or. Une telle attitude eût pourtant été logique, puisque les envois sont considérés *a priori* comme frauduleux. Mais c'est la compagnie d'aviation belge Sabena qui va être accusée de ne pas avoir pris toutes les précautions nécessaires. Après une longue « enquête » et un rapport de plusieurs centaines de pages, les autorités maliennes exigent une grosse compensation financière de 347 milliards de francs CFA, soit 6,94 milliards de francs français. Au fil des années et des négociations, cette amende sera tout de même réduite à 166 millions de francs français. La mise en cause de la Sabena est d'autant moins justifiée que la compagnie belge nie avoir commis la moindre faute au regard des règlements internationaux du transport aérien.

L'affaire devient passablement étrange : faute de voir aboutir les négociations menées par ses collaborateurs, Moussa Traoré décide qu'elles relèveront désormais de sa compétence exclusive.

Mystérieux trésor de Bamako. Nul ne sait à qui il appartient, nul ne sait qui l'a expédié. En revanche, on voit bien qui a pu monter le coup, lequel ressemble fort à une tentative de racket à l'encontre de la Sabena. D'autant que les exportations clandestines se sont poursuivies après 1987.

L'or de Traoré est entré dans la légende africaine. De nombreux aspects en sont bien connus, mais il n'est toujours pas possible d'affirmer que l'ex-dictateur malien a été le réel bénéficiaire de ce trafic de métal jaune, clandestin sans l'être.

Il faut une « révolution » pour que fusent les accusations. Le 22 mars 1991, plusieurs milliers d'écoliers et de lycéens défilent dans les rues pour réclamer des bourses d'études, des locaux... et des élections libres. Les unités spéciales de l'armée mitraillent la foule. Il y a, selon la version officielle, 106 morts et 708 blessés. Le président Moussa Traoré est arrêté quelques jours plus tard, le 26 mars, par les soldats du 33e bataillon de parachutistes.

Base de l'accusation : le président et sa famille, en particulier sa femme Mariam, seraient des voleurs. Ils auraient mis en coupe réglée le Mali, pourtant l'un des pays les plus pauvres de la planète, ravagé par la sécheresse sahélienne et par la guerre contre les Touareg, ces hommes bleus du désert qui n'en finissent pas de disparaître.

Le clan Traoré, un de ces excellents exemples de la famille africaine élargie élevée au rang de valeur suprême : tout pour la famille du chef, rien que pour la famille du chef. La société africaine étant matriarcale, la vraie patronne ne peut être que Mariam, l'épouse du président. Elle-même propriétaire de troupeaux de plusieurs centaines de têtes, « régulatrice » du prix des produits lactés à son grand bénéfice par l'intermédiaire de Mali-Lait, Mariam a fait nommer son beau-frère « Ramos » à la direction des douanes. Pour faire bonne mesure, la femme du président a bombardé son demi-frère à la direction de la Socogiex, une société d'mport-export soupçonnée de contrebande avec le Nigéria.

L'or? Pour le dictateur et les siens, bien sûr. Traoré a sorti 2 milliards de dollars du pays, affirme-t-on à Bamako, alors que le comité transitoire de redressement national dirigé par le colonel Amadou Toumany Touré [2] tente de remettre le pays sur la voie démocratique. Le nouveau ministre de la Justice Mamadou Ouatara, l'ancien Procureur général, est un magistrat très intègre, formé selon la tradition française. Puisqu'il y aurait vol, argumente-t-il, il faut un procès contre Traoré et ses dizaines de complices, enfermés dans une caserne de la capitale dans de bonnes conditions.

Qui dit procès, dit preuves. La rumeur dit qu'une partie des fonds détournés serait en Suisse? Le Mali émet donc une commission rogatoire internationale.

Depuis le scandale Marcos, la Confédération helvétique se veut beaucoup plus proche des intérêts des pays en voie de développement. Par conséquent, le gouvernement de Berne accède tout de suite à la demande de Bamako et l'un de ses services, la Direction de la coopération au développement et à l'aide humanitaire (DDA), procède à une évaluation rapide qui permet de conclure : le chiffre de 2 milliards de dollars, l'équivalent de la dette extérieure malienne, pourrait bien correspondre à la réalité, si l'on tient compte des 690 millions de dollars déposés aux USA. Consciente de la pauvreté du pays, la DDA décide de prendre en charge les poursuites, confiées aux deux avocats qui ont défendu les intérêts philippins contre les Marcos : Guy Fontanet et Sergio Salvioni. Guy Fontanet observe [3] : « Cette fois la situation était bien conforme à la Convention européenne des droits de l'Homme, il y avait dans le pays une procédure pénale régulière, selon des normes connues. Comme il s'agissait de juger entre autres le président qui – comme chez vous en France – bénéficie du privilège de juridiction, l'instruction a été menée par une commission de trois juges, il n'y aura pas de cour martiale. Ce dossier comporte des éléments d'appréciation intéressants, même s'ils ne reconnaissent rien, tous ces personnages se sont énormément enrichis alors qu'ils ne bénéficiaient que de salaires très modestes. »

L'avocat confirme que d'importants chargements d'or sont arrivés, pour affinage, en Suisse, de façon légale. Le tout est de savoir si le produit des ventes est rentré au Mali ou s'il a abouti sur les comptes privés de Moussa Traoré et de son entourage.

Devenu un grand éleveur, Traoré possédait au moins 700 têtes de bétail. Il entretenait des relations bancaires avec Nice en France, Monaco, la Grande-Bretagne, les USA, où ses fils poursuivaient leurs études. « Mais, précise l'avocat, quand nous avons pu faire des saisies sur des comptes en banque en Suisse, il n'y avait plus rien. »

Que s'est-il passé? Tout simplement une fuite dans la presse. Fuite probablement délibérée : alerté, l'un des fils de l'ancien dictateur malien se précipite en Suisse. Il fait le tour des banques, Genève, Neufchâtel, Zurich. Avec une belle efficacité : après son passage, tous les comptes sont vides. Chargé d'exécuter la demande d'entraide judiciaire à l'Office de police et de Justice, Pierre Schmid s'en aperçoit très vite, comme il me l'a confirmé.

Ce faux pas bouleverse Adama Dieng, un professeur de droit sénégalais qui anime la « Commission internationale de juristes pour l'ONU », une organisation non gouvernementale financée principalement par les Scandinaves. Cette commission s'est fixé pour mission principale la défense des juristes persécutés par les dictatures, mais se saisit aussi de questions telles que les détournements commis par les dictateurs.

Dieng rédige et fait adopter par son organisation un projet de motion à soumettre à l'approbation des Nations Unies. Il m'expose le point capital du projet [4] : « Nous voulons que les membres des Nations Unies soient bien convaincus que l'enrichissement frauduleux de certains hommes d'État constitue pour tous les pays un obstacle majeur pour la concrétisation des droits économiques, sociaux et culturels édictés par la Déclaration universelle des droits de l'homme et par la Convention internationale des droits économiques, sociaux et culturels. Nous voulons leur faire admettre que ce problème obère lourdement l'action humanitaire menée par les pays développés. Nous souhaitons que l'ONU puisse exercer des poursuites contre ces anciens chefs d'État qui ont détourné des fonds publics grâce à une législation supranationale. »

La réflexion était inspirée par la générosité. Mais, depuis l'élaboration de cette motion, les Nations Unies n'ont toujours pas débattu de la question.

Moussa Traoré et les siens sont appelés à comparaître en juin 1992. L'ex-dictateur a déjà choisi son avocat : l'inévitable Jacques Vergès. Celui-ci accepte de défendre la cause par « anticolonialisme » : entre pays développés et pays du Tiers-monde, la corruption n'est pas à sens unique, affirme-t-il à cette occasion, les hommes politiques occidentaux reçoivent aussi des enveloppes des dirigeants du Tiers-monde... Peut-être Jacques Vergès fait-il allusion à certains versements effectués en liquide par des représentants du président gabonais Omar Bongo à tel ou tel parti politique français, de gauche et de droite?

Tout semble prêt pour un procès à grand spectacle. Traoré et les siens sont poursuivis pour crimes de sang et crimes économiques. La vérité va pouvoir éclater sur la place publique, le contentieux sera vidé entre le peuple malien et ses anciens dirigeants. A Bamako, des mesures de sécurité exceptionnelles sont prises pour éviter tout incident. Vergès estime qu'elles constituent une menace pour la sécurité des inculpés et, de leurs défenseurs, et qu'il ne saurait plaider dans ces conditions. Le gouvernement saisit la perche tenue par le très médiatique avocat.

Le procès reprend en novembre 1992. Dans un premier temps, l'accusation de crimes économiques est abandonnée, les charges étant déclarées trop peu... consistantes. Pour les renforcer, le Mali décide de lancer de vraies recherches : il n'est jamais trop tard !

En dehors des audiences, Moussa Traoré et sa femme restent enfermés dans la caserne, leurs enfants sont libérés. Les débats passionnent les Maliens, mais ils sont bien décevants. L'accusation ne parvient pas à prouver formellement que l'ex-président a donné lui-même l'ordre de tirer sur la foule, ce dont il se défend. Quant à la défense, elle met gravement en cause la politique française comme il fallait s'y attendre.

Traoré n'en est pas moins condamné à mort en février 1993, en même temps qu'un certain nombre de ses collaborateurs.

On prévoit vaguement l'ouverture d'un nouveau procès pour crimes économiques. En attendant, l'or est conservé au placard. « Il est possible, estime un expert des affaires africaines, que le volet économique ne soit jamais débattu car les militaires, qui ont partagé le pouvoir avec Traoré, sont toujours très présents au Mali. Ils risquent de prendre pour eux les accusations contre l'ex-dictateur. Comme ils détiennent toujours la réalité du pouvoir, ils empêcheront par tous les moyens que soient mis sur la place publique les détournements de Moussa Traoré et de son clan. »

Les émirats noirs

L'affaire Traoré n'est qu'un exemple. Il serait fastidieux d'examiner un par un tous les pays. J'ai préféré retenir quelques cas spectaculaires.

Loin vers le sud, on aborde en pleine forêt équatoriale le domaine des émirats noirs, le Gabon et le Congo. Ces deux pays sont producteurs de pétrole : 17 millions de tonnes par an d'or noir pour le Gabon, un peu moins de 10 millions de tonnes pour le Congo.

Pendant longtemps, tout a semblé opposer ces deux républiques. La première connaît, depuis l'indépendance, un régime capitaliste, autoritaire et remarquablement stable. Dans la deuxième, le Parti congolais du travail, parti unique, a choisi la voie opposée : aux limites du maoïsme vers la fin des années soixante-dix, il est revenu très progressivement dans le giron occidental.

En réalité, tout rapproche les deux pays : le climat, la modeste population et surtout la production pétrolière dominante qui en fait les « émirats noirs » de l'Afrique. Et de grands espoirs qui se traduisent par une guerre feutrée mais sans merci entre le principal opérateur actuel, la société nationale française ELF, détentrice de la grande majorité des droits d'exploitation et de recherche, et les pétroliers américains, notamment la compagnie Amoco. Activement soutenus par le département d'État et son commis voyageur africain Herman Cohen, le sous-secrétaire d'État aux Affaires africaines de l'administration républicaine [5], les pétroliers d'outre-Atlantique tentent de prendre pied au cours des années quatre-vingt...

En dépit des différences politiques, le cousinage entre les deux pays était d'ailleurs tel que le débonnaire Omar Hadj Bongo, inamovible président de la République gabonaise, a fini par épouser Edith, la fille de son voisin, l'homme fort du Congo, le très marxiste Sassou Nguesso, dont le successeur élu en 1992, Pascal Lissouba, est également le protégé de Bongo.

Il se trouve que l'État congolais est aussi l'un des principaux débiteurs de la FIBA, une banque que Bongo possède en copropriété avec Elf. Curieuse situation s'il en fut. Elle n'empêche pas les présidents du Gabon et du Congo de partager les talents (rien de plus!) d'une décoratrice française. L'examen de son dossier de travaux découvre quelques-unes des propriétés des deux parents.

Le premier président du Congo indépendant, l'abbé Fulbert Youlou, est mort dans la misère à Madrid en 1972. On le voit, les hommes d'État africains ne sont pas tous des kleptocrates. Soucieux d'éviter le sort de son prédécesseur, le « communiste » Denis Sassou Nguesso possède à Brazzaville la résidence de Mpila. Il a également acheté un très grand pied-à-terre en France, au Vésinet dans la banlieue ouest de Paris. On lui attribue, en outre, un appartement avenue Foch à Paris.

La gestion du Gabon a longtemps été fort prudente, au point de permettre à Omar Bongo d'arrondir joliment sa fortune personnelle. Outre son palais de Libreville, le président s'est fait construire à Oyo une belle villa de 2 000 m^2 entièrement revêtue de marbre [6]. Il a admis posséder également deux villas aux USA, une propriété à Nice, un appartement à Paris, avenue Foch naturellement.

Omar Bongo ne se contente pas de ce patrimoine. Témoin, cette anecdote : il se promène un jour dans Libreville, une maison lui plaît, il veut l'acheter sur-le-champ. Impossible, lui objecte l'un de ses compagnons, la maison vous appartient déjà ! Le président passe pour être le plus grand propriétaire foncier de la capitale gabonaise, selon les révélations de l'ancien directeur du cadastre.

Pour apprécier la réalité de sa fortune, il faut ajouter des participations détenues dans une cinquantaine de sociétés : banque, chimie, bois, import-export, distribution, travaux publics, assurances, transports aériens et maritimes, immobilier. Une manière pour lui d'aider l'initiative privée, a commenté le président en confirmant ces informations. Pour faire bonne mesure, ajoutons que sa fille Pascaline, longtemps ministre des Affaires étrangères, s'est fait construire un palais pour son propre usage à Libreville.

Omar Bongo se déplace tantôt dans un DC 8 quadriréacteur, rénové grâce à un prêt de 16 millions de francs consenti par le Fonds (français) d'aide et de coopération, tantôt dans un hélicoptère Super-Puma de 65 millions de francs payé à crédit, tantôt dans ses deux wagons luxueusement aménagés accrochés à une rame du chemin de fer transgabonais [7].

Mais quand un journaliste de *Jeune Afrique* lui demande s'il est bien vrai que sa fortune atteint le demi-milliard de francs français, il rétorque : « Ah voilà qui est amusant », sous-entendu : « Non, je ne suis pas aussi riche ». Peut-être est-ce pour cette raison qu'il n'a pas réglé 4 millions de francs facturés par les bijoutiers Chaumet, qui comptaient cette créance dans leur bilan lorsqu'ils ont dû mettre la clé sous la porte?

Égalitariste à sa manière, l'émir pétrolier du Gabon veut faire croire que son pays est aussi pauvre que les autres. Quand les États riches du Nord ont commencé à annuler les dettes des pays les plus défavorisés, Omar Bongo a froidement demandé à bénéficier de cette faveur. Il est vrai que malgré l'énorme richesse de son pays, le président l'a laissé sombrer dans un endettement important mais cohérent avec les ressources à venir : la charge de la dette gabonaise atteint 4 milliards de francs par an, soit la moitié du budget.

Omar Bongo s'est tellement appauvri que, lors d'un voyage à Paris en 1992, le président du Gabon a cru devoir faire payer ses notes d'hôtels par le gouvernement français. Une centaine de personnes constituaient la délégation, installée à l'hôtel Crillon (place de la Concorde), à l'hôtel Castiglione, rue du faubourg Saint-Honoré et à l'hôtel Meurice, rue de Rivoli. 30 millions de francs au total. Pour ramener à Libreville les cadeaux de ces « invités », il a fallu cinq containers [8].

Cet « appauvrissement » n'empêche d'ailleurs pas les personnes privées de faire sortir massivement leur argent du pays : une note de la Banque de France datée de janvier 1990 indiquait que 1,116 milliard de francs français, en billets de banque CFA provenant du Gabon, avaient été présentés au rachat, soit l'équivalent de la circulation monétaire gabonaise [9]. En 1992, alors que le Gabon paraissait avoir le plus grand mal à rembourser ses dettes, l'échéance de mai n'a pas été respectée.

On estime que la fuite de capitaux pourrait encore atteindre 800 millions de francs. Du coup, la France a refusé l'attribution d'un nouveau prêt destiné au redressement des entreprises publiques.

De son côté, le beau-père Denis Sassou Nguesso a trop longtemps suivi les leçons d'économie étatisée des « maîtres de Moscou ».

Entièrement aux mains de la société d'État française ELF depuis quinze ans la production de pétrole congolaise est modulée en fonction de la relative « souplesse » du régime. L'accession au pouvoir de Sassou Nguesso en 1979 (après l'élimination des maoïstes [10]) débouche sur l'augmentation considérable de la production de naphte. Par conséquent, ce petit pays (moins de deux millions d'habitants) se lance dans des investissements considérables, souvent disproportionnés avec ses capacités réelles.

Dans ces conditions, la dette internationale du Congo

s'accroît très rapidement. Cette situation n'aurait pas présenté d'inconvénient si les prix du pétrole avaient été maintenus. Or, en 1985-86, le cours de l'or noir baisse très sensiblement. L'endettement du Congo devient alors insupportable.

Brazzaville doit contracter sur le marché bancaire privé des prêts-relais toujours plus coûteux. Le premier, 70 millions de dollars, est accordé par la BCCI. Il devait servir à payer les fonctionnaires, et plus spécialement l'armée. Or, de ce prêt négocié par l'intermédiaire d'un homme d'affaires libanais [11], on n'a pas vraiment retrouvé trace. Même les documents comptables ont disparu !

Comme l'opération avait été conduite par le ministre des Finances Lekundzu Itihi Ossetumba, celui-ci est arrêté, traduit en justice. L'ex-ministre nie. Il prend d'illustres défenseurs dont Michel Aurillac, ancien ministre de la Coopération du gouvernement Chirac de 1986-1988, et Jacques Vergès. Deux avocats dont les efforts ne peuvent lui éviter ce pénible verdict final rendu le 31 octobre 1991 : quinze ans de travaux forcés et 240 millions de francs d'amende.

En juin 1990, sur injonction entre autres de la France et des chefs d'État francophones réunis à La Baule, la conférence nationale congolaise, sans destituer le président, écarte Sassou Nguesso du pouvoir effectif. A la tête du nouveau gouvernement, André Milongo, un ancien de la Banque mondiale et très pro-américain. Son premier geste est de bloquer toutes les dettes. Il se tourne vers la Banque mondiale pour obtenir une aide. Un audit des finances congolaises conduit l'organisme international à poser ses conditions : diminution drastique du nombre de fonctionnaires, privatisation de l'économie pour diminuer les déficits publics et se procurer des ressources intermédiaires, etc. Mais aussi chasse à la gabegie, à la fuite des capitaux, aux comptes secrets des dirigeants dont certains sont suspectés d'avoir participé à une spéculation sur la dette nationale du pays. Autrement dit, d'avoir rempli leurs poches sur le dos de leurs concitoyens.

Denis Sassou Nguesso est directement impliqué dans cette gestion désordonnée dans la mesure où il a placé dans son domaine réservé les affaires pétrolières, et plus particulièrement les rapports avec ELF. Après son éviction, le gouvernement Milongo s'empresse de demander une enquête approfondie sur les détournements commis par ses prédécesseurs au bureau new-yorkais Kroll & Ass. Les agents de Kroll demandent les noms des personnes-cibles : on leur en adresse plusieurs centaines. Tâche impossible, répondent les détectives financiers.

Les recherches sont abandonnées. Mais Sassou Nguesso doit régler la note politique. Lors des élections présidentielles d'août 1992, il ne peut même pas présenter sa candidature. Il se contentera de la victoire de son poulain et protégé Pascal Lissouba. Lequel se heurte bientôt à des difficultés politiques telles que son régime prend à son tour des allures musclées. Bilan de la répression d'une manifestation en décembre 1992 à Brazzaville : deux morts et vingt-cinq blessés.

Denis Sassou Nguesso peut se consoler : le nouveau président du Congo n'a même pas fait mine de toucher à ses biens dont il peut jouir en toute tranquillité. Et même plus tranquillement que son gendre Omar Bongo, qui, lui, est toujours contraint de surfer avec les caprices d'une véritable opposition : cet émir noir apparaît plus comme un homme fort que comme un dictateur.

La cathédrale de la brousse

Au début de ce siècle, un pieux original a reconstruit en Martinique, et en modèle réduit, le Sacré-Cœur dans le village de Balata. Quand, sorti de Fort-de-France, vous montez vers le parc de Balata, vous apercevez soudain, surgissant de la forêt tropicale, le dôme de la célèbre basilique, vous croyez entrer dans un rêve impossible. Mais ce n'est pas un rêve...

De même, lorsque venant d'Abidjan par l'autoroute qui franchit deux cent cinquante km de grandes plaines herbeuses s'étendant au nord de la ville, vous approchez de la ville de Yamoussoukro, ex- et future capitale officielle de la Côte-d'Ivoire, « village natal » du président Houphouët-Boigny, vous apercevez au loin quelque chose qui ressemble au dôme de Saint-Pierre de Rome. Quand vous vous approchez, vous constatez que ce dôme est bien la copie de l'original, mais en plus grand...

Ici, le président Houphouët-Boigny, constamment réélu depuis l'indépendance en 1960, a construit entre 1985 et 1988 le plus grand édifice chrétien (sinon religieux) du monde, pour manifester la force de sa foi en Dieu. Quel Dieu? Félix Houphouët-Boigny a été baptisé catholique mais il s'est toujours comporté comme un animiste terriblement superstitieux. Et la Côte-d'Ivoire ne compte que 12 % de catholiques.

Cette merveilleuse basilique a été baptisée Notre-Dame de la Paix. Le comité de coordination pour la construction a été confié à Yves Piaget, bijoutier genevois et ami personnel depuis vingt ans, et, à ce titre, consul honoraire de Côte-d'Ivoire en Suisse. L'architecte sera Pierre Fakhoury, un Libanais d'origine, Ivoirien de nationalité. Et le principal entrepreneur, la société française Dumez. Pour le compte du gouvernement ivoirien, Antoine Cesaréo, qui, depuis des décennies, veille à la bonne marche des grands travaux en Côte-d'Ivoire, suivra la progression du chantier : aucune décision ne sera prise sans qu'il ait apposé son paraphe.

Le « Vieux sage » de Yamoussoukro a financé le mégamonument sur sa propre cassette – il tient beaucoup à ce terme : 90 000 m^2, 18 000 places, 37 milliards de francs CFA, soit 740 millions de francs, une dépense bien sûr totalement disproportionnée avec la richesse réelle du pays. Comme on ne peut faire tous les sacrifices, la totalité des matériaux a tout de même été exonérée de droits de douane, et leur transport a asphyxié le port d'Abidjan pendant trois mois.

L'inauguration s'élève à la hauteur des ambitions d'Houphouët-Boigny : l'édifice est consacré le 10 septembre 1990 par le pape Jean-Paul II, et dans la nef, un parterre d'hommes d'État amis, Jacques Chirac par exemple.

Matériellement, l'édifice est bien construit en Côte-d'Ivoire, mais H.-B. en a fait don... au Vatican. Et lorsque le prélat chargé de gérer le monstre s'inquiétera des ressources disponibles, le président donnera à la fondation les revenus d'un de ses comptes... en Suisse. Ce qui prouve, s'il le fallait, que le vieil Ivoirien détient bien des comptes en Helvétie.

Le pape n'a accepté le don de la basilique qu'à la condition expresse de la voir complétée par des annexes au service du peuple. Qu'à cela ne tienne, l'architecte Pierre Fakhoury élabore un somptueux projet, hôpital dernier cri et université catholique, ensemble dont le coût pourrait égaler celui de l'église elle-même. Coproducteur : le groupe suisse Schmalz. Seul inconvénient de ce programme : le budget de fonctionnement de l'hôpital devrait atteindre la totalité du budget de la santé de la Côte-d'Ivoire, alors que dans les hôpitaux de brousse, il n'y a ni médicament, ni équipements, ni médecins ivoiriens ou coopérants.

Dans l'Afrique en pleine déconfiture financière, cette munificence est vivement critiquée. De très nombreux catholiques s'insurgent contre l'onction papale donnée pourtant avec beaucoup de retard et d'hésitation à ce que d'aucuns considèrent comme une maniaquerie bâtisseuse.

Cet édifice pharaonique n'est-il pas simplement un gage donné à Dieu par le président pour se faire pardonner l'immense fortune qui lui est prêtée, 10 milliards de dollars, dit-on. Comme Marcos. C'est une rumeur, un chiffre qui ne correspond à rien de précis. Mais qui conduit à s'interroger sur les immenses richesses d'Houphouët-Boigny, l'un des plus grands rois de l'Afrique moderne, et de toute façon le plus ancien.

Avec une fausse candeur, et sans le moindre état d'âme, Felix Houphouët-Boigny réplique à ses contradicteurs à travers le journaliste Régis Faucon qui l'interrogeait pour TF1 [12] : « Ma fortune personnelle? Je n'ai jamais nié que j'ai des moyens. Mais je n'ai pas 3 000 milliards comme on le dit [en francs CFA, soit 60 milliards de francs, ou 12 milliards de dollars]. Mais je dis que mon livre de comptabilité, mon cahier de comptabilité, je l'ai tenu et je l'ai déposé au pied de l'Éternel. C'est lui seul qui sait ce que j'ai reçu et ce que j'ai donné. »

Quant à la basilique, ajoute-t-il, il l'avait promise à Dieu, il ne pouvait se dérober.

Castelomania

Pour comprendre, il faut remonter trente ans en arrière... Abidjan, juillet 1960. L'indépendance a été proclamée quelques jours plus tôt. Yves Guéna, le gouverneur de la Côte-d'Ivoire, est devenu le premier Haut-commissaire de France auprès du tout jeune gouvernement de la Côte-d'Ivoire... Je suis alors en poste à l'AFP à Abidjan. A la suite d'un incident mineur, j'ai été convoqué au palais.

Au bout du « Plateau », cette immense terrasse dominant de quelques dizaines de mètres la lagune, le palais est une belle et noble construction dans le style des années trente. Elle eût certainement suffi pour les besoins du nouveau pouvoir. Quand je grimpe les marches de l'escalier monumental, je suis surpris par un climat de fin du monde. De rares gardes somnolent ici ou là, le bâtiment a été vidé de ses meubles. Les derniers fonctionnaires français se sont repliés dans quelques bureaux vétustes. Car le nouveau président a estimé que, pour la gloire du nouvel État indépendant, le palais du gouverneur ne saurait convenir. A sa place, un autre palais sera édifié, plaqué de marbre de Carrare, climatisé. Plus tard, nouveau caprice, le président décidera de déménager sa capitale; il abandonnera son palais tout neuf pour aller s'installer dans son « village natal », à Yamoussoukro.

C'est ainsi qu'est née en Afrique la folie des palais présidentiels. A l'imitation de l'homme d'État ivoirien, et en général grâce à l'aide française, tous les présidents se sont fait bâtir de somptueuses demeures tropicales auprès desquelles nos palais nationaux français font bien pâle figure.

Cette castelomania est naturellement l'expression la plus spectaculaire de la gabegie pratiquée par les kleptocrates africains.

Pour Félix Houphouët-Boigny, au moins une excuse : la Côte-d'Ivoire a bénéficié plusieurs décennies durant de ce que l'on pourrait appeler l'or vert, le produit d'une agriculture florissante fondée sur la culture du café et du cacao, matières premières longtemps très rémunératrices. De grosses fortunes se sont alors bâties. C'est curieusement *Quid 1992* qui en donne un aperçu, à la grande fureur des Ivoiriens naturellement. En tête du palmarès, le roi lui-même, le vieil Houphouët-Boigny, mais pour un montant de 11 milliards de dollars sans doute très surestimé. En revanche, les autres pourraient être plus proches de la réalité, soit dans l'ordre : Angoua Koffi, ex-directeur des

Douanes, 456 millions de dollars; Konan Bédié, président de l'Assemblée et dauphin, 403 millions de dollars; Annay Coly, directeur des Impôts, 300 millions de dollars; Bra Kanon, 245 millions de dollars; Konan Lambert, ancien patron d'Électricité de Côte-d'Ivoire, 245 millions de dollars; Djibo Sounkalo, 228 millions de dollars; Ekra Mathieu, 175 millions de dollars; et enfin Moulo, directeur du port autonome d'Abidjan, 100 millions de dollars. Dans le contexte africain profondément hostile à la fiscalité, ce palmarès est éloquent [13].

Un homme complexe

De tous les chefs d'État africains, Houphouët-Boigny est le plus ancien. Médecin « africain », c'est-à-dire formé à la hâte comme tous les cadres « coloniaux », il a été, à plusieurs reprises, ministre du gouvernement français sous la IVe république, en particulier ministre de la Santé. Il s'impose vite comme l'interlocuteur privilégié de la métropole pour toutes les affaires de l'Afrique occidentale. Dès la fin des années cinquante, il devient l'homme inévitable.

Houphouët-Boigny est de très loin l'une des figures les plus complexes du monde politique africain. Rusé, sincère, intelligent, superstitieux à l'extrême, aussi soucieux des intérêts de son pays que des siens propres – ce qui change de la plupart des autres chefs d'État – il doit sûrement son extrême longévité politique (plus de trente ans) à son habileté, alliée à une volonté d'acier bien cachée derrière un masque de bonhomie paternaliste.

Le chef d'État est aussi un important propriétaire terrien, planteur de café, puis de cacao dans son fief de Yamoussoukro, à quelques centaines de kilomètres au nord d'Abidjan. C'est à ce titre que, dès la fin de la Deuxième Guerre mondiale, il prend la tête d'un syndicat de petits planteurs de la Côte-d'Ivoire et s'impose par la même occasion auprès de ses compatriotes comme un leader naturel et longtemps incontesté.

Au soir de sa vie, après l'une de ces révoltes étudiantes qui se sont multipliées vers la fin de son règne, Houphouët-Boigny s'est confié à Régis Faucon, de TF1 [14]. Extrêmement vieilli, tassé dans un fauteuil Louis XV, souvent quasi inaudible, le président est pourtant tel que je l'ai rencontré trente ans plus tôt : chef et sage africain, il monologue devant la caméra, dévoilant la clé de sa philosophie : « Mon petit cœur est tellement plein d'amour qu'il n'y a pas de place pour la haine, pour la moindre haine, surtout dans une situation passagère. Mais je ne veux pas du désordre, je ne supporte pas le désordre. J'ai voulu épargner à mon pays [les] sacrifices, je me suis battu... Je vous ai dit que toutes nos ressources reposent sur l'agriculture, je me suis battu pour qu'on maintienne un minimum de rémunération du produit de notre agriculture, je n'ai pas réussi... Je n'ai rien à cacher, je me suis battu, malheureusement je me suis heurté à une muraille d'incompréhension. »

Cette bataille, il l'a commencée dès la fin de la guerre : il s'agissait d'offrir un prix garanti aux planteurs de café et de cacao, principales ressources du pays à l'exportation, un système qui fonctionnera bien jusqu'au milieu des années quatre-vingts.

La filière d'exportation des matières agricoles, cacao, café, coton et caoutchouc naturel, s'organise alors selon le schéma suivant : les cultivateurs se voient offrir un prix garanti pour leur production sous réserve de la remettre en totalité entre les mains de négociants spécialisés. La garantie des prix est assurée par un organisme régulateur, la Caisse de stabilisation, la Caistab, qui, selon les cas, verse des subventions, ou encaisse les différences positives. Quant aux négociants, ils nouent les rapports normaux avec les grands acheteurs mondiaux de matières premières, de très puissants *traders* qui font la pluie et le beau temps.

Entre les producteurs et les négociants, s'insèrent les « quotataires » : des personnes qui se voient attribuer un quota de commercialisation du café et du cacao à l'exportation, de riz et de produits vivriers à l'importation, quotas sur lesquels ils prélèvent leurs marges. Le nombre des quotataires est strictement limité : quarante-cinq en tout. La « Sécurité sociale des dignitaires du régime », observe non sans malice le journaliste de *Libération*, Stephen Smith.

Pour des raisons politiques évidentes, et malgré son caractère administratif, cette structure est le domaine strictement réservé de la présidence. Elle présente l'avantage de procurer à la classe rurale un revenu très régulier, rêve de tous les paysans du monde. Pour le parti unique au pouvoir c'est une clientèle assurée. En revanche, ce montage présente plusieurs tares : c'est une immense source de corruption [15] et un facteur d'injustice économique puisqu'il favorise surtout les quotataires : « Je suis d'une génération qui a contesté l'économie de marché; aujourd'hui je me rends compte que c'était une bonne chose, explique un économiste ivoirien contestataire. Mais ce choix a été accompagné par un autre qui, lui, n'était pas bon, c'est-à-dire qu'il fallait créer une bourgeoisie coûte que coûte. Or, dans l'hémisphère Nord, la bourgeoisie a mis des siècles à se constituer. C'est la raison de la création des quotas qui devaient accélérer cette émergence alors que dans les campagnes les paysans n'avaient pas de quoi manger. D'une certaine façon, malgré les difficultés ultérieures, l'opération a réussi. Les quotataires ont accumulé d'immenses fortunes [16]. »

A commencer par Houphouët-Boigny lui-même qui, directement ou non, est le premier des quotataires de la Côte-d'Ivoire. Telle est la clé de sa fortune personnelle. Même si le président a pu faire croire, dans certains récits légendaires de sa vie, qu'il était déjà riche avant d'accéder aux responsabilités politiques, grâce notamment à la contrebande d'or pendant la guerre. Cette explication fait d'ailleurs hausser les épaules au plus résolu de ses adversaires politiques, Laurent Gbagbo, leader du Front populaire Ivoirien : « C'est vrai, il y a de l'or en Afrique et depuis longtemps, comme le prouve l'ancien nom du Ghana, la Gold Coast. Mais pas assez d'or pour rendre vraiment très riche [17]. »

La perversité du système

Favorisant à l'extrême les fortunes personnelles des négociants et des hommes politiques liés entre eux par leurs intérêts, le système de la péréquation et des quotas est terriblement pervers à l'expérience, car il interdit aux opérateurs économiques de s'adapter aux fluctuations du marché. Or, celui-ci bouge au milieu des années quatre-vingts. Quand les pays en voie de développement se jettent à corps perdu dans les productions agricoles d'exportation, apparaissent de gigantesques suproductions : surproduction de café, et même de marijuana en Colombie qui doit se reconvertir dans la cocaïne; surproduction de café au Brésil et dans tous les pays africains. La Côte-d'Ivoire était devenue le premier producteur mondial de cacao dans un marché en pleine expansion : la surproduction provoque l'effondrement de l'économie ivoirienne.

Dans ce contexte, en 1988, peut-être sur la suggestion du « Vieux de Yamoussoukro » inquiet de voir baisser dramatiquement les revenus de « ses » paysans, le plus grand des négociants français opérant sur le marché international entre en scène. Serge Varsano est le patron d'une puissante société de commerce international, sucres et denrées, familièrement appelée Sucden [18]. Il imagine un plan qui pourrait sauver la Côte-d'Ivoire, mais aussi les privilèges et les profits des quotataires, ces seigneurs du régime. Il s'agit de stocker toute la récolte disponible pour obliger les cours mondiaux à remonter.

Sucden achète 400 000 tonnes de cacao à la Côte-d'Ivoire. Pour financer la récolte, la Caisse centrale (française) de coopération économique accorde un prêt de 400 millions de francs à la Caistab, la Caisse de stabilisation des prix. Le montant du prêt est viré sur un compte *trustee* géré par la Banque nationale de Paris, mais dans le paradis fiscal de Jersey. 200 000 tonnes de fèves sont entassées durant deux ans dans des dépôts; des millions de dollars sont engouffrés dans cette opération. En cours de route, 195 millions de francs disparaîtront même des livres de comptes. Peine perdue, les cours continueront à baisser, le système des prix garantis aux paysans doit être abandonné.

La Côte-d'Ivoire s'est ruinée. Milliards de francs après milliards de francs, son endettement croît vertigineusement [19]. Le pays n'a pas su profiter des vaches grasses pour s'industrialiser.

Le président Houphouët-Boigny n'est pas vraiment ruiné pour autant. Il a su gérer au mieux ses biens. Ils sont en partie localisés en Côte-d'Ivoire, notamment sous forme de comptes courants dans plusieurs banques locales dont il détient très probablement d'importants paquets d'actions; des propriétés (plantations de café et de cacao); des intérêts dans des compagnies de commercialisation, clés de l'économie ivoirienne. La plus grande partie des terrains sur lesquels ont été édifiés les nouveaux équipements de la future capitale Yamoussoukro appartiennent au Vieux, qui encaisse donc les loyers correspondants. En revanche, il a fait don au pays de ses plantations d'ananas dont il était le premier producteur (un tiers de la production ivoirienne, 3 000 tonnes par mois) après qu'il eut été révélé que les ouvriers de ces plantations étaient payés sur le budget de l'État.

Le président est aussi l'un des plus riches propriétaires immobiliers d'Abidjan. Mais, à ce qu'on peut savoir, la plus grande partie de cette fortune est quand même placée hors du pays, notamment dans les fameux comptes en Suisse.

H.-B. est certainement le seul homme politique au monde qui se soit jamais vanté d'avoir mis une partie de ses biens à l'abri dans les coffres helvètes. C'était le 27 avril 1983, lors d'un discours prononcé devant les assises de son parti, le PDCI/RDA [20], encore parti unique à l'époque. Les enseignants s'étaient mis en grève, Houphouët voulait leur donner une bonne leçon : « Vous qui n'aviez rien, mais que ma politique a permis de sortir du trou, c'est vous qui allez maintenant me traiter de voleur ? [...] Avec des imbéciles comme les grévistes parmi nos compatriotes, ce serait insensé de ne pas garder de l'argent à l'étranger [...] Quel est l'homme sérieux dans le monde qui ne place pas une partie de ses biens en Suisse [21] ?

Cette sortie est diversement appréciée, notamment par les autorités de Berne qui prient Houphouët d'être plus discret à l'avenir. La portée politique a du reste été assez désastreuse, au point que le président, qui cette fois-ci n'a pas été très sage, s'excusera publiquement de son aveu trop sincère.

Les Suisses se contentent d'une admonestation car depuis longtemps, au moins 1957, Houphouët-Boigny fréquente assidûment la Confédération, non seulement pour y abriter une partie de sa fortune, mais aussi pour y faire soigner les divers maux dont il se croit affligé depuis toujours. Des maux qui ne l'ont pas empêché d'atteindre, sans coup férir, l'âge (officiel) de quatre-vingt-sept ans, sans doute beaucoup plus, une longévité remarquable pour un pays où l'espérance de vie ne dépasse pas encore cinquante-trois ans.

Une fraction non négligeable de la fortune reste sous forme de lingots d'or. Un métal pour lequel Houphouët-Boigny a toujours marqué une prédilection certaine. Pour épater le journaliste du *Figaro Magazine* venu l'interviewer à Yamoussoukro, le Vieux lui montre sa collection d'objets anciens en or, des trônes, des statuettes, des bijoux. Il affirme que cet ensemble ne représente pas moins de cinq tonnes de métal fin et qu'il entend en faire don à son pays [22].

En Europe, comme tous les autres, H.-B. détient un beau parc immobilier, une gentilhommière de style Louis XIV à Soisy-sur-École, au sud de Paris; un château à Castel Gandolfo, près de Rome en Italie (le pape y a sa résidence d'été); une maison en Suisse dans la banlieue de Genève à Chêne-Bourg, achetée par sa femme au début des années soixante; l'ancien appartement de Jean Gabin rue François Ier dans le VIIIe arrondissement à Paris et un autre dans le XIe arrondissement. Et surtout, sa résidence personnelle, un hôtel particulier rue Masseran, dans le quartier de l'École militaire, où il fait des séjours prolongés. Avec l'âge, le vieil Houphouët supporte de moins en moins bien le climat ivoirien.

Depuis 1990, toutes les propriétés parisiennes ont été transférées à des sociétés anonymes.

Le clan Houphouët, pour vous servir

Le secret politique du président tient dans sa façon de gérer son entourage. Pendant longtemps, au lieu de jeter en prison ceux qui auraient pu devenir ses adversaires potentiels, le politicien ivoirien les a systématiquement associés.

En fait le Vieux sage place la famille au-dessus de tout, c'est pourquoi sa femme a été la plus grande « quotataire » pour les importations de riz, ses neveux bénéficient, comme les princes majeurs d'Arabie saoudite, d'une confortable mensualité. Pour mettre sur pied à Johannesburg la société CAP international (Commerce et approvisionnement international), Jérôme Houphouët-Boigny bénéficie d'une « dot » de 20 millions de dollars [23].

Chaque année, 127 milliards de francs CFA partent vers

l'étranger, dont un tiers seulement provient des salaires des coopérants et des bénéfices transférés par les entreprises. Depuis 1987, les dépôts effectués par des ressortissants dans des banques européennes et américaines s'élèvent à un milliard et demi de dollars. La compagnie aérienne suisse, Swissair, a même créé une liaison directe entre Abidjan et Genève. A l'aéroport d'Abidjan-Port Bouet, un billet glissé dans la main d'un douanier suffit pour faire franchir un barrage à une valise chargée de liquide. Pour tarir cette hémorragie, à l'automne 1992, Abidjan a même décidé de renforcer... le secret bancaire !

La femme d'Houphouët est propriétaire de son appartement personnel à Paris, tout comme ses enfants, neveux et oncles. Henri Konan-Bédié, président de l'Assemblée nationale et dauphin désigné, est un actionnaire important de la société SIDIP, l'un des principaux opérateurs et bénéficiaires du programme de privatisation. Georges Ouegnin, ambassadeur à Paris en même temps que chef du protocole à Abidjan, est président de la principale société ivoirienne importatrice de viande, Afrique-Viande, tandis que le conseiller privé Abdoulaye Diallo est directeur de la société suisse Intercafco, qui passe pour écouler une grande partie du quota présidentiel de café et de cacao.

Le conseil d'administration de cette société est présidé par un avocat zurichois dont les bureaux sont installés dans l'immeuble qui à Genève abrite les principaux organes de la communauté juive. Intercafco n'est qu'une boîte aux lettres qui se débarrassait de la commercialisation réelle sur deux autres sociétés, françaises celles-ci, la Sincafc et Goldschmidt International, dirigées par Laurent Binet : il faut parler au passé car, depuis novembre 1991, ces sociétés sont en règlement judiciaire [24].

Quant à Diallo, son propre domicile d'Abidjan a été cambriolé et saccagé le 22 juin 1991, nonobstant ses hautes fonctions. Comme il était absent, il n'a pas eu à subir le sort du directeur financier de la Caisse de stabilisation, abattu lors du cambriolage commis chez lui. Une agression bien dans la ligne de l'extrême insécurité qui se développe dans la capitale ivoirienne depuis quelques années : les grands du régime placent leur argent en Suisse, ils n'iraient pas jusqu'à contribuer au financement de la police – c'est pourquoi sans doute il n'y a à Abidjan qu'une centaine de gardiens de la paix, tandis qu'en mars 1993, les gardes républicains ont dû occuper les palais présidentiels pour obtenir un salaire décent.

Les affaires immobilières du président sont traitées par l'AICI, Agence internationale de commercialisation immobilière, Paris, Cannes, New York. Principale actionnaire et directrice : Mme Dominique Folloroux; elle est associée à Bamba Vamoussa, ministre de l'Éducation, et à son propre mari, qui n'est autre que le Premier ministre Allasane Ouatara. La famille, valeur suprême, encore et toujours.

Les relations avec le RPR français sont assurées notamment par Robert Bourgi, membre du cabinet Michel Aurillac, ministre de la Coopération durant le gouvernement de cohabitation dirigé par Jacques Chirac de 1986 à 1988. D'origine libanaise, mais devenue française, la famille Bourgi détient en Afrique de l'Ouest d'importants intérêts, notamment dans la distribution des produits pharmaceutiques.

La Côte-d'Ivoire vit sur la base d'un désastreux copinage. Ceci explique en particulier pourquoi les 90 000 titulaires des plus gros revenus ivoiriens ne paient jamais d'impôts. Au cours d'une manifestation en mars 1990, l'opposant Laurent Gbagbo a pu brandir les listings des « règlements fiscaux retardés ». Les riches ne paient d'ailleurs pas non plus l'électricité, d'où les 600 millions de francs de déficit dans les comptes de l'EECI (Entreprise électrique de Côte-d'Ivoire) lors de sa privatisation [25]. Quant au directeur des douanes, s'il a pu devenir titulaire d'une des premières fortunes du pays, on s'interroge encore sur son efficacité : une enquête a permis de découvrir que plus de la moitié des droits à l'importation n'étaient jamais réglés...

De café en cacao, de comptes en Suisse en propriétés ici et là, Houphouët-Boigny finit par passer pour l'un des hommes les plus riches du monde, plus riche encore que Mobutu ou Marcos. Au cours des années récentes cependant, le président a « dilapidé » une partie de sa fortune en soutenant le président libérien avant sa chute, en assurant les fins de mois de la compagnie Air Afrique, et en comblant différents déficits apparus ici ou là avant l'effondrement de l'économie ivoirienne en 1992.

Quand tombe le masque démocratique

Malgré son âge, Houphouët-Boigny n'a rien perdu de son habileté. A l'étranger, il passe pour un modéré, relativement démocrate. A l'intérieur, non content d'avoir « mouillé » tout son entourage dans l'exploitation privée du pays, il laisse toujours planer le doute quant à la réalité de ses sentiments. Il se complaît dans l'ambiguïté...

Comme l'illustrent ses absences de plus en plus fréquentes de Côte-d'Ivoire. En 1992, il quitte le pays début février pour s'installer à Paris, dans son hôtel de la rue Masseran. Il n'en sortira pas avant le mois de mai, préférant éviter Abidjan.

En Afrique, même l'habileté a ses limites : le régime ivoirien a pu faire illusion, Houphouët-Boigny s'est même permis le luxe de se faire réélire président de la République en laissant son adversaire institutionnel, Laurent Gbagbo, prendre 18 % des voix. Il est vrai, après un soigneux toilettage des résultats. Mais sous l'effet de la crise économique, explose le masque démocratique, s'écroulent les beaux espoirs du multipartisme inspiré par « l'esprit de La Baule ».

Le 17 février 1992, Allasane Ouattara, le Premier ministre, s'envole d'Abidjan pour Paris à bord d'un Concorde spécialement affrété. Il a en poche le texte d'une ordonnance « anticasseurs » que doit signer Houphouët-Boigny. Ce texte prévoit entre autres dispositions, la responsabilité personnelle et conjointe des chefs politiques en cas de troubles dans les rues. Le président signe sans rechigner, car il a toujours eu horreur du désordre populaire. Le Premier ministre peut rentrer à Abidjan le cœur tranquille.

Quelle curieuse chose que le hasard! Le lendemain 18 février, éclatent dans les rues d'Abidjan les troubles prévus et définis par l'ordonnance signée la veille. Un grand cortège est organisé par l'opposition. En queue les manifestants distribuent des tracts qui dénoncent notamment la fortune du Vieux, tandis qu'en tête, bien visibles et largement photographiés, des « casseurs » s'en prennent au palais de justice laissé sans protection. Aussitôt, les forces de l'ordre procèdent à l'arrestation de tous les leaders de l'opposition, Laurent Gbagbo, député, secrétaire général du Front populaire ivoirien; Martial Ahipeaud, secrétaire général de la Fédération estudiantine et scolaire; René Degny Ségui, président de la Ligue ivoirienne des droits de l'homme, et avec eux près de trois cents personnes. Tout ce beau monde est enfermé dans un camp militaire.

Bien qu'ils n'aient pas personnellement participé aux exactions, les trois hommes sont inculpés en vertu de la nouvelle ordonnance. Tous les leaders sont donc déférés devant le tribunal des flagrants délits d'Abidjan, présidé par Mme Antoinette Mazoin, la défense de l'ancien candidat du FPI étant assurée par un avocat sénégalais (Maître M'Ba) et un avocat français, Sylvain Maier.

En vertu de la nouvelle ordonnance, les inculpés se voient reprocher d'être les « coauteurs de destruction de véhicules, dégradations d'immeubles, voies de fait et rébellion ». « En étudiant le dossier, raconte Sylvain Maier, je m'aperçois que le défèrement a été décidé sur la base de l'ordonnance du 17 février; or la Constitution ivoirienne prévoit que les ordonnances ne peuvent entrer en application que six jours après leur signature, dans le cas précis le 23 février. Donc Gbagbo et les autres auraient dû être aussitôt libérés. Pas gêné, le procureur a modifié à la main les pièces de procédure de façon à les rendre conformes! Quant au procès, il s'est déroulé dans des conditions ahurissantes, la " présidente " ayant été jusqu'à menacer de me faire incarcérer parce que je faisais mon travail. Après ça, que l'on ne me parle pas de dictature douce en Côte-d'Ivoire : c'est le président lui-même qui protège les agissements du chef d'état-major des Armées, lequel a lui-même couvert les excès – viols et violences – commis par ses para-commandos lors d'une expédition punitive en mai 1991 contre la Cité universitaire d'Abidjan, exactions contre lesquelles protestaient les manifestants [26]. »

Ahipeaud est condamné à trois ans de prison, Gbagbo à deux. Pour les politiciens qui dirigent la Côte-d'Ivoire, il ne peut être question d'alternance, étant donné la perte des avantages économiques qui s'ensuivrait. Donc, il faut éliminer le leader du FPI. Exit Laurent Gbagbo. Sous la pression des autorités françaises, Houphouët-Boigny consentira cependant, après un simulacre de procès en appel, à accorder l'amnistie à tous les « fauteurs de troubles ».

A peine libéré Laurent Gbagbo quitte la Côte-d'Ivoire pour participer à Berlin au Congrès de l'Internationale socialiste. Son déplacement est pris en charge par le PS français. Le leader du FPI ne paraît pas trop amer. La fortune du président et de son clan sont au cœur de ses préoccupations. Sceptique quant à la source des richesses antérieures à son arrivée sur la scène politique en 1948, « personne d'autre, dit l'ancien professeur, n'a bâti sa fortune sur le trafic d'or auquel Houphouët-Boigny attribue sa propre fortune. Au plan politique il faut que pour le futur il y ait une transparence sur ce que possèdent les hommes d'État. C'est une des règles pour lesquelles nous nous battons. On a fait tout et n'importe quoi. La Côte-d'Ivoire a accédé à l'indépendance en 1960, beaucoup de ceux qui sont arrivés au pouvoir étaient des instituteurs, des commis expéditionnaires, des médecins auxiliaires africains, donc des gens sans grande fortune. En fouillant les archives, on découvre combien ils gagnaient jusqu'en 1960. Aujourd'hui, la plupart sont riches à milliards. Je pense que ce n'est pas sain moralement et même économiquement qu'en trente ans, des gens bâtissent de telles richesses pour après aller demander des rallonges budgétaires à des pays du Nord [27]. »

Gbagbo prend pour exemples contraires Charles de Gaulle et François Mitterrand qui, selon lui, ont en commun d'avoir été parfaitement honnêtes à l'égard de l'argent public, même si leurs entourages ont pu être éclaboussés par des scandales.

Houphouët-Boigny a promis de se retirer en 1995. Plus que jamais, sa succession est devenue le problème de la politique et de l'économie ivoiriennes. Succession politique, mais aussi et surtout succession patrimoniale. Qui héritera de la fortune? Qui héritera du pouvoir musclé exercé par le Vieux sage de Yamoussoukro?

Raids de l'armée, amorces de putschs, manifestations, répressions, arrestations, procès truqués, avec en toile de fond le « Programme de réajustement structurel », autrement dit les restrictions sévères de dépenses et la privatisation de l'économie menées, pour l'essentiel, par les intérêts français [28] : naguère exemple de stabilité et de durabilité, la Côte-d'Ivoire risque de s'enfoncer et dans le marasme économique et dans l'instabilité politique. Tout entiers consacrés à l'édification trop rapide de leurs fortunes, les hommes de la première génération de l'indépendance ivoirienne n'ont pas su créer les structures de l'avenir. Leur seule excuse, mais elle est de taille, c'est de n'avoir pas été vraiment aidés par les entreprises privées des pays riches dont les politiques ont singulièrement manqué d'ambition en Afrique.

Le maréchal des Ripoux

Mobutu est la caricature des kleptocrates africains. Tout ce qui a été dit et écrit à propos du président zaïrois est vrai. La réalité est même pire et plus dérisoire encore.

Caricatural est déjà son nom complet : Joseph-Désiré Mobutu Sésé Seko Kuku Ngbendu Wa Za Banga, signifiant en toute modestie « Guerrier-puissant-qui-laisse-le-feu-sur-son-passage-et-va-irrésistiblement-de-conquête-en-conquête ». Le seul fait de s'attribuer un tel « totem » situe le personnage.

L'homme est un géant de six pieds, de très modeste origine (probablement centrafricaine), né dans l'extrême nord du Zaïre. D'une voix grave et sourde il parle un excellent français, teinté d'accent belge. Ses costumes sombres, ses lunettes, sa fameuse toque en peau de léopard lui donnent une apparence sévère; pourtant il rit facilement. Sa courtoisie masque une extrême férocité. On est en Afrique. Maréchal d'opérette, sergent d'intendance dans la Force publique belge où il a été incorporé de force après avoir été renvoyé de l'école, Mobutu a été propulsé par l'indépendance aux plus hautes fonctions grâce à une éphémère collaboration avec Patrice Lumumba qui l'avait nommé secrétaire d'État à la présidence, puis chef de l'armée avec le grade de lieutenant-colonel. Ce qui n'empêcha pas Mobutu de renverser Lumumba pour le laisser ensuite assassiner par ses sicaires. Le dictateur est d'ailleurs fortement soupçonné d'avoir été informateur de la police belge avant l'indépendance, puis agent de la CIA par la suite.

Retors, il a toujours fait preuve d'un très remarquable sens politique. Ses adversaires l'accusent des pires infamies. On l'affirme capable d'imaginer les tours les plus pendables pour s'attirer des soutiens : le moindre étant de susciter des révoltes armées suivies de massacres pour justifier l'intervention extérieure qui viendra conforter son pouvoir.

Il se rendait souvent en Suisse dans les années 1975-1985. A Genève, les sorties au restaurant prenaient l'allure de véritables expéditions : un cortège de vingt ou trente voitures.

En avril 1979, le maréchal décide de prendre de petites vacances à Cannes. Cadillac pour le président, trois Mercedes pour les dignitaires, deux autocars pour la suite : l'arrivée sur la Croisette à l'hôtel Majestic est tonitruante. Cent cinq chambres sont réservées : Mobutu, sa femme Bobi, une compagne supplémentaire, vingt-deux enfants, trois ministres, vingt-deux nurses, trente et un gardes du corps, deux maîtres d'hôtel, un cuisinier, une lavandière. Sans oublier l'équipage de l'avion présidentiel. Car Mobutu possède à l'époque deux quadriréacteurs personnels et il paraît avoir longtemps payé de sa poche la solde de sa garde prétorienne, la « division spéciale présidentielle », pour s'assurer de sa fidélité. Au Zaïre, bien qu'il dispose de nombreux palais, il préfère vivre à bord du *Kamanyola*, un vieux bateau de croisière ancré au milieu du fleuve.

En 1985, à l'occasion de son 55e anniversaire, Mobutu organise pour ses amis une « modeste » réception à l'hôtel Noga-Hilton de Genève. Montant de la facture adressée au gouvernement zaïrois : 212 couverts, 30 000 francs suisses ! On a pu le constater à plusieurs reprises, à l'occasion Mobutu fait les choses en grand pour ses amis : jusqu'à louer un Concorde pour les emmener visiter Disneyland, aux États-Unis.

On décrit l'homme comme le maître d'un vrai harem. Et en effet, depuis la mort dans une clinique suisse de sa première femme Antoinette, il partage ses principales faveurs entre Bobi, sa deuxième femme légitime, et sa jumelle Kosia, l'ancienne femme de son « cousin » Litho décédé en 1982. Pour le mariage de Bobi, sa toilette et celle de sa jumelle sont commandées chez Chanel, facture : 1,28 million de francs...

Mobutu est un affamé d'argent, de biens, de possessions, qu'il redistribue d'ailleurs allègrement, rendons-lui cette justice. La source de tout s'appelle, en jargon zaïrois, l'article 15 du président, c'est-à-dire la combine, la corruption dans le cadre des grands travaux, le détournement pur et simple de l'aide étrangère.

Un indice parmi d'autres : en 1986, Kamitatu Masamba, ministre des Finances, est sollicité. Il s'agit de partager un crédit attribué par le FMI (Fonds monétaire international) pour des projets de développement. Le ministre refuse. Mal lui en prend, il est rétrogradé comme ministre du Plan, puis, un mois plus tard, renvoyé. Trop honnête, donc dangereux.

On ne doit pas omettre les prélèvements sauvages sur le budget, relevant souvent du pillage pur et simple. Nguza Karl I Bond, ex-ministre des Affaires étrangères, ex-Premier ministre, ex-ambassadeur à Washington, affirme avoir de ses yeux vu Mobutu empocher un chèque de 5 millions de dollars offert par le roi Fahd d'Arabie pour aider le Zaïre. Naturellement, aucune trace de ce chèque dans la comptabilité publique.

En 1981 et 1982, des rapports américains ont évalué à des centaines de millions de dollars l'argent qui disparaissait chaque année entre les mains des gens de Mobutu. Le mode de prélèvement n'était guère sophistiqué. Exemple : l'affaire Sozacom (Société zaïroise de commercialisation), attributaire de toute l'action commerciale de la Gecamines, société d'État qui exploite le cuivre, le cobalt (premier producteur mondial), le diamant industriel (deuxième producteur mondial). Les exportations de la Gecamines ont représenté jusqu'à 70 % des ressources en devises du pays.

Un expert américain m'a confié : « Nous n'avons pu obtenir des renseignements crédibles que sur la Sozacom, qui commercialisait la production de cuivre et de cobalt. Mobutu prélevait sa part sur chaque chargement, mais on n'a pu déterminer le montant exact des détournements. Il s'est aussi largement servi sur la production de diamants asssurée par la MIBA. »

Le maréchal se serait attribué des milliers et des milliers de carats. Pratiquement toutes les ressources minières, encore très importantes à l'époque, sont l'objet des attentions présidentielles. En 1979, 50 millions de dollars sont détournés des caisses de la Gecamines. Au point que la Sozacom, entre autres, doit cesser ses activités tant sont importantes les pertes subies.

La production diamantifère du Zaïre représente « officiellement » un demi-milliard de francs chaque année. Ce chiffre d'affaires réalisé par les comptoirs agréés ne constituerait, selon des sources confidentielles, que le quart de la production totale. Le reste disparaîtrait dans des filières diverses, clandestines et cependant couvertes par des complicités au plus haut niveau des administrations – ou ce qu'il en reste –, de l'armée et surtout de l'autorité centrale.

On suggère également qu'une partie de la fortune de Mobutu, en particulier ses dépôts en Suisse, proviendrait de la fortune de... Moïse Tshombé, le défunt Premier ministre du Katanga. Le vaincu de la guerre de sécession entre le Katanga (aujourd'hui Shaba) et le Zaïre avait voulu se réfugier en Europe : à cette fin, il avait recruté un garde du corps, Francis Bodenan, et loué un avion spécial. Mais Bodenan était une barbouze soudoyée par Mobutu ; il détournera l'avion sur Alger où Tshombé sera arrêté. Spolié, ce dernier mourra en détention. Par la suite le magot du président katangais aurait été partagé sous l'égide de la Société générale de Belgique, Mobutu recevant sa « juste part ».

Dix ou un milliards de dollars?

Les secrets les mieux gardés finissent toujours sur la place publique. L'informateur est parfois un anonyme qui désire se venger. Parfois (nous l'avons vu dans les affaires Duvalier et Marcos), ce sont des documents privés établis par les détenteurs de fortune, qui « s'égarent » entre les mains des journalistes. Le « Grand Léopard » a, lui, été dénoncé par l'homme que les Occidentaux avaient chargé de gérer la banque nationale du Zaïre, Erwin Blumenthal, un Allemand détaché par le FMI.

La collaboration tournait mal, Mobutu s'irritait des critiques incessantes du financier qui, à plusieurs reprises, s'était permis d'interdire au président de se servir dans les caisses de la Banque centrale. En 1979, le Zaïrois demande au FMI le départ de Blumenthal. Et comme les choses ne vont pas assez vite, le voilà qui fait menacer Blumenthal par l'un de ses hommes, le général Tukuzu. Furieux, écœuré, le banquier prend sa plume et rédige un très long « rapport », acte d'accusation accablant contre les pratiques financières du maréchal-président. Pour corser le tout, Blumenthal fait poser à un politicien zaïrois, Nguza Karl I Bond, un certain nombre de questions dont les réponses écrites complètent le propos du banquier. Le haut-fonctionnaire conclut en 1982 : « Ce rapport montre d'une manière flagrante à quel point le système de corruption en vigueur au Zaïre, sous ses aspects les plus sordides et malfaisants, l'impossibilité de contrôle des fraudes, anéantissent toutes tentatives des institutions internationales, des pays amis ou des banques commerciales qui persistent à croire à un redressement de l'économie zaïroise. »

Ces révélations complètent les conclusions d'auditions conduites, en septembre 1981, à la Chambre des représentants américains par la sous-commission Afrique des Affaires étrangères. Des témoignages qui permettent d'établir que, dès cette époque, Mobutu et son clan avaient entassé dans leurs coffres des centaines de millions de dollars.

Herman Cohen, sous-secrétaire d'État aux Affaires africaines (républicain), est amené à préciser quelques points à propos du budget présidentiel. Question du président de la sous-commission : « La part du budget réservée au président est je crois de 18 %. » Réponse du ministre : « Inexact, c'est tout le budget qui est contrôlé par le président. A tout moment le président peut dire, vous, le ministre de l'Enseignement ou de l'Armée, donnez-moi ça, il peut toujours envoyer quelqu'un à la banque pour prendre l'argent. »

Douze ans plus tard, rien n'a changé. Les gouvernements belge, français et américain analysent ainsi le comportement de Mobutu dans une note remise au maréchal-léopard le 14 janvier 1993 : « L'usage par la présidence de fonds publics échappant au budget du gouvernement devra explicitement et efficacement être interdit. Les fuites des revenus de l'État vers la présidence et d'autres bénéficiaires, provenant d'exportations non prises en compte actuellement (notamment des minerais), devront être identifiées, arrêtées et incorporées au budget. »

Dans son petit appartement du quartier Saint-Gilles à Bruxelles, loin des fastes diplomatiques, l'ex-diplomate Emmanuel Dungia observe amèrement : « Je crois qu'aucun gouvernement indépendant ne peut être viable au Zaïre parce qu'il empêcherait Mobutu de taper dans la caisse, et ça c'est inimaginable. »

Comme partout en Afrique les principaux bénéficiaires sont ses proches. Soit, dans l'ordre croissant : les natifs de la province forestière d'Équateur, qui constituent l'ossature de l'armée (officiers et soldats d'élite de la division spéciale présidentielle et des para-commandos), ainsi que les responsables des services de sécurité. 40 % des officiers généraux, 34 % des ambassadeurs, 30 % des P-DG des sociétés d'État sont originaires d'Équateur. Viennent ensuite les membres de la tribu Ngouandi dont est issu le président, et, pour les meilleures prébendes, la famille rapprochée : femmes, frères, enfants, cousins, neveux.

Deux anecdotes permettent d'évoquer le climat qui régnait dans le clan. Jusqu'à son décès en février 1988, Gbemali, le frère cadet de Mobutu, a vécu en Suisse. Sur son lit de mort, il lance un ultime appel : « Que mon frère m'envoie beaucoup d'argent pour que je puisse encore m'amuser. »

L'histoire de la cassette est tout aussi significative. En septembre 1983, en froid avec Mobutu, sa deuxième femme, Bobi, se réfugie à Bruxelles. Dès son arrivée à l'aéroport, les douaniers fouillent les bagages de sa secrétaire et découvrent une cassette remplie de diamants pour une valeur de 200 millions de francs belges (33 millions de francs français). Saisie. Il faudra l'intervention de l'ambassade du Zaïre pour régler l'affaire à l'amiable, Bobi étant autorisée à récupérer sa précieuse cassette.

Seti Yalé, conseiller à la Sécurité de Mobutu, a longtemps eu la haute main sur l'argent. Également d'origine ngouandi, ce métis portugais a facilité, en particulier, les investissements présidentiels sous forme de villas achetées dans la région touristique de l'Algarve près de Lisbonne. Yalé a su, lui aussi, se reconvertir à temps : transport, trafics sur l'alimentation, rien de trop pour arrondir le magot.

Mobutu a, comme tant d'autres, la manie de l'immobilier. Compte tenu des ressources désormais modestes de son pays, il en est presque le champion toutes catégories.

Le premier objet de la sollicitude présidentielle est Gbado-

Lite, le Yamoussoukro de Mobutu, son village : 37 000 habitants, un hôtel, un hôpital, une banque. Au cœur de l'agglomération, un château de marbre entouré de fontaines lumineuses qui, bien qu'en pleine brousse, reflète la culture belge du président. Autour, des dizaines de maisons d'hôte qui ne prennent vie que lorsque le Léopard est là. Sans lui, ni électricité, ni eau. L'aéroport permet de recevoir les plus gros avions.

Dans la crypte de l'église, un petit monument en marbre à la mémoire de sa première femme Antoinette. Le mausolée a été financé par un chargement de cobalt : la capacité d'un avion-cargo.

Comme Mobutu se veut un « planteur », il reconnaît posséder de nombreuses fermes et des plantations autour de Gbado-Lite. Selon ses propres dires, son troupeau atteindrait 20 000 têtes de bétail.

Gbado-Lite devait être le fleuron d'un réseau de palais qu'il avait entrepris de bâtir dans chacune de ses capitales provinciales, avec la collaboration de l'architecture Cacoub : Lubumbashi, Lisala (son lieu de naissance, capitale de la province d'Équateur), Gemena (lieu de sépulture de sa mère).

Mobutu ne s'est jamais vraiment caché de sa fortune immobilière, puisque dès 1982, il faisait cet aveu à un journaliste de *Jeune Afrique* : « Du vivant de mon épouse, on s'était permis d'acheter quelques maisons à Bruxelles, parce qu'on pensait à l'avenir de nos enfants... Quatre ou cinq maison, je crois..., j'ai aussi une villa à Genève. »

Quelques maisons? En fait, neuf propriétés à Bruxelles; le château Fond Roy et deux autres propriétés à Uccle; une résidence à Woluwe; un appartement et deux châteaux à Rhode St-Genese [29]. A Paris, un grand quatre pièces avenue Foch. En Suisse, la maison de sa première femme, à Savigny près de Lausanne : un « chalet » de trente pièces. Un château en Espagne; un autre en Italie; des maisons et des immeubles au Tchad, à Bangui (République centrafricaine), à Monbassa au Kenya; dans l'étang de sa propriété de Cocody, à Abidjan, nagent des crocodiles; à Dakar, les immeubles sont au nom du marabout Kebe et de l'architecte Jean-Pierre Guidiabi; au Maroc, un petit palais. Mobutu a également investi dans le tourisme au Portugal et à Dakar. Pour assurer ses vieux jours, il a même tenté d'acquérir un immense domaine de plusieurs milliers d'hectares au Brésil. Mais l'opération n'a pas réussi.

Le bijou de son empire immobilier reste la Villa del Mar, à Roquebrune-Cap-Martin, près de Nice, où se réfugie la famille à chaque révolution au pays... C'est à Cap-Martin que le président a donné une grande fête pour l'anniversaire de Bobi, le 2 septembre 1988 : plusieurs centaines d'invités avaient été conviés du monde entier, tous frais payés, y compris les billets d'avion...

De beaux restes

Le gros de la fortune de Mobutu serait encore en Suisse. Dans le monde, le président a été un excellent client d'au moins quatre banques : la banque Bruxelles-Lambert à Bruxelles, la banque Paribas à Paris et Genève, la Deutsche Bank à Francfort, la Midland Bank à Londres. Le dictateur dispose aussi de comptes à la banque Indosuez à Paris, et dans d'autres établissements en Belgique (Belgolaise) et au Portugal.

Pour dépeindre le personnage, Bernard Kouchner a trouvé cette formule choc : « Mobutu est un compte en banque ambulant coiffé d'un bonnet de léopard [30]. »

En revanche, on lui connaît peu d'investissements industriels, comme si le Léopard se défiait des actions. Investisseur à l'ancienne, il n'écoute guère ses conseillers : l'essentiel reste en liquidités.

On a attribué 10 milliards de dollars au président Mobutu. Chiffre magique déjà cité à propos de Marcos et d'Houphouët-Boigny. Chiffre qui fait sourire le président quand on l'évoque devant lui. Répondant à une question posée à ce propos par Mervyn Dymally, représentant démocrate de Californie, Mobutu avait dit : « Mes avoirs bancaires en Europe ne dépassent pas 50 millions de dollars, ce qui n'a rien d'extraordinaire pour quelqu'un qui a été Premier ministre depuis plus de vingt ans. »

50 millions, voire. Mais, c'est vrai, le chiffre de 10 milliards de dollars semble en effet fantaisiste. « 5 ou 6 milliards de dollars est un chiffre qui me paraît très exagéré, affirme Emma-

nuel Dungia [31]. Mobutu a beaucoup dépensé dans sa vie : corruption, largesses, partage avec la famille, dons purs et simples, dépenses fastueuses. Et il s'est fait beaucoup gruger. Un milliard de dollars en cash me paraît le maximum possible, c'est le reliquat de 3 à 4 milliards de dollars qui lui sont passés entre les mains. Un bon indice d'une diminution sensible de ses avoirs : il ne veut plus y toucher. »

Un élément permet tout de même de se faire une idée : la fortune possédée par le cousin Litho. Litho Moboti, « oncle » et chef du clan Mobutu, agronome de formation, ministre des Finances, de l'Agriculture et du Développement rural, puis patron de la Société générale d'alimentation [32], avait lui aussi la réputation de prendre l'argent dans la caisse et de ne jamais rien rembourser. Il passait surtout pour le principal prête-nom de Mobutu pour la gestion de l'argent liquide.

Blumenthal le soupçonne d'avoir détourné 35 millions de dollars des caisses publiques. Litho meurt d'un cancer (ou d'une cirrhose du foie?) en 1982. Ses enfants, qui veulent être certains de recevoir leur fortune en héritage, craignent que Mobutu la leur prenne. Un de ces héritiers méfiants récupère son livret de banque (probablement une banque suisse), va voir un avocat américain, et lui confie le document. L'avocat ouvre le « livre de banque », pour voir ce qu'il y a dessus : un milliard de dollars! « Ça m'a aidé à croire le rapport Blumenthal, observe l'Américain qui me raconte l'anecdote en affirmant avoir vu un document officiel à ce sujet. Blumenthal a surtout procédé à des estimations. Là nous avons un renseignement concret. Entre Litho et Mobutu c'est une question de famille. Les enfants de Litho avaient peur de Mobutu. Pourquoi auraient-ils eu peur si les fortunes de Litho et de Mobutu avaient été indépendantes l'une de l'autre? Il y a sûrement d'autres hommes de paille puisque le président peut aller chez n'importe lequel de ses collaborateurs et leur dire : donnez-moi quelque chose. »

Aux USA, c'est l'ancien ministre de la Coopération, Niwa Mobutu, le fils du président, qui est l'intermédiaire pour la vente des minerais. Il a trouvé les acheteurs américains. Il est par ailleurs très impliqué dans le scandale du détournement de l'aide alimentaire, dans le cadre du programme PL (Public

Law) 480, pour avoir stocké les produits offerts par le gouvernement américain et les avoir revendus à un prix très élevé. Quant à Manda, son frère, il s'est fait prendre la main dans le sac alors qu'il trafiquait des animaux sauvages, un commerce rigoureusement interdit par la Convention de Washington.

Il ne faut jamais l'oublier : comme tous les autres dictateurs, Mobutu a été le pivot d'une gigantesque machine à pomper l'argent dans le pays. Les adversaires politiques du maréchal ont tenté d'explorer le labyrinthe de ce qu'ils appellent « l'enrichissement sans cause » : durant plusieurs mois en 1992, la Commission des biens mal acquis a tenté de dresser un inventaire sommaire des détournements. Vol de dimants, accaparement des dons étrangers, « nationalisations » de propriétés sans aucune compensation financière, pillage systématique. Des ambulances données par le Koweït en 1991 ont été transformées en véhicules de propagande électorale; des moteurs hors-bord destinés aux pêcheurs ont abouti dans les stocks présidentiels. La lecture du rapport est accablante. Pire : quand les commissaires ont demandé aux politiciens proches du régime des explications sur leur soudaine fortune, ils ont tous, sans exception, donné des justifications aussi peu crédibles que possible. Une dénonciation aura permis d'apprendre que Kufi Kilanga, secrétaire général de l'administration et ministre de l'Enseignement, est titulaire d'un compte sur lequel sont déposés 83,6 milliards de zaïres : 33 000 dollars à l'époque, c'est-à-dire une somme très modeste. Un seul problème : Kiffi a pour seul revenu une retraite de l'enseignement de 800 000 zaïres. Explication de l'ancien ministre : « J'ai obtenu cette fortune grâce à des activités commerciales menées parallèlement à ma carrière dans l'administration publique. Et mes enfants, étudiants en Europe, m'envoyaient régulièrement des devises que j'échangeais au marché noir. »

« Il serait injuste, note le rapport, d'affirmer que le président est le seul à s'être enrichi aux dépens des populations zaïroises. Il y a parmi nos compatriotes beaucoup d'autres mauvais riches. Ceux-ci se recrutent principalement parmi les dignitaires politiques de la deuxième République. »

Les « amis » européens

L'habileté proverbiale du vieux politicien n'explique pas, à elle seule, la prodigieuse survie de Mobutu Sese Seko.

Pour éclairer cette énigme, il faut considérer le soutien qu'apportent trois pays occidentaux au Léopard.

Il y a d'abord la Belgique, l'ancienne puissance coloniale. Certes, depuis l'indépendance, les rapports entre Kinshasa et Bruxelles sont tumultueux. Ils oscillent entre l'aigreur et la colère. Les Zaïrois n'ont jamais vraiment pardonné à l'ancienne mère-patrie d'être partie sans crier gare, en emportant toute son administration dans ses bagages. Cette rupture est le fondement de ce que l'on appelle « le grand contentieux belgo-congolais », lequel pourrait justifier le paiement de milliards de dollars d'indemnités.

L'héritage culturel et financier reste cependant important. Des centaines de missionnaires belges continuent à officier dans les provinces, plus de 1 100 coopérants et de nombreuses personnes privées reviennent peu à peu travailler dans les administrations, dans les banques et surtout dans les installations minières. Si l'État belge a passé la main, sa puissance financière reste extrêmement présente à travers l'une des plus vénérables institutions du royaume : la Société générale de Belgique. Fondée en 1830 par la famille régnante pour exploiter les futures colonies, elle deviendra par la suite le principal outil du roi Léopold II, lequel en conservera la propriété majoritaire lorsqu'il « vendra » le Congo à la Belgique en 1908.

Après l'indépendance, la Société générale de Belgique, dont la famille royale demeure un actionnaire notable, contrôle totalement la banque Belgolaise, qui, au Zaïre, joue un rôle financier prééminent et détient des parts importantes dans la société minière Gecamines, exploitant le cuivre et le cobalt du Shaba. En fait, 80 % des transactions financières publiques ou privées entre le Zaïre et le reste du monde transitent par la Belgolaise. Une part importante du minerai de cuivre continue à être traitée en Belgique par la métallurgie Hoboken, encore une filiale de la Société générale de Belgique malgré la nationalisation des mines en 1975.

En 1989, on évaluait à 150 000 le nombre de travailleurs belges vivant directement du Zaïre. Fin 1989, l'endettement de ce pays vis-à-vis de la Belgique est très lourd : 5 milliards de francs belges (800 millions de francs) de dette publique, et 40 milliards de francs belges (6,4 milliards de francs) de dette privée, garantis à 87 % par l'Office belge du Ducroire [33]. C'est-à-dire à la charge des contribuables belges, tant les perspectives de remboursement sont faibles.

Dans son intérêt le plus direct, la Belgique a beaucoup soutenu le Zaïre; mais aujourd'hui les fâcheries s'aggravent. Essentiellement parce que Mobutu « ne comprend pas » pourquoi la Belgique refuse d'aider plus et toujours plus son ancienne colonie, ni pourquoi le gouvernement belge laisse la presse lancer assaut sur assaut contre la corruption du président.

Fin 1989, début de la grande rupture. Une mission de « clarification » envoyée en Belgique porte à la télévision de graves accusations contre la famille royale, suggérant qu'elle en « croque » aussi. Fureur à Bruxelles. Pourtant, début janvier suivant, le Premier ministre Wilfrid Martens entreprend un dernier effort lors d'un voyage à Kinshasa pour convaincre le président zaïrois de cesser le pillage de son pays. Mobutu ne veut rien entendre. Et le 22 mai suivant, c'est le massacre de cinquante étudiants et le viol d'un grand nombre d'étudiantes dans la ville de Lubumbashi, à l'extrême sud du pays. La Belgique retire définitivement ses coopérants. Mobutu Sese Seko n'en a cure car il croit disposer de supporters autrement puissants, autrement compréhensifs, prêts à payer et à le payer pour le maintenir au pouvoir.

Au premier rang, la France, qui, depuis des décennies, lorgne sur les richesses du Zaïre. L'ambiguïté de la position française remonte au XIXe siècle, au Traité de Berlin (26 février 1885), qui a déterminé les zones d'influence de treize puissances coloniales dans le bassin du Congo. Le traité devait, en particulier, départager les prétentions de la France et du Royaume-Uni. Réussissant à jouer de la rivalité entre les deux grandes puissances, le roi des Belges, Léopold II, avait réussi à se faire attribuer personnellement l'immense domaine du Congo, alors quasiment inexploré, mais d'une fabuleuse richesse.

En contrepartie, la France avait obtenu l'attribution d'un vrai droit de préemption qui aurait pu jouer dans les conditions suivantes : si jamais la Belgique, en la personne du roi, puis le royaume qui lui avait succédé dans la possession du Congo en 1908, abandonnait le contrôle politique du territoire, la République française pouvait être conduite à en revendiquer la propriété du territoire.

S'il en était besoin, cette clause démontre combien la colonisation était exclusivement une affaire capitaliste, la « mission civilisatrice » des pays tuteurs servant avant tout d'habillage idéologique...

Cette disposition a d'ailleurs bien failli être appliquée... en 1959. Quand la Belgique a donné son indépendance à la colonie, le ministre des Affaires étrangères, Maurice Couve de Murville fit, au nom de la France, une démarche auprès des autorités belges pour que soit mis en œuvre le droit de préemption. On était alors en pleine décolonisation; la démarche n'eut pas de suite légale. Mais elle explique le rôle que la France a toujours joué au Congo devenu Zaïre.

Les rapports opérationnels sont fort étroits. Ce sont des officiers français qui, jusqu'à l'hiver 1991-92, entraînaient la 31e Brigade de l'armée, l'une des rares unités organisées. Les liens entre services spéciaux semblent exceptionnels : l'ancien patron du SDECE, Alexandre de Marenches, a parrainé la création du CEDOREL, centre de formation et de recyclage des cadres de sécurité zaïrois. Après 1981, le SDECE devient la DGSE, mais sa politique ne change pas. Le nouveau directeur général, Pierre Marion, reçoit la visite du chef de la sécurité zaïroise Mgbanda, une visite est rendue au Zaïre par le général Imbot. L'objet de ces rendez-vous? L'entraînement des agents spéciaux zaïrois et l'échange de renseignements.

L'effacement de la Belgique permet à la France de se faire puissance tutélaire. La nouvelle alliance est conclue par une visite officielle à Paris de Mobutu Sese Seko. Le 30 juin 1989, il est reçu en grande pompe par le président François Mitterrand à l'Élysée.

Quand les intérêts belges – parmi lesquels ceux de la famille royale – ont voulu se dégager de la Société générale de Belgique pour contrer l'offensive italienne menée par le conglomérat de Benedetti, c'est le groupe financier français Indosuez qui a mené la bataille et emporté la majorité dans la Générale de Belgique. Il a reçu par la même occasion la gestion de la Gécamines, le holding minier qui exploite tous les gisements de non-ferreux au Zaïre, plus particulièrement au Shaba. L'opération a été menée avec la complicité active du maréchal-président Mobutu : avant de se décider en faveur du groupe Indosuez, il n'a pas hésité à rendre personnellement visite à de Benedetti pour sonder ses intentions...

Mobutu Sesé Seko est trop rusé, trop intelligent, pour ne pas tirer parti de cette pseudo-cotutelle franco-belge sur son pays. Chaque fois qu'il lui paraît nécessaire de le faire, il n'hésite pas à fomenter dans son propre pays des troubles pour agiter l'épouvantail de l'anarchie devant les leaders occidentaux, et provoquer ainsi l'intervention de leurs troupes lorsqu'il se trouve en difficulté. La journaliste belge Colette Braekman a pu l'établir avec une quasi-certitude pour ce qui concerne l'affaire de Kolwezi : le 18 mai 1978, pour sauver les Européens menacés d'extermination lors d'une révolte des gendarmes katangais, on lance les paras français sur le Shaba. La légende veut que les rebelles soient les auteurs des massacres. Témoignagnes à l'appui, Colette Braekman affirme non seulement que les vrais meurtriers sont des soldats zaïrois, mais encore que cette macabre opération a été organisée de toute pièce par Mobutu pour contraindre les Français à intervenir [34]...

Dans des circonstances identiques, le 25 septembre 1991, puis en janvier 1993, des paras français débarqueront dans Kinshasa, quand la communauté blanche semblera « menacée par la barbarie ».

Au cours de ces années cruciales, Mobutu sait s'attirer bien d'autres appuis. Ils sont parfois pour le moins inattendus : par exemple, le président zaïrois peut compter sur Jean-Paul II au Vatican, car le pape est toujours très inquiet de perdre un allié aussi « puissant » dans un pays où le catholicisme, hier triomphant, est aujourd'hui contrecarré par les missionnaires protestants, bien soutenus par les Américains. Le Maroc a toujours su coopérer étroitement avec Mobutu, lui envoyant des renforts de matériels et de troupes en plusieurs occasions pour mater des rébellions. Avec ses « confrères en dictature », Mobutu échange fréquemment des services, en particulier sous forme de troupes expédiées ici ou là pour aider à réduire les oppositions locales. En échange, ces amis mettent à sa disposition des commandos spéciaux : ce réseau comprend en particulier le Togo du général Eyadema, la République centrafricaine, le Tchad, le Rwanda, et surtout l'Unita, le mouvement d'opposition armée angolais mené par Jonas Savimbi. L'argent est à la base de ces liens particuliers. Dernier allié, et non des moindres, Israël, qui forme aujourd'hui les services spéciaux et les officiers de la division spéciale présidentielle.

L'ami américain

Mobutu considère les Français comme de simples vaches à lait, à l'occasion mercenaires. Mais pour lui, la France est à peine plus importante que la Belgique. Car il croit bénéficier du soutien suprême et inconditionnel des Américains. Il n'a d'ailleurs pas tort.

Plus de trente ans après les faits, on a depuis longtemps oublié dans quelles conditions Mobutu a imposé le pouvoir militaire dès 1960 à Léopoldville, avec l'appui très actif de la CIA; comment les troupes qu'il dirigeait ont évincé, puis assassiné dans les pires conditions le Premier ministre élu Patrice Lumumba : celui-ci avait le tort d'être beaucoup trop proche de l'Union soviétique. La CIA a au minimum fourni son assistance pour ce forfait, si elle ne l'a pas organisé elle-même [35].

Par la suite, Mobutu s'est retiré quelques années de la scène politique. Lorsqu'il y est revenu en 1965 pour prendre définitivement le pouvoir par un coup d'État militaire, ce fut à nouveau avec le soutien logistique de la CIA, alors dirigée par George Bush.

Le coup d'État fait suite à la tentative de sécession-révolte des fidèles de Lumumba menée dans le Kivu. Le prétexte est le même qu'en 1960, lors de la sécession du Katanga : il s'agit pour les USA d'éviter le dépeçage du Congo, pays stratégique de tout premier plan au cœur de l'Afrique. En particulier face aux régimes crypto-communistes du Mozambique, d'Angola, du Zimbabwe et autres États nouvellement indépendants qui s'étaient placés plus ou moins directement dans l'orbite de Moscou pour lutter, justement, contre l'influence occidentalo-américaine. « Pour nous, insiste un opposant politique zaïrois de Bruxelles, Mobutu n'a jamais été qu'un employé de l'Occident. Ses pillages, sa fortune n'ont jamais été autre chose que son salaire. »

Mobutu n'aurait pu rester au pouvoir si les grandes puissances ne lui avaient pas assigné un rôle très précis, stratégiquement capital. Attitude à courte vue, puisque à Kinshasa comme ailleurs, elle aura pour conséquence la ruine et l'effondrement politique du pays.

C'est l'opinion d'un des acteurs-clés de la politique étrangère américaine, situé dans la mouvance démocrate, et par conséquent, hostile à la politique africaine menée pendant douze ans par l'administration républicaine conduite par Ronald Reagan puis par George Bush. Selon son témoignage [36], les républicains ont soutenu Mobutu sans réserve parce qu'il était l'intermédiaire obligé des livraisons d'armes à Jonas Savimbi, le chef de l'UNITA, alors en lutte contre l'Angola soutenu par l'Union soviétique et les Cubains, le pivot de la politique étrangère américaine en Afrique centrale durant la fin de la guerre froide.

Dominé par une majorité démocrate, le Congrès américain a toujours été très réservé sur l'aide accordée à Mobutu. Le centre nerveux de ce travail de sape a été la sous-commission sur l'Afrique de la Chambre des représentants animée par le député Stephen Solarz, qui s'est opposée à sept secrétaires d'État successifs.

Dès la crise du Shaba en 1977 et 1978, le Congrès restreint l'aide militaire : les tensions entre le Congrès et le gouvernement furent perceptibles même sous le mandat du président démocrate Jimmy Carter, qui croyait possible d'amender Mobutu. Carter voulait obtenir pour le Léopard 10 ou 12 millions de dollars : il se vit attribuer peut-être 7 millions de dollars. Et encore avait-il la possibilité, à l'époque, de se faire entendre par les sénateurs démocrates, MacGovern ou Church.

Quand les républicains arrivent au pouvoir, on assiste à d'épiques batailles entre les congressmen démocrates d'une part, l'administration et la plupart de ses alliés républicains d'autre part. Le Congrès réduit en particulier l'aide budgétaire apportée par l'ESF (Economic Support Fund) parce qu'il exprime la crainte que cette aide économique, ou bien soit détournée à des fins personnelles par le maréchal et son clan, ou bien vienne combler dans le budget des trous provenant de gaspillages ou de détournements. Les subventions américaines sont tellement resserrées que l'administration se fâche.

Lobbying

En coulisse, s'engagent d'autres batailles, qui opposent les lobbies pro-Mobutu et anti-Mobutu. Le président zaïrois s'attache, en effet, les services les plus prestigieux, par exemple ceux de la « société de conseils » très proche du parti républicain, Black, Manafordt, Stone & Kelly. Charles Black et Manafordt, conseillers politiques du président Bush, sont largement impliqués dans les campagnes politiques. Le clan zaïrois approche aussi des représentants démocrates, opposants traditionnels aux dictateurs : David Morse, ancien délégué des USA à l'OIT (Organisation internationale du Travail), Bill Blair, ancien partisan d'Adlaï Stevenson, deux fois candidats à l'élection présidentielle. Il y a aussi Zehrfuss et le lobby israélien, qui entend apporter un appui ferme au maréchal Mobutu parce qu'il a été le premier chef d'État africain à reconnaître l'État hébreu...

Parmi les partisans de Mobutu, on compte évidemment les entreprises qui font de bonnes affaires avec le Zaïre; ainsi la société d'affrètement et de négoce du New Jersey, Grover Cornell, qui a toujours entretenu un fort courant d'affaires avec les États africains. Pour promouvoir Mobutu, la société Grover Cornell a organisé des voyages au Zaïre pour les membres du Congrès. Autre excellent supporter : la société de travaux publics de l'Idaho, Morrison Kenducsen, attributaire avec Alusuisse du barrage d'Inga, un monstre hydro-électrique barrant le fleuve Zaïre en aval de Kinshasa. C'est l'un des plus grands barrages du monde, qui a coûté le double du prix prévu, mais dont la capacité de production reste pratiquement inutilisée [38]. Pour obtenir la poursuite de la réalisation de ce projet mégalomaniaque de Mobutu, la société Morrison Kenducsen a fait pression sur le sénateur (démocrate) de l'Idaho Church, en lui tenant ce raisonnement : les investissements dans ce chantier sont tels qu'il est préférable de l'achever pour ne pas tout perdre.

En principe, l'administration n'a pas le droit de faire du lobbying ; ce qui n'empêche pas le département d'État et le département de la Défense de lancer des nuées d'émissaires sur les congressmen, les inondant d'informations orientées.

Contre-lobbying

Face à ces bataillons politico-affairistes, une organisation livre un curieux combat. Entraîné par Nancy Ross, le Rainbow Lobby tente par tous les moyens de contrer les entreprises de Mobutu et de ses partisans. Fort de ses 150 000 donateurs-militants, cette association, très proche de la gauche américaine, réunit toutes les informations compromettantes pour le clan Mobutu et ses soutiens. C'est ainsi que le groupe révèle, en 1989, les démarches entreprises auprès de Mobutu par des personnalités noires, notamment le représentant démocrate de Californie Mervyn Dymelly, producteur de Solar Disks à Los Angeles, son ami Dick Griffey, animateur d'une « coalition pour une Afrique australe libre », et Mamedi Diané, un Guinéen d'origine devenu citoyen américain...

Introduits par Mamedi Diané qui leur servait d'interprète, Dymelly et Griffey ont rencontré Mobutu en 1988 pour solliciter une aide de 250 000 dollars en faveur de l'association. Qui semble ne jamais en avoir vu la couleur ! Quant à Diané, il était surtout préoccupé de conclure à son profit des contrats d'affrètement pour le transport en Afrique de l'aide alimentaire américaine attribuée dans le cadre du programme PL 480 [39]. Une précision pour mieux comprendre : dans la communauté noire américaine, Dymelly occupe une place considérable, à la fois comme président du sous-comité pour l'Afrique au Congrès, et comme membre éminent du Black Caucus, groupe de pression qui réunit les sénateurs et les représentants noirs américains, quasiment tous démocrates.

Aujourd'hui, le Rainbow Lobby est aussi mal vu par Mobutu – qui a fait expulser du Zaïre Nancy Ross en janvier 1993 –, que bien perçu par l'opinion américaine, car on sait les liens qui unissent le Rainbow Group, association animée par le pasteur Jesse Jackson, ancien candidat à la Maison-Blanche (qui ne passe pas pour un radical) et le Rainbow Lobby.

Deborah Green, directeur politique du Rainbow Lobby, explique dans quelles curieuses circonstances l'organisation a été conduite à soutenir l'opposition zaïroise : « Au début des années quatre-vingts, Serge Mukendi a été mandaté par le MNC (Mouvement national congolais), le parti d'origine de Patrice Lumumba, pour trouver des soutiens aux États-Unis. Sa tâche n'aurait pas dû être très compliquée car la gauche américaine passe pour très anticolonialiste. Mukendi a frappé à toutes les portes de toutes les organisations américaines radicales, de gauche en langage européen. En vain, car à cette époque-là, et aujourd'hui encore, la gauche américaine est une gauche tout à fait apprivoisée, elle ne se lance jamais dans l'action quand les intérêts américains peuvent être mis en cause. En plus, à cette époque-là, tout le monde respectait strictement le partage du monde issu de la guerre froide : le Congo appartenait à la sphère occidentale, donc il était impossible d'aider un mouvement politique ouvertement soutenu par les Soviétiques [40]. »

Mukendi a fini par rencontrer quand même les militants du Rainbow Lobby qui, depuis, se dépensent sans compter pour le Zaïre.

Le groupe a aujourd'hui étendu son action à la Côte-d'Ivoire. Est-il efficace ? Le groupe revendique en particulier d'avoir « diabolisé » Mobutu et contribué à limiter les aides militaires et économiques accordées au Zaïre par les États-Unis. Cependant, de nombreux militants de la cause noire observent que Mobutu a été soutenu contre vents et marées par l'administration républicaine, même si elle a pu faire croire parfois le contraire. Même Noriega n'a pas eu le droit à un appui aussi constant : il est vrai que le Zaïre est loin.

L'homme du fleuve et de la forêt

Pour le maréchal-président, le tournant crucial se situe au début de 1990 : les Cubains se sont retirés d'Angola, le mur de Berlin est tombé. Comme il n'est plus indispensable, son éviction est alors programmée par les puissances internationales. Au printemps de cette année-là, le président François Mitterrand réunit à La Baule un sommet des chefs d'État africains mémorable. Mémorable parce qu'il constitue en principe le point de départ d'une nouvelle politique africaine, fondée sur une nouvelle morale : les régimes dits « à parti unique » appuyés sur l'armée et la police devraient progressivement laisser la place à une démocratie moderne fondée sur le pluralisme politique et l'alternance à l'issue d'élections libres. Ce choix implique la fin des interventions militaires pour soutenir tel ou tel chef d'État en difficulté face à son opposition démocratique.

Mobutu Sese Seko et le MPR (Mouvement populaire de la révolution), le parti unique institutionnel, sont directement concernés par ce virage décisif. Mais on n'abat pas aussi facilement un homme qui, en trente ans de pouvoir, a fait la preuve de son intelligence.

Afin de conserver la haute main sur les revenus du pays, Mobutu et son clan vont mener une lutte acharnée, sanglante, et laisser de façon délibérée leur pays s'enfoncer dans une situation de plus en plus hallucinante. Coupé en deux, le Zaïre verra se développer *deux* pouvoirs parallèles et totalement antagonistes, avec *deux* constitutions, *deux* gouvernements, *deux* économies, *deux* armées, *deux* monnaies. Deux monnaies surtout : la mauvaise, emportée dans une inflation délirante, et la bonne, scellée dans des coffres à l'étranger.

D'abord, Mobutu fait semblant de se conformer aux règles de La Baule. Le 24 avril 1990, le Léopard ose même jouer la comédie à « son peuple » : il pleure à la télévision en annonçant la fin du parti unique, sa démission de la présidence du MPR. Larmes de crocodile. Il accepte même que se réunisse une « conférence nationale », constituée de délégués venus de tout le Zaïre pour élaborer une nouvelle constitution. Cette charte est destinée à remplacer celle qui régit la deuxième République, où tous les pouvoirs sont concentrés entre les mains du président. Objectif ultime : faire cesser le pillage du pays. Le président a vu venir le piège, il a tenté de manipuler l'opération, en suscitant la création d'une centaine de partis « alimentaires » en principe dévoués à sa cause par la corruption : les représentants à la Conférence ont reçu pour leurs « frais d'essence » des enveloppes pleines d'argent liquide. Peine et argent perdus...

La comédie ne dure pas. Mobutu constate que les résultats de la Conférence nationale vont lui être défavorables, et, furieuse de la décision prise par le FMI de lui couper définitivement tous les crédits, la présidence fomente un coup diabolique : elle fait courir le bruit que, en raison de ces décisions, les soldes ne pourront plus être versées aux soldats du CETA (Centre d'entraînement des troupes aéroportées), de la 31e brigade, et de la DSP (Division spéciale présidentielle), cette garde prétorienne qu'il paye pourtant de ses propres deniers.

Le résultat ne se fait pas attendre : les soldats quittent leurs camps, se répandent dans les rues de Kinshasa pour se payer eux-mêmes en pillant les magasins. C'est le sac de la capitale, les 23 et 24 septembre 1991. Cent sept morts (selon les sources officielles) et d'immenses dégâts. Conséquence prévue : l'intervention militaire franco-belge pour protéger et évacuer les Européens.

Mobutu avait-il imaginé que ces violences auraient aussi pour effet la désarticulation du pays? Probablement pas. Le maréchal n'en a cure, ses intérêts personnels sont sauvegardés, puisque ses biens se trouvent à Gbado-Lite, à plus de mille kilomètres de la capitale, et à l'étranger.

Le gouvernement de transition ne parvient pas à rétablir la situation. Mobutu doit ainsi accepter un compromis insupportable pour lui : fin septembre 1991, il nomme Premier ministre son adversaire le plus farouche, Étienne Tshisekedi, le leader incontesté de l'UDPS (Union pour la démocratie et le progrès social) et de l'Union sacrée, la coalition d'opposition. C'est le premier épisode d'une épopée, bouffonne et tragique, au terme de laquelle les deux hommes dirigeront chacun de leur côté leur propre gouvernement.

Ce ministère dure exactement un mois : comme douze ans plus tôt Erwin Blumenthal, Étienne Tshisekedi interdit au président de se servir lui-même à la Banque centrale. Mobutu n'entend rien, il ordonne à un officier de présenter à la signature du Premier ministre l'ordre de remise de devises pour un montant de 800 000 dollars venant s'ajouter aux attributions budgétaires ordinaires. Tshisekedi refuse, il est aussitôt remplacé. Le nouveau gouvernement se révèle tout aussi incapable et corrompu que celui de l'été précédent.

Les seules personnes correctement et immédiatement indemnisées après les émeutes sont les dignitaires du régime : dès le 1er octobre 1991, le nouveau Premier ministre Mulumba Lukoji se montre tout dévoué à la cause de Mobutu en favorisant ses partisans. Il adresse ainsi un ordre de transfert au gouverneur de la Banque du Zaïre en faveur du vice-Premier ministre Lencelo : 5 millions de dollars; des ministres Mitheo et Mboso : 2 millions de dollars et 40 millions de francs belges (1,3 million de dollars). Lukoji ne s'oublie d'ailleurs pas : 800 000 dollars. Durant la fin d'année 1991, la Banque du Zaïre continue imperturbablement à virer d'importantes sommes en faveur de Mobutu et de son entourage. En un mois (et en francs belges) : 189 000 francs pour cheikh Tidiane Syn, un marabout sénégalais qui opère comme « conseiller »; 20,882 millions de francs sur un compte ouvert à la City-Bank de Bruxelles en faveur d'un « stagiaire garde-civil »; 28,5 millions de francs virés sur le compte 615-1009705-18 ouvert à la banque Indosuez, probablement à Paris, au titre de la « gestion du patrimoine immobilier » de la maison civile du président, etc. Soit plus de 151 millions de francs belges (25 millions de francs), alors que l'économie du pays s'effondre... [41].

Quand Lukoji doit céder sa place quelques semaines plus tard, les familiers de la « primature » (le siège du Premier ministre) s'aperçoivent que le mobilier du salon a disparu.

Passent les mois. La situation économique et sociale devient cataclysmique. A force de pillage, le Zaïre n'est plus qu'un pays en lambeaux. En 1965, le cours officiel du Zaïre était de 1 pour 2 dollars; à la fin de l'été 1992 pour 1 dollar au obtient... 400 000 zaïres; fin décembre 1992, 1 dollar pour 1,8 million de zaïres. Autant dire rien. Un demi-mois de salaire pour acheter un poulet, bientôt 1 million de zaïres pour une baguette de pain. La plupart des fonctionnaires ne sont plus payés depuis plusieurs mois. En ville, les militaires se livrent ouvertement au racket. Dans le seul hôtel confortable encore ouvert, des vautours spéculent à la baisse.

Dans Kinshasa ravagée, deux économies se côtoient : d'un côté, c'est le retour à l'économie primitive, économie de survie, de combines, de troc (on ne peut même pas parler de marché noir). Parallèlement, subsiste un noyau d'économie moderne organisée autour des exportations de minerais et de diamants, complétées par un minimum d'échanges internationaux indispensables, telle que la fourniture de pétrole. Alors qu'on meurt de faim dans les rues, quelques puissants capitalistes zaïrois, tels que Bemba, le patron des patrons, se pavanent en hélicoptère et jets privés. Mobutu et les hommes du clan appartiennent bien sûr à cette caste de privilégiés, sortant du pays aussi souvent que possible pour échapper au climat de catastrophe annoncée.

Une nouvelle crise politique se profile. La Conférence nationale adopte un Acte de transition, qui tiendra provisoirement lieu de constitution, et que ne reconnaîtra jamais le président, car il se voit dépouillé de l'essentiel de son pouvoir : on lui retire les clés du coffre.

Pour une poignée de zaïres

L'essentiel reste l'accès à la caisse, et plus particulièrement aux devises fortes. Quand les caisses publiques sont vides, le Léopard suscite dans la rue le trafic au noir des dollars et des francs. Comme naguère, il a créé à son profit la contrebande des diamants industriels au Shaba. La corruption, ou, si l'on préfère, la distribution généreuse de cadeaux, écorne sérieusement tant les finances du Zaïre que la fortune personnelle de son président. La conférence nationale se transforme en Haut-Conseil de la République (HCR) présidé par un évêque catholique, Mgr Laurent Monsengwo. Le HCR élit un nouveau Premier ministre. Le candidat de Mobutu est écarté. Tshisekedi se retrouve une nouvelle fois en août 1992 à la « primature ».

Désormais, la Banque centrale et l'émission de la monnaie deviennent les enjeux quasi uniques du conflit.

L'un des premières gestes de Tshisekedi est de renvoyer le gouverneur de la Banque Centrale, Nyemba Shabani : du 1er au 30 septembre 1992, le gouverneur a laissé sortir de la Banque centrale, au profit de Mobutu, 6 000 milliards de zaïres, 2 millions de francs au cours d'alors. La représentante au Benelux de l'UDPS, Justine M'Poyo Kasa-Vubu, de protester alors : « Cette ponction a été pour nous une des preuves manifestes du flagrant délit de désobéissance à l'autorité légale. C'était la preuve que Niembo continuait à prendre ses ordres directement de Mobutu. »

Le lendemain, 5 octobre 1992, Mobutu ordonne à son Premier ministre de revenir sur sa décision. Devant l'entêtement de Tshisekedi, le président fait déployer des chars autour de la banque « pour assurer la liberté d'activité ». Et un hélicoptère vient chercher l'argent !

Désormais, les deux gouvernements sont bien en concurrence : tandis que Tshisekedi tente de s'imposer pour sauver l'économie, Mobutu défend son accès au coffre.

Pour bien moins que cela, n'importe quel autre chef d'État aurait été chassé du pouvoir. Au mieux, il pourrait se retirer dans la dignité : le maréchal est encore jeune. Accumulé pendant ses vingt-sept années de pouvoir toujours plus absolu, son « fonds de pension » reste immense. En cas de gros ennuis, on peut imaginer que pour des raisons parfaitement humanitaires, Mobutu n'aurait pas trop de mal à trouver ici et là un exil en or massif. Le Léopard n'en a jamais assez. Il faut dire qu'en ce début des années quatre-vingt-dix, il doit entretenir une cour de près de mille personnes. Alors, non sans cynisme, l'homme qui reste le président en titre du Zaïre propose de se retirer définitivement sous réserve de recevoir une liste civile de 50 millions de dollars par an. La rançon de l'abdication. La classe politique refuse, donc Mobutu s'entête.

Il se retire à bord du *Kamanyola*, son vieux raffiot cosy, jouant aux cartes avec Maman Bobi, ou avec la collection de clowns-musiciens articulés en porcelaine qu'elle lui a naguère offert. Chouchouté par son médecin et par son « conseiller en relations publiques » Michel Lambinet, Mobutu Sese Seko ne quitte son bateau que pour aller solliciter la médiation du pape en mai 1992, ou encore... se remettre à la tête de ses troupes, le

5 octobre 1992, afin de « protéger » la réunion illégale de ses partisans, députés dont le mandat a été annulé depuis plusieurs mois.

Le Léopard confie le maintien de l'ordre à sa garde, la division spéciale présidentielle. Comme il paie ses hommes correctement et de sa propre poche, il est sûr de leur fidélité. Il n'en va pas de même du reste de l'armée, hommes de troupe en province, parachutistes à Kinshasa, souvent considérés comme proches de l'opposition. Cette armée se clochardise; la solde mensuelle est de 25 millions de zaïres, à comparer aux gages d'un domestique (80 millions de zaïres). Au Shaba, dans le Sud (mais là seulement), les militaires arrondissent leurs fins de mois par la contrebande des diamants. Ailleurs, c'est le racket. Dans le Kivu, à l'est du pays, le gouverneur doit même réunir les commerçants pour leur imposer un prélèvement exceptionnel afin d'assurer la solde. Sinon... Deux constitutions, deux économies, deux gouvernements, deux armées.

Et voici venir deux monnaies!

L'homme du fleuve veille toujours sur son coffre-fort avec un soin jaloux. En décembre 1992, nouvelle tentative de hold-up contre la Banque centrale. Pour payer son armée, le maréchal ne veut pas tirer sur ses réserves. A moins que celles-ci ne soient asséchées. Alors Mobutu imagine un expédient encore plus diabolique : il met en circulation sa monnaie à lui, une monnaie qui ne correspond naturellement à rien, sous forme de billets de 5 millions de zaïres [42] (15 francs), destinée au paiement de la solde des militaires. Le Premier ministre refuse ce procédé et déclare que les billets n'auront pas cours. Réplique de Mobutu : il ordonne au chef du gouvernement de dissoudre son équipe et d'en former une autre. Comme le Premier ministre ne cède pas, le 4 décembre, le « grand Léopard » envoie ses soldats d'élite faire le siège de la salle de congrès (où se tient le HCR) et de la « primature ». Tshisekedi refuse toujours de plier. Il est d'autant moins tenté de le faire qu'à Kinshasa et en province se multiplient les manifestations et les mutineries militaires suivies de pillages pour protester contre la fameuse coupure de 5 millions de zaïres. Kisangani à l'Est, Kolwezi au Sud sont à feu et à sang; il y a des pillages, des dizaines de morts. Mobutu s'entête : les soldats reçoivent les nouveaux billets pour les deux tiers de leur solde, mais les commerçants refusent les coupures du diable.

Le dictateur zaïrois peut-il même envisager de partir? Michel Dethy, un psychanalyste belge exclut cette hypothèse : « Mobutu est le produit hybride d'une mauvaise colonisation. C'est-à-dire un être déraciné. Élevé parmi des guerriers et des chasseurs, il est toutefois profondément empreint d'une culture occidentale, puisqu'il a suivi l'enseignement des écoles catholiques belges. Il vit donc à cheval sur deux cultures. Ce qui lui permet d'utiliser habilement deux discours. Celui qu'il tient vis-à-vis de son peuple et celui qu'il tient face aux médias occidentaux. Il est perpétuellement tiraillé entre les deux. Mais il en est parfaitement conscient. [...] Son orgueil démesuré l'entraîne à la susceptibilité. Mais pas au point de commettre des erreurs de jugement considérables. Tous ses gestes sont savamment calculés. C'est un stratège politique hors pair. Doté d'une intelligence et d'une mémoire colossale. [...] Même s'il est aujourd'hui seul et souffre d'avoir été abandonné, il présente toutes les caractéristiques de quelqu'un qui ne laissera jamais le pouvoir lui échapper [43]. »

La suite des événements donne raison au psychanalyste. Car le pire est à venir. Durant tout le mois de janvier 1993, les pressions internationales se multiplient afin que le président accepte de quitter le pouvoir. Mobutu se retire en effet, mais dans son village de Gbado-Lite, loin de la foule, loin des Occidentaux, à l'abri dans sa tribu. Il devient l'incarnation du héros de V.S. Naïpaul, le Roi de la forêt. Entêté dans son projet insensé : garder le pouvoir envers et contre tous. C'est là qu'il reçoit les émissaires occidentaux venus exiger son départ en contrepartie d'une aide économique pour le Zaïre. Il écoute, enregistre mais ne dit rien. Les observateurs remarquent la présence à ses côtés du général marocain Abdelkader Loubaris, qui avait commandé un corps expéditionnaire lors de la deuxième guerre du Shaba en 1967. Dès le 14 janvier, Mobutu part pour trois jours au Maroc, à Fès, où réside alors le roi, l'un de ses vieux amis. Celui-ci a-t-il été chercher auprès d'Hassan II un soutien et quelques renforts en hommes?

A son retour, les tensions s'exaspèrent : pendant l'absence du président, le 14, le Haut-conseil de la république a voté sa destitution. Le 15, un politicien proche du président est lapidé par la foule. Et le 29 janvier, le président annule le décret de Tshisekedi qui... annulait les billets de 5 millions de zaïres.

La paie de janvier provoque la tragédie : furieux de voir les billets de leur solde refusés par les commerçants, les parachutistes du CETA et les hommes de troupe envahissent la ville, se livrent au pillage. Mobutu réagit avec violence : il lâche les soldats d'élite de la DSP contre les mutins : ils sont poursuivis, traqués, massacrés. On comptera cinq cents morts au moins, selon la Ligue zaïroise des droits de l'homme. Mille selon d'autres sources, en très grande majorité des soldats.

Mais le président ne s'est pas contenté de poursuivre les mutins. Il a fait régler quelques comptes au passage : la villa de Frédéric Kibassa Maliba, président du parti UDPS, président de l'Union sacrée, principal soutien du Premier ministre, est attaquée à la roquette et au fusil d'assaut par des soldats de la division spéciale présidentielle. C'est le troisième attentat en quelques jours contre Kibassa. Ses trois fils sont mitraillés : Berthaud, 28 ans, est tué d'une balle dans la tête; Augustin, 21 ans, s'en tire miraculeusement malgré onze projectiles dans le corps; Isaac, 17 ans, est criblé d'éclats de grenade. Au même moment, en plein centre ville, un véhicule armé d'une mitrailleuse fait lentement le tour de l'ambassade de France, tirant rafales sur rafales : le standardiste zaïrois est tué, quelques instants plus tard, c'est au tour de Philippe Bernard, l'ambassadeur qui s'était pourtant caché dans une embrasure de fenêtre.

Jamais un ambassadeur de France n'avait été visé d'une façon aussi délibérée, depuis le meurtre de Louis Delamarre à Beyrouth en novembre 1981. Cependant, et de façon très surprenante, la France ne réagit qu'avec la plus grande modération. Pierre Joxe, le ministre de la Défense, parle d'assassinat, mais il sera le seul, aucun autre homme politique, ni de la majorité, ni de l'opposition, n'élèvera la voix. Comme si l'on craignait encore Mobutu.

Lorsque, au nom de son parti, l'UDPS, Justine M'Poyo Kasa-Vubu adresse, le 25 février, une lettre ouverte au président François Mitterrand pour implorer son aide, elle n'obtient aucune réponse. Il faut dire que la rédactrice n'y a pas été de main morte. « J'ai le grand honneur, au nom de notre peuple, de m'adresser à votre haute autorité, afin d'exprimer notre profonde indignation devant le soutien inconditionnel que le gouvernement français accorde encore au dictateur Mobutu [...] Depuis 1981, non seulement vous avez maintenu les dictatures en place, mais, plus grave encore, vous les avez consolidées. »

En fait la France a mandé quatre-vingts parachutistes pour porter secours aux Européens et – enfin – protéger l'ambassade. Ce n'est pas une intervention, mais une simple action humanitaire. Que pourrait ce modeste contingent contre une petite armée? Ces paras sauront d'ailleurs rendre hommage à leur manière à Philippe Bernard. Mobutu a eu le culot de faire envoyer une couronne de fleurs et la grande-croix dans l'ordre du Léopard : les soldats français jettent les présents sur le sol. Les porteurs se sauvent à toutes jambes.

Alors que le monde entier fustige Mobutu, son homme de confiance Makolo ma Pombo vient tranquillement à Paris négocier avec les autorités un séjour de Mobutu... en France! Le sang de l'ambassadeur est à peine sec. Le gouvernement va-t-il refuser? Bien sûr que non : quelques jours plus tard, le 19 février, voici qu'atterrissent sur l'aéroport de Nice deux gros avions à réaction privés. Du premier, un 727, descendent le président Léopard et son entourage immédiat. De second, la suite. Mobutu rejoint sa femme Bobi et les enfants dans la villa de Cap Martin. La cour est logée dans un palace monégasque.

Officiellement, le président souffre de violents maux de dents, et son dentiste traitant est installé à Monaco. Durant les soins, pour tuer le temps, les voyageurs courent les magasins à la recherche... de pièces de rechange pour les automobiles, et de meubles.

Le dictateur zaïrois ne serait-il pas plutôt venu mettre de l'ordre dans ses affaires, en vue d'un prochain exil? N'était-il pas accompagné, justement, par son principal conseiller financier, Seti Yalé? Car, ne l'oublions pas, même s'il a largement entamé son capital, Mobutu Sese Seko reste un homme immensément riche. Une richesse qui peut largement faciliter son installation ici ou là pour une retraite dorée. Près de Duvalier, pourquoi pas?

Autre hypothèse : le président ne s'est-il pas mis à l'écart pour ne pas voir ses sicaires perpétrer un nouveau sale coup pendant son absence? Par exemple le meurtre du Premier ministre Étienne Tshisekedi, l'homme qui s'obstine à vouloir lui prendre les clés du coffre? Les États-Unis sont si conscients de ce risque que le Département d'État adresse une très sévère mise en garde à Mobutu, en lui indiquant qu'il est tenu pour personnellement responsable de la sauvegarde de Tshisekedi et de ses proches.

Pendant ce temps, au Zaïre, c'est l'agonie, les morgues débordent, les hôpitaux sont dénués de tout, la plus grande partie des Européens qui formaient encore l'ossature de l'économie moderne sont partis, cette fois sans retour...

VII

Les avides et les cupides : l'or des rouges

Malgré toutes les recherches, nulle trace n'a été retrouvée d'investissements personnels réalisés à l'étranger par des membres importants du Parti communiste russe. Cette « aberration » ne manque pas d'intriguer. Les apparatchiks soviétiques auraient-ils été plus honnêtes que les autres, alors que tout prouve qu'ils ont été plus tyranniques? La réponse à cette question m'a été donnée par un Soviétique bon teint, Mikhaïl G., rencontré à Montréal en 1989, lors d'un colloque international où il servait d'assistant-interprète à un policier de haut rang. A la matière russe, il pratiquait un enthousiasme brouillon et sympathique, mâtiné d'esprit calculateur et même combinard filtrant par ses yeux noirs bridés.

Officiellement, Mikhaïl était assistant-interprète dans une association chargée, dans le cadre du bloc soviétique, de jumeler les villes « idéologiquement sœurs » de l'Occident et de l'Orient. Il ne m'a pas caché qu'il appartenait en fait au KGB. En cet automne 1989, on est en pleine perestroïka; les Soviétiques se sont convaincus que la meilleure manière de se faire admettre dans le monde est de sortir de l'ombre rouge derrière laquelle ils se sont cachés depuis soixante-dix ans.

Mikhaïl est revenu plusieurs fois en France, toujours plus désespéré par l'évolution de son pays, passé en moins de deux ans du stade d'empire à vocation mondiale à celui d'une fédération, certes immense au plan géographique, mais écrasée par les soucis d'une économie en miettes.

Que venait-il faire en France, dans les pays occidentaux? Des missions pour son association, disait-il. Et je ne parviendrai jamais à obtenir d'autre réponse que cette phrase évasive.

Pourquoi insister sur ce personnage? Parce qu'il fut l'un de ces multiples agents qui, sans trop se cacher, ont assuré les communications vraiment confidentielles entre l'Union soviétique et les partis communistes occidentaux. Transport d'instructions sans aucun doute, transport de fonds presque certainement. Depuis le putsch de Moscou et la dissolution de l'Union soviétique, Mikhaïl n'est plus jamais réapparu...

Auparavant, il m'avait décrit la façon dont les Soviétiques imaginaient les rapports entre l'argent et leurs dirigeants :

« Fondamentalement, toutes ces élites politiques soviétiques étaient extrêmement fières de leur réussite. Même s'il y avait une grosse part d'auto-intoxication, elles étaient donc avant tout tournées vers l'intérieur du pays. De plus, tous ces responsables étaient d'origine très populaire, anciens ouvriers de l'industrie ou de l'agriculture, au mieux ex-petits fonctionnaires. Ils n'imaginaient pas ce que pouvait être une fortune à la mode occidentale. Les devises étrangères étaient rares dans la mesure où les échanges avec l'Occident étaient très faibles. Pour eux, le comble de la fortune, c'était la possession de quelques maisons de standing au demeurant fort modestes et de grosses voitures dans le genre Mercedes. Les membres de la nomenklatura pouvaient disposer sans limite de tout l'appareil d'État et de ses avantages pour satisfaire tous leurs besoins personnels de façon absolument gratuite. Ils ne concevaient pas que la situation puisse changer. Et quand elle a changé, le cours des événements a été si rapide qu'ils ont été totalement surpris. Ils n'ont pas eu le temps de préparer leurs bases arrières en Occident. Seuls ceux qui, par leurs fonctions, entretenaient de vrais rapports avec l'Occident, ont accumulé des avoirs personnels substantiels. Comme les diplomates. C'est l'explication de la « collection » de diamants et de pierres précieuses constituée par Andreï

Gromyko, ministre des Affaires étrangères pendant plusieurs décennies : il avait assez vécu à l'Ouest pour prévoir ce qui pourrait arriver un jour [1]. »

Exemple inverse : Leonid Brejnev et sa famille. Le secrétaire général du Parti communiste soviétique est considéré comme le responsable de la « stagnation », cet immobilisme qui devait détruire les fondements même de l'Union. Sa seule lubie de luxe était une collection de voitures occidentales, Rolls Royce, Mercedes, et même une Ferrari. Pas un seul compte en Suisse. La Rolls était immatriculée « A 0101 MO » (pour Moscou); il l'a donnée à son fils. Vice-ministre du Commerce extérieur, celui-ci était d'ailleurs corrompu au point d'être considéré comme l'un des fondateurs de la « mafia » russo-ouzbèque. Mais il ne paraît pas avoir placé un seul sou en dehors de l'Union soviétique. Il accumulait de l'or et des roubles, très peu de devises. De toute façon, sa fortune n'a jamais été comparable à celles de modestes capitalistes occidentaux.

Mon interlocuteur avait certainement raison au plan individuel, au moins pour l'époque antérieure à 1986. Comme l'ont montré de nombreuses enquêtes initiées dès l'ère Brejnev, une corruption à grande échelle s'est tout de même développée en Union soviétique. Elle est à l'origine de ce qu'on appelle aujourd'hui la mafia. Au temps du communisme pur et dur, on n'a en effet que peu d'exemples significatifs de pots-de-vin substantiels versés à tel ou tel hiérarque soviétique pour obtenir des marchés. Pour une simple raison : les entreprises occidentales n'avaient pas accès au marché intérieur soviétique, qu'il s'agisse de grands équipements ou de biens de consommations.

Staline a exercé l'une des dictatures les plus cruelles du monde. Malgré l'immensité de son pouvoir, il n'en a pas profité pour se constituer une fortune personnelle. Le Géorgien aurait pu s'emparer de tous les biens pour son propre compte. Il s'est contenté de s'identifier si bien à l'État qu'il ne pouvait se projeter autrement que dans le pouvoir politique. Staline n'était pas honnête, il n'avait tout simplement pas de rapport avec l'argent qui, sous son règne, était appelé à disparaître. Nikita Khrouchtchev appartenait à la même génération. Seuls parmi les grands prédécesseurs de Mikhaïl Gorbatchev, le dernier tsar rouge, Youri Andropov était sans doute assez ouvert pour être tenté. Il n'a pas eu le temps, la maladie l'a emporté trop tôt.

Le raisonnement n'est pas valable pour le Parti communiste de l'Union soviétique. Si l'on considère les dirigeants communistes comme une entité collective, force est de constater qu'ils se sont comportés exactement de la même manière que les autres tyrans de l'Occident ou de l'Orient, du Sud ou du Nord. En apparence c'était un autre système, au fond c'étaient les mêmes mœurs.

A l'inverse des Soviétiques, dans la plupart de leurs satellites, et même dans certains États confédérés de l'Union, les chefs s'en sont personnellement mis « plein les poches ».

Quand la caméra du journaliste américain Edward Behr [2] pénètre dans ce hangar de Bucarest qui ne ressemble pourtant en rien à un garde-meuble, c'est pour y découvrir un invraisemblable bric-à-brac : des fauteuils capitonnés encore revêtus de leurs housses blanches; lampes, rideaux abandonnés, oripeaux empoussiérés, vêtements naguère d'apparence luxueuse. Ce n'est pas le grenier de ma grand-mère, c'est le reliquat des affaires personnelles du couple Ceausescu, dont émerge un portrait en pied du dictateur dans le plus mauvais des styles réalistes socialistes. Rien pour attirer l'attention, rien que des meubles faussement baroques, des copies prétentieuses, accumulation de biens qui contraste violemment avec la pauvreté du peuple.

A Bucarest, ils ont percé d'un trou leur drapeau; à Prague et à Varsovie, ils ont édifié la police; à Berlin, ils ont renversé le mur qui les asphyxiait. Ils ont conquis tout seuls la liberté, le droit de consommer, d'acheter, de rouler en voiture, de partir en vacances. Mais qu'ont-ils découvert? Que tous ces chefs dignes, podagres et cacochymes, n'exerçaient le pouvoir que dans leur propre intérêt et au profit exclusif de leur petit clan d'apparatchiks.

Régnant au nom du peuple, de la classe ouvrière, la nomenklatura ne se refusait rien. Collections de voitures et de bijoux. Datchas et sanatoriums spéciaux. Caviar et champagne (géorgien). Solidarité prolétarienne? Solidarité parfaite entre les chefs, les camarades secrétaires, les commissaires politiques de haut rang, les délégués dans les soviets, les ministres, les généraux bardés de décorations de la tête à la ceinture. Au Kremlin, à Moscou, au Hradzin, à Prague. Mais aussi dans les villas présidentielles de Managua, dans le palais-forteresse de Tirana, à Sofia où régnait le nouveau tsar de Bulgarie. Et encore le prolétariat ignorait-il le plus grave : les trafics de devises, les évasions de capitaux, les fortunes en pierres précieuses et en billets de banque accumulées dans les coffres.

Comment a-t-on pu croire que les chefs et les apparatchiks étaient d'une rigoureuse honnêteté, tout entier dévoués à leur peuple? Peut-être ont-ils été sincères jusqu'aux années trente..., voire les années quarante. Mais, pendant et tout de suite après la Seconde Guerre mondiale, l'Armée rouge ne s'est-elle pas livrée au plus extraordinaire des pillages dans les pays occupés? Dans les siècles passés, toutes les armées du monde ont pillé les pays envahis : mais ces militaires-là avouaient au moins être des soudards, ils ne se prétendaient pas les libérateurs du peuple opprimé!

En se retirant, l'inondation a mis cruellement à nu ce que les régimes communistes étaient devenus depuis des décennies : des machines à siphoner la richesse nationale au profit de quelques chefs avides entourés de leurs clans. Sous prétexte de lutte prolétarienne et anti-impérialiste, ces camarillas avaient mis en place des structures souvent très sophistiquées pour drainer des capitaux considérables, pour dépouiller leurs propres concitoyens, pour accaparer des fortunes. Pour s'être abritée derrière des motifs idéologiques, la cupidité de ces dictateurs-là n'en est que plus répugnante.

Les rackets du « Génie »

En cette fin décembre 1989 l'ambiance est lugubre à la représentation commerciale de Roumanie à Vienne (Autriche). Les nouvelles en provenance de Bucarest sont toutes aussi mauvaises les unes que les autres : depuis la manifestation houleuse du 21 décembre au cours de laquelle Nicolae Ceausescu a été contraint de quitter le balcon des victoires sous les huées, le pouvoir paraît avoir échappé au Conducator, le Génie des Carpathes, premier secrétaire du Parti communiste roumain, président de Roumanie. Le dictateur et sa femme Eléna ont disparu, les pires rumeurs circulent... Ce matin glacial du jeudi 28 décembre, les sept fonctionnaires de la représentation sont cependant à leur bureau. Ne serait-ce que pour avoir des nouvelles. Seul manque à l'appel le patron. Le chef de la représentation commerciale roumaine est, depuis plus de seize ans, Marin Ceausescu, frère aîné du Conducator, toujours allègre malgré ses soixante-treize ans. Quand on l'interroge, l'ambassade fait répondre que Marin a quitté Vienne pour partir en voyage. Les diplomates savent que c'est faux : en fait, il a disparu. Impossible de le retrouver malgré les recherches.

Un employé descend à la cave pour régler le chauffage central; il sent une curieuse odeur, il cherche. Et il trouve, pendu derrière la chaudière, le corps de Marin Ceausescu.

On essaye de cacher la nouvelle. Elle se répand néanmoins dans Vienne dès le lendemain. Car le « directeur de la mission commerciale roumaine » n'était pas n'importe qui. De notoriété publique, il occupait un poste-clé dans les services de renseignements roumains. Officiellement, il était chargé du service européen des « attachés commerciaux ». En fait, il assurait la direction des réseaux de la Securitate – la police politique –, chargée de surveiller l'émigration roumaine à l'étranger. On a pu prouver en 1987 que Marin Ceausescu avait poussé à la trahison le chef de service de la police des étrangers à Vienne, lequel avait fourni la liste complète des exilés roumains en Autriche. Les hommes de Marin Ceausescu avaient mis « une belle pépé » dans le lit du policier pour le faire chanter ensuite, photos à l'appui.

Plus important encore, Marin Ceausescu était l'ombre portée de son frère Nicolae sur la fortune accumulée à l'étranger. Entre ses mains ont transité toutes les combines, illégales le plus souvent, permettant à la Roumanie d'entretenir des relations financières avec l'Ouest. Marin a mis en place toutes les filières financières clandestines. Ne serait-ce que pour pouvoir payer les « agents non officiels », ce qui nécessite la manipulation de très importantes sommes en liquide. Les communistes roumains avaient parfaitement assimilé les leçons du capitalisme : l'achat puis la revente spéculative d'un immeuble dans le XVIIe arrondissement de Vienne leur avait ainsi permis de prendre des intérêts dans deux cabinets immobiliers viennois.

Le suicide de Marin Ceausescu ne fait pas de doute, mais il pose un énorme problème. L'homme a emporté dans sa tombe le secret des caches, des fiduciaires, des comptes à numéro. Quand la police autrichienne se présente à la mission commerciale pour enquêter sur le suicide, force est de constater que tous les employés se sont envolés. Envolées aussi les archives compromettantes. Avec cette disparition tragique commence le mystère. Contrairement aux autres, cette chasse au trésor roumain va se dérouler dans un climat de violence où meurtres et exécutions se succèdent. A un tel point que des années plus tard, les bouches ne s'ouvrent toujours pas. Je me souviens d'un témoin, contacté à Genève. C'était une femme, une juriste chargée de certaines recherches. Quand je lui ai demandé un entretien, elle m'a répondu d'une voix tremblante : « Impossible de vous voir, la Securitate a encore des yeux et des oreilles partout. »

Bien qu'elle ait été nommément désignée pour ce travail par les nouvelles autorités roumaines, ce témoin a laissé croire plus tard qu'elle ne savait rien.

Les confidences d'un transfuge

Comme tous les autres dictateurs, Nicolae Ceausescu était profondément atteint de deux maux : l'automobilomania et la castelomania, aggravées par une mégalomanie aiguë. La médecine politique n'a jamais trouvé qu'un remède à ces maladies, fort coûteuses pour le bien de tous : le renversement et la prison. Certains y ajoutent la peine de mort et l'exécution. On peut ne pas partager cette conviction, mais on sait que dans l'enthousiasme d'une révolution libératrice, les manifestants sont rarement regardants sur les moyens.

Dans le cas particulier de Ceausescu, le syndrome castelomaniaque s'est manifesté sous une forme aussi pernicieuse que spectaculaire : la cadetrousselliose. On se souvient que dans la chanson populaire, Cadet-Rousselle a trois dents, trois cheveux, trois maisons. Le couple Ceausescu possédait deux fils, une fille. Et quarante-sept maisons. On a une assez bonne idée de celle où ils vivaient habituellement, car elle a été popularisée par la télévision : meubles cosy achetés sur catalogue, robinetteries dorées provenant souvent du vol pur et simple dans les résidences mises à leur disposition pendant les voyages officiels. Ainsi, l'hôtel Marigny [3] a-t-il été littéralement pillé lors d'un déplacement en France, à la grande fureur de Valéry Giscard d'Estaing, alors président. Chez les Ceausescu, il y avait aussi des vêtements achetés sur catalogue – celui de « La Redoute » traînait encore dans la chambre –, et une collection complète du quotidien *L'Humanité.* Aux murs, des trophées de chasse. Et des fresques, représentant Ceausescu et sa famille dans un style parfois inspiré des icônes. Dans les armoires d'Eléna, quarante-quatre manteaux de fourrure, pas moins. Pour la santé, une piscine intérieure.

Ancré sur la mer Noire, à l'embouchure du Danube, un yacht luxueux et de mauvais goût. Même décor, même climat dans les quarante-six autres maisons, pavillons de chasse, chalets de montagne, villas de bord de mer et résidences de campagne.

Las, le génial Conducator n'a pas eu le temps de jouir de sa dernière lubie : le Palais du Peuple à Bucarest, un gratte-ciel monstrueux et baroque, plancher et sol en marbre, boiseries précieuses en acajou, noyer, cerisier ou rosier. Dans une des salles de réception – 66 mètres de long, 32 mètres de large, 20 mètres de haut – le tapis tissé d'une seule pièce pesait... trente tonnes. Coût de ce mastodonte qui n'a jamais été achevé, et dont les Roumains ne savent que faire aujourd'hui : 5,5 milliards de francs. Écrasant la vieille ville de sa masse prétentieuse, ce bâtiment est entouré d'un nouveau quartier destiné aux cadres du Parti. Un quartier bâti sur les ruines de la vieille ville que Ceausescu avait fait abattre. Comme il avait fait détruire les villages, les bourgades, pour regrouper son peuple dans des bâtiments neufs. Toujours inachevés, délabrés avant même d'être habités.

Nicolae Ceausescu, mélange de petit-bourgeois pantouflard et de tyran ivre de répression, a été fasciné sur la fin de sa vie par la révolution culturelle chinoise et par le culte de la personnalité qui permet aux dirigeants de Pékin d'imposer leur loi. Maniaque du secret : sous Bucarest, il a fait creuser une deuxième ville labyrinthique, souterrains censés permettre une deuxième vie. L'évasion au cas où...

Le destin de Nicolae Ceausescu serait incompréhensible sans au moins une allusion au rôle de sa femme Eléna, à laquelle il est resté très attaché jusqu'au bout. Aigre, haineuse et frustrée, cette petite laborantine voulait se faire passer pour un grand chercheur scientifique. Eléna a été une âme damnée, largement responsable de l'avidité de Nicolae, de ses pillages.

S'affirmant communiste, le dictateur a été le seul à prendre et à conserver ses distances à l'égard du grand frère soviétique. La Roumanie est le seul pays au monde classé en voie de développement qui, lors de la chute du tyran, n'a aucune dette extérieure. Sur instruction expresse du « Génie » terriblement jaloux de son indépendance, il était interdit de faire des dettes. Quitte à ruiner son pays, à affamer sa population. Pour justifier cette politique draconienne, Ceausescu fait démontrer par un de ses « savants » que les Roumains mangent bien assez! Sur le tard, diabétique, souffrant d'hypertension, le dictateur perd le sens des réalités. Il finit par assimiler si bien sa personne à l'État roumain qu'il ne fait plus la différence entre son patrimoine et l'argent public. Au point d'oublier de mettre à l'abri ses propres biens, tant il est persuadé qu'il pourra puiser à jamais dans la caisse.

Avide parmi les cupides, Ceausescu a aussi exploité sans le moindre scrupule la bienveillance de l'Occident à son égard, en raison de ses velléités d'indépendance. Le Génie des Carpathes a soumis le monde capitaliste à un racket systématique mâtiné d'escroquerie pure et simple.

Témoignage de Levu Tokyu, ancien lieutenant-colonel de la Securitate : « Ceausescu a commencé assez bas en tentant d'extorquer de l'argent et des testaments à des Roumains qui voulaient quitter le pays [4]. »

Puis il y a eu la « vente des Juifs », 400 000 personnes échangées contre paiement en espèces à Ceausescu. L'affaire a été révélée par les services secrets israéliens. Le chef de la communauté juive en Roumanie, le rabbin Moshe Rosen, non seulement confirme l'information, mais reste convaincu d'avoir eu raison : « On m'a reproché d'être intervenu pour que les Occidentaux favorisent la Roumanie en échange des Juifs. On m'a dit que je marchais avec Satan. Si c'était à recommencer pour sauver 400 000 Juifs, je recommencerais. »

Les Roumains ont certainement ramassé beaucoup plus d'argent encore. Deux exemples. L'affaire des tracteurs, d'abord. On produisait sous licence FIAT dans une usine située à Brasov des tracteurs d'une très médiocre qualité. Au début des années soixante-dix, les Roumains proposent un marché aux autorités israéliennes : « Pour chaque achat d'un tracteur, nous permettrons à un Juif de partir en Israël. » Confié à la société israélienne Feldman & Sons Ltd, le marché porte sur au moins 1 500 à 2 000 tracteurs, entre 1970 et 1984. Mais comme ces machines ne sont pas assez bonnes, le gouvernement de Jérusalem confie à la société KOOR, qui dépend du syndicat Histadrouth, le soin de les réexporter en Afrique. La plus grande partie sera vendue en Zambie...

Autre méthode : l'association juive caritative américaine Joint réussit à convaincre les autorités roumaines d'organiser un service de repas pour les vieux Juifs, service qui serait naturellement financé par Joint. Les Roumains acceptent, mais à la condition que pour chaque dollar versé au profit des personnes âgées, la Joint donne à la Roumanie un autre dollar! Ainsi des milliers de vieux Juifs seront nourris, gratuitement pendant des années et les Roumains auront encaissé des centaines de milliers de billets verts. L'escroquerie aura duré vingt ans. Impossible de savoir si l'argent est entré dans les caisses de l'État ou dans les poches de Ceausescu.

Deuxième exemple : la vente des Roumains d'origine allemande, attestée par le témoignage de l'avocat Heinz Gunther Husch. Conformément à la volonté des deux gouvernements, l'affaire aurait dû rester secrète. Pendant vingt-deux ans, cet avocat semble avoir rencontré deux cents fois en secret Ceausescu. Deux cent mille Allemands de Roumanie auraient ainsi été autorisés à émigrer, « libérés », dit le témoin, contre 1 milliard de dollars réglés par Bonn. La rançon était de 10 000 à 15 000 deutsche marks (35 000 à 52 000 francs) par tête; en outre, pour partir, les familles devaient elles-mêmes verser une nouvelle rançon : 75 000 dollars, affirme Heinz Gunther Husch qui note avec un certain humour noir : « Les Roumains avaient inventé cette devise : mieux vaut élever un Allemand qu'un porc, car un Allemand rapporte beaucoup plus de devises. »

Pour équilibrer ses comptes extérieurs, la Roumanie avait également entrepris d'importer d'Italie des déchets chimiques non traités pour les entreposer dans des décharges. Quand les décharges ont été saturées, on a placé les déchets dans des fûts qui ont été jetés dans la mer Noire.

Dans ces conditions, nul ne peut être surpris de voir la Roumanie « communiste » briller dans le trafic d'armes. Ainsi, en plein embargo, la Roumanie vend à l'Irak des Katiouchas (munitions pour lance-roquettes multiples). En 1982, un vendeur d'armes, Sarkis Foleneris, se rend à Genève dénicher des missiles pour Saddam Hussein. Un intermédiaire lui propose 40 000 munitions. On lui dit : « Vous devez acheter 70 000 munitions, pas 40 000. » Le prix est ainsi ramené de 190 dollars à 160 dollars la roquette. Foleneris s'était rendu en Roumanie à bord de son avion privé, un Boeing 707 quadriréacteur, pour conclure l'affaire.

Au total, ces trafics d'armes auraient pu avoisiner 4 milliards de dollars, même si tous les projets n'ont pas abouti.

La Roumanie ne s'est pas contentée du trafic traditionnel. Elle a aussi froidement trahi ses fournisseurs en vendant à l'Ouest des systèmes d'armes sophistiqués que lui remettait l'Union soviétique au titre de la fameuse solidarité prolétarienne. Ainsi sont passés aux États-Unis un modèle du missile anti-aérien Shilka, des rampes mobiles de fusées, des systèmes radars. L'analyse de ces systèmes aurait permis aux chercheurs américains de développer la technologie des avions furtifs. Une douzaine de transactions a été menée dans le cadre d'un programme élaboré par l'inévitable CIA avec la bénédiction de Ceausescu; elles auraient rapporté à la Roumanie 40 millions de dollars [5]. Aucun marché ne pouvait se nouer sans l'aval du dictateur, assorti d'une substantielle commission pour lui.

En 1987, le général Ion Pacepa, chef des services secrets roumains pendant vingt ans, trahit le régime et passe à l'Ouest. Il s'empresse d'écrire ses mémoires, intitulées *Horizons rouges*; dans ce texte, il affirme que 400 millions de dollars ont été déposés par le clan Ceausescu sur deux comptes secrets TA 73 et TA 78, ouverts dans des banques de Zurich qui n'ont d'ailleurs jamais été identifiées. L'officier ajoute que la DIE (les services secrets roumains) étaient également titulaires de coffres et de comptes en banque. Pacepa rapporte, entre autres anecdotes, qu'Eléna ne renvoyait jamais les bijoux qu'elle faisait venir « pour examen » de New York, Londres ou Paris; elle payait sur le compte TA 78.

Où sont passées les centaines de millions de dollars?

Comme de coutume dans les affaires roumaines, les rumeurs sont aussi nombreuses et persistantes que faibles les preuves. Cependant, on dispose aujourd'hui de quelques éléments concrets. Toutes les affaires devaient transiter par des sociétés-écrans. Plusieurs d'entre elles ont été identifiées : Dunarea à Bucarest; Karpatzi, qui opérait essentiellement pour le compte du PC roumain, son intervention étant indispensable pour les contrats d'import-export à l'étranger : les profits estimés à 54 millions de dollars étaient transférés à l'étranger; Crescent, dont le siège est à Chypre : pendant dix ans, elle fut un des intermédiaires entre la Roumanie et les pays capitalistes, canalisant des centaines de millions de dollars de profits. Crescent, bénéficiait de certains privilèges qui ne pouvaient avoir été accordés que par Ceausescu lui-même. Le cerveau de l'affaire était, à Bucarest, un dénommé Dan Bocolescu. Les fonds déposés par Crescent dans les banques chypriotes n'ont jamais été rapatriés en Roumanie, et toutes les enquêtes se sont heurtées à un rigoureux secret bancaire : Chypre est devenue un « port franc fiscal » particulièrement apprécié dans toute la zone orientale de la Méditerranée.

L'île a, par exemple, tout particulièrement la faveur des capitalisto-communistes serbes qui y auraient déposé un demi-milliard de dollars sur les comptes de plusieurs centaines de sociétés-écrans [6].

En principe, la Roumanie était un membre important du Comecon [7], le « Marché commun » des pays socialistes. Mais le pays avait trop besoin de devises occidentales pour ne pas essayer d'en tourner les règles, bon moyen également pour ouvrir le robinet de la fuite des capitaux vers l'Ouest. Dans ce but, selon le schéma classique, le ministère roumain du Commerce extérieur avait constitué en 1980 une société-écran à Curaçao (Antilles néerlandaises) par l'intermédiaire d'une société fiduciaire suisse de Bâle. Son rôle était de servir d'intermédiaire dans les transactions « illégales » conduites par les Roumains. Cette société fantôme a cessé ses activités en 1989. Quand l'affaire est découverte par un magistrat bâlois en 1990, la banque Crédit suisse se croit visée. Elle publie un communiqué peu amène et dément avoir couvert toute transaction illégale pour le compte de Ceausescu ou sa famille.

En Roumanie, le produit de tous les rackets était versé sur le compte particulier du Conducator, géré par des employés de la Banque commerciale roumaine qui n'avaient que cette tâche à remplir. Comme ces employés ont disparu, on ne sait pas ce qu'est devenu cet argent. A Bucarest, quand on pose la question, on reste sans réponse, comme si ce pactole n'avait jamais existé.

Sortis de Roumanie, les avoirs étaient répartis selon de nombreuses filières pour partager les risques. Il est probable que la banque française Société générale a joué involontairement un rôle dans cette dissipation des capitaux, car elle a été la dernière banque occidentale ouverte jusqu'aux ultimes jours du régime. En effet, des liens commerciaux assez solides avaient été noués entre la France et la Roumanie communiste, dont l'unique usine d'automobiles produisait depuis longtemps sous licence un modèle romanisé de la R12 Renault, la Dacia [8].

L'une des pistes conduit à Vienne. Marin Ceausescu aurait ouvert dans différentes banques autrichiennes plusieurs centaines de « comptes d'épargne », portant au total 75 à 190 millions de francs. Cette formule très ancienne (elle remonte au milieu du XIXe siècle) présente la particularité d'être rigoureusement anonyme : jusqu'à un montant de 449 000 schillings autrichiens (soit environ 250 000 francs), aucune justification d'identité ou de personne n'est requise, contrairement à la Suisse où le déposant sur un compte à numéro doit, depuis toujours, justifier de son identité.

L'anonymat absolu a été maintenu durant toute la guerre froide pour faciliter les transactions financières secrètes entre l'Ouest et l'Est. Le représentant d'une société française à Vienne m'a montré l'un de ces « livrets » sur lesquels il déposait les salaires de ses « informateurs » dans les pays de l'Est.

Après le suicide de Marin et le départ des employés de la mission commerciale, la police n'a pas retrouvé trace des livrets, en dépit de recherches approfondies auprès des banques autrichiennes.

Cette information a donc été fortement mise en doute par les autorités de Vienne. Celles-ci sont en effet extrêmement embarrassées : le secret bancaire « absolu » en vigueur en Autriche est utilisé non seulement par les dictateurs en déroute, mais également par tous les blanchisseurs d'argent sale, trafiquants de drogue, mafias de l'Est ou de l'Ouest et autres fraudeurs fiscaux. La Hongrie a d'ailleurs mis en place un système analogue pour « attirer » les capitaux nécessaires à son développement.

Après s'être installé, le Front de salut national issu de la révolution engage la chasse au trésor. Le nouveau pouvoir ne dispose alors que d'un indice : une note diplomatique du nouvel ambassadeur de Roumanie en Suisse indiquant que 400 millions de dollars seraient cachés dans les banques helvétiques. Il reprend en fait sans nuance les révélations du général Pacepa. Sans plus d'éléments pour l'étayer, l'accusation est réitérée par l'ex-roi Michel Ier de Roumanie, en exil depuis l'instauration du régime communiste après la guerre.

Cette traque aux dollars est au cœur du procès expéditif intenté par les révolutionnaires roumains à l'ex-dictateur et à sa femme Eléna. Parmi les « juges », on reconnaît Silviu Brucan – l'homme à la barbe blanche qui est aussi l'un des grands animateurs de la révolte de décembre –, le général Victor Stampulescu, ministre de la Défense; Orianu, un professeur de philosophie plus tard nommé directeur de l'Information. Ce « tribunal » tout en chaises de cuisine et tables de cantine siège dans la caserne Tirgoviste.

Les terrifiantes images de l'interrogatoire ont été diffusées dans le monde entier. Un dialogue à la fois tragique et ubuesque.

Question posée par le procureur Virgil Margorianu : « Les 400 millions de dollars cachés en Suisse, au nom de qui ont-ils été déposés? » C'est Ceausescu lui-même qui répond, avec une arrogance déplacée : « Des comptes? Quels comptes? Vous n'avez aucune preuve, vous n'avez rien pour le prouver. »

Il crie, puis calme Eléna encore plus agressive. En fait, la sentence est déjà arrêtée. Ce sera la mort, avec application immédiate.

Le procès a duré exactement 55 minutes. Le couple est entraîné à l'extérieur de la caserne, abattu au pistolet-mitrailleur. Nicolae Ceausescu emporte avec lui le secret de ses détournements. Si détournements il y a eu.

Orianu, le professeur de philosophie qui a « assisté » au procès a plusieurs fois affirmé en avoir acquis la certitude. Mais où est passé l'argent?

Cette question est encore au centre du procès intenté à Nicu, le fils de l'ex-dictateur, déféré le samedi 26 mai 1990 devant le tribunal de Sibiu, une ville dont il était le secrétaire du Parti communiste jusqu'à son arrestation. Nicu est tout aussi antipathique que son père : sous une apparence de play-boy un peu gras, c'est un fêtard, alcoolique invétéré. On l'accuse d'avoir violé plusieurs filles qu'il aurait entraînées dans ses « parties ». Il est surtout poursuivi comme complice des persécutions et tueries ordonnées par son père. Malgré probablement des sévices, les magistrats ne parviendront jamais à tirer la moindre information sur la « fortune familiale cachée » à un homme qui apparaît comme un demi-demeuré. Condamné à seize ans de prison, il finira par être remis en liberté en décembre 1992 en raison d'un état de santé lamentable dû à l'alcoolisme [10].

Dimitru Nizelu, vice-président du gouvernement dirigé par Petre Roman déclare en 1991 : « C'est le peuple roumain qui nous a demandé d'apporter le maximum de détails sur la fortune de Ceausescu, nous le ferons. »

A l'image de plusieurs autres pays, notamment les Philippines, on forme une commission gouvernementale dans les semaines qui suivent la chute du régime. Elle est animée par Mugur Isarescu, président de la Banque nationale de Roumanie. Deux experts sont envoyés en Suisse pour tenter d'identifier des fiduciaires (sociétés-écrans) et d'en démasquer les secrets. Ils sont bientôt suivis par l'un des « bourreaux » du couple Ceausescu, Silviu Voïcan, qui fait le tour des juristes naguère chargés des affaires philippines. La Roumanie est à court de fonds, il faut absolument retrouver la trace des avoirs attribués aux Ceausescu.

A Berne, le département fédéral de Police et de Justice confirme ces missions. Il affirme même que les Roumains ont découvert quelques éléments à Bâle, mais que Bucarest a paru s'en désintéresser. Les autorités de l'ex-pays communiste n'ont jamais fait les démarches nécessaires pour suivre l'action et obtenir la remise des documents.

La délégation roumaine a quand même été jusqu'à Toronto, Bay Street, pour y rencontrer les détectives financiers Robert Linquist, vérificateur comptable, et Rod Stamler, ancien assistant du commissaire chargé de poursuivre la criminalité en col blanc à la RCMP (Royal Canadian Mounted Police) et s'assurer leurs services. Stamler explique sa mission : « Le montant de la fortune cachée a été évalué dans une fourchette oscillant entre 400 millions de dollars et 5 milliards de dollars. Le système mis en place était particulièrement complexe. Il s'agissait de savoir comment Ceausescu avait accumulé sa fortune, et comment il l'avait sortie. Mais il faut se rappeler que l'on avait affaire à un communiste et à quelqu'un qui aimait le pouvoir, et l'argent. »

Les travaux traînent, ce qui fait écrire avec fureur à Patrick Bacanu, à l'automne 1991, dans le journal *Romania Libera* :

« Il y a maintenant 18 mois que cette commission a été formée, depuis rien, même pas un rapport, rien. Il n'est pas possible que des banques ne sachent pas où est l'argent, il n'est pas possible que pas un seul des officiers de la Securitate ne soit capable de fournir la moindre indication. Il n'est pas pensable d'imaginer que Ceausescu allait lui-même en Suisse avec des valises pleines d'argent, quelqu'un faisait le travail. Il n'est pas non plus concevable que l'argent qui manque ait été employé pour payer la dette, parce que la dette existe encore. »

De nombreux Roumains estiment en fait que s'il y a eu de l'argent placé par les Ceausescu hors du pays, il a été récupéré par les nouvelles autorités. Pour l'État. Ou pour elles-mêmes. On suggère même qu'il y aurait plus de controverse que d'argent caché par les Ceausescu, le dictateur s'étant tellement confondu avec l'État que, précisement, les comptes principaux ont été ouverts au nom de celui-ci. Mieux, Ion Illescu, le président de la République roumaine, confirme que le pays a désormais mieux à faire qu'à courir après le magot de Ceausescu.

Détail piquant : la récupération des biens que le Parti communiste roumain avait eu tant de mal à accaparer, innombrables immeubles et autres avoir évalués à plusieurs milliards de leis, ont fait l'objet d'âpres luttes entre des groupuscules se revendiquant encore du communisme et se prétendant donc les héritiers naturels de l'ancien PC.

Un honnête homme face au racket

Moins cruel que le Génie des Carpathes, mais habitué des mêmes méthodes, Todor Jivkov, le tsar rouge, a régné sur la Bulgarie de 1954 à 1989, soit du début de l'ère krouchtchevienne à la fin de l'ère gorbatchévienne. Mais contrairement à son voisin et rival Ceausescu, Jivkov a toujours très fidèlement suivi la ligne de Moscou au point d'envisager à un moment l'adhésion à l'Union soviétique.

Autre différence : quand tombe le régime communiste en 1990, la dette extérieure atteint 10 milliards de dollars. La responsabilité personnelle des dirigeants est mise en cause, une commission spéciale d'enquête est formée pour débusquer les malversations. On découvre alors que, grâce aux canaux classiques, le PC bulgare, son alliée l'Union agrarienne et les dignitaires du régime ont siphoné l'économie. 90 % pour le

PC, 10 % pour les agrariens, telle était la clé de répartition. Quand le PC n'avait pas assez, il continuait de puiser dans la caisse de l'État. La pratique était quasiment officielle puisque organisée par le ministère des Finances par le jeu de comptes spéciaux baptisés dans les années cinquante et suivante « Éducation A » et « Éducation B » pour chacune des deux organisations (ensuite « Progrès technique A » et « Progrès technique B »). Selon un membre de la commission spéciale d'enquête, Boyan Skopakov, les ordres de transfert étaient donnés par téléphone [11]. Le montant annuel de ces « prélèvements » aurait atteint 8 millions de dollars, soit, en quinze ans, 120 millions de dollars. Ce qui apparaît bien modeste à côté d'autres dictatures, à ce seul détail près que la Bulgarie est pratiquement dénuée de ressources.

Encore la castelomania : les villas des apparatchiks étaient bâties sans contrepartie par les communes. Dans les usines, les commissaires politiques étaient rémunérés par l'entreprise, les membres du comité central payant un loyer dérisoire.

Fuite de capitaux comme ailleurs, cette fois par l'intermédiaire de l'UBO (département spécial de protection), le ministère du Commerce extérieur et douze comptes numérotés sur lesquels pourraient avoir été déposés 1 milliard de dollars.

Quand le communisme paraît vaciller, les anciens dignitaires se retrouvent d'un même élan sur la route de Vienne. Par exemple Maria Loukanova, architecte et sœur du dernier Premier ministre, qui a fondé une société dans la capitale autrichienne.

Il faut dire que tous disposent à Vienne d'un contact de choix : la propre nièce de Jivkov. Officiellement, cette dame est journaliste. En réalité, elle s'occupe des finances de son oncle. Des finances assez prospères pour qu'elle ait pu s'acheter un appartement dans l'immeuble Wiental, abritant par ailleurs les services officiels bulgares en Autriche et l'agence de tourisme Balkan Intourist. Quand les enquêtes commenceront, Mme Jivkov nièce aura disparu.

On arrête Todor Jivkov dès la chute du régime communiste. Il est accusé d'avoir détourné à son profit personnel 1 million de dollars. Après dix-huit mois de procès il sera condamné à sept ans de prison. Ce qui n'est pas exorbitant si l'on se rappelle la sévérité des régimes communistes. Il faut cependant nuancer : Jivkov a 81 ans lors de sa condamnation. L'ancien chef d'État n'a rien compris. Alors qu'il affirme ne rien posséder – ce qui est fort probable, au moins en Bulgarie –, il proclame que « ce verdict est dirigé contre le peuple bulgare qui doit se sentir compromis. Une telle accusation [de détournement de fonds publics et d'abus de pouvoir] ne peut pas être formulée contre un chef d'État. J'ai gouverné le pays pendant trois décennies... N'importe quel chef d'État au monde pourrait être condamné et emprisonné sur la même base ».

La veuve et le népotisme.

A l'autre bout de l'Europe balkanique, en Albanie, mêmes causes, mêmes effets. Le régime de Tirana, dirigé par le tyran crypto-maoïste Enver Hoxha, a conduit le pays à la faillite totale par application d'une autarcie économique absurbe. Ce petit bout de montagne coincé entre la Grèce et le Montenegro, dernier État fédéré d'une Yougoslavie croupion, est aujourd'hui revenu à un stade de développement proche du début du XIXe siècle.

Après quelques houleuses péripéties, dont les fameuses évasions en masse de 1990 et 1991, l'Albanie rejette à son tour la dictature communiste. Les bouches s'ouvrent dans ce pays particulièrement secret. Et l'on s'aperçoit que le clan soi-disant si pur et si vertueux des Hoxha a suivi la règle commune. Nexhmije, la veuve du dictateur mort en 1985, est accusée d'avoir détourné l'argent du pays, de l'avoir déposé sur des comptes à l'étranger. A la « belle époque », Nexhmije était directrice de l'Institut du marxisme, président du Front démocratique, animatrice du courant ultra-conservateur. A 71 ans, en décembre 1991, la vieille dame est jetée en prison, poursuivie pour corruption.

Selon l'accusation, avec la complicité de Kino Buxhelli, naguère chargé de subvenir aux besoins du dictateur et de son épouse, Nexhmije aurait détourné 764 192 leks (412 000 francs) depuis la mort de son mari, sans compter le non-remboursement à l'État de biens représentant 121 738 leks

(66 000 francs). Dérisoire, dira-t-on, au regard des malversations commises par d'autres dictateurs. Mais l'Albanie est un pays si pauvre que ces prélèvements représentent plusieurs centaines d'années de revenus d'un Albanais moyen...

La vraie cible semble être en fait sa belle-fille Liljana, épouse de son fils aîné Sokol, directeur des PTT. Liljana est vice-directrice de l'Agence de presse albanaise. Dans un pays où le mot même de pauvreté n'a plus de sens, elle affiche des goûts de luxe déplacés. Nexhmije Hoxha a été condamnée à neuf ans de prison en janvier 1993.

Règlements de comptes à La Havane

Les plus vertueux d'entre les vertueux, les dirigeants cubains, n'ont pas échappé à la tentation. Même si le trafic (de drogue dans le cas d'espèce) n'avait pas pour seul objectif l'enrichissement personnel, il nous faut ici en dire un mot. Il s'agit cette fois d'un pays naguère d'apparence prospère, passé au communisme en raison d'un double effet : la dictature corrompue d'un clan passé aux mains de la mafia et la volonté des Soviétiques d'étendre leur influence au plus près des côtes américaines. Dans le jeu d'échecs mondial, la grande île de Cuba pouvait apparaître comme une pièce majeure, une sorte de porte-fusées braqué vers le cœur des États-Unis. Il s'en est fallu de très peu que le projet débouche sur une guerre nucléaire lors de la grande crise des « missiles » déclenchée par Nikita Khrouchtchev, du 14 au 28 octobre 1962, et contrée par feu le président John, F. Kennedy. Trente ans plus tard on découvre que l'on est passé au plus près de la conflagration finale [12]...

Réplique nord-américaine : le blocus de Cuba. Fidel Castro, maître de l'île, n'acceptera jamais cet isolement qui l'empêche de démontrer le bien-fondé du latino-communisme qu'il entendait promouvoir dans les pays en voie de développement. Il fera tout pour briser ce blocus. Une action assez entêtée qui débouchera sur la ruine du pays : la grande majorité des voitures qui roulent encore ont plus de quarante ans d'âge, il n'y a plus d'essence, plus de tracteur, les usines ferment faute d'énergie. La population est invitée à retourner à la terre pour assurer sa survie.

Pour vaincre économiquement les Américains du Nord, l'équipe Castro avait imaginé une stratégie complexe. Premier objectif : se procurer les devises nécessaires à la survie d'une île assez largement dénuée de ressources naturelles. Dans ce but, suivre toutes les filières possibles pour exporter les rares produits cubains. Pour réussir, Fidel Castro reçoit l'aide assez inattendue de plusieurs pays non communistes. En tête, le Panama de Noriega : on se souvient que celui-ci a facilité l'installation dans la zone franche de Colon de plusieurs usines ou entreprises assurant l'une le « blanchiment » du tabac cubain transformé en cigarettes américaines Winston, l'autre le détournement illégal de technologies sophistiquées. D'autres partenaires sont beaucoup plus importants : l'Espagne, qui n'a jamais rompu ses relations avec Fidel Castro, enfant de Galice, sa province atlantique; le Mexique, dont les rapports avec les États-Unis sont toujours empreints d'aigreur; mais aussi la France, France gaullienne puis France mitterrandienne qui n'a cessé de mener en sous-main une lutte discrète contre l'emprise américaine dans la zone caraïbe. C'est on l'a vu cette lutte qui a conduit à l'octroi de l'asile politique à l'ex-président Jean-Claude Duvalier. Le gouvernement français est également à l'origine de la fondation de la compagnie commerciale Sucden, dont l'une des grandes missions initiales aura été d'assurer la commercialisation d'une partie du sucre cubain sur le marché libre, malgré le blocus américain.

N'oublions pas le *trader* Marc Rich, l'un des plus importants négociants en matières premières du monde, qui a largement aidé Cuba en assurant l'écoulement de son zinc [13]. Caractéristique commune à ces affaires : en raison du blocus américain, elles ont été très souvent aux limites de la légalité.

La réalisation des objectifs numéro deux et trois de Fidel est en revanche intégralement marquée au sceau de l'illégalité.

Le deuxième est simple : financer une folle expédition outremer, « l'aide internationaliste » accordée aux « frères » angolais engagés dans une lutte mortelle contre l'UNITA de Jonas Savimbi soutenue par les Américains et les Sud-Africains. Une aide qui s'est traduite par l'envoi en Afrique de dizaines de milliers de soldats cubains, dont les derniers n'ont été rapatriés qu'en janvier 1989. Aide internationaliste encore, le soutien de toutes les rébellions populaires d'Amérique latine, l'envoi massif d'armes et de conseillers au Salvador, au Nicaragua, en Colombie.

Le troisième objectif est beaucoup moins avouable, même pour des révolutionnaires convaincus : il s'agit d'empoisonner les jeunes Américains en facilitant l'action des trafiquants de drogue. Une réponse du berger à la bergère? Si l'on veut...

Les États-Unis ont eu l'affaire Iran-Contra, conçue précisément pour financer la contre-révolution dirigée contre le régime sandiniste du Nicaragua, cocktail explosif de belles intentions politiques, de services spéciaux et de gangstérisme pur et simple. Cuba aura l'affaire La Guardia/Ochoa.

Début janvier 1989, le général Arnaldo Ochoa accueille à La Havane les derniers soldats cubains du corps expéditionnaire de retour d'Angola. Barbe courte, visage hautain sous la fière casquette de général, Ochoa a belle allure. Ici on le considère comme un héros national puisque l'armée cubaine a officiellement vaincu l'armée sud-africaine, pourtant réputée l'une des meilleures du monde. Qu'importe si, minée par la maladie, l'armée des Barbudos a dû se replier faute de soutien suffisant des Soviétiques qui n'ont désormais ni les moyens de mener la guerre froide ni ceux d'une guerre tiède. Et encore moins la volonté politique de poursuivre dans cette voie...

Six mois plus tard, dans un tribunal de La Havane – en fait, un « jury d'honneur » constitué de cinquante-sept officiers – Arnaldo Ochoa, glabre, la tête courbée sous le poids de la honte, est accusé d'avoir dirigé un vaste trafic de drogue : six tonnes de cocaïne auraient été livrées sur le marché américain...

Pour comprendre ce retournement spectaculaire, il faut remonter quelques décennies en arrière. Dès l'instauration du blocus contre Cuba, Fidel Castro charge deux jumeaux – Antonio et Patricio La Guardia – de drainer les fonds par tous les moyens possibles pour sauver l'île. Le colonel Antonio La Guardia, chargé du département « Z », fonde dans ce but une société à Panama, la CIMEX. Son frère, Patricio, est général, membre influent de l'armée. Agissaient-ils sur ordre, ou ont-ils interprété à leur manière les instructions? Le fait est que les moyens déployés sont plutôt douteux...

Car il faut financer la guerre en Angola, menée sous la houlette du général Ochoa. Ce militaire ne connaît rien aux affaires financières. Il sait seulement que les ressources ne sont pas suffisantes pour assurer la subsistance de son armée. C'est dans ce contexte qu'interviennent les frères La Guardia. Si Castro n'a pas été informé de tous les détails de l'opération, elle s'est certainement déroulée avec son consentement, car rien n'a jamais échappé au chef des Barbudos grâce à l'efficacité de sa police politique, la DGI (Dirección General de la Inteligencia). Les rencontres répétées entre Fidel Castro et Manuel Noriega indiquent que le dictateur cubain n'a rien ignoré des manigances élaborées pour financer « sa » guerre en Angola.

Les fonds arrivent. Ochoa ne se pose pas de questions. Le brave soldat est trop naïf pour imaginer que cet afflux soudain est alimenté par le trafic de la drogue : les frères La Guardia ont bel et bien « commercé » avec les Colombiens. Objectifs deux et trois simultanément atteints, donc.

Procès rapide, sanctions exemplaires. Le général Ochoa, Antonio, un des jumeaux La Guardia, et deux autres « complices » sont exécutés le 13 juillet 1989.

Ce qui étonne dans cette tragédie, c'est la soumission, puis l'apparent effondrement moral du général Ochoa, compagnon des premiers combats du Lider Maximo. Tout au plus peut-on avancer une explication politico-psychologique : Fidel Castro s'est fait reconnaître et à Cuba, et dans tout le monde latino-américain, comme la figure la plus intègre, l'homme le plus vénérable au sens strict du terme. Il incarnait la révolution, et, à ce titre, inspirait à ses hommes plus que de l'amitié, une vraie dévotion nourrie par l'admiration.

Or, que découvre Ochoa au fur et à mesure de son procès, alors qu'il se sait totalement innocent? Qu'il est un bouc émissaire, désormais tenu pour un vulgaire bandit et non plus comme un héros. Il n'est pas sacrifié à la révolution, mais à Fidel Castro, qui le laisse froidement tomber après l'avoir utilisé. Le dictateur n'a pas eu un geste de compassion; il s'est conduit comme un médiocre petit chef capable de tout pour se sauver lui-même. Jusqu'à faire peser sur d'autres le poids de ses propres turpitudes, de ses propres infamies. Tragique déception pour le malheureux général. Castro ne lèvera pas le petit doigt pour l'empêcher d'arriver jusqu'au peloton d'exécution.

Racket au pas de l'oie

Oslo, 1er novembre 1990. Karl-Heinz Kaufman entre dans une succursale de la Norske Bank et se présente au guichet. Après s'être identifié grâce à son passeport allemand, cet homme de 42 ans remplit un formulaire de virement. 270 millions de couronnes norvégiennes (230 millions de francs) doivent être prélevées d'un compte dont il a la signature pour venir créditer celui d'une société soviétique, Putnik, enregistrée à Moscou.

Si jamais vous avez un jour la curieuse idée de présenter un tel papier à un guichet de banque, même pour un montant beaucoup plus modeste, attendez-vous à provoquer un certain remue-ménage ! Ce genre de transaction est en général précédé de courriers, de contacts préalables, d'avertissements, et le signataire vient rarement au guichet. Pour le moins, il prend un rendez-vous.

Dans ce cas précis, rien de tel. Aussi le guichetier transmet-il la demande à ses chefs, qui appellent la police. Kaufman est interpellé.

Un examen rapide de la situation permet de découvrir que le titulaire réel du compte d'origine est le PDS, le nouveau Parti démocrate socialiste qui, dans l'ex-RDA, a pris la succession (et recueilli l'héritage financier) du SED, le Parti communiste dissous.

Kaufman est lui-même un ancien apparatchik, ancien chef de cercle à Halle. Apparemment, on ne lui a pas appris que dans le monde capitaliste certaines procédures doivent être respectées. Considéré comme l'auteur d'une tentative d'escroquerie, Kaufman est arrêté. Suite logique : fin février 1992, s'ouvre devant la 5e chambre d'accusation du tribunal correctionnel de Berlin [14] le procès de plusieurs anciens dignitaires du SED (devenu PDS) pour détournements de fonds, le « Putnik-Prozess ».

L'instruction établit que, bien après la chute du Mur, les

anciens dirigeants communistes ont tenté de transférer massivement des fonds dans des banques non allemandes.

Principal inculpé : Wolfgang Pohl, vice-président du PDS. On retrouve à ses côtés Karl-Heinz Kaufman, l'apparatchik de Halle qui, par sa maladresse d'Oslo, a fait capoter l'évasion des fonds, et Wolfgang Langnitschke, trésorier général. Ils sont accusés d'avoir sorti d'Allemagne 107 millions de deutsche marks (64 millions de dollars), alors que le budget annuel du SED était de 700 millions de deutsche marks.

Pour appuyer l'accusation, de multiples perquisitions ont été conduites dans les locaux du PDS installés à Berlin, dans l'immeuble Rosa Luxembourg. Et c'est en examinant les documents saisis que les policiers ont repéré des transferts massifs de fonds ordonnés, durant l'été 1990, en direction de comptes ouverts au nom de Putnik, une société enregistrée à... Moscou. Comme rien ne change sous le soleil, des fausses factures ont servi de support à ces « transactions » !

Pohl attendra la fin des débats pour reconnaître les faits, en les justifiant d'une manière qui, avec le recul, paraît bien étrange : protestant de sa bonne foi et de son honnêteté de militant communiste, il affirme avoir réalisé ces opérations pour le bien du Parti ; il aurait, dit-il, commis une faute vis-à-vis du PDS s'il ne s'était pas conduit ainsi.

Suivons son raisonnement : par application d'une résolution adoptée par le PDS le 21 décembre 1989 sous la responsabilité du secrétaire général Gregor Gysi, c'est en liaison avec Langnitschke et Kaufman que Pohl a dirigé cette action. Il s'agissait de mettre les fonds du Parti à l'abri de toute expropriation. Cette transaction financière a donc été menée en accord total avec la direction du PDS : « Je ne donnerai aucun nom, ne m'obligez pas à mentir », ajoutera Pohl en soutenant que lui seul et ses deux coaccusés étaient dans le secret. C'est Kaufman qui aurait eu l'idée de choisir la société Putnik comme destinataire des fonds. Sa proposition avait été acceptée car Kaufman, connu pour ses excellentes relations avec les milieux soviétiques, bénéficiait de la confiance du Parti.

« L'idéologie stalinienne, commente un observateur averti, exige que tous les moyens soient utilisés pour que soit préservée la capacité d'action matérielle et financière du Parti. » Et Pohl d'avouer candidement : « Si vraiment nous avions voulu détourner ces fonds à notre profit, nous serions aujourd'hui aux Bahamas. »

Cette sincérité a été payante, si l'on ose dire. Considérant que les trois accusés étaient des salariés du PDS, donc qu'ils avaient agi sur ordre, le tribunal prononcera de modestes peines avec sursis.

Poursuivi pour des raisons analogues, Harry Tisch, ancien responsable de la FGDB, la centrale syndicale unique de la RDA, a bénéficié de la même mansuétude. Les juges l'ont condamné à 18 mois de prison. Avant même la réunification, Tisch était l'objet de poursuites en RDA pour avoir utilisé, à des fins personnelles, 80 000 valuta marks [15]. Après la réunification, il sera l'objet d'accusations beaucoup plus graves : on lui reproche d'avoir illégalement soustrait 100 millions de valuta marks des caisses de son parti afin de compléter le financement du festival de la jeunesse de 1984; soit, un abus de biens sociaux. Mais comme il avait agi sur ordre d'Erich Honecker, alors secrétaire général du Parti communiste, Harry Tisch se verra exempter de toutes responsabilités, les poursuites ayant été abandonnées par le parquet.

Hubert Dreyling, son avocat, explicite le contexte de ce procès [16] : « Les audiences avaient été précédées par une très grosse campagne de presse, on criait partout vengeance contre les responsables de la RDA. Au début, sous la pression de la télévision et des journaux conservateurs, on a eu l'impression que la tournure du procès pouvait devenir politique. Toute l'opinion publique était contre Tisch parce qu'on ignorait les détails de l'affaire. Mais dès que le dossier a été mieux connu, la campagne a cessé, les débats ont pu se dérouler dans des conditions normales, les avocats ont pu travailler sur un plan strictement pénal. »

Dreyling est avant tout soucieux de démontrer qu'en Allemagne on est rigoureusement respectueux de l'État de droit. Une manière de critiquer les anciens partis d'Allemagne de l'Est : même la CDU/RDA, la branche orientale de la démocratie chrétienne, a tenté de transférer illégalement 2,5 millions de deutsche marks vers plusieurs fédérations d'Allemagne fédérale [17].

Ces transferts montrent à quel point en RDA comme dans d'autres dictatures, la confusion était constante entre les caisses de l'État et les caisses privées des personnes ou des organisations politiques. Tandis que l'État ne cessait de s'appauvrir, par ponctions successives, les biens du Parti communiste et de ses satellites ne cessaient de s'arrondir.

Dès la chute du Mur se pose donc la question de la récupération de ces fonds. Et au printemps 1990, le BKA, la police judiciaire fédérale allemande, lance une série de commissions rogatoires internationales pour mettre les choses au clair. Tâche indispensable car les responsables de l'ex RDA ont à loisir monté un système d'une rare opacité pour cacher l'argent détourné.

Chasse au trésor dans une capitale déchue

Quel est l'enjeu? Pour l'apprendre il faut se rendre à Berlin, l'ancienne capitale des différents Reichs allemands, cité encore désarticulée par les destructions de la guerre et par cet absurde Mur qui la partageait en deux. Au fil des mois, les champs de mines sont devenus des terrains vagues tandis que se multiplient les disputes à propos de la propriété des terrains.

Entrons dans ce bâtiment lourdement chargé d'histoire, l'ancien ministère de l'Air de Goering, devenu après la guerre le ministère de l'Économie et des Finances de la République démocratique allemande, puis après la chute du mur le siège de la Treuhandanstalt [18], l'agence de privatisation de l'économie est-allemande. Les façades aux murs de grès brun évoquent les pires heures du nazisme. La bâtisse dresse sa silhouette basse et massive en bordure même de l'ancien « Mur de la honte » dont des fragments maculés de peintures psychédéliques subsistent encore. De l'autre côté, sous des arcades, une immense fresque datant des pires années staliniennes montre Otto Grotewohl, alors secrétaire général du SED, au milieu de tracteurs et d'usines. Image idyllique du « petit père des peuples » allemand, dans sa gloire de 1952, entouré de gamins aux foulards rouges et de prospères paysans qui n'ont jamais existé que dans l'imagination du peintre.

A l'intérieur, d'interminables couloirs blancs, des myriades de petites portes fermées. Cette administration est dirigée par une femme à la poigne de fer, Birgit Breuel, qui a pris la succession de Detlev Rohwedder après son assassinat par les terroristes de la RAF, la Rote Armée Fraktion [19], en avril 1991. Surnommée « Job killer » – tout un programme – cette fille de banquier rhénan n'a qu'un seul credo : la libre entreprise. Elle s'est vu confier la charge de vendre au secteur privé près de douze mille entreprises, toujours vétustes, souvent en-deçà de toutes les normes en matière de rentabilité, parfois polluantes et polluées dans d'invraisemblables proportions. D'où des licenciements massifs lors du passage à « l'économie capitaliste ».

Le traité de réunification des deux Allemagnes prévoyait que la vente des biens du SED serait confiée à la Treuhandanstalt. Avec ses services, cette autre « dame de fer » va mener une bataille sans pitié pour identifier et récupérer les biens accaparés par les communistes, tandis que les instances judiciaires berlinoise et fédérale lancent des poursuites tous azimuts contre les anciens caciques de la RDA. Sur la piste, trois cent cinquante enquêteurs de la ZERV (Groupe d'enquête sur la criminalité gouvernementale) et de l'UK (Commissions d'enquête gouvernementale sur l'argent des partis). Le 24 février 1992, comme à plusieurs reprises depuis la signature du traité, des perquisitions sont menées simultanément à Dresde, Erfurt, Halle, Potsdam, Postock et Schwerin dans les établissements du PDS. Les policiers mandatés par les juges tentent de retrouver les documents nécessaires pour reconstituer la fortune de l'ancien SED et étayer les poursuites contre ses ex-dirigeants.

Ces offensives répétées relèvent au moins autant du harcèlement que de l'investigation policière. Par ce moyen, la Treuhandanstalt, et derrière elle, les autorités judiciaires allemandes, veulent faire pression pour les ex-communistes pour les conduire à la négociation, pour les contraindre à donner des informations sur les comptes secrets, sur les biens cachés, s'il en reste.

La Treuhandanstalt doit mettre la main sur des centaines (voire des milliers) d'immeubles, dont le siège historique du PC, la maison Karl-Liebknecht, là où, après la Première Guerre mondiale, Rosa Luxembourg et ses premiers compagnons ont fondé le PC allemand. Mais aussi des résidences « de luxe », des datchas, l'ancien siège des syndicats occupé par le Centre culturel français, d'innombrables immeubles de bureaux dont la propriété reste incertaine; des journaux, tel que le *Neues Deutschland*, et surtout des comptes en banque.

En 1990, sur des bases assez fantaisistes, le PDS lui-même avait évalué sa propre fortune à 2,278 milliards de deutsche marks, somme déjà considérable, mais bien éloignée de la réalité. Cette fois-ci, on dispose de l'inventaire très précis des biens accaparés par les communistes en RDA grâce aux travaux de la commission d'enquête parlementaire spéciale, à laquelle le PDS (et les autres partis autorisés en RDA) ont dû remettre tous leurs documents comptables. Cette commission a été appuyée par un audit du cabinet britannique Arthur Andersen. Une évaluation initiale avance une fourchette de 3,4 à 4 milliards de deutsche marks (11 à 14 milliards de francs) pour la fortune accumulée par le Parti communiste, auxquels s'ajoutent les biens du syndicat associé. Les avoirs pourraient atteindre 18 milliards de deutsche marks, soit 61 milliards de francs.

Au 31 décembre 1989, dernière année d'exercice sous le régime communiste, les avoirs du SED avaient atteint 10,4 milliards de valuta marks, soit, au taux de change officiel, la même somme en deutche marks, en réalité 2,3 milliards de deutsche marks. Sur ce total, 6,2 millards de valuta marks étaient constitués de liquidités déposées en banques.

Les enquêteurs, en bons capitalistes, sont effarés par la mauvaise gestion des communistes. Ils notent en particulier : « Le ratio des liquidités par rapport aux revenus globaux est inhabituellement élevé. » Traduction : ils ne faisaient pas fructifier leur argent, ils le gardaient en compte courant, ce qui est totalement aberrant pour de tels montants.

La commission constate que le Parti communiste est-allemand versait chaque année à son parti frère d'Allemagne de l'Ouest 70 millions de deutsche marks, et même 76 millions pour l'année 1989, alors que l'économie de la RDA était déjà en pleine déconfiture [20]. La commission relève également de curieux trous dans la caisse, au total 396 millions de deutsche marks. C'est ainsi qu'est identifié l'un des virements vers la société Putnik, pour un montant de 107 millions de deutsche marks, bloqué avant transfert le 19 octobre 1990. Une grande partie des fonds a très probablement été escamotée dans de curieuses circonstances. A la base de la manipulation, une disposition du traité de réunification : elle prévoyait que l'épargne des Allemands de l'Est, libellée en valuta marks, pourrait être convertie en deutsche marks sur une base de parité, ce qui était exceptionnellement généreux. Une condition expresse cependant : chaque personne n'aurait droit qu'à un seul échange d'argent, justification d'identité à l'appui. Deuxième phase de la manipulation : les membres de la STASI, la police politique, reçoivent une indemnité de licenciement. Son total s'élève à 320 millions de deutsche marks; l'affaire se corse quand on découvre que près d'un millier de cadres de la STASI disposaient de plusieurs cartes d'identité différentes, ce qui leur a permis de se faire « rembourser » plusieurs livrets de caisse d'épargne! Les experts allemands estiment que 7 milliards de deutsche marks auraient ainsi été transférés clandestinement dans les poches des anciens agents secrets.

En juin, les avoirs sont tombés à 3,2 milliards de valuta marks, en septembre à 1,45 milliards, ce qui traduit une chute très rapide des cotisations correspondant à l'effondrement du parti. L'essentiel de la fortune du SED résidait dans ses immeubles : 502 au 31 décembre 1989, 385 après six mois, 194 neuf mois plus tard, cette perte de substance étant principalement le résultat du début de privatisation, et probablement aussi d'appropriations directes, voire de détournements de propriétés [21].

Le Parti paysan DBD, associé du SED, possédait pour sa part 109 immeubles et... 319 automobiles, tandis que le FGDB, la centrale syndicale unique, était un propriétaire immobilier particulièrement riche, dans la mesure où elle assurait la logistique de diverses « organisations de masse » et les... colonies de vacances : 1 487 immeubles, dont 1 126 pour les seules activités de loisir.

Le gouvernement de Bonn et le PDS s'affrontent durement pour le partage de ce pactole. Les ex-communiste tentent par tous les moyens d'échapper aux « griffes » de la Treuhandanstalt, criant à tue-tête que le processus est antidémocratique.

Bataille juridique, mais aussi bataille politique appuyée par des manifestations de rue : ainsi tous les lundis, une chaîne humaine est formée entre le siège du PDS et le « blokhaus » de la Treuhandanstalt pour livrer les documents demandés. Gregor Gysi, alors secrétaire général du PDS, soutient que l'Allemagne fédérale tente de le dépouiller uniquement pour des motifs politiques, pour bâillonner une voix d'opposition, tandis que les autorités fédérales se contentent de positions purement « techniques ». Pour cette raison, Gysi s'enferme dans son bureau avec les dossiers des propriétés du SED, résolu à empêcher la justice d'en disposer. Le parti néo-communiste se livre à une dernière tentative pour éviter l'irréparable : il propose de restituer 80 % de ses biens à la condition de pouvoir disposer librement des 20 % restants. Les caciques communistes n'ont pas compris que le temps de la négociation est passé. La Treuhandanstalt refuse cet arrangement au forfait, et le 23 juin 1991, les comptes du PDS sont bloqués, tandis que l'office de privatisation prend le contrôle de 768 terrains ou bâtiments. Toutes les dépenses sont placées sous surveillance, aucun engagement ne peut être pris sans autorisation préalable. D'où des envolées lyriques dans les colonnes du quotidien français, *L'Humanité*, qui apporte son soutien inconditionnel à Gregor Gysi : « Cela équivaut à exproprier le PDS, à faire main basse sur ses ressources pour gêner gravement son activité politique [...] Ces mesures inouïes sont d'ores et déjà entrées en application [...] les banques ont refusé de régler des factures du PDS. Ainsi des organisations du Parti sont frustrées des cotisations versées par leurs adhérents [...] Pour cette escroquerie gouvernementale, le moment a été bien choisi. Il coïncide avec le début des vacances judiciaires [...] Au fond, Bonn voudrait en finir avec le PDS [...] en agissant ainsi, le gouvernement allemand met en œuvre une nouvelle arme de son arsenal répressif dont les interdits professionnels étaient jusqu'ici les fleurons. [...]

« La technique consiste à déposséder le parti de son patrimoine, tout en laissant à sa charge toutes les anciennes dettes, tous les anciens engagements [23]. »

Ces propos sont l'exact reflet de la position adoptée par les derniers dignitaires du régime est-allemand.

Le reporter de *L'Humanité* se garde bien de préciser que les biens que « le gouvernement revanchard ouest-allemand » veut saisir ont été le plus souvent expropriés ou confisqués moins en fonction de critères économiques qu'en raison de l'intérêt que leur portaient tel ou tel dirigeant est-allemand...

Durant ses vingt dernières années d'existence, la RDA s'est livrée à d'innombrables manœuvres financières afin d'assurer la circulation clandestine d'énormes capitaux entre l'Ouest et l'Est, puis dans l'autre sens au cours des derniers mois de l'État est-allemand. Témoignant devant une commission d'enquête parlementaire *ad hoc*, Uwe Schmidt, l'un des responsables de la police berlinoise, a révélé que depuis l'effondrement du Mur de Berlin, ses services avaient fait remonter à la surface près de dix milles affaires de détournements de fonds, d'escroqueries aux changes et de transferts illégaux de biens de l'ex-PC allemand et de la STASI, pour un total de 6,4 milliards de deutsche marks (22,4 milliards de francs). « Le bilan définitif, estime Uwe Schmidt, devrait être le double de ce chiffre. »

Quelques cas permettent de constater à quel degré de sophistication les communistes de la RDA étaient parvenus dans leurs entreprises fondées sur le détournement de l'argent. Différentes affaires ont révélé que le SED ne possédait pas seulement des immeubles, mais aussi, et surtout, d'énormes fortunes déposées sur des comptes dans de multiples banques réparties quasiment sur tout le globe. Les trésoriers du Parti maîtrisaient (plus ou moins bien d'ailleurs) et les techniques bancaires capitalistes et les techniques de fraude qui permettent de les rendre plus juteuses.

Trafic d'hommes

Le 14 mars 1992, l'avocat Wolfgang Vogel est arrêté à son domicile berlinois, afin, indiquent les autorités judiciaires, d'éviter qu'il ne joue les oiseaux migrateurs... Selon l'acte d'accusation, l'homme de loi aurait extorqué des fonds importants à dix-huit reprises. Il est également soupçonné de gérer des fortunes déposées sur des comptes secrets.

Bien qu'elle ait été suivie d'une mise en liberté provisoire, cette arrestation est un événement, car le « suspect » est l'une des plus célèbres figures de la guerre froide. Durant les périodes les plus intenses de cette confrontation entre l'Est et l'Ouest, Vogel est entré dans l'Histoire en tant qu'organisateur des « échanges » entre des espions de l'Est et de l'Ouest, et surtout comme le chef d'orchestre du départ vers l'Occident de nombreux dissidents. Wolfgang Vogel est à l'origine des fameuses rencontres sur le pont de la Spree à Berlin, illustrées par tant de films d'espionnage. C'est lui qui a obtenu, en 1962, le retour en Occident du pilote de l'U2 Gary E. Powers contre la libération de l'espion soviétique Rudolf Abel; le passage à l'Ouest d'Anatoli Chtaransky, le mathématicien soviétique aujourd'hui installé en Israël. Vogel a, en outre, joué un certain rôle dans « l'expulsion vers l'Ouest » de 33 755 dissidents moins connus de l'ex-RDA, et dans l'établissement du droit accordé à 250 000 citoyens de l'Allemagne communiste de passer de l'autre côté du rideau de fer...

L'avocat a pris sa retraite en 1991.

Comme en Roumanie, comme durant l'époque nazie, cette liberté avait son prix. Un prix considérable : 95 847 deutsche marks par personne. Au total, plus de 3 milliards de deutsche marks.

Non seulement l'Allemagne fédérale a payé pour chacun des partants, mais encore les familles devaient tout abandonner derrière elles : les meubles, économies, enfants parfois, qui étaient confiés à des orphelinats ou à des familles d'accueil. Selon des sources concordantes, deux mille gamins auraient subi ce triste sort.

Pour rendre le système plus efficace, la RDA aura manipulé les poursuites judiciaires contre les dissidents : il suffisait en effet de condamner à plus d'un an de prison pour obtenir le rachat par les autorités fédérales. Double bénéfice puisque les biens des dissidents expulsés ou évadés étaient confisqués.

Avant l'effondrement du régime communiste Walter Priesnitz était officiellement chargé de cette négociation. Il raconte : « Des gens ont été condamnés pour avoir déposé une demande d'émigration à l'Ouest ou bien simplement parce qu'ils fréquentaient les églises. J'avais l'impression que la RDA produisait des détenus pour obtenir des marks de l'Ouest en prenant les noms dans les listes d'opposants et de dissidents. Mais dès que

Bonn a décidé d'utiliser la voie diplomatique pour pousser Berlin-Est à mettre un terme à ces pratiques et a refusé de payer, les condamnations d'innocents ont presque cessé du jour au lendemain. »

Sur le plan pratique, ce commerce humain très spécial – dit « Commerce B » en RDA – a été mené en Allemagne fédérale par Ludwig Geissel, un pasteur protestant. Ce fondateur de l'organisation caritative Brot für die Welt (Pain pour le monde) est le mandataire des églises protestantes ouest-allemandes pour les relations avec la RDA. Le pasteur anime depuis longtemps, à Stuttgart, l'organisation Diakonisches Werk. Lorsqu'en 1963, le gouvernement de Berlin-Est propose le contrat de rachat des prisonniers politiques, Bonn lui confie le dossier.

Il avait été convenu au départ que le paiement serait effectué en nature, sous forme de livraisons alimentaires dont la valeur correspondait aux prix fixés par la RDA pour les individus expulsés. Mais dès les années soixante-dix, les autorités d'Allemagne de l'Est imaginent de tourner la règle imposée par Bonn en demandant du pétrole, de l'argent-métal ou du cuivre à la place des oranges et de l'huile. Pourquoi? Tout simplement parce que ces produits sont directements négociables sur le marché international des « Commodities » contre des devises occidentales. Initialement, la rançon devait être constituée de bananes et autres produits de consommation; la voici transformée en chargements de cuivre ou d'aluminium. Une société-écran du Lichtenstein sert à masquer ce tour de passe-passe, et le produit des ventes se retrouve vite sur un compte dit « Spécial Honecker » de la Banque centrale de RDA.

Lors de l'unification allemande, le 3 octobre 1990, on découvrira que ce compte était créditeur de 2,105 milliards de deutsche marks. Cet avoir gigantesque servait à garantir les emprunts contractés par la RDA auprès de banques occidentales. En tant que secrétaire général du SED, Erich Honecker lui-même ne pourra disposer que d'une faible fraction de ce compte, un million de deutsche marks par an, pour des actions de charité.

« J'aurais même fait un pacte avec le diable pour sortir de prison ces pauvres gens », affirme aujourd'hui le pasteur Geissel [24]. Il parle d'or. Le religieux ne pouvait ignorer que son véritable partenaire en RDA était en effet le diable en personne; du moins celui que d'aucuns en Allemagne considèrent encore comme le diable : Alexander Schalck-Golodkowsky.

Schneewitchen

Avec un peu de chance, on peut apercevoir ce démon germanique dans la « vallée des Millionnaires », près du lac de Tegernsee en Bavière. Au milieu d'un lotissement du village de Rottach-Egern, il y a une bien jolie maison. Pas un palais, plutôt un gros chalet cossu. La propriété est louée 4 000 deutsche marks par mois par cet homme tranquille qui en sort régulièrement, appuyé au bras de sa femme. Il donne l'impression d'être un retraité paisible, plutôt mal fagoté : la soixantaine, une taille immense (près de deux mètres) et de forte corpulence. Le géant fait un grand tour, puis rentre chez lui. Au cours de sa promenade, il s'arrête souvent dans une cabine téléphonique. Il y passe une communication confidentielle. Durant de nombreux mois, en observant très bien, vous auriez pu repérer quelques voitures discrètement stationnées à proximité de la maison. Des hommes y passaient des journées entières, quel que soit le temps. On l'aura compris, ils surveillaient les lieux.

Ces hommes étaient des agents du BND, les services secrets allemands, et le personnage sur lequel ils veillaient a longtemps porté le nom de code de Schneewitchen (Blanche-Neige), plutôt bizarre pour un tel géant : Alexander Schalck-Golodkowsky, « Dicke Alex », le gros Alex. Lui est officiellement « conseiller financier » », et, à ce titre, propose ses services à qui veut pour débrouiller les affaires de l'ex-RDA. Sa femme Sigrid est « antiquaire ». Depuis longtemps, le couple a mangé les 650 000 dollars pris dans la caisse lors de son passage à l'Ouest, tout comme les 480 000 deutsche marks prêtés par une banque locale pour ses frais d'installation. Schalck vit en fait d'une petite pension que lui attribuerait le Diakonisches Werk et de la vente de ses documents, de ses souvenirs, de ses interviews.

Né dans une famille de boulangers en 1932, marié deux fois, deux enfants, dont Thomas, officier dans le corps de la STASI, et Petra, infirmière après avoir raté ses études de médecine, Schalck est mécanicien de formation. Grâce à ses études, il est devenu docteur en droit en 1970. Marxiste, héros du travail socialiste, il était jusqu'à décembre 1989 secrétaire d'État adjoint au ministère du Commerce extérieur de la RDA, général de la STASI, patron d'un des plus étranges conglomérats financiers et commerciaux du monde : le AG/BKK, en abrégé KoKo (pour Kommerziale Koordinierung, Comité de coordination).

Ce géant est aussi peut-être l'un des plus extraordinaires agents manipulateurs, double ou triple, qu'a produit la guerre froide, pourtant guère avare de ce genre de personnage. Capitaliste de haute volée bien qu'il ne possède officiellement pas le moindre liard, « Dicke Alex » a été considéré par Franz Joseph Strauss, ministre-président de Bavière [25], comme son fils. Ce qui ne manque pas de surprendre quand on sait que Strauss a été jusqu'à sa mort le plus anticommuniste des hommes politiques ouest-allemands. Cette amitié aurait été pécuniairement très intéressante pour Strauss. Ses héritiers rejettent cette accusation avec la dernière vigueur.

Il est certain qu'entre l'Est communiste et l'Ouest capitaliste, Schalck a, durant des décennies, joué les intermédiaires. Aspirateur à devises *(DDR-Devisenbeschaffer)* pour l'Est, il était également fournisseur patenté d'informations secrètes pour le BND, le service de renseignement de l'Ouest. Double face. La mieux connue est paradoxalement celle qui aurait dû rester la plus secrète. Celle du haut-fonctionnaire communiste chargé de commercer clandestinement avec l'Ouest pour en tirer la technologie la plus avancée qui faisait cruellement défaut à la RDA. Et surtout les devises, l'or, et toujours l'or. Ces fonds étaient en partie destinés à financer l'action internationale du HVA (Hauptverwaltung für Aufklärung), les services secrets, qui, s'autofinancèrent de cette façon sur le dos des entreprises occidentales.

Sur ce plan, Schalck s'insère (et au meilleur rang) dans notre galerie de pillards de haut niveau qui, mettant à profit des structures étatiques non démocratiques, ont accumulé d'énormes fonds secrets dans des caches grâce aux astuces financières les plus élaborées.

En revanche, il est difficile de bien éclairer l'autre face, celle de l'agent double travaillant pour l'Ouest. Seules corroborent cette thèse les mesures de protection physique et morale exceptionnelles accordées à Schalck par le BND depuis son passage à l'Ouest, dans la nuit du 2 au 3 décembre 1989, et la mansuétude dont il a bénéficié de la part de la justice allemande. Pour être clair, c'est le BND qui a organisé la « fuite » de Schalck en lui fournissant les vrais faux-papiers nécessaires. Sur instruction du patron du service de renseignement fédéral, les documents ont été établis par un haut-fonctionnaire, au nom de Gutmann, le nom de jeune fille de Sigrid Schalck-Golodkowsky, deuxième femme de l'ogre. Le haut fonctionnaire a été suspendu le 5 décembre 1991.

Le décor ainsi planté, on comprend mieux l'apparente facilité avec laquelle Alexander Schalck-Golodkowsky a bâti l'empire financier de KoKo et les arrangements, voire les complicités, qui l'ont puissamment aidé dans sa tâche.

A l'origine, le KoKo était un modeste service du ministère du Commerce extérieur de la République démocratique allemande. Ce département était chargé d'accroître les recettes en devises, à reverser partiellement au Parti communiste. En 1965, Alexander Schalck est nommé à sa tête. Fonctionnaire jeune et ambitieux, il imagine de faire du KoKo une machine de guerre plus efficace. Une idée attribuée à tort à Erich Mielke, le patron de la STASI.

Schalck expose son projet dans un courrier adressé, le 29 décembre 1965, à Hermann Matern, membre du Politburo du SED. Après avoir rendu compte des efforts réalisés pour faire rentrer l'argent dans les caisses du parti (il cite le chiffre de 1 239 500 deutsche marks), le jeune directeur explique comment il est possible d'améliorer le rendement. C'est l'acte de naissance de ce qui deviendra ultérieurement le KoKo. Il s'agit de développer, à partir de bases en Allemagne de l'Est, un holding financier purement capitaliste qui étendra progressivement son champ d'activité au monde entier. Des intentions sans ambiguïté : dans cette perspective, précise Schalck, il lui est absolument nécessaire d'obtenir la couverture et l'aide du Parti car une part notable des opérations envisagées risque d'être illégale. Pour maintenir un haut degré de confidentialité, il lui apparaît nécessaire d'infiltrer des communistes loyaux dans le secteur économique non « socialiste ». « Je suis d'avis, explique-t-il, qu'il est nécessaire d'imposer une stricte division du travail entre le drainage des capitaux et leur emploi. »

Ce document, étonnant de cynisme et de pragmatisme, est l'un des principaux parmi les deux mille que Schalck a emportés avec lui à l'Ouest. Durant ses années d'activité en RDA, il a tout noté, tout conservé. Si bien que l'entreprise peut être reconstituée avec minutie.

Toujours cette manie des dictateurs, et des hommes des dictatures, d'enregistrer le moindre mouvement financier, le moindre ordre... Comme s'ils savaient d'avance qu'un jour, il leur faudrait se justifier. Michèle Benett-Duvalier établissait des listes, Marcos emportait avec lui des caisses entières de documents. Même démarche chez Schalck.

Puisqu'il s'agissait non seulement de faire rentrer des devises en RDA, mais aussi de remplir les caisses du parti SED, « Dicke Alex » a parfaitement accompli sa tâche. Parti de 1,24 million de deutsche marks en 1965, il affiche un résultat spectaculaire en 1988 : 56,3 millions de deutsche marks versés au parti, dont 3,8 millions sur le compte « Spécial Honecker ».

De quelles natures étaient donc ces transactions qui ont établi la mauvaise réputation de Schalck et de son curieux KoKo? Il s'agissait d'abord d'importer secrètement des matériels frappés d'embargo [26] comme la micro-électronique. Ces transferts illégaux de technologie occidentale étaient destinés à des entreprises de pointe, par exemple Carl Zeiss, chargée de produire à Iéna des systèmes de visée ultra-performants; Mikro-Chips, Robotron, une usine d'ordinateurs de Dresde... En tout : 10 milliards de deutsche marks. Le KoKo importait aussi clandestinement des matériels d'écoute pour la STASI. Dans l'autre sens, le réseau avait pour mission de vendre tout ce qui était possible, en particulier des armes (pour 1 547 millions de valuta marks de 1982 à 1989) aux principaux clients de l'IMES, une filiale spécialisée dans la commercialisation des armes du groupe.

L'IMES vendait de tout : beaucoup de pistolets et de pistolets-mitrailleurs (dont 15 000 à l'OLP en 1984), des munitions, des roquettes, des grenades, des chars d'occasion, des avions MIG 21. Ses clients étaient essentiellement les pays frères, mais aussi l'Irak et l'Iran (simultanément), l'OLP, la Libye, la Syrie, le Nicaragua, l'Éthiopie, le Nord et le Sud-Yémen (alors ennemis mortels, aujourd'hui réunis), le Botswana et l'Afrique du Sud. Un de ses cargos chargés d'armes, le navire danois *Pia Vesta* se fit même arraisonner, en 1986, au large de Panama alors qu'il allait livrer aux... contras anticommunistes des camions de fusils d'assaut et des bazookas chargés à Rostock. Les responsables du KoKo savaient-ils qu'ils opéraient alors pour le compte du lieutenant-colonel Oliver North ?

Le client le plus contestable? Le mouvement terroriste Fatah/CR, dirigé par Abou Nidal. Plus exactement sa branche commerciale, la SAS Trade and Investment Co : cette société, enregistrée au Panama, avait son siège à Varsovie, et agissait par l'intermédiaire de ETEX Teheran Kadak International par installée à Téhéran; la société avait même son bureau de représentation en RFA, à Karlsruhe. Le financement des opérations était assuré par la BCCI, dont on se souvient qu'elle fut la principale banque du groupe Abou Nidal.

On peut l'affirmer : le KoKo porte une très large part de responsabilité dans les différentes guerres qui ont épuisé le Tiers-monde depuis trois décennies. Au passage, et pour faire bonne mesure, cet organisme a même offert le service de son réseau commercial bien particulier à des fabricants d'armements ouest-allemands désireux d'exporter leur production vers des pays mal vus de la communauté occidentale.

Le KoKo faisait aussi commerce de produits chimiques et métallurgiques. Il a même revendu un bateau de croisière d'occasion et lancé une grosse opération de promotion immobilière touristique aux Canaries : 200 millions de deutsche marks investis à Playa Castillo. On a identifié certaines de ses filiales en Allemagne de l'Ouest, mais aussi dans les pays de la CEE (Hollande, Grande-Bretagne, Belgique), au Panama, au Liechtenstein, en Australie, à Curaçao, en Suisse et même en Iran.

Un aspect non négligeable de son activité était la vente en RFA d'objets d'artisanat et d'antiquité raflés en RDA, le coefficient multiplicateur étant de 1 à 10 après le passage du Mur. Lors de l'expulsion des dissidents autorisés à passer à l'Ouest, tous leurs biens étaient confisqués : les meubles et les objets de valeur repassaient donc par le circuit Schalck. Chiffre d'affaires : 37 millions de deutsche marks. Il n'y avait pas de petit profit dans l'Allemagne « socialiste » d'Erich Honecker.

La trace du réseau Schalck a été retrouvée jusqu'en France : installée à Montagnola dans le Tessin, la filiale suisse de la société commerciale INTRAC (Hauptabteilung 2 du KoKo) préparait une importante opération en direction du Brésil avec l'aide d'une banque française nationalisée quand le mur est tombé. Le groupe était également actionnaire, à hauteur de 50 %, d'une société installée à Paris. spécialisée dans le commerce des métaux et des machines-outils.

Les enquêteurs allemands ont pu identifier soixante-sept sociétés contrôlées par le KoKo en RDA et cent huit en RFA et dans d'autres pays de l'Ouest; ils ont mis en évidence des rapports commerciaux suivis avec de nombreuses sociétés occidentales prestigieuses, la Shell, la BP, Philbro, l'un des plus grands *traders* occidentaux, etc. Les uns et les autres pensaient probablement entretenir des relations commerciales avec un groupe « normal », pas avec un nid d'espions...

Une banque au cœur

Au centre du dispositif, une banque : la Deutsche Handelsbank (DHB) dont la Banque d'État détenait 51 % des actions, le reste des parts étant réparti entre diverses entreprises nationalisées. Pour reprendre une terminologie consacrée en Allemagne de l'Est, cette banque était structurée selon un schéma « conspiratif », en départements strictement isolés les uns des autres, au point que même les contrôleurs financiers ne pouvaient avoir une vue d'ensemble. Même le directeur, Fedor Ziesche, a avoué à la justice qu'il était loin de tout maîtriser. Seul Schalck voyait tout.

Agissant sous la couverture de la DABA (Banque pour le commerce extérieur), la DHB assurait toutes les missions nécessaires au fonctionnement du KoKo, légales ou illégales.

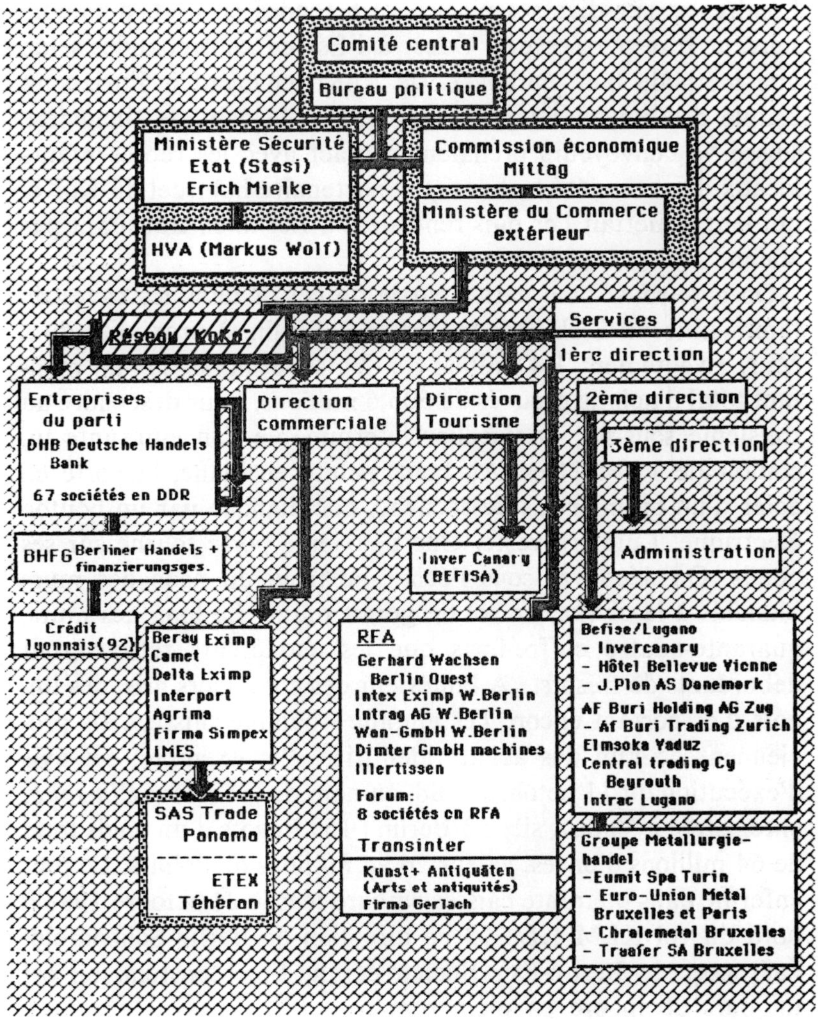

« Les filières est-allemandes des capitaux et le KoKo ».

C'est dans cette structure qu'avait été instauré un curieux système de « change intérieur » au sein duquel la contre-valeur du mark de l'Ouest contre le mark populaire (VM) était de 4,4 alors qu'officiellement il y avait parité !

Comme « pompe à devises », le KoKo a parfaitement fonctionné, accumulant les deutsche marks, les dollars, des pierres précieuses, dont une partie a d'ailleurs été récupérée. A partir de la fin 1988 – début 1989, le KoKo achète beaucoup d'or à Londres et sur diverses places, 21,6 tonnes en tout, d'ailleurs souvent transportées de l'Ouest à l'Est en contrebande, selon une méthode bien éprouvée : le KoKo envoyait à Zurich un couple de faux dissidents. Arrivés dans la capitale financière suisse, le convoyeurs prenaient contact avec les représentants locaux d'une société britannique, partenaire habituel du KoKo, qui leur remettait l'or puis rentraient à Berlin en transitant par Vienne.

On a retrouvé une petite partie de cet or dans les caves de l'immeuble du SED, Mauerstrasse à Berlin, à proximité du... Mur. Exactement 1,4 million de deutsche marks sur un montant total d'achats prouvés de 506,6 millions. Pour descendre au troisième sous-sol, un escalier interminable. On emprunte un couloir de 150 mètres. Au bout, peinte en blanc, la porte en acier d'un premier sas de sécurité, commandée par un bouton électrique. Lumière verte. Une deuxième porte tourne sur ses gonds. On découvre sous l'éclairage froid du néon des murs blanchis à la chaux, un sol de granit rouge. Le long des murs, quarante-quatre coffre-forts que les enquêteurs retrouveront débordants de trésors... A l'intérieur des containers gris, des lingots d'or portant encore l'estampille « banque suisse ». Ils proviennent de l'un des achats identifiés. Par exemple, cet avis d'exécution du 11 octobre 1988, au nom de la société *Elmsoka*, enregistrée à Vaduz, siège à Berlin : 159 lingots d'un poids total de 64 millions d'onces, valeur 26,94 millions de dollars. Le tout enfermé dans quarante caisses embarquées le 31 octobre 1988 à bord du vol KLM KL 293 en direction de Berlin-Schoenfeld, l'aéroport de Berlin-Est. Société-écran, Liechtenstein, on est toujours et encore en plein roman.

Selon des estimations sérieuses établies dans un rapport du BKA [28], le service fédéral allemand de police criminelle (19 juillet 1991), le chiffre d'affaires cumulé du KoKo avait atteint, à la fin 1989, 50 milliards de deutsche marks. En 1989, dernier exercice du holding, il atteint encore 5,3 milliards de deutsche marks en RDA, 1,8 milliards de deutsche marks dans les pays de l'Ouest. Et au moment de la cessation d'activités la liste des avoirs ne laisse pas d'impressionner : 1,925 milliards de deutsche marks sur des comptes ouverts à l'étranger au nom du KoKo (Luxembourg, Liechtenstein, Grande-Bretagne, France et Suisse). Le premier tome du rapport, publié en novembre 1992, de la commission d'enquête sur les biens de l'ex-RDA répertorie plus de mille comptes en banque recelant ou ayant recelé 1,2 milliards de francs.

A la Banque d'État de RDA, 2 521 milliards de deutsche marks sont en outre crédités sur les comptes spéciaux ouverts au nom de la STASI (n° 528) et sur celui dit d'Erich Honecker, alors secrétaire général du SED (n° 628), compte qui, comme on l'a vu, accueillait les versements issus du rachat des dissidents; enfin, 22,95 milliards de valuta marks sur les comptes du KoKo à la Banque du commerce extérieur allemande. Et n'oublions pas qu'il s'agit sans doute du sommet de l'iceberg, puisque la justice berlinoise reconnaît qu'une part importante des biens du KoKo reste impossible à localiser, Schalck refusant naturellement de donner les clés de ce trésor.

« *Truander* » *la Treuhand*

Le démantèlement de cet empire rencontre d'énormes difficultés. En effet, on l'a vu, lors de son arrivée en RFA, Alexandre Schalck s'est quasiment placé sous la protection du BND, le service secret ouest-allemand. Les preuves des opérations menées par le KoKo se trouvent dans les « papiers » rapportés par « Dicke Alex » lors de son passage à l'Ouest : deux mille documents confiés au BND, lequel a longtemps refusé de les livrer aux autorités judiciaires. Il faudra que Schalck lui-même vende (fort cher, se sont plaints les autres journaux) à l'hebdomadaire *Quick* [29] et à une maison d'édition viennoise une partie de ses archives et de ses confidences, pour que la vérité sorte du puits. Au moins partiellement.

L'apparente apathie de l'ancien général de la STASI ne doit pas masquer le fait que les communistes est-allemands ont tenté de blanchir leurs avoirs après la chute du Mur en 1989. Ce que révèle l'histoire suivante. Les faits se déroulent en janvier 1990, à Dietlikon en Suisse [30] : les directeurs de la société Jenzer AG reçoivent la visite de représentants du bureau d'ingénieurs

IMPAG, installé dans ce qui est encore Berlin-Est. Ces derniers font à leurs interlocuteurs helvétiques une proposition stupéfiante : servir d'intermédiaire dans la vente d'un énorme stock d'or (cinquante tonnes au minimum, cent tonnes au maximum), entreposé dans une banque occidentale, suisse ou luxembourgeoise. Les ventes devraient être effectuées à raison de douze kilos par jour pour ne pas peser sur les cours. Intéressement du partenaire suisse : 10 % du montant total, une commission hors du commun, surtout pour de telles quantités. Manque à gagner pour le vendeur : 60 à 120 millions de dollars !

Vérification faite, IMPAG était une des nombreuses sociétés rattachées à la nébuleuse KoKo. L'opération a-t-elle eu lieu réellement? Impossible de le savoir, secret bancaire oblige. Quant à Schalck, il s'est lui-même rendu à Zurich après son passage à l'Ouest, grâce à son vrai-faux passeport établi au nom de Gutmann. A-t-il, à cette occasion, rendu visite à la Bank für Handel und Effekt, où l'ex-général de la STASI avait la signature d'un compte crédité de 50 millions de deutsche marks?

Il est certain que, sous l'autorité de « Dicke Alex » et de ses successeurs, tout a été tenté pour tirer des « griffes » de la Treuhandanstalt les avoirs du réseau KoKo, et, semble-t-il, avec succès comme l'a prouvé le dépouillement de documents saisis, lors de perquisitions menées le 14 mai 1991 par la justice allemande dans d'anciennes filiales du groupe. Toutes les poursuites pénales engagées contre l'ancien patron du KoKo n'en seront pas moins abandonnées, car Schalck a pu justifier, au pfennig près, toutes ses opérations, avant et après la chute du Mur. Seul épisode bizarre : quelques jours après sa fuite à l'Ouest, des « cambrioleurs » sont venus piller sa luxueuse villa de Berlin-Est, emportant des tableaux de maîtres et des porcelaines, le tout d'une valeur de plusieurs centaines de milliers de marks...

Le 27 novembre 1991, cent cinquante-trois enquêteurs montent de nouveau à l'assaut d'une quarantaine de locaux, lambeaux de l'empire Schalck. En particulier de l'entreprise d'électronique Robotron Elektronik. Les anciens dirigeants des filiales du KoKo sont soupçonnés d'avoir raflé les restes, de s'être emparés des trésoreries pour les placer sur des comptes secrets à l'étranger, ou même d'avoir tout bonnement pris possession des lieux sans rien demander à personne, même pas à la Treuhandanstalt, l'agence de privatisation.

L'exemple du fleuron de l'empire, la Deutsche Handelsbank, est à cet égard significatif. Après la réunification des deux Allemagnes, l'établissement financier a été placé sous le contrôle de la Treuhandanstalt, comme toutes les autres entreprises de l'ex-RDA. Quand les fonctionnaires de l'agence sont arrivés sur les lieux à la fin novembre 1990, ils se sont aperçus que le principal département de la DHB avait déjà été vendu pour 270 millions de deutsche marks à une banque d'Allemagne fédérale, la BfG (Bank für Gemeinwirtschaft) de Francfort, filiale du holding financier AMB Aachen und Munchener Beteiligungsgesellschaft (appartenant au magnat Helmut Gies), et du groupe BGAG qui gère les fonds des syndicats.

Les représentants de la Treuhandanstalt n'auraient pas dû être surpris, car quelques jours plus tôt, le 12 novembre, le chef du BND avait adressé une note aux contrôleurs fédéraux de Bonn pour les avertir que la DHB allait tenter de sauver ses avoirs de l'emprise exercée par l'agence de privatisation, en se rendant elle-même à plusieurs filiales du KoKo installées à l'étranger, Intrac, Forum, Transinter [31].

En examinant les livres, les acquéreurs ont pu constater que la DHB entretenait d'étroits rapports avec l'Union soviétique : la banque allemande avait ouvert un compte (26.409) à la Ost-West Handelsbank. Comme son nom le suggère, cet établissement ouvert à Francfort était en fait soviétique, une des pièces majeures du réseau bancaire mondial contrôlé par le Kremlin. Le compte DHB était crédité de près d'un milliard de deutsche marks. Le KoKo possédait lui-même un demi-milliard de deutsche marks sur le compte n° 1188 à la Deutsche Handelsbank. Ce dernier avait été précipitamment approvisionné par le ministère des Finances et du Commerce extérieur de la RDA quelques mois seulement avant la disparition de l'État. Du 11 avril au 27 juin 1990, le gouvernement de Berlin-Est a viré plus d'un milliard de deutsche mark, dont 809 millions de deutsche marks pour le seul transfert du 15 juin.

Il est clair qu'on a tenté désespérément de sauver la caisse. Mais pourquoi avoir rigoureusement respecté les circuits légaux, pourquoi avoir utilisé les banques amies, si l'on voulait vraiment cacher les fonds?

On observera que tous ces financiers communistes préféraient, et de loin, les devises occidentales à leur papier-monnaie non convertible. Et, parmi ces devises, le dollar.

Quant aux fonds provenant des ventes d'or en Suisse, quant aux mille comptes secrets, nulle trace n'en a été retrouvée.

Il y a certes des pistes, quelques hommes de paille se profilent. Ainsi la justice allemande a lancé un mandat d'arrêt, et d'amener, contre maître Juergen Wetzenstein-Ollenschlaeger, l'avocat d'Erich Mielke, l'ancien patron de la STASI : le juriste est accusé d'avoir participé au transfert illégal de fonds appartenant au KoKo; d'un montant de 17 millions de deutsche marks (environ 10 millions de dollars), ces valeurs auraient été mises à l'abri sur un « livret de caisse d'épargne » autrichien [32].

Il ne faut pas attendre de Shalck la moindre information. L'ancien fonctionnaire est-allemand nie tout en bloc. Les fonds cachés à l'étranger? Quels fonds? Le financement du HVA, le service d'espionnage de la STASI? Quel espionnage? Les milliers de documents rapportés à l'Ouest lors de sa « fuite » opportune peu de temps avant l'effondrement du régime communiste en RDA? Quels documents? On l'aura compris, le géant conservera tous ses secrets. Heureusement les documents ont parlé grâce en particulier à une commission d'enquête spéciale du Bundestag animée par le député démocrate-chrétien Horst Eylman.

Dans le climat de chasse aux sorcières rouges qui règne en Allemagne, Schalck aurait dû logiquement faire l'objet de poursuites judiciaires pour détournements de fonds. Quelques investigations ont été engagées, une demande d'entraide judiciaire adressée à plusieurs pays européens dont la Suisse. Cependant aucune inculpation n'a été officiellement signifiée. Pourquoi une instruction?, demande son avocat Danckert, qui explique que Schalck est un brave homme qui n'a fait que servir son pays. Et si c'était la vérité? Et si les torrents d'injures (mais non de calomnies) déversées sur Schalck n'étaient que pure spéculation?

A propos du train de vie de l'ogre, un juriste observe : « Si j'avais 50 millions de deutsche marks placés sur des comptes en Suisse, tout le monde me prêterait de l'argent. »

Et si, tout simplement, Alexander Schalck-Golodkowsky s'était contenté de servir son pays, la République démocratique allemande, sans s'enrichir personnellement? Y aurait-il quand même un peu de vertu au royaume des grands prédateurs?

Étoile du Sud

Erich Honecker, ancien secrétaire général du SED, donc ancien patron de Schalck, n'a pas eu de ces délicatesses. Considéré comme le responsable de la mort des dix-sept fugitifs abattus alors qu'ils tentaient de franchir le Mur, il est traduit en justice devant un tribunal de Berlin. Les débats s'éternisent, Honecker finit par obtenir des certificats médicaux prouvant que son cancer du foie est en phase terminale... Tant et si bien qu'il est libéré le 12 janvier 1993. Il peut aussitôt s'envoler pour le Chili, à l'autre bout du monde, où l'attendent depuis longtemps sa femme Margot, sa fille Sonja, et deux petits-fils. Arrivé en Amérique du Sud, voici le moribond revigoré, comme si l'interminable voyage avait été un puissant remède. Il est installé dans une maison achetée par sa fille à Los Angeles, au sud du Chili. Et qu'apprend-on? Que deux anciens officiers de la STASI ont fait, eux aussi, le voyage : ils apportent au vieux politicien communiste une valise en aluminium remplie de billets. Il y en a pour 3,5 millions de deutsche marks. D'où sort ce pactole? D'un compte numéroté dans une banque de Vaduz, où le KoKo conservait à l'abri les revenus de ses ventes d'armes, notamment à l'Irak. 200 millions de deutsche marks, affirme le quotidien allemand à sensation *Bild Zeitung*. Ce transfert d'argent porte même un nom de code : Étoile du Sud...

Chasse au trésor à Moscou

Éternel recommencement : voici encore deux hommes au pas décidé. Entourés d'une escouade de policiers, ils se dirigent vers la porte d'un immeuble sur laquelle ils apposent des scellés. La scène ressemble à l'action menée à l'encontre du shah d'Iran par deux fonctionnaires de New York, le 28 novembre 1979...

Douze ans ont passé, cette fois nous sommes en plein été, le

28 août 1991, à Moscou. Le premier homme, Alexandre Sourkov arbore fièrement à la boutonnière un pin's représentant le vieux blason russe, l'aigle à deux têtes; il est suivi par Igor Kharitchev. Membres du tout nouveau parti Russie démocratique, ils sont mandatés par la mairie de Moscou, et les policiers d'escorte portent encore l'uniforme de la milice soviétique.

Dix jours plus tôt, le 19 août, a échoué le « putsch » contre-révolutionnaire fomenté par les anciens cadres du PC soviétique appuyés par des nostalgiques du KGB. Du coup, tous les biens du Parti communiste ont été nationalisés le 25 août par le nouveau président de la Russie, Boris Eltsine. Puis placés le lendemain sous la protection des assemblées locales par l'ancien et dernier tsar communiste, Mikhaïl Gorbatchev, pour quelques mois encore président d'une Union soviétique qui s'apprête à disparaître. Le 27, la banque centrale Gosbank gèle les comptes du PCUS.

D'où cette prise de possession symbolique de l'héritage. Les scellés posés sur l'entrée de l'immeuble discret du 49 Leningradski Prospekt. C'est ici que siégeait notamment l'Institut des problèmes sociaux modernes, dépendant du département des Relations internationales du comité central. Dans les bâtiments, des salles d'études et de conférences, des bureaux et un hôtel secret exclusivement réservé aux membres éminents du PC soviétique. Seul le dernier étage est aménagé en « suites d'affaires ».

Igor Kharitchev est un homme d'argent. A la mairie de Moscou, il est plongé, depuis la saisie des archives du Parti quelques jours plus tôt, dans les documents financiers, épluchant les comptes, tentant de débrouiller les fils du réseau financier. Un réseau rendu extraordinairement complexe en raison de ce paramètre qui s'impose peu à peu : les responsables du PC étaient de piètres gestionnaires, le Parti n'a pu accumuler d'énormes biens aux cours des soixante-dix dernières années qu'en raison de sa position de force car ses « managers » ne savaient pas faire de l'argent, encore moins du profit.

Il était temps que l'édifice s'écroule. Un an de plus et il n'y aurait plus eu de trace des gigantesques avoirs passés : détournés, dilapidés, dissipés. En ce mois d'août 1991, les biens qui subsistent sont encore confortables : à Moscou, au moins cinquante immeubles abritant les trente-trois comités d'arrondissement, le siège du comité central, une quinzaine d'instituts et académies divers, l'hôtel Oktiabrasskaïa pour les invités étrangers, l'hôtel secret, le musée Lénine, les datchas, deux cents maisons d'édition, six cents voitures, quatre cents minibus, autocars, camions.

Arkadi Volski, membre du comité chargé de gérer l'économie, estime que la valeur des seuls immeubles, calculée sur leur prix de construction, pourrait s'élever à 4 milliards de roubles, soit 13 milliards de francs selon le taux de change artificiel de l'époque.

Différents obstacles contribuent à rendre difficile l'évaluation de l'argent liquide. A commencer par les errements des taux de change entre le rouble et le dollar qui, dès 1991, naviguent entre les valeurs variant de 1 (taux de change officiel que personne ne respecte) à 10 (taux de change au noir).

Pour ne rien arranger, les détenteurs des secrets financiers disparaissent les uns après les autres. Ainsi l'administrateur du comité central Nicolas Kroutchina s'est-il jeté le 26 août par la fenêtre de son appartement situé à un cinquième étage [33]... Son suicide rend difficile un inventaire exhaustif des biens, même s'il a probablement laissé derrière lui un dossier contenant les noms des personnes encore au courant des affaires du Parti. On n'en saura pas plus avec son prédecesseur, lequel se jette lui aussi par la fenêtre d'un septième étage, le 6 octobre : Goergi Pavlov, 81 ans, était l'ancien directeur financier du PC...

Quels secrets ces hommes ont-ils voulu emporter? Les dossiers spéciaux du comité central ont été retirés de la circulation par Valery Boldine, directeur de cabinet de Gorbatchev passé dans les rangs des putschistes en août 1991, tandis que Valentin Faline, dernier responsable du Département international, a ordonné de les faire disparaître. Pour éclairer leur lanterne, les « nouveaux journalistes » russes doivent donc se lancer dans des enquêtes compliquées, couronnées par des estimations plus ou moins fumeuses.

Les responsables du PC ont « avoué » que 2,4 milliards de roubles avaient été déposés à la Gosbank. Ce chiffre est cohérent avec le budget du PC fixé pour 1990 par Kroutchine à 4,9 milliards de roubles, y compris les 2,4 milliards déjà mentionnés. Le reste avait été investi dans des sociétés mixtes. Mais le 3 septembre, les *Izvestia* révèlent que 500 millions de roubles supplémentaires ont été découverts dans une autre banque moscovite : « Les organisations du Parti et les institutions qui en dépendent investissent leur argent dans différentes sociétés par actions, entreprises mixtes, banques de commerce et autres structures commerciales... Ces sommes ont été constituées principalement grâce aux cotisations des simples membres du PCUS et grâce à l'exploitation de la propriété d'État, le gel est nécessaire afin de prévenir le recel des fonds du parti. »

Telle est l'explication officielle donnée à cette époque.

En novembre, nouvelle découverte sensationnelle. Depuis 1939, le Parti communiste versait ses « résidus budgétaires » sur deux comptes secrets gérés par le ministère des Finances, dont le solde atteignait 51,9 milliards de roubles. Officiellement, cette réserve était destinée à faire face aux... catastrophes naturelles...

Plus tard, la Gosbank a accepté de se défaire de ces avoirs. En 1992, la banque centrale a transféré 3 milliards de roubles appartenant au PC sur le compte des fonds destinés à assurer la protection sociale de la population, c'est-à-dire la Sécurité sociale. Cependant, les banques privées dépositaires de 164 milliards de roubles et les entreprises privées détentrices d'une somme équivalente refusent d'obtempérer aux injonctions du parquet leur ordonnant de se défaire de ces avoirs de l'ancien PC, nationalisés en août 1991.

Deuxième perspective... Elle nous est offerte par un curieux incident survenu à Paris, début novembre 1992. Tôt le matin, se présente au guichet d'une banque un très jeune homme que nous appellerons Fedor; il parle correctement le français, mais avec un fort accent russe. Au guichetier, il présente un pouvoir qui devrait lui permettre de retirer en liquide 5 millions de francs d'un compte alimenté la veille par un virement en provenance d'une banque finnoise. La somme est trop importante pour que l'opération se fasse sans contrôle, les responsables prient donc le jeune Russe d'attendre, et avertissent... la police. A partir de ce moment, le Russe se trouve pris dans un engrenage. Non seulement il ne peut pas prendre livraison des fonds, qui sont instantanément bloqués, mais il est placé sous surveillance pour identifier son « environnement », autrement dit les soutiens dont il pourrait bénéficier. Comme cette deuxième phase ne donne aucun résultat – le Russe était descendu dans un hôtel anonyme, il n'était qu'un « courrier » chargé d'une mission spécifique –, le jeune homme est expulsé du territoire français. Il est très probable qu'il venait encaisser une fraction des fonds exportés clandestinement par les anciens apparatchiks.

Le 7 septembre 1991, l'ancien quotidien de l'organisation de jeunesse komsomol, *Komsomolskaïa Pravda*, affirme qu'avec l'aide du KGB, les financiers du PC ont réussi à transférer hors d'Union soviétique de gros capitaux. Les enquêteurs du quotidien certifient avoir vu à la Gosbank des documents prouvant au moins quatre grandes opérations datant de décembre 1990, janvier, mai et août 1991, au cours desquelles 280 milliards de roubles ont été convertis en 12 milliards de dollars et cachés dans des comptes secrets hors d'URSS.

La Convention moscovite des hommes d'affaires [34] avance un chiffre assez faramineux : 100 milliards de dollars seraient déposés dans sept mille comptes, ouverts dans de petites banques de ports français (Cannes, dit-on, Marseille, Rouen en raison du fort courant de trafic entre l'Union soviétique et le port normand), en Uruguay, Equateur, Nicaragua, Cuba et Iran [35]. Une autre source suggère que ces sept mille comptes n'abriteraient que 25 milliards de dollars. Des dizaines de milliards de roubles auraient été mystérieusement puisés dans les finances publiques et changés en dollars « comme aux Philippines ou au Zaïre », notent avec un dépit honteux les Russes, qui n'apprécient guère cette comparaison.

D'où pourraient provenir ces fonds? Comme pour Marcos et Mobutu, du détournement des aides et des prêts occidentaux. Fin 1990, la dette extérieure atteignait 80 milliards de dollars. Elle paraissait alimenter une gigantesque fuite de capitaux. Les réserves d'or soviétiques étaient estimées par les milieux financiers occidentaux à 1 500 tonnes : à la fin 1990, elles sont réduites à 240. Pavlov, le Premier ministre soviétique d'avant le putsch, aurait fait vendre à lui seul 500 tonnes, à 7 dollars le gramme au lieu de 12 dollars le gramme, le cours de l'époque. Qui a empoché la différence? De son côté, le député Alexandre Orlov atteste que 100 tonnes d'or auraient été écoulées clandestinement en deux ans. Le quotidien britannique *Guardian* s'avance plus encore, en écrivant que 4 milliards de dollars d'or déposés à l'étranger ont été expédiés d'abord en Suisse avant de rejoindre Londres. D'autres sources font état de 50 milliards de dollars, 60 tonnes d'or, 150 tonnes d'argent et 8 tonnes de platine placés dans des banques suisses ou « blanchis » par des sociétés mixtes.

Cette simple énumération démontre que les informations sont peu fiables. Elles relèvent surtout de la rumeur. Même les autorités judiciaires sont dans le noir : au printemps 1992, on n'a identifié avec précision qu'un seul compte libellé en roubles convertibles dont le PC est le titulaire, et ce pour un montant de 12,5 millions de roubles. Les investigations du procureur Stepankov le conduisent à ramener l'évaluation de la fortune du PC à 64 millions de dollars, auxquels s'ajoutent 26 millions de dollars en cash déjà saisis. Cette hypothèse semble plus raisonnable, mais pas forcément réaliste si on la compare à des estimations sérieuses concernant les fuites de capitaux vers l'Ouest : de 5 à 9 milliards de dollars, de 1986 à 1991.

En juin et juillet 1991, les responsables communistes paraissent avoir été pris d'une frénésie de voyages. On a vu les chefs du département étranger du comité central au Panama et aux îles Caïmans, entrant dans les banques de ces paradis fiscaux avec des valises pleines de billets. En juillet 1991, le ministre des Finances Orlov a entrepris une vaste tournée en Europe occidentale, au cours de laquelle il a ouvert plusieurs comptes dans des banques. Ivan Frolov, le patron de la *Pravda*, est parti se faire soigner (de la goutte) à Düsseldorf juste après le coup d'État. Mais ce pauvre « malade » n'est resté qu'une heure dans la clinique, il a ensuite disparu, « probablement pour mettre à l'abri les fonds du PC ». Plus tard, on découvrira que dans les locaux de la *Pravda* était installé un atelier pour... tailler les diamants.

Depuis 1988, les responsables du PC avaient bâti « l'économie invisible du parti ». Lors d'une réunion secrète à Varsovie, fin 1990, Postovalov a ordonné aux cadres du parti de privilégier les structures les plus discrètes possibles. En juillet 1991, donc un mois avant le putsch, Gorbatchev lui-même a autorisé le Parti à placer son argent dans de petites unités, sociétés mixtes, banques privées et autres structures capitalistes [36]. Le réseau comprend quatre-vingt-quatre compagnies, banques, assurances, transport maritime, import-export.

Pour comprendre comment fonctionnait cette incroyable machine, il faut revenir à l'immeuble du comité central, 49 Leningradski Prospekt. Le bâtiment abrite aussi le siège social d'une société mixte soviéto-finnoise, la Lubava, qui sous-loue elle-même ses bureaux à six autres sociétés mixtes soviéto-occidentales pour 50 000 dollars par an. Payable en devises, bien sûr. L'actionnaire soviétique est l'attributaire principal de l'immeuble, l'Institut des problèmes sociaux modernes. Quant au dernier étage de l'hôtel, il est géré par une société soviéto-britannique, Rosbri (pour Rossia-Britannica). Un nom qui évoque en écho une société mixte installée naguère à Cannes, Fransov, (pour franco-soviétique) : la principale activité de la Fransov était le soutien logistique aux chalutiers (espions) battant pavillon frappé de la faucille et du marteau. Aujourd'hui, Fransov est le premier importateur de caviar russe en France. En tout, huit sociétés d'économie mixte ont été enregistrées en France : la Maison Russie, qui fait du commerce, Slava, qui produisait des montres à Besançon, etc.

Les Soviétiques ont mis en place à travers le monde un réseau de sociétés mixtes (dites *joint-ventures*) pour gérer telle ou telle activité économique. A Locarno, en Suisse, ils font affaire avec un groupe d'investisseurs israéliens pour mettre en ligne dans les cieux occidentaux une douzaine d'avions-cargos géants Ilyouchine 76, sous les couleurs d'une société mixte Métro-Air.

Un expert des services de renseignement précise : « Si la plupart des sociétés mixtes sont “ sincères ”, c'est-à-dire qu'elles ont été mises sur pied par d'anciens apparatchiks tout simplement pour faire de l'argent dans des conditions plus ou moins légales, quelques-unes masquent d'authentiques tentatives d'espionnage industriel promues par d'anciens agents du KGB passés dans les rangs des nouveaux services secrets russes. L'opération est à double détente, puisque l'activité d'espionnage est autofinancée ! Et pour un petit nombre, il s'agit d'arnaques [37]. »

Les *joint-ventures* n'ont pas été la seule voie explorée. Les compagnies de commerce ont été également utilisées, dans des buts spécifiques, telle l'évasion de capitaux pour le Parti, en liaison avec des sociétés occidentales proches des communistes.

Les responsables des sociétés mixtes ont eu, en outre, la fâcheuse tendance, à partir du putsch de 1991, à ne pas rapatrier en Russie les bénéfices : ils semblent préférer les laisser fructifier dans des banques occidentales en attendant les beaux jours. L'effondrement du rouble a amplifié le phénomène : alors que la dette à l'égard des banques occidentales des États membres de la CEI ne cesse de se creuser, les avoirs dans ces mêmes banques occidentales des sociétés exportatrices gonflent démesurément, ils atteignent des dizaines de milliards de dollars [38] !

Un des relais soviétiques était la compagnie maritime grecque [39] Transorient Shipping Company, propriété du Parti communiste grec KKE. Entre 1986 et 1990, cette société aurait blanchi plusieurs centaines de millions de dollars pour le compte du comité central du PC soviétique. Elle prélevait des commissions sur toutes sortes de transactions, allant de l'achat de devises à l'ouverture de comptes dans des banques occidentales, au Liechtenstein, au Luxembourg et en Suisse. Les commissions étaient reversées sur des comptes spéciaux, hors d'URSS naturellement. La compagnie grecque avaient déjà fait l'objet d'une enquête lors d'investigations menées dès 1990 sur des comptes bancaires ouverts à l'étranger par des personnalités proches de Leonid Brejnev à l'occasion d'un conflit entre le PC cubain d'une part, le KKE et le PCF de l'autre, à propos de « l'aide internationaliste » accordée par le PC soviétique. Pour avoir refusé de jouer un rôle similaire, le PC italien a été « persécuté » par le PC soviétique, une tentative de meurtre aurait même été commise à l'encontre de son chef Enrico Berlinguer.

Rumeur ou réalité? Difficile de le savoir avec précision. Une seule certitude : malgré son réseau mondial, la Russie voit sa balance de paiements dramatiquement déséquilibrée, et d'autant plus vite que les capitaux ne sont pas réellement rapatriés. Où sont-ils passés?

Dans l'année qui a précédé le putsch, appliquant les instructions à l'intérieur même du pays, les communistes ont mené une

« dénationalisation rampante » et clandestine, par le biais de sociétés purement capitalistes. Exemple spectaculaire : le groupe financier MENATEP. A l'origine, en 1986, le MENATEP est un petit institut scientifique dépendant du Comité d'État pour la science et la technique (Office de la Recherche scientifique). En 1988, l'institut se mue bizarrement en banque commerciale, dont le chiffre d'affaires atteint 398 millions de roubles dès 1989, 4,5 milliards de roubles en 1990. Il contrôle alors vingt-trois banques, une compagnie d'import-export et une trentaine d'autres sociétés. Fin 1990, la MENATEP décide de lever des fonds en mettant en vente des actions dans le public; 1,3 milliard de roubles sont récoltés [40].

Durant tout l'hiver 1991-1992, les révélations sur la « transformation » des anciens biens d'État se multiplient. Il en ressort que les vieux communistes se sont livrés à un véritable pillage des avoirs publics, pillage désormais susceptible de poursuites dans le cadre de la lutte anticorruption. Le 15 mars 1991, une loi autorise d'ailleurs la saisie des biens contestés.

Egor Gaïdar a été le conseiller économique de Boris Eltsine. Devenu Premier ministre, il a dévoilé différents cas : des industriels, des bureaucrates et des fonctionnaires du Parti ont anticipé les privatisations en formant des sociétés par actions très fermées qui permettent de couvrir leur passage vers le privé. Gaïdar a cité le cas de Gazprom, dont Valery Chernogorodsky, le président du comité antitrust, indiquant que l'essentiel de l'industrie gazière a été absorbée par ce holding « privé » [41]. Plus tard, on découvre que quinze membres importants du PC sont impliqués dans la privatisation illégale d'un complexe militaire d'une valeur d'un milliard de roubles.

Le cas Tarassov

Dès le début de la perestroïka sont donc apparues des sociétés fondées officiellement pour commercer, en fait pour sortir l'argent, pour le placer sur des comptes secrets. C'est dans ce contexte que s'inscrit le « cas Tarassov ».

Au printemps 1991, Artem Tarassov, « milliardaire soviétique » et député au Soviet suprême, disparaît de Moscou après qu'une très vive polémique l'eut opposé à Gorbatchev à propos des Kouriles : Tarassov avait accusé publiquement le président de l'Union soviétique d'avoir voulu brader les Kouriles aux Japonais pour 200 milliards de dollars.

Cet incident pourrait n'être qu'un fait divers politico-financier. Il n'en est rien : sous tous ses aspects, le cas Tarassov illustre parfaitement les problèmes que doivent résoudre les nouvelles autorités publiques ou privées pour tenter de franchir la zone de chaos créée dans le domaine économique par une dictature peu soucieuse de transparence.

Artem Tarassov émerge en 1987, lors des dernières élections au Soviet suprême avant l'effondrement du communisme, un certain assouplissement des modalités électorales ayant permis à de nouvelles personnalités de surgir du néant politique. Tarassov est alors âgé de trente-huit ans, mais sa calvitie lui donne un air nettement plus âgé. C'est un « nouvel entrepreneur », patron d'une de ces coopératives [42] sur lesquelles Gorbatchev et son équipe comptent pour sortir l'Union soviétique du marasme qui l'accable et la conduire doucement, très doucement, vers l'économie de marché. Fondée en 1987, l'entreprise de Tarassov s'appelle Technika. Elle a pour objet la commercialisation des engrais en Union soviétique et à l'étranger. Les affaires marchent plutôt bien, à cette seule réserve près : la gestion est aberrante en raison de la législation bancaire. Celle-ci interdit alors aux patrons des coopératives de prélever en liquide plus de 100 roubles (200 à 700 francs selon les taux de change officiels, 100 francs en réalité) sur les comptes bancaires de l'entreprise. Or, à cette époque, faute de connaître la pratique des chèques bancaires, le personnel exige d'être payé en liquide, un moyen rendu impossible par la loi.

Pour tourner cette disposition absurde, Tarassov et ses adjoints ont trouvé une parade étonnante : ils se versent des salaires considérables : 3 millions de roubles pour Tarassov, autant pour son adjoint. A l'époque, au taux de change réel, le rouble et le franc sont à parité [43]. La paie du personnel est directement prélevée sur ces sommes. Personne n'a pris garde à cette curieuse méthode comptable jusqu'au paiement des cotisations au... Parti communiste par Tarassov et ses collaborateurs. Or, ces cotisations sont proportionnelles au salaire. Les vieux communistes ont été outrés de voir les nouveaux entrepreneurs s'enrichir de façon aussi éhontée sur le dos des pauvres ouvriers, et ont « dévoilé le scandale » dans la presse. Intervention de la milice, blocage des comptes, fin de l'épisode Technika. La coopérative doit cesser de fonctionner alors qu'elle marchait très bien, victime du choc entre l'esprit d'entreprise et les rigidités de l'administration ex-communiste. Celle-ci n'en finit pas de casser les ressorts de l'économie à force de vouloir traquer les superbénéfices, de voir des escrocs partout ou apparaît le moindre profit.

Cette version de l'histoire est celle de Tarassov et de ses collaborateurs.

Le jeune député aurait pu être dégoûté par l'entreprise, mais il n'en est rien. Ayant intenté un procès aux autorités, il gagne et récupère sa mise. Il relance bientôt une nouvelle affaire, qu'il appelle poétiquement ISTOK (« la Source » en russe), une société d'import-export dont le chiffre d'affaires affiché atteint vite 8 millions de dollars. Elle est en particulier partie prenante de l'opération *Ourajeaï* (moisson en russe), lancée par la Fédération de Russie, alors dirigée par Boris Eltsine.

Depuis toujours, les gouvernements soviétiques, puis russes, ont eu le plus grand mal à obliger les paysans à mettre leurs surplus sur le marché. Ce qui explique, par exemple, pourquoi leur pays, potentiellement le plus grand producteur de céréales, doit dépenser chaque année des fortunes en devises pour importer 16 millions de tonnes de blé et de maïs. Eltsine et son équipe avaient cru trouver un moyen. Ils avaient décidé de proposer aux paysans un intéressement particulier. Chaque quintal de blé serait réglé par un coupon, lequel donnerait droit à l'achat de biens de consommation occidentaux. Le gouvernement de la Fédération de Russie en avait parlé au gouvernement de l'Union soviétique, alors dirigé par Rijkov, qui avait promis de mettre à disposition 1 milliard de dollars pour assurer la réussite de l'opération. Cette allocation en devises devait rendre possible des importations de biens de consommation occidentaux pour un montant équivalent.

Or l'affaire échoue, et, c'est là où le cas Tarassov nous intéresse directement, car elle tourne mal, débouchant sur une énorme fuite de devises vers l'Occident. La rigidité du système bureaucratique est, certes, en cause. Mais il y a surtout volonté manifeste de sabotage d'une partie de l'administration ex-soviétique. Voyons comment.

En tant que président de la Fédération de Russie, Boris Eltsine signe, le 26 octobre 1990, le décret lançant la campagne *Moisson.* Presque aussitôt, la déconvenue est terrible : le Premier ministre (soviétique) Rijkov ne tient pas ses promesses et n'attribue pas le milliard de dollars, si tant est qu'il en ait jamais disposé.

Eltsine et son Premier ministre Silaev interprètent cette dérobade comme un nouveau coup bas des vieux communistes. Ils ne veulent pas renoncer pour autant. Ils réunissent alors les principales « coopératives » installées sur le marché : ISTOK, dirigée par Tarassov, mais aussi La Maison Russie, Conversion, La Maison Sibérie, etc. Silaev tient à ces jeunes entrepreneurs le langage suivant : « Nous n'avons pas pu obtenir les fonds du gouvernement central pour monter notre opération *Moisson.* Nous vous demandons de nous aider. Trouvez des marchandises disponibles, nous vous attribuerons des licences pour les exporter à un prix libre afin de rapporter des devises en Union soviétique. Sur ce chiffre d'affaires, vous aurez le droit de conserver un profit de 5 %, nous récupèrerons le reste pour acheter en Occident des biens de consommation. »

La société ISTOK se lance dans l'aventure, et, dans ce but, se spécialise dans l'exportation libre du pétrole. Elle obtient la licence nécessaire, noue des relations et passe des contrats avec des sociétés de trading occidentales, en particulier avec la plus célèbre, Marc Rich, qui opère depuis Zug en Suisse. Pour faciliter les choses, un bureau est installé à Paris ; on ouvre aussitôt des comptes à la banque Paribas. Cette banque d'affaires est en effet spécialisée dans le financement du commerce pétrolier international.

En ce début de 1991, la guerre du Golfe ouvre de belles perspectives puisque la tonne de pétrole sur le marché libre passe de 82 dollars à 155 dollars. Les devises rentrent.

Mais, deuxième déconvenue que l'entourage de Tarassov a qualifié de sabotage : les biens de consommation achetés « en Occident » pour honorer les coupons sont totalement inadaptés. Ainsi d'énormes chargements de sandales... pakistanaises, dont les paysans russes n'ont que faire. Ceux-ci se retrouvent titulaires de coupons d'achats inutilisables.

Début du scandale. Le discrédit est jeté sur les coopératives qui participent à l'opération. Alimentées par des bureaucrates conservateurs, des rumeurs courent : ISTOK aurait obtenu frauduleusement ses licences d'exportation, ISTOK serait un refuge de bandits. On ira jusqu'à suggérer que Tarassov est un chef mafieux. Entre le gouvernement russe d'Eltsine et le gouvernement central soviétique de Gorbatchev commence une guerre de tranchées. Mikhaïl Gorbatchev signe un décret limitant de façon drastique l'action des coopératives. C'est, au plan économique, de l'assassinat. L'affaire montée par ISTOK ne peut que capoter.

Dans l'entreprise, c'est la révolte. Tarassov propose de suspendre les activités durant quelques mois, pour laisser passer l'orage.

En vérité, le jeune patron-député a fort mal pris la chose. Ivre de colère, il se lance à corps perdu à l'assaut de Gorbatchev, qu'il attaque, en janvier 1991, à la tribune du Soviet suprême. Avec une telle virulence que le président soviétique se fâche. L'entrepreneur-député présente ses excuses, Gorbatchev les refuse. En avril, il fait même inculper Tarassov pour atteinte à la dignité du président... Personne ne sera surpris, en août 1991, lors de la tentative de putsch, que la société ISTOK apporte son soutien à Eltsine. Quant à Tarassov, inquiet pour sa liberté, il s'exile sans attendre, et rejoint son représentant à Paris.

Là, nouvelle déconvenue, et début de l'affaire crapuleuse : Tarassov affirme que son collaborateur s'est esquivé. Il l'accuse d'avoir transféré sur le compte d'une société, société-écran enregistrée à Monaco, une partie de l'argent déposé à la banque Paribas. Le Russe aurait même acheté une maison à Nice et une voiture. Il « accepte » de recevoir Tarassov, lui propose de l'héberger. Entre les deux hommes, une dure confrontation s'engage. Elle débouche sur un partage : chacun prend sa part de l'argent sorti de Paribas, comme s'il s'agissait de leur propre bien, et non de celui de l'entreprise!

Cependant, Tarassov est convaincu qu'on ne lui a pas tout dit. Resterait encore sur le compte ISTOK, de 25 à 26 millions de dollars. Pour en avoir le cœur net, il va voir les responsables de Paribas, lesquels refusent de lui donner la moindre information, considérant comme non valables les pouvoirs qui leurs sont présentés.

Du coup, Artem Tarassov disparaît corps et biens. Durant quelques temps, la police soviétique part même à sa recherche. Le 14 août 1991, c'est le consul soviétique de Marseille qui s'inquiète de son sort. Même la DST mènera l'enquête. Les policiers français retrouvent quelques traces, mais rien de précis sur Tarassov. On ne l'entendra plus parler que par l'intermédiaire de cassettes enregistrées, qu'il a fait porter à Moscou par un homme d'affaires américain. Les destinataires sont multiples : notamment Eltsine lui-même et les collaborateurs de Tarassov à ISTOK. L'un d'entre eux renvoie de l'argent en France à l'ancien député en fuite. Lequel imagine de monter de nouvelles affaires à Taïwan... On signale la présence de Tarassov non seulement à Paris, mais aussi à Londres, en Autriche. Puis, on le tiendra pour mort. Des journalistes allemands accusent Artem Tarassov d'être l'un des « boss de la mafia russe »... L'opération *Moisson* est depuis longtemps oubliée.

Sabotage de l'administration, guerre des chefs entre Gorbatchev et Eltsine, le bilan est catastrophique : les braves paysans se retrouvent avec des coupons inutilisables, et la Russie a perdu des dizaines de millions de dollars.

Démonter la machine

Tout comme l'usine à devises Schalck dans l'ex-République démocratique allemande, le PC soviétique a fonctionné comme une gigantesque « pompe à phynance », aspirant tous les fonds possibles, souvent pour les redistribuer sous forme de subventions. Un système qui n'excluait pas les mesquineries : ainsi les fonds collectés en Occident pour venir en aide aux victimes de Tchernobyl ont-ils été directement versés dans les caisses du Parti.

Les rouages et les mystères de cette machinerie animée par des fonctionnaires sans état d'âme vont être peu à peu dévoilés par les enquêtes successives menées dans les arcanes et dans les archives du PC soviétique et de certains partis frères.

Il faut apprécier, dans cette perspective, les différentes opérations de nettoyage menées par Boris Eltsine dès son arrivée en 1990 à la « Maison Blanche », siège de la République fédérale de Russie. Eltsine projette de récupérer les fonds détournés. Le président russe accentue son offensive après la tentative de putsch d'août 1991.

Les enquêtes sont d'abord effectuées par une petite équipe animée par le principal conseiller économique de Eltsine, Guenadi Bourboulis. Les conservateurs seront tellement gênés par ces révélations qu'ils n'auront de cesse de voir Bourboulis écarté des affaires. Le président russe a dû s'y résoudre à la fin de 1992.

Constatons-le d'emblée : toutes les investigations sont fondées sur des motifs politiques. Il s'agit clairement de déconsidérer les prédécesseurs communistes, de les abattre. Parfois même de se venger. On perçoit trop rarement l'intention sincère de rapatrier les fonds dans les caisses publiques. Pour certains, c'est aussi une manière de se démarquer. Les actions politiques ne sont jamais innocentes. Les révélations sont toujours partielles, orientées, souvent fugitives. Il ne faut pas rater l'information du jour : le lendemain, le couvercle de la boîte de Pandore s'est déjà refermé.

Ces précautions sont indispensables pour évaluer les résultats des enquêtes. Seul un petit coin du voile a été soulevé, notamment grâce à « Anatoly Smirnov ». Ce pseudonyme masque un ancien fonctionnaire du comité central. Il a réussi à sauver deux cahiers de travail dans lesquels étaient consignées les décisions prises par le Politburo à propos de l'aide aux organisations ouvrières de gauche de 1968 à 1990.

Le journaliste Alexandre Evlakhov, un ami de « Smirnov », publie ces révélations dans *Rossia*, en septembre et octobre 1991. L'hebdomadaire est alors quasiment le porte-parole officiel de Boris Eltsine. Mais des rumeurs – encore et toujours – affirment que *Rossia* a été lancé grâce à des capitaux blanchis provenant de l'ancien Parti communiste; le rédacteur en chef Alexandre Drazdov est lui-même suspecté d'avoir appartenu au KGB. Bonne façon de discréditer ses informations. Cependant, la plupart des secrets resteront sans doute à jamais enfouis, sauf si quelque irresponsable prend la peine un jour de plonger dans les archives interdites et d'en divulguer le contenu au mépris de tous les intérêts encore actifs.

Il apparaît clairement que le président Eltsine avait surtout pour objectif de se débarrasser de son prédécesseur, Mikhaïl Gorbatchev, en essayant de démontrer qu'il avait couvert des pratiques criminelles, extorsion de fonds, détournements, exportation illégale de capitaux.

Boris Eltsine est un apparatchik, un manœuvrier consommé. Pour parvenir à ses fins, il joue simultanément sur plusieurs tableaux.

Saga judiciaire, premier acte : commission rogatoire internationale en direction de l'Allemagne au printemps 1990. Puis, à l'automne 1991, mission exploratoire en Suisse dirigée par un procureur-adjoint de Russie.

Ce magistrat est naturellement très bien reçu dans la capitale fédérale. « Malheureusement, m'indique un responsable hélvétique [44], leurs informations étaient vagues et fragmentaires. Nous leur avons dit qu'ils devaient nous apporter des preuves solides pour nous permettre d'agir. Pour accorder l'entraide judiciaire nous ne pouvons nous contenter de simples allégations. »

En janvier 1992, nouvelle mission, conduite à Berne par le procureur de Russie lui-même, Valentin Stepankov. Elle n'a pas plus de succès. Pour relancer les recherches dans la confédération, un tour de passe-passe est nécessaire : puisque les Russes s'avèrent incapables d'apporter les preuves nécessaires pour mettre sur pied une demande d'entraide judiciaire, c'est la Suisse qui va entamer la procédure. Le procureur de Genève adresse donc à Moscou une commission rogatoire internationale qui est aussitôt acceptée. Début octobre 1992, un juge d'instruction de Genève, Jean-Louis Crochet, peut donc s'envoler vers la Russie pour enquêter sur la tentative de blanchiment menée en Suisse par d'anciens responsables communistes. Ces tentatives portent sur 140 milliards de roubles.

Pour autant, les fonds ne rentrent pas en Russie. Egor Gaïdar, le conseiller économique préféré de Boris Eltsine, et durant onze mois son Premier ministre, s'est juré de ne pas rester sur cet échec. Une telle impasse risquerait d'accréditer l'idée que les grands fraudeurs russes – pour l'essentiel d'anciens membres de la nomenklatura communiste – pourraient bénéficier d'une forme d'immunité. Gaïdar confie cette mission au bureau d'investigation... américain Jules Kroll & Ass. que nous avons déjà rencontré à plusieurs reprises.

Toujours aussi professionnel et sérieux, Jules Kroll raconte [45] : « Nous avons mis sur cette enquête une équipe d'une quinzaine de personnes qui travaillent exclusivement hors de Russie, en Suisse bien sûr, mais aussi en Grande-Bretagne, en Belgique, en France, aux USA. A Chypre et en Autriche également. Ces deux derniers pays sont extrêmement importants dans cette affaire. A l'intérieur, seuls les Russes mènent les recherches. Après une première phase d'investigations très générales, nous en arrivons maintenant à nous focaliser sur des cas précis. Au stade actuel, je peux dire que nous avons déjà découvert trente-cinq à quarante comptes en banques, soit 500 millions de dollars à peu près. Pour la France, une demi-douzaine de comptes. La plupart du temps, les titulaires sont des individus, les bénéficiaires de la corruption mais également des hommes de paille du Parti communiste. Mais il est extrêmement difficile d'établir des liens précis entre ces comptes et le Parti. Je suis convaincu que c'est la pointe de l'iceberg. Maintenant, nos partenaires russes commencent à examiner les noms, à entendre des titulaires, pour déterminer ce qui est légal ou non. La plupart du temps, c'est illégal. »

Deuxième acte judiciaire : le nouveau « procès de Moscou », au printemps 1992. On se veut très respectueux de la loi, de la procédure, puisqu'il s'agit de démontrer que le Parti communiste de l'Union soviétique a été une organisation illégale. La justice doit établir que l'utilisation massive de fonds pour des objectifs étrangers à l'Union était constitutive d'une action criminelle, mise en œuvre par une organisation devenue au fil des décennies inconstitutionnelle [46].

Le règlement de comptes est patent. La comparution personnelle de Mikhaïl Gorbatchev en tant que dernier secrétaire général du Parti communiste soviétique apparaît bientôt comme la clé de cette procédure. « Gorby » flaire le piège. Il refuse obstinément de déférer aux convocations malgré la confiscation de son passeport, de sa voiture, de sa datcha, puis bientôt des locaux de la fondation politique qu'il dirige depuis son retour à la vie privée. Comme l'homme à la tache de vin ne cède toujours pas, on l'accuse d'avoir utilisé la fondation comme machine « à faire des devises » en louant une grande partie de ses bureaux. L'étreinte se resserre dans la plus pure tradition des décennies passées. Mais Gorbatchev reste impavide.

Troisième acte, médiatique, celui-ci. Des informations sont soigneusement distillées, en fonction des impératifs politiques. Cette entreprise de déstabilisation est lancée dès que Boris Eltsine met la main sur des archives, c'est-à-dire dès qu'il pénètre avec ses hommes dans les locaux du PC soviétique, en août 1991, après le putsch raté. Boris ne pardonne pas aux apparatchiks communistes d'avoir tenté un retour en arrière. Pour les déconsidérer définitivement, le président de Russie lance ses plus fidèles amis et collaborateurs dans une campagne d'information qui vise à démontrer que ces « héros communistes » n'étaient que des pourris.

Presque aussitôt, surgissent les premières révélations, comme par hasard dans *Rossia*. L'enquête est menée par le journaliste Evlakhov, à partir des éléments que lui fournissent « Smirnov » et le juge Laïalev. Les articles sont signés par Drazdov. En d'autres temps, les deux hommes auraient été qualifiés de valets de Eltsine par la presse communiste. Mais en Russie, les journaux ne se réfèrent plus au communisme. Exception faite de la *Pravda*, dont les bureaux étrangers seraient financés par les comptes secrets du PC et dont l'équilibre financier général est assuré par un... milliardaire grec !

Bilan : la Cour constitutionnelle refuse de déclarer le Parti communiste d'Union soviétique illégal, jugeant que seuls certains responsables ont fait dévier l'organisation. Mikhaïl Gorbatchev n'est pas impliqué, il a donc le loisir de poursuivre ses tournées de conférences dans le monde. Et le parlement de Russie réussit si bien à mettre le président Eltsine en difficulté qu'il doit remanier son gouvernement, en écarter les réformateurs les plus radicaux et placer ses principaux amis, Gaïdar, Guenadis et autres Poltoranine, l'ancien ministre de l'Information, dans des postes protégés contre les attaques politiques. Dans les mois qui suivent, le conflit s'aggravera entre le parlement et le président.

Le président de Russie n'a pas réussi à faire rentrer dans le pays le gros des capitaux en fuite, alors que l'inflation galope.

Commissions sur les exportations vers l'URSS

Si les hauts dignitaires soviétiques ne paraissent pas s'être enrichis, au moins sur une grande échelle, grâce aux pots-de-vins occidentaux, il n'en va pas de même des partis eux-mêmes. Les transactions entre l'Occident et les pays socialistes ont depuis toujours constitué un puissant moyen pour drainer les fonds dans les caisses socialistes.

La France n'a pas échappé à ce principe, fondé sur un système fort bien organisé. Au cœur du dispositif, une banque qui servait de pont entre l'Est et l'Ouest, la Banque de l'Europe du Nord, opérateur obligé pour le compte de l'URSS, et, côté français, le groupe Interagra, création de Jean-Baptiste Doumeng, le « milliardaire rouge », réellement milliardiaire et pourtant militant du PCF.

Interagra aurait longtemps servi de support économico-politique à la pénétration communiste dans l'aire francophone. Comme en témoigne, en Afrique, l'histoire de la République populaire du Congo, dont le régime s'est progressivement radicalisé à partir de l'indépendance. Après 1968, le Congo devient un relais politique du bloc oriental, et même un relais militaire sur la route de l'Angola pour les Cubains qui utilisent la base militaire à Pointe Noire. Cependant, une orientation trop ouvertement prochinoise conduit l'armée à fomenter, en 1977, un coup d'État qui écarte du pouvoir le président N'Guabi; Denis Sassou N'Guesso, ancien patron du service de renseignement, devient l'homme fort du régime. Tué dans un attentat le 18 mars 1977, N'Guabi est remplacé par le général Joachim Yumbi Opango, lequel est destitué à son tour, le 5 février 1979, par le congrès du Parti Congolais du Travail. L'opération aurait été inspirée par les Soviétiques.

Sassou accorde alors à la société Silos du Sud-Ouest, filiale d'Interagra, l'autorisation de monter une usine de poulets. Extrêmement coûteux (80 millions de francs), l'investissement est financé par un crédit acheteur qui nécessite une autorisation du ministère des Finances. Estimant le dossier peu fiable, les fonctionnaires refusent leur aval [47]. Mais à l'Élysée, Giscard donne l'ordre d'accorder le feu vert. « A cette époque, sous la droite, Doumeng avait toutes les bénédictions du gouvernement », commente un connaisseur très averti des choses africaines. Naturellement, le crédit ne sera jamais remboursé par le Congo, et l'usine de conditionnement des poulets ne fonctionnera que peu de temps...

« Aux Congolais, poursuit notre analyste, les Soviétiques donnaient les consignes suivantes : pour la diplomatie, vous êtes avec nous, pour l'économie, débrouillez-vous avec la France. Dans ce jeu pervers, Doumeng était l'outil de négociation. »

Doumeng restera à jamais un personnage énigmatique. Considéré comme un stalinien orthodoxe, c'était un grand manipulateur sachant manifester en toutes occasions une forte indépendance d'esprit et un franc parler peu commun. « Doumeng entendait être l'intermédiaire pour tous et pour tout. Entre ses mains, Sassou n'était qu'un pantin, ce que Sassou a fort mal pris d'ailleurs [...] L'arrivée de la gauche a été plutôt une catastrophe pour Interagra. Le changement de majorité, en 1981, a été curieusement fatal à Doumeng en Afrique. J'étais à bord du DC 8 d'UTA Brazzaville-Paris, raconte le témoin, quand a été diffusé le résultat des élections présidentielles. Tout le monde criait de joie. Seuls paraissaient accablés les deux représentants de Doumeng ; ils étaient blêmes et décomposés [48]. » Mais pour le groupe Interagra, la branche africaine ne représentait qu'une activité annexe.

Au fur et à mesure que sont tombés les bastions « communistes », le champ d'action des intermédiaires s'est rétréci. Les marchés réservés aux entreprises proches du communisme se sont ouverts à la concurrence. Le holding agro-alimentaire français a subi la loi commune alors que, malgré la mort du fondateur, Interagra avait conservé sa place prééminente sur les marchés orientaux. Pourtant, durant l'été 1991, après le putsch manqué de Moscou, le groupe connaîtra sa dernière heure de gloire en offrant un ultime service à l'URSS qui s'apprête à disparaître, et à François Mitterrand.

Début septembre 1991, Gorbatchev rend visite à son ami

François dans sa propriété de Latché. Les deux hommes d'État ont de graves soucis : Gorbatchev ne sait comment nourrir sa population, alors qu'en France, les éleveurs de bétail réclament à cor et à cri des augmentations. Leurs revendications sont appuyées par des manifestations très violentes dans tout le pays.

Belle occasion pour le groupe Interagra, qui affronte déjà ses premières difficultés. Michel Doumeng réunit un puissant groupe de partenaires : Serge Varsano, alors patron de Sucden; Alexandre Krivenko, lequel dirige Prodintorg, la plus grande centrale d'achat d'Union soviétique; Elf et Total. Ainsi, grâce à l'accord de Gorbatchev et Mitterrand, est conclu un gigantesque marché de troc [49] : 275 millions de dollars de produits pétroliers (russes) contre des produits alimentaires français, 100 000 tonnes de viande, 20 000 tonnes de lait en poudre, 7 000 tonnes d'aliments pour bébé et 100 000 tonnes de sucre cubain.

Coup de billard à trois bandes : tout en permettant de calmer les impatiences paysannes, ce marché offre un petit sursis à Mikhaïl Gorbatchev. L'opération sera sa dernière grande action internationale, puisqu'il quittera le pouvoir quelques semaines plus tard.

Est-ce pour cette raison que l'Union soviétique, qui passe alors pour totalement vidée de toute réserve en devises, verse soudain 136 millions de dollars à Interagra? Cette somme considérable passe pour correspondre à des retards de paiement. C'est la thèse (très plausible) avancée par Michel Doumeng qui a révélé qu'au cours de l'année 1990, l'Union soviétique a été redevable à Interagra d'une dette s'élevant jusqu'à 600 millions de francs (plus de 100 millions de dollars), alors que naguère l'URSS payait cash. Mais pourquoi donc l'Union soviétique a-t-elle alors interrompu ses autres remboursements?

Le ministre de la Justice Nicolaï Fiodorov et le procureur général Valentin Stepankov sont persuadés que les versements à Interagra et à d'autres sociétés « amies » dans les pays scandinaves, relèvent de l'aide internationaliste. Pour appuyer leur raisonnement, ils se fondent sur une note adressée le 26 avril 1990 par Valentin Faline à Mikhaïl Gorbatchev, dans laquelle le directeur du département international du comité Central demande le prélèvement sur le budget de l'État de crédits destinés à soutenir les sociétés amies.

Le groupe a perdu ses privilèges sur ces marchés de l'Est où il réalisait les deux tiers de son chiffre d'affaires. Les nuages d'orage s'accumulent sur Interagra. A l'Est, tout est nouveau. Les profits se transforment en pertes. La guerre du Golfe pèse lourdement sur les résultats, car l'Irak ne paie pas (ou ne peut pas payer, en raison de l'embargo financier) d'importantes livraisons alimentaires. Le groupe doit faire déposer le bilan de quatre de ses filiales : les Silos du Sud-Ouest, SEAV (qui importait des tracteurs tchécoslovaques et qui a cessé toute activité), la CDTIA (spécialisée dans l'implantation d'usines agro-alimentaires; perte d'exploitation : 1,9 million de francs pour un chiffre d'affaires de 55 millions de francs en 1990, les comptes de 1991 n'étant pas connus) et Top gel (commerce en gros de la viande).

Le groupe Interagra doit demander la nomination d'un conciliateur dont le rôle sera de l'aider à « restructurer sa dette » (obtenir des délais de grâce) afin d'éviter le dépôt de bilan.

Prosélytisme et « Fund rising » rouge

De même que l'Arabie Saoudite sponsorise la diffusion de l'islam, l'Union soviétique exportait la révolution en payant les partis communistes proportionnellement à leur efficacité, leur fidélité et leur intérêt stratégique. Pendant des décennies, les anticommunistes les plus acharnés ont affirmé que les communistes occidentaux dépendaient des roubles du Kremlin. Pure calomnie : c'était en bons dollars verts qu'était dispensée l'aide inspirée par la solidarité prolétarienne!

Entre apparatchiks, on appelait ça « Du tabac pour les amis ». La machine était tout à fait simple comme le montre l'exemple bulgare. Chaque année au début de décembre un émissaire quittait Sofia pour Moscou en compagnie de quelques grosses valises. Elles étaient bourrées de liasses de dollars, résultat des « quêtes » internationalistes en faveur des partis frères. La population bulgare contribuait à elle seule pour 400 000 à 700 000 dollars remis en liquide, contre un reçu spécial, à des fonctionnaires chargés au KGB de gérer l'aide aux communistes occidentaux.

Tous les autres pays du bloc soviétique étaient l'objet de la même extorsion de fonds, si bien que, conformément aux grands principes, l'URSS pouvait dispenser son soutien aux « révolutionnaires du monde entier ». Au moins 3 millions de dollars étaient collectés chaque année dans cette forme de *Fund rising* (ramassage des fonds). C'est un minimum, tel qu'il a pu être reconstitué à travers des bribes de documents comptables : 600 000 dollars rapportés de Pologne en octobre 1990 par Guennadi Ianaïev (plus tard chef des putchistes); 650 000 dollars de Hongrie; 500 000 dollars de Tchécoslovaquie; 1,2 million de dollars de la RDA; 17,5 millions de dollars du Parti communiste soviétique lui-même.

Cette assistance financière « internationaliste » a été établie à partir de deux notes de service édictées par le comité central du Parti communiste soviétique, notes saisies au siège du CC Staraïa Plochad.

Texte de la note NP 51/49 du 4 février 1987, qui paraît être un ordre du jour :

« 1. Approuver les propositions du département international du Comité central concernant la création d'un Fonds international d'aide aux organisations ouvrières de gauche pour 1987 doté de 20,3 millions de dollars. Fixer la part du PCUS à 17,5 millions de dollars.

2. Charger la direction de la Banque d'État de l'URSS (camarade Dementsev V. Victor.) de fournir au camarade Dobrynine 17,5 millions de dollars à utilisation spéciale.

3. Charger le camarade Dobrynine A.F. de se mettre d'accord avec les partis communistes membres du fonds international sur le montant de 20,3 millions de dollars et la part de chacun des partis [50]. »

Selon Boris Ponomarev, le fonds a été créé en 1949, à l'initiative de Staline.

La note confidentielle NP 54/18 du 25 février 1987 établit la répartition entre les partis : le PCF reçoit 2 millions de dollars; le PC américain, 2 millions de dollars; le PC portugais, 1 million de dollars; le KKE grec, 900 000 dollars; le PC israélien, 600 000 dollars; le PC indien, 500 000 dollars; le PC argentin,

400 000 dollars. En 1987, des rallonges sont attribuées : pour le PCF, un complément de 1 million de dollars pour l'aider à préparer les cérémonies du 70e anniversaire de la Révolution et pour les élections présidentielles de 1988, et 500 000 dollars pour le PC américain. L'accélération des événements au début de 1991 ne ferme pas le robinet puisque par décision 175/3, Valentin Faline, chef du département étranger, encaisse, en février 1991, les 22 millions de dollars prévus pour l'année. Quand on ouvrira le coffre du comité central, on n'y retrouvera que 600 000 dollars soigneusement empaquetés. Qui n'a pas reçu son petit viatique?

Outre les très nombreux documents publiés à Moscou, l'affaire a été recoupée au moins par quatre sources : par les communistes bulgares (on a vu pourquoi), par le Tchèque Vasil Bilak, lequel n'appréciait pas les prélèvements, par les Italiens et les Espagnols. Le sénateur communiste italien Armando Cossuta a bien confirmé que de tels subsides étaient parvenus à son parti, par l'intermédiaire de la coopérative LEGA. Même écho en Espagne et en Catalogne, où Joseph Pallau, membre du Bureau politique du PC catalan, a révélé que, aux alentours de 1987, Guenadi Ianaev avait même tenté de provoquer une scission pour infléchir la ligne générale contre la perestroïka, offrant en contrepartie des compensations financières.

Mieux encore : ce sont les donateurs eux-mêmes qui ont verrouillé l'information. Andreï Gratchev, adjoint de Faline, a reconnu qu'au cours des derniers mois de 1991, le budget avait dû être sérieusement revu à la baisse en raison de l'effondrement du Parti, et donc de ses ressources. Pour être précis, le dernier budget de financement des partis frères date du 11 décembre 1989. Recoupement ultime : lors d'une visite officielle en Italie, les 19 et 20 décembre 1991, Boris Eltsine a demandé aux autorités italiennes de l'aider à récupérer ces fonds versés aux partis communistes étrangers.

Alors que l'Union soviétique était en train de souffrir de la faim et du froid, les dirigeants du PC n'ont cessé d'apporter une aide matérielle et financière décisive aux partis frères et organisations sœurs. En tout, une centaine d'organisations prolétariennes amies ont bénéficié de l'aide internationaliste. Y compris des groupes terroristes. Par exemple, il est acquis que le PC soviétique a livré à maintes reprises des armes aux organisations palestiniennes les plus radicales, telles que le FPLP.

Déjà en 1962, quelques jours après la signature des accords d'Évian, le journal du Parti communiste bulgare, *Rabotnitchesko Delo,* vantait l'effort de la Bulgarie pour la fourniture d'armes au FLN algérien, et racontait comment Ben Bella était ensuite venu en voyage officiel en Bulgarie pour remercier Todor Jivkov et ses prolétaires [51].

Des valises pour la place du Colonel Fabien

Il était inévitable que, principal bénéficiaire, le Parti communiste français, fut éclaboussé. Parmi de multiples révélations, l'hebdomadaire *Rossia* confirme que le PCF a reçu directement des fonds très importants. Cette mise en cause n'est pas en soi une surprise, les accusations sont à peu près aussi anciennes que la fondation du Parti. Dès 1989, Armin Riecker, ancien diplomate de la RDA et transfuge de la STASI, atteste avoir apporté à Paris, en 1979, une mallette pleine d'argent qu'il a remise aux responsables du PCF. Démenti.

Le 9 octobre 1991, les deux premiers documents sont produits à TF1 par le journaliste Gauthier Rybinsky, envoyé spécial permanent à Moscou. Les ordres de virement avaient été signés par Alexandre Ianaïev, trésorier du PC soviétique.

Le 13 octobre, Rybinsky relance la partie en présentant des documents filmés chez le juge Laïalev (il ne les détiendra jamais personnellement) pour expliquer comment Gaston Plissonnier lui-même est impliqué. Ce n'est pas rien : membre du Bureau politique du PCF, Plissonnier est en effet considéré par les experts politiques comme le principal lien entre le Parti français et le PC soviétique. C'est lui qui a créé et contrôle le fichier informatisé du PC, et il joue son rôle d'éminence grise dans toutes les tractations internes ou externes [52]. En France, l'opinion publique et les milieux politiques, d'abord sceptiques et sensibles aux dénégations communistes, sont stupéfaits. Le juge Laïalev déclare alors : « En publiant ces documents, je ne m'attendais pas à provoquer un tel charivari en France. Je ne recherchais pas du tout cet effet. En vérité, à Moscou on est moins choqué par le fait lui-même que par les méthodes d'amateur qui transparaissent, et, plus grave, par les dépenses faites à l'étranger alors que l'Union soviétique manquait de tout. »

Quant à Gauthier Rybinsky, il me racontera plus tard que les remous n'ont pas été moindres à Moscou. Certains anciens agents du KGB l'ont même accusé d'être tombé dans un piège, de participer à une action de désinformation... Il est vrai qu'ils étaient experts en la matière. En l'occurrence, ils avaient tort.

Des responsables importants du Parti sont directement mis en cause.

Dès la mi-octobre 1991, Ievlakhov communique aux journalistes français la reproduction du document 93 161/2.448 OP 2.247 DU 21/8/78 : « Les quittances du camarade Plissonnier pour avoir reçu pour : PCF, 1 million de dollars; St-Domingue : 50 000 dollars; Réunion : 40 000 dollars; Guadeloupe : 30 000 dollars; Martinique : 30 000 dollars; Haïti : 20 000 dollars. Les documents se trouvent au département général CC du PCUS. »

La mention « OP » est l'abréviation de la formule russe *osobie papki*, chemise spéciale, document ultra-secret. En principe ne pouvaient les consulter que les patrons du département général du comité central, Constantin Tchernenko, prédécesseur de Gorbatchev au secrétariat général, puis Boldine. Depuis 1986 les « OP » françaises ne contenaient plus que des télégrammes chiffrés attestant la remise des fonds. A la suite d'un accord spécial, il avait été décidé que les versements au Parti communiste français ne feraient plus l'objet d'un reçu, mais d'un simple procès-verbal.

En février 1992, le procureur-adjoint Evgueni Lissov publie de nouvelles preuves [53], sous forme d'un document qui mentionne clairement les versements au PCF pendant dix ans au moins. Les investigations du parquet et les travaux menés par une commission spéciale d'enquête du Parlement russe permettent de décrire une procédure extraordinairement précautionneuse et bureaucratique.

Déposés sur le compte n° 1 à la Vnechekonombank (Banque du Commerce extérieur), les fonds spéciaux sont gérés par la 9e direction du KGB, puis transmis au 1er directorat normalement chargé de l'espionnage. Le contrôle des versements est assuré par le chef du département étranger du comité central, assisté de deux collaborateurs. Les versements ordinaires sont assurés par le 5ᵉ département du 1ᵉʳ Directorat, ou par le 14ᵉ département pour les gros transferts en liquide, remis contre les reçus qui mentionnent les mots « tracts » ou « friandises » à la place de « devises ». Les reçus sont soigneusement collationnés dans un coffre.

Le transfert se fait par des courriers dotés de mallettes à double fond. En 1983, on identifie l'un de ces hommes du KGB : Andreï Androssov assurait les liaisons financières avec les communistes français et africains, il a été expulsé.

Un document diffusé à Moscou début juillet 1992 [54] enfonce le clou : il mentionne un versement au PC français de 6 millions de dollars : le total remis au PCF aurait atteint 30 millions de dollars de 1971 à 1990.

Ni l'arrivée de Mikhaïl Gorbatchev au sécrétariat général du PC soviétique, ni son élection comme président de l'Union ne modifient la politique du comité central, même si Gorbatchev a toujours affirmé tout ignorer de ces affaires d'arrière-cuisine.

Complément : l'Union soviétique avait souscrit 20 000 abonnements à *L'Humanité*. Pour le journal, c'était une aide tout à fait indispensable. Durant de longues années, l'organe central du PCF n'a dû sa survie qu'à cette manne. Conséquence incidente mais non négligeable de l'effondrement du régime soviétique : la résiliation des abonnements. Faute de lecteurs, l'exportation vers la Russie du quotidien communiste est interrompue. Donc fermeture du bureau de Moscou, qui n'a d'ailleurs plus d'intérêt puisqu'il n'y a plus de chef communiste au Kremlin. La diffusion payante de *L'Huma* tombe à moins de 70 000 exemplaires. Dans le superbe immeuble du journal à Saint-Denis, on serre les boulons. Un plan de licenciement drastique et massif est mis en œuvre, de nombreux journalistes sont mis au chômage.

Dès les premières « révélations » sur ces transferts de fonds entre le PC soviétique et le PC français, les responsables du Parti français multiplient les protestations, véhémentes et vertueuses. Un peu trop pressée, *L'Humanité* réfute même les allégations en provenance de Russie avant qu'elles ne soient diffusées en France. Contre toute évidence, on nie en bloc. Dans le monde, seul le Parti communiste français ose adopter cette attitude.

Pierre Sotura, trésorier du PCF depuis 1982, parle de « machination » fomentée par le journal de Eltsine. Il oppose un démenti formel : « Je mets au défi quiconque de publier les documents justificatifs, et ce défi ne peut pas être relevé », déclare Sotura en substance; et de dénoncer « la rengaine de l'or de Moscou, panoplie de la campagne anticommuniste. Ce n'est pas parce qu'elle provient de Moscou qu'elle a plus de véracité. »

Pour prouver la rigueur financière du Parti, Sotura publie le budget 1990 : 98 379 208 francs de recettes, 95 073 040 francs de dépenses. Cette précision est sans rapport avec l'affaire, mais elle fait sérieux. D'ailleurs elle permet de découvrir que le nombre d'adhérents est passé de 710 324 en 1981 à 585 661; que les cotisations s'élèvent à 24 millions de francs.

En octobre, sous la signature de Pierre Charrié, trésorier de la fédération de Seine-Saint-Denis, on lit dans *93 hebdo :* « Combien de fois a-t-on entendu que le PCF était financé par Moscou? C'était des balivernes. Aujourd'hui en URSS les choses ont changé et le PCF continue. Alors, l'argent de Moscou, mon œil. »

« Nous, déclare André Lajoinie, nous sommes propres, nous ne sommes pas comme les autres partis politiques, nous n'avons jamais vécu que des cotisations et des dons de nos adhérents et sympathisants. »

Le 24 juin 1992 Lajoinie insiste devant l'Assemblée nationale : « Le Parti est à l'abri de tout soupçon de corruption. »

EN GUISE DE (BRÈVE) CONCLUSION

L'Internationale des kleptocrates

Boris Eltsine, ses ministres et fidèles rencontrent d'immenses difficultés dans leur chasse aux avides et aux cupides. Il ne se passe pas de mois, pas de semaine sans que les vieux caciques communistes, les apparatchiks reconvertis dans la spéculation et les exploitations illégales de capitaux, ne tentent de se débarrasser des nouveaux dirigeants russes. Il est possible que la réaction finisse par triompher au moins pour un temps.

Cependant, l'argent ne circule plus clandestinement entre l'Est et l'Ouest, et vice-versa. La perestroïka a dépassé toutes les espérances de son initiateur, Mikhaïl Gorbatchev. Le capitalisme a renversé le socialisme devenu dictature du prolétariat, puis dictature de la nomenklatura.

Les apparatchiks escrocs doivent se cacher pour profiter un temps de leurs rapines, avant de devenir de respectables chefs d'entreprise capitalistes. Et on sait désormais de quelle étoffe étaient faits ces « hauts dignitaires du communisme ». Rien d'autre que des dictateurs soucieux d'exploiter au mieux leur pays à leur profit strictement personnel.

La similitude des méthodes mises en œuvre par Marcos, Mobutu ou Faline est frappante. Mêmes causes, mêmes effets. Sans aucune contrepartie démocratique, les régimes dits « communistes » se sont livrés au pillage systématique de leurs propres pays avec la même inconscience que les dictateurs les moins recommandables du monde dit occidental. Comme on peut le constater aujourd'hui, l'exploitation forcenée des richesses a été conduite de façon si imprudente que les régions placées sous dictature communiste pendant quelques dizaines d'années sortent de cette période noire totalement épuisées, exsangues, et – ce qui est sans doute pire – infectées par des déchets non traités, par des débris d'armes nucléaires et par des nuages toxiques.

Et ce n'est pas tout. Sous prétexte de se défendre contre l'envahisseur capitaliste, les dictatures communistes ont vendu de tels stocks d'armes aux pays en voie de développement qu'au lieu de les aider à sortir de l'ornière, elles ont contribué à les appauvrir de façon encore beaucoup plus efficace et rapide que l'exploitation coloniale, dont l'humanisme n'était pas la qualité première.

Deuxième paradoxe : l'arrivée de la démocratie n'améliore pas forcément dans un premier temps la situation. Une dictature contrôle aussi tout ce qui est illégal. Le régime de Saddam Hussein en est un excellent exemple. Le vol, la malhonnêteté ne sont pas tolérés au niveau individuel mais réservés à la famille et au parti... Une des pierres angulaires des dictatures, c'est le maintien de la discipline dans tous les domaines : si vous prenez de l'argent, on vous tue. Quand la démocratie se développe, la peur s'estompe. Avec la perestroïka, avec le nouveau gouvernement russe, chaque année la discipline se détend, et autorise *aussi* toutes sortes de combines. La liberté, c'est *aussi* l'accès à différentes formes de vol.

Chacun a son côté propre et son côté sale. Il y a la face noire du communisme, la face noire de la dictature, mais aussi la face noire du capitalisme.

Ces dictateurs sont coupables, non seulement d'avoir pillé leurs nations, mais aussi d'avoir pourri, pollué en profondeur l'esprit de leurs administrés, à tel point qu'aujourd'hui, les Russes, pour ne citer qu'eux, ne rêvent que combines et corruption tandis que leur pays s'enfonce dans le marasme... Leonid Brejnev, Ferdinand Marcos, Jean-Claude Duvalier, Noriega, Saddam Hussein, Mobutu Sese Seko, tous ces pillards sont du même acabit, membres de plein droit de l'internationale des kleptocrates. Ils mènent (ou ont mené) le même combat, égrènent (ou ont égréné) les mêmes fallacieux arguments, proclament (ou ont proclamé) une même volonté de travailler pour le bien de l'humanité afin de justifier la mise en coupe réglée d'une partie de la planète.

Annexes

1. Valeurs des monnaies

US dollar ($) 1 dollar = 5,5 francs
Canadian dollar (C$) 1 C dollars = 3,97 francs
Franc suisse (FS) 1 FS = 4 francs au début du travail; 3,70 en mars 1993
Franc belge (FB) 1 FB = 0,15 francs
Peso philippin (PP) 1 PP = 0,20 francs
Livre britannique (£) 1 £ = 7, 80 francs
Deutsche Mark (DM) 1 DM = 3,40 francs
Volks Mark, ou Valuta Mark (VM) : dernière valeur connue 1 DM = 4,4 VM.

Rouble : en 1989 le taux « officiel » commercial était de 7 francs pour 1 rouble, soit pratiquement 1 dollar pour 1 rouble; en fait ce taux ne correspondait à aucune réalité économique, le rouble étant alors changé selon une infinité de taux suivant le lieu de transaction. En avril 1993 a été franchie la barre de 800 roubles pour 1 dollar. Mais n'étant toujours pas convertible et en inflation continue, il est quasiment impossible d'exprimer en roubles les valeurs identifiées autour de l'ex-Union soviétique, de la Russie et de toute république appartenant à la communauté des États indépendants. Toutes les valeurs sont donc exprimées en dollars américains.

On assiste à un phénomène identique pour le zaïre, la monnaie zaïroise, qui se déprécie chaque année de 1 000 % ou plus.

D'une façon générale, le dollar américain est retenu comme unité de compte dans la majeure partie de ce livre, la transcription en francs français étant en général dénuée de sens.

Dernière notation : le carat, unité de compte pour apprécier les pierres précieuses. Ce vocable est dérivé du fruit du caroubier, utilisé durant des siècles dans le Golfe et dans la péninsule arabique comme monnaie d'échange avant de devenir unité de compte.

2. Les circuits complexes suivis par l'argent de Duvalier entre l'été 1986 et mai 1988

Les premiers fonds Duvalier identifiés apparaissent en Suisse au milieu de 1986. Ils représentent alors 30,2 millions de dollars. Premier voyage transatlantique : un avocat genevois les convertit en achetant des bons du Trésor canadien pour 41,8 millions de dollars canadiens à la Royal Bank du Canada à Montréal. Retour vers le vieux continent quelques semaines plus tard. Début septembre, suite à une demande, John Matlin confirme que la Hong-Kong & Shanghaï Bank de Jersey (Greenville Street) est susceptible de prendre ces bons « en pension ». Mais le 10 octobre, nouvelle opération : les fonds reprennent le chemin de la Royal Bank of Canada, pour l'agence de Londres cette fois-ci; sans doute les frais à Jersey étaient-ils trop élevés. Cette agence de la RBC paraît avoir également reçu le solde d'un compte BCCI de Cannes. En outre, John Matlin indique dans un courrier que la banque canadienne est utilisée surtout pour les opérations sur titres canadiens.

Début novembre 1986, retour à Jersey, toujours Greenville Street, mais à l'autre bout de la rue, à la Royal Trust Bank. Le gros des fonds quitte définitivement Jersey en janvier 1987 pour revenir une nouvelle fois à Londres, à la Lloyd's Bank, et surtout à la Barclay's Bank qui servira de pivot pendant près d'un an pour les dépenses courantes : de novembre 1986 à mars 1988, ces dépenses représenteront 6,6 millions de dollars, y compris les fameux virements pour Givenchy, Boucheron, etc.

Les comptes Barclay's alimentent également les comptes de la Royal Trust Bank à Jersey, de la Banque Bruxelles Lambert à Bruxelles, et le compte de Ronald Benett à la Banque Franco-Portugaise, avenue de l'Opéra à Paris.

En janvier 1987, une partie des sommes hébergées par la Barclay's est déposée sur le compte n° 4823549 ouvert cette fois à la Banque nationale de Paris, filiale de Jersey : 21 millions de dollars, plus des deutsche marks et des francs suisses déposés à terme pour produire des intérêts conséquents. Mais le 18 février 1988, retour à la case départ sous forme d'un virement d'urgence de 17,3 millions de dollars depuis la BNP Jersey vers le Crédit suisse à Genève, agence du Grand Casino, compte n° 0267418857, au nom des sociétés panaméennes Minola Invest. et Modinest invest. Simultanément ce même compte reçoit 7,4 millions de dollars en deux virements de la Royal Trust à Jersey.

Les gestionnaires vident le compte Crédit suisse en direction de... la Royal Bank of Canada de Montréal : simple transit pour 24,4 millions de dollars, car, presque aussitôt, deux nouveaux virements interviennent en direction cette fois de l'UBS (Union de banques suisses), agence de Montréal (16,7 millions de dollars) et de la Royal Trust Bank, également à Montréal (7,7 millions de dollars), opérations qui font l'objet de plusieurs telex échangés entre John Matlin et le responsable de l'UBS à Montréal... Pour finir : dans les semaines qui suivent, l'UBS/Montréal vire une petite partie de ses fonds (3,7 millions de dollars) vers la Lloyd's Bank de Londres, qui en mai 1988 en reverse une petite partie (1,1 million de dollars) vers la banque AMRO rue du Rhône à Genève. Mais la plus grosse partie du compte est liquidée et déposée après un troisième voyage transatlantique dans une nouvelle banque, Bank International Luxembourg (compte 3-176-0923-550) à Luxembourg, qui reçoit également le solde de la Royal Trust Bank de Montréal.

3. Affaire Marcos

Les chefs d'inculpation retenus contre Imelda Marcos et son entourage immédiat (février 1992, texte établi d'après un document confidentiel du « Sollicitor general » de la République des Philippines).

Ces chefs d'inculpation sont rédigés à la manière américaine, cas par cas, par référence à des textes de lois et à une procédure propres à la République des Philippines qu'il est impossible de développer ici :

1. Sept inculpations criminelles contre Imelda Romualdez Marcos, Tomas L. Manotoc (son beau-frère), Imelda « Imee » Marcos Manotoc (sa sœur), Gregorio Araneta III (beau-frère), Irène Marcos Araneta (sa sœur), et Ferdinand « Bong Bong » Marcos, son fils.
2. Acquisition illégale d'un terrain de 18,4 ha appartenant à Ortigas & Co.
3. Transport illégal hors des Philippines de vingt-deux caisses contenant 27 913 410 000 pesos (5,5 milliards de francs ou 1 milliard de dollars).
4. Bail scandaleusement sous-évalué d'un terrain de 125 607 m^2 (12 ha) appartenant au gouvernement et à la NAPOCOR, terrain qui couvre le « village écologique » et la galerie commerciale Mile Long à Legaspi, un quartier de la ville nouvelle de Makati.
5. Appropriation abusive et/ou conversion de Bons de la ville de New York pour un montant de 25 113 852, 04 dollars (approximativement !).
6. Détournement de fonds publics, falsification de documents et violation de la loi Anti-Graft portant sur 151 645 pesos de fonds secrets systématiquement détournés vers le compte personnel de Mme Imee Marcos Manotoc à la Traders Royal Bank.
7. Acquisition de parts du capital de l'Asia Reliability Co Inc (ARCI), une société privée bénéficiant d'un crédit garanti avec le Philippine Export and foreign loan guarantee (Philguarantee = équivalent de la COFACE française) une société publique à une époque où les dispositions constitutionnelles interdisaient à Ferdinand Marcos et à sa femme de posséder un intérêt quelconque dans l'ARCI, en raison de ses liens avec les finances publiques.

8. Emploi abusif de 34 millions de pesos provenant du « penology fund » pour financer les besoins de la campagne pour les élections de 1984 à l'Assemblée nationale (Chambre des représentants).

9. Détournement de 356 millions de dollars déposés sur des comptes en Suisse.

10. Participation au management de certaines fondations (NDLA : Suisses), intervention dans un crédit de la Banque centrale et vente de billets du Trésor philippin à la banque Hofman, Lombard, Odier et au Crédit suisse (six inculpations criminelles).

11. Infractions à la législation sur le contrôle des changes par ouverture et maintien sans autorisation de la Banque centrale de comptes bancaires à l'étranger (huit inculpations criminelles).

12. Conclusion d'un bail entre la Light Rail Transit Authority (métropolitain de Manille) et la Philippine General Hospital Foundation, une société privée, alors qu'Imelda Marcos avait des fonctions officielles dans les deux organismes, l'un public, l'autre privé, ce qui est rigoureusement interdit par la Constitution.

13. Emploi abusif du fonds de réserve destiné aux planteurs de noix de coco pour l'établissement de la Technology Resource Center Foundation, une société privée comme son nom ne l'indique pas.

14. Investissements en dollars provenant du Trésor philippin (vingt-cinq inculpations criminelles).

Au total, cinquante-six dossiers différents. Ces affaires sont renvoyées devant divers tribunaux : cours régionales de justice de Quezon City, Laoag City et Manille, le tribunal administratif Sandiganbayan (plus spécialement chargé de juger les affaires de corruption), les autres affaires étant renvoyées devant l'Ombudsman, qui joue le rôle d'un juge d'instruction, mais sans pouvoir de jugement.

4. Affaire BCCI

Les différentes étapes dans l'évolution de la part d'Abu Dhabi dans le capital du groupe.

Cette chronologie a été reconstituée grâce aux éléments puisés dans le rapport Kerry.

1972 ICIC 50,1 % sans versement de fonds, parts attribuées à l'état-major pakistanais de la BCC.
Bank of America 30 % (2,5 millions de dollars).
Majid al Fujaïm (Dubaï) 4 %.
Autres, dont Gaith Pharaon 9,9 %.
Cheik Zayed bin Sultan al-Nahyan, émir d'Abu Dhabi, famille du Cheik et ADIA 6 % (500 000 dollars).

1975 Cheik Zayed 2,26 % ; famille 3 %.

1976 Cheik Zayed 0,59 % ; famille 1 %.

1977 Cheik Zayed 0,47 % famille : pas de parts identifiées.

1978 La part de la Bank of America est rachetée par la fondation ICIC, Grand Caïmans.

1980 Cheik Zayed 4,11 % ; famille 8 %.

1981 Retour à la situation de 1977. ADIA : 10 %.
1984 Cheik Zayed 4 %, famille 27 %.
1986 Cheik Zayed inchangé; famille 29 %.
1990 Cheik Zayed 3 % famille et ADIA 74 %.

En cours de route, d'autres porteurs apparaissent et disparaissent au gré des besoins, en particulier Gaith Pharaon et ses amis d'une part, ICIC d'autre part. Agha Hasan Abedi lui-même, et ses proches collaborateurs, ne figurent jamais légalement dans cette répartition.

5. Le système judiciaire américain

Le système judiciaire américain n'est pas directement transposable en France. L'instruction n'est ni secrète, ni confiée à un juge unique spécialisé comme en France. La procédure d'accusation est publique et prend la forme d'un débat contradictoire entre le District Attorney (ou/et ses adjoints) et les avocats de la défense. Durant ces débats, le juge-président unique est seulement un arbitre entre les parties. Une fois les arguments exposés, la décision de culpabilité est prise par un jury, tandis que la peine est définie selon les États soit par le juge présidant le tribunal, soit par un Grand Jury. Ce système rend les audiences très spectaculaires, mais allonge considérablement le temps durant lequel les jurés sont mobilisés, plusieurs semaines, voire plusieurs mois. En conséquence, il est parfois très difficile de recruter les membres du jury.

Le District Attorney est à la fois le procureur chef et le chef de la police judiciaire. Celle-ci est assurée par les « Deputies District Attorney » (DA adjoints), qui dirigent les investigations des agents du FBI au niveau fédéral, ou des brigades criminelles des polices municipales dans les villes, ou encore des sheriffs élus. On observera que les policiers américains sont dénués de tout pouvoir juridictionnel : pour les spécialistes, un APJ 21 d'une police municipale française a beaucoup plus de pouvoir que le plus expérimenté des agents du FBI ou de la DEA; l'essentiel du travail de ces derniers consiste à réunir les preuves matérielles des faits délictueux et à conduire devant les juges – ou les « Grand Jury » dans certains États – les témoins. Cette conduite est un des thèmes centraux des feuilletons policiers américains, puisque, aux USA comme en France, nul ne peut être contraint de témoigner devant la justice.

Une autre particularité aura très certainement frappé le lecteur : depuis longtemps aux États-Unis, des personnes morales peuvent faire l'objet d'inculpations criminelles. Cette disposition a été très récemment introduite dans le droit français lors de la réforme du Code pénal adoptée en 1992.

La procédure RICO (*Racketeer Influenced Corrupt Organisation Act*) est dans son esprit l'équivalent américain du délit « d'association de malfaiteurs » dans le droit français. C'est une procédure bonne à tout faire, utilisée lorsque l'appareil de preuves réuni par le parquet ne présente pas toute la solidité souhaitable : dans une affaire comportant de multiples délits, il suffit que la culpabilité soit reconnue aux deux délits pour que l'ensemble de la cause soit entendue. Ensuite, le montant des amendes, à partir d'une base donnée, est multiplié par le nombre de charges retenues contre la personne poursuivie. Il est à noter que la procédure RICO est également applicable pour les procès civils, ce qui paraît assez étrange. La procédure RICO explique les énormes indemnités constatées dans de nombreux litiges ouverts aux États-Unis.

6. Affaire Noriega

Éléments résumés du jugement de la Cour fédérale de Miami concernant les documents « classés secrets » (classifiés) que Noriega souhaitait voir soumis à l'appréciation du tribunal lors de son procès.

Traduction des éléments essentiels. Une grande partie de ce document est censuré, d'où mention dans le texte.

AFFAIRE NORIEGA
United States District Court
Southern district of Florida
Case N° 88-0079-CR-Hoeveler
United States of America : plaignant contre manuel A. Noriega, prévenu.
CIPA ORDER

Cette affaire est devant la Cour à la demande du prévenu Noriega en rapport avec la découverte et la révélation au procès d'informations classifiées. Selon la section 6(a) du Classified Information Procedures Act (« CIPA »), 18 USC App §§ 1-16 (1982), la Cour a mené une série d'auditions à huis clos pour déterminer quelle fraction des informations classifiées Noriega pouvait révéler pour sa défense dans le procès. La Cour a auditionné les arguments avancés par Noriega en vue de cette découverte, la nature et la critique de ces arguments qui impliquent des informations classifiées.

Dans cette affaire comme dans d'autres, les inculpations et les conséquences qui en sont tirées constituent le cadre pour juger la pertinence et la matérialité des éléments que le prévenu veut faire découvrir et introduire dans le procès [...] Noriega est accusé d'avoir utilisé sa position dans le gouvernement panaméen pour transformer Panama moyennant paiement en une base pour le trafic international de la drogue. [Suit la série des inculpations détaillées...] Pour se défendre, Noriega a déposé des conclusions où il manifeste son intention d'utiliser des pièces concernant des informations classifiées [soit, selon les têtes de chapitres suivantes, seulement mentionnées dans ce résumé du jugement] :

A. Rôle de Noriega comme intermédiaire entre les États-Unis et Fidel Castro (rencontre de juillet 1984).

B. Coopération de Noriega avec les États-Unis concernant la prohibition de la drogue et la répression du trafic de drogue.

C. Censuré.

D. Assistance de Noriega aux USA en général.

E. Actions de désinformation menées par la CIA sur le front de défense méridional (en particulier récit d'une rencontre avec [l'amiral] Poindexter, pour prévenir la consolidation du pouvoir sandiniste au Nicaragua.

F. Contra Pipeline (censuré pour l'essentiel!) Noriega n'est autorisé à présenter que les documents en relation directe avec ses inculpations.

[Liste de 41 documents dont l'intitulé de plusieurs est censuré. Le texte qui suit, concernant des détails de procédure, offre pourtant une bien intéressante confirmation : le gouvernement américain reconnaît que Noriega a bien reçu 160 058, 10 dollars de la CIA et 162 168,31 dollars de l'armée américaine.]

Noriega affirme qu'en fait le montant total des paiments qui lui ont été faits par le gouvernement américain totalise appproximativement 10 millions $. L'origine de ce désaccord est une distinction entre les paiements directs et les fonds opérationnels auxquels avait accès Noriega. Apparemment Noriega prétend avoir détourné des fonds opérationnels pour son usage personnel, souvent avec l'accord implicite de la CIA, suggérant que cette pratique correspondait à des paiement indirects.

[La cour refuse la communication de tous les documents comptables concernant des paiements directs ou indirects.]

[Liste de huit documents émanant de la CIA, de la NSA, des services d'information militaires, du département d'État et de la DEA concernant des vols d'avions de 1981 à 1986 destinés au transport d'armes depuis le Panama vers le Costa Rica, Nicaragua, Honduras, Salvador et Guatemala, transport de drogue depuis ces pays vers Panama et les USA et les opérations connexes.]

[Noriega demande enfin la comparution à titre de témoin d'un certain nombre de personnes, considérées comme ses complices, et qui auraient pu être employées par la CIA; pour une fois la cour accepte d'enjoindre au gouvernement américain d'autoriser la comparution de ces personnes, mais à des conditions restrictives très précises, et à condition que la sécurité des témoins soit strictement assurée.]

[D'une manière générale, la Cour refuse la production de documents parce qu'elle considère que les demandes sont beaucoup trop larges et sans rapport direct avec les inculpations.]

7. Le Comecon

Le Comecon était une organisation économique permettant d'organiser les marchés entre les pays socialistes. En fait, bien que le siège du Comecon ait été installé à Varsovie, l'organisation fonctionnait au seul vrai profit de l'Union soviétique, répartissant les tâches entre les différents pays socialistes. Ainsi l'Union soviétique se réservait les productions industrielles les plus sophistiquées, telles que l'informatique ou l'aéronautique, la Tchécoslovaquie fabriquait les armes courantes pour les exportations vers les pays-frères, la Pologne produisait les navires marchands, la Hongrie les wagons de chemin de fer et de tramway, l'Allemagne de l'Est était surtout spécialisée dans la chimie et la machine-outil, etc. Le gouvernement soviétique avait échafaudé une organisation industrielle internationale censée accroître l'efficacité d'économies trop étroites pour survivre seules. Cette division des tâches ne pouvait être viable qu'en liaison avec de forts liens militaires entre les pays, aucun ne devait pouvoir échapper au système. Le Comecon était aussi une communauté financière, improprement appelée « zone rouble », puisque le rouble, s'il était la monnaie de référence, n'a jamais été une devise convertible. Le Comecon a été dissous en même temps que le Pacte de Varsovie après l'effondrement de l'Union soviétique, en laissant derrière lui des structures industrielles ou très délabrées, ou inutilement surdimensionnées, qui expliquent en grande partie les immenses difficultés économiques des anciens pays satellites et de la CEI.

8. A propos des différents procès qui se sont déroulés en Allemagne après la chute du Mur

Pour comprendre la relative modération des peines encourues par les personnes poursuivies dans ces procès il faut savoir que :

1. En Allemagne comme dans tous les pays démocratiques, la seule loi qui peut s'appliquer est celle en vigueur lors de la commission des faits, il ne peut y avoir rétroactivité de la loi.

2. Dans le cas particulier de l'Allemagne réunifiée, le problème posé par la disparition de l'appareil législatif consécutif à la disparition de la République démocratique allemande à la suite du Traité d'Union a été résolu par une disposition du Traité : la loi applicable est bien celle qui était en vigueur en Allemagne de l'Est lors de la commission des faits, escroquerie, ingérence, corruption, complicité de meurtre, etc. Ainsi les magistrats et les avocats ouest-allemands se sont-ils trouvés en train d'appliquer des lois dont ils ignoraient tout quant aux motifs, quant à l'esprit, quant à la jurisprudence.

Mais pour ce faire, en particulier dans le cas d'Harry Tisch, les avocats ont dû avoir recours à la Cour constitutionnelle pour obtenir une interprétation et une application de cette disposition somme toute exceptionnelle.

Notes

I. *La malédiction haïtienne*

1. Le vocable « tonton macoute » désignait en créole les personnages qui hantaient les campagnes à la recherche des personnes susceptibles d'être transformées en zombi, âmes mortes dans des corps vivants dans la tradition vaudou. Par extension, les Haïtiens ont affublé du nom de Tontons Macoutes les membres de la milice fondée par le Dr François Duvalier dès le début de sa dictature, sous la désignation des « Volontaires du salut national ». Au fil des années, cette milice a fini par devenir une police secrète redoutable, à laquelle ont été prêtées toutes les exactions possibles.

2. Le colonel Jean Paul, patron de la Brigade Dessalines, est mort deux ans plus tard, probablement empoisonné. Il avait été accusé auparavant d'être un des cerveaux du trafic de drogue : inculpé par un tribunal américain, il était l'objet d'une demande d'extradition de la part des USA. Quant à Roger Lafontant, condamné et emprisonné après l'élection du père Jean-Bertrand Aristide, il a été assassiné dans sa prison lors de l'éviction du président Aristide en septembre 1991.

3. D'aucuns ont même affirmé qu'il était atteint d'un lupus; mais comme cette maladie est mortelle à brève échéance et que la rumeur court depuis dix ans...

4. 125 000 personnes à Miami, groupées principalement dans le quartier de Little Haïti, au nord de la ville, et probablement 500 000 dans la région de New York.

5. Robert Badinter a été un très célèbre avocat d'assise, farouche adversaire de la peine de mort, avant de devenir Garde des Sceaux (jusqu'en 1986) puis président du Conseil constitutionnel. Dans les

années soixante-dix, il avait défendu, avec Sauveur Vaisse, Christina Von Opel, l'héritière de la famille Opel, poursuivie pour trafic de drogue. Sauveur Vaisse est par ailleurs membre de la Commission de réforme de la législation sur la faillite.

6. Entretien avec l'auteur, avril 1992.

7. TF1, 1er octobre 1991, 20 h, dans un entretien consacré au départ d'Haïti du président Jean-Bertrand Aristide.

8. A l'époque, la gourde valait 1 franc français.

9. Numéro de compte : 1147 AC.

10. Compte 6351 sur la Banque nationale de Crédit. Référence de la lettre mentionnée : EC/PD/26-8, Secrétairie d'État des Finances et des affaires économiques, 25 août 1983.

11. La source de cette information ne peut naturellement être révélée : entretien avec l'auteur, septembre 1992.

12. Les termes « zafra » (campagne de récolte de la canne à sucre) et « braceros » (les ouvriers employés pour ces campagnes) sont tous deux d'origine cubaine.

13. Le 14 juin 1991, Joaquin Balaguer, le président dominicain, a soudain décidé d'expulser de la République tous les travailleurs haïtiens clandestins : leur nombre avait atteint 500 000, voire 1 million de personnes, sans autre précision possible, soumis à des conditions de travail inhumaines, à juste titre dénoncées par le *Lawyers Commitee for Human Right* : c'était dit-on, pour éviter le renouvellement des critiques que le président Balaguer aurait décidé de vider l'abcès. Mais n'est-ce pas aussi parce que, depuis son élection, le président Jean-Bertrand Aristide refusait d'appliquer les accords financiers antérieurs?

14. L'ensemble de ces pièces est tombé entre les mains de la Justice à la suite de la perquisition surprise menée dans la maison de Mougins le 11 mars 1988 par le juge Renard de Grasse. Mais ce n'est pas le magistrat qui m'a fourni ces pièces.

15. Il s'agit du détournement vers l'Afrique du Sud, au milieu des années quatre-vingts, plusieurs chargements pétroliers sur le contingent spécial d'Haïti par le Venezuela et le Mexique, raffiné à Trinidad.

16. A titre d'exemples :

– Hermès/Galmir, gérée à Genève.

– Enregistrées à Panama : LASA, Modinest et Minoka gérées par le cabinet Boncardo à Jersey.

– Et encore d'autres sociétés « panaméennes » : Leyden corp, correspondante de la City Bank; Dalburry Intern, Aymil Yalor, Oakdal Enterprises.

– Aux Antilles néerlandaises : Jacmel NV (Jacmel est le nom d'une bourgade d'Haïti), Shaïto Inv NY, Lasa Intern NVC *sister company* de la précédente), Oakdal NV, Loubet NT. Cette liste, non exhaustive, a été établie à partir de différentes pièces du dossier.

17. *Le Monde*, 21 mai 1987, « Quand Jean-Claude Duvalier s'ennuie... » par Denis Hautin-Guiraut.

18. Sur cette question, voir au chapitre III les développements consacrés à l'Iran-Contra Gate.

19. Facture n° 900887 du 5 novembre 1987 : 962 100 francs. Réglés en devises étrangères, les achats sont détaxés, c'est pourquoi la facture du 5 novembre est ramenée à 837 027 francs.

20. Lettre personnelle à l'auteur, 17 septembre 1991.

21. Voir Alain Turnier, *Quand la nation demande des comptes*, publié en Haïti. Cité en bibliographie.

22. Voir plus loin, chapitre III.

23. Les principaux opérateurs : Curtiss Mechling, Jed Ringle et Adrien Rameau, un Haïtien. Mechling ne fera pas moins de soixante-dix voyages dans l'île pour conduire son dossier. Jed Redling s'est, pour sa part, rendu à plusieurs reprises à Paris, avant de se retirer du dossier, et même d'abandonner la profession d'avocat, apparemment pour des motifs déontologiques. Quant à Adrien Rameau, il sera nommé ambassadeur extraordinaire, chargé d'enquêter sur la fortune Duvalier, par la « présidente » Trouillot, ce qui lui vaudra d'ailleurs d'être victime d'une agression dont il sortira heureusement indemne.

24. *Miami News*, Anne d'Adesky, novembre 1987.

25. Entretiens avec l'auteur mai 1990, mars et octobre 1992.

26. Recoupement de sources confidentielles.

27. L'exequatur est la décision judiciaire qui permet d'appliquer dans un pays (la France ou la Suisse en l'occurence) une condamnation prononcée dans un autre pays (Haïti dans le cas précis).

28. Entretien avec l'auteur, septembre 1992.

29. Dénommée dans la plupart des autres pays « Demande d'entraide judiciaire internationale ». En France, la CRI (Commission rogatoire internationale) implique automatiquement l'ouverture de poursuites pour le compte du pays demandeur, mais il n'en va pas de même partout ; ainsi, en Suisse, un tribunal doit préalablement se prononcer sur sa validité et sa conformité au droit pénal suisse.

30. Entretien avec l'auteur, octobre 1991.

31. L'affaire du « Carrefour du développement » était alors bien présente dans les esprits. Rappelons qu'un ancien ministre de la Coopération, Christian Nucci, était accusé d'avoir bénéficié du détournement de plusieurs dizaines de millions de francs de l'association. L'affaire s'est achevée par la condamnation de Yves Chalier, le principal protagoniste, en 1992. Nucci a lui bénéficié d'un non-lieu.

32. Alors premier juge au tribunal de grande instance de Grasse, Jean-Paul Renard a été nommé, en août 1992, premier juge et doyen des juges d'instruction au tribunal de Nice.

33. Bertrand Le Gendre, journaliste au *Monde*, a en particulier obtenu une copie du carnet dans les semaines suivantes ; il en tirera les éléments d'une enquête qui sera publiée le 24 avril 1988.

34. Sur le premier : 19,3 millions de dollars, plus 774 219 francs suisses et 921 238 DM, soit un million de dollars supplémentaires ; sur le deuxième compte : 6,7 millions de dollars et l'équivalent de 1 million de dollars en francs suisses et en DM. Au total : 28 millions de dollars.

35. Voir en annexe le détail de ces opérations très complexes et fastidieuses dans leur répétitivité. Mais c'est un authentique cas d'école.

36. Londres, juillet 1988, procédure vivant à geler les biens encore disponibles des Duvalier en Grande-Bretagne. Cité par Mario Posamaï, *La Presse*, Montréal, 22 mars 1990.

II. *Golden Marcos & Ass.*

1. Jeepneys : petits véhicules de transport public décorés avec un goût baroque extraordinaire, qui tirent leur nom d'un dérivé de « jeep » : en effet, à l'origine ils étaient réalisés grâce à une carrosserie spéciale posée sur un chassis de jeep de l'armée US. Aujourd'hui le chassis est celui des 4x4 japonais.
2. Selon un inventaire officiel effectué par la PCGG.
3. Selon cette théorie, les États-Unis devaient armer et défendre contre les communistes chacun des pays d'Asie encadrant le Vietnam et la Chine, la perte d'un seul d'entre eux risquant d'entraîner celle des autres comme dans un jeu de dominos.
4. Ce document a été diffusé dans le monde entier par l'agence de télévision Visnews.
5. Entretien avec l'auteur, Manille, 29 janvier 1992.
6. Pour reconstituer la fortune des Marcos, les sources, publiques ou non, sont trop diverses pour êtres détaillées. Je dois beaucoup à une série d'articles publiée par le *Philippine Daily Inquirer* du 21 mars au 1er avril 1990, qui est manifestement à la source de la plupart des « enquêtes » publiées dans les journaux anglo-saxons.
7. En particulier les Ver et les Florenas.
8. Inventaire établi par les fonctionnaires de la PCGG.
9. Un tableau dont on n'a d'ailleurs pas retrouvé trace.
10. Témoignage devant le tribunal fédéral de South Manhattan, avril 1990, durant le procès intenté à Imelda Marcos.
11. Fondation : c'est la traduction française généralement admise de l'expression allemande *Treuhandanstalt*; littéralement : établissement de fidélité.
12. C'est un état établi les 3 et 4 juillet 1978 par le Crédit suisse; relevé textuel du document « Safekeeping », compte secret n° 491 973, attribué à la fondation Kandy. Ce compte de titres répertorie les bons du Trésor selon leur origine d'émission, la Suisse, la Belgique, le Luxembourg, l'Allemagne fédérale, la Grande-Bretagne et même la France...
13. Lequel a bénéficié, pour mener à bien cette opération, de deux délégations de pouvoir (afidavits) signées par Ferdinand Marcos les 3 et 4 avril 1982.
14. Voir au chapitre IV, l'implication de la BCCI, et au chapitre V, le rôle joué dans cette affaire par le général Noriega.
15. Cette fonction d'ombudsman est une création spécifique de l'ère Aquino.

16. Entretien avec l'auteur, février 1992, Manille. « Because Angenit corporation... there is not much money left anymore in the account because as early as 1986 some people of the PCGG was already withdrawing money from this account. »

17. A soixante kilomètres au sud de Manille, le volcan Taal est le deuxième des Philippines.

18. Manille, février 1992. Après l'élection à la présidence de Fidel Ramos, David Castro a été lui-même remplacé par Magtangool Guingondo. Entretien avec l'auteur.

19. « Bong-Bong » était le nom de guerre du président Marcos; son fils a hérité de ce surnom.

20. Patron du groupe Mani Zamora, qui possède en particulier la Security Bank of Manila : avant la chute de Marcos, cet établissement était dirigé par Rolando Gapud, un des conseiller financiers de Marcos, avant d'être repris par Mani Zamora, dont le frère, Romy Zamora, a été... l'un des ministres de Ferdinand Marcos. Nouvelle illustration de la main-mise des clans sur l'économie philippine.

21. Le témoignage d'origine est rédigé en anglais, dans un style juridico-jargonant impossible à retranscrire tel quel, enregistré le 28 juillet 1986 à 16 h 45 par H.R. Bigler.

22. Le système judiciaire philippin est largement inspiré par le modèle américain, puisque les USA ont occupé le pays pendant près de cinquante ans, jusqu'en 1946. Le *Sollicitor General* est ainsi l'équivalent du General Attorney aux USA qui, rappelons-le, a de vraies fonctions juriditionnelles contrairement à notre ministre de la Justice.

23. Pour des raisons assez obscures, la candidature de Francisco Chavez a été contrecarrée par une contre-candidature d'un homme portant le même patronyme. Ce petit mystère, qui ressemble fort à de la manipulation, est tout à fait typique de la politique intérieure philippine dont la simplicité n'est sûrement pas la principale caractéristique.

24. Interview réalisée à Manille pour le compte de l'auteur par Daniel Chambon.

25. Entretien télévisé avec l'auteur par l'avocat Moritz Leuenberger, janvier 1991.

26. Recours de droit administratif intentés par Imelda Marcos et une société, Aguamina Corporation, enregistrée à Panama (!) contre les arrêts rendus les 26 avril et 30 juin 1989 par la chambre d'accusation du tribunal cantonal de l'État de Fribourg.

27. Successivement délégué à la Justice (auprès d'Henri Nallet), à la Communication et aux Affaires européennes jusqu'en mars 1993. Il a donc abandonné son cabinet à ses principaux collaborateurs, Bernard Dartevelle et Olivier Laude.

28. Texte de la commission rogatoire internationale traduite en français par la justice américaine, telle qu'elle est parvenue au juge Jean-Paul Renard.

29. Entretien télévisé avec l'auteur, 1er mai 1990 à New York.

30. Entretien télévisé avec l'auteur, mai 1990 à Paris.

31. Source : telex inédit du 5 juin 1987 émis par l'ambassade des Philippines à Paris.

32. *Le Monde*, 22 octobre 1988.

33. Ces bijoux ont été mis en vente à Genève au printemps 1993, avec deux autres collections d'objets précieux. En tout, cette vente devrait rapporter au gouvernement philippin 18 millions de dollars en raison de la notoriété de leurs anciens propriétaires.

34. Entretien avec l'auteur, Manille, février 1992.

35. *Newsday*, Manille, 6 août 1991.

36. Voir en annexe le texte de ces chefs d'inculpation, traduction d'un document original qui m'a été communiqué par le *Sollicitor General* à Manille.

37. Entretien avec l'auteur, février 1992.

38. Propos rapporté par Elleen Guerrero, Associated Press, 6 mai 1992.

39. Francisco Chavez n'a d'ailleurs pas pu mener les poursuites contre Imelda à leur terme, car il a démissionné en mars 1992 pour se porter candidat à un siège de sénateur. Ce qui lui a valu d'ailleurs d'être agressé par des partisans de Marcos.

40. *Financial Times*, 18 août 1992.

41. Entretien avec l'auteur, Manille, février 1992.

42. Montants récupérés auprès des personnes suivantes : José Y. Campos (4,06 milliards de pesos, 197 titres de propriété et 27 entreprises) ; Roberto Benedicto (799,69 millions de pesos et 1,45 milliards de pesos de dépôts – banque californienne, dépôts en Suisse, propriétés agricoles, fonds gelés à la Traders Royal Bank : 2,2 milliards de pesos) ; Antonio Floirendo (2,5 milliards de pesos – Penguet Mining corp, fonds Montrasco et installations Montrasco actions Meraldo) ; Adnan Khashoggi (221,67 millions de pesos) ; Raimundo Feliciano : (43,4 millions de pesos) ; Anos Fonacier (224,28 millions de pesos) ; Razon/Alejandro (11,48 millions de pesos ; vente des objets d'argent et tableaux Marcos : 365,82 millions de pesos). Pour le seul territoire américain, les capitaux récupérés représenteraient 50 millions de dollars. Bilan du 6 mars 1986 au 31 décembre 1991 : 13,8 milliards de pesos, soit 514,3 millions de dollars. Parmi les biens récupérés et revendus, la maison d'Antonio Floriendo à Honolulu (1,23 millions de dollars), une maison de Long Island attribuée au même Floriendo (3,1 millions de dollars), et la maison de Beverly Hills, bâtie initialement pour Charlie Chaplin puis rachetée par Khashoggi qui l'a revendue à George Hamilton, un intime d'Imelda Marcos. Dans une décision du 18 décembre 1992, Harold Fong, juge à Honolulu (Hawaï), a définitivement accordé au gouvernement philippin la propriété des bijoux saisis sur les Marcos lors de l'arrivée en février 1986. Ils sont évalués de 2 à 3 millions de dollars.

43. Entretien avec l'auteur, Berne, octobre 1991.

44. Entretien avec l'auteur, Paris, 12 décembre 1992.

45. Entretiens avec l'auteur, Zurich, avril 1990, janvier et octobre 1991.

46. Entretien avec l'auteur, Genève, octobre 1991.
47. Entretien avec l'auteur, Genève, avril 1990.
48. Entretien avec l'auteur, Genève, 18 octobre 1991.
49. Ce qui a été le cas pour le compte dit « Noriega » à l'UBS, ouvert au nom des forces de défense panaméennes. Entretien avec l'auteur, Zurich, octobre 1991, et lettre du 24 septembre 1992.
50. Ces sociétés-fantômes s'abritent derrière des « fiduciaires » en Suisse, des fondations ou Teuhandanstalts au Liechtenstein, des sociétés de droit monégasque à Monaco, sociétés *off-shore* au Panama, dans les îles anglo-normandes, à Man, etc. Caractéristiques communes : les droits à payer au pays-hôte sont très faibles, en contrepartie d'une interdiction absolue d'exercer une activité économique réelle sur le territoire des pays en question. A titre d'exemple, la seule île de Jersey compte plus de 30 000 sociétés inscrites au registre du commerce... pour 70 000 habitants!
51. Voir à ce propos les interventions convergentes des experts du blanchiment de l'argent lors d'un colloque organisé par l'Observatoire géopolitique de la drogue tenu à l'Arche de la Défense, les 10, 11 et 12 décembre 1992.

III. *L'or et le croissant*

1. Entretien avec l'auteur, avril 1992. Très engagé dans les affaires dans le Golfe le témoin ne peut naturellement laisser révéler son identité.
2. En dehors de l'Égypte où le *waqf* est géré par des communautés religieuses, et des biens islamiques de Jérusalem (les deux mosquées de l'Esplanade entre autres), dont la gestion reste confiée au roi Hussein de Jordanie malgré l'annexion de Jérusalem par l'État d'Israël.
3. Lulu désignant la perle dans les contes arabes (*Financial Times,* 4 février 1992).
4. Voir les détails dans *Royal Fortune, Tax, Money and the Monarchy*, Philippe Hall, Bloomsbury, 1992. Il faut se souvenir que la reine d'Angleterre possède la première fortune d'Europe, et la cinquième du monde.
5. Une production qui devrait être portée, selon Ali Ahmed el-Baghli, ministre du Pétrole, à 1,75 million de barils par jour début 1993, et à 2,15 millions à la fin 1993. Cet accroissement provoque de fortes tensions au sein de l'OPEP.
6. Placé sous la tutelle de la KIA (Kuwait Investments Authority, en fait le ministère des Finances de l'émirat), le KIO trouve son équivalent à Abu Dhabi avec la ADIA, Abu Dhabi Investment Authority.
7. *Le Figaro économique*, 30 octobre 1991.
8. Javier de la Rosa était le directeur de la Banca Garriga Noguès, un établissement financier de Barcelone. Parmi les filiales : le groupe immobilier Prima Immobiliare, le troisième promoteur espagnol, fortement implanté à Madrid et Barcelone, la firme EBRO, considérée

comme un des plus grands producteurs de riz à grain long, Hierbas Arroceras et cinq usines sucrières en Andalousie. Torraspapel, un des tout premiers producteurs de papiers espagnols, avec des filiales en Belgique, Intermills et Cellulose des Ardennes.

Le fleuron du groupe, bâti à partir d'éléments épars, devait être ERCROS, un conglomérat dont les activités s'étendent aux produits chimiques, engrais, mines et explosifs, et sa filiale catalane ERKIMIA.

Voir *Cambio 16*, l'hebdomadaire espagnol, 1er février 1993, et la presse économique britannique.

9. Bank for Credit and Commerce International. Voir le chapitre IV, entièrement consacré à ce dossier.

10. *Le Point*, 27 mai 1991.

11. Qui abrite la pierre sur laquelle, selon la légende, le Prophète Mahomet a pris appui avant de s'envoler dans le ciel.

12. En fait, le fonctionnement de cet institut est fortement entravé par les refus de visas opposés par les autorités françaises aux « enseignants » de nationalité non française employés par l'établissement.

13. *La Situation de l'Institut du monde arabe* (principales conclusions portées à ce sujet par la mission d'audit), Philippe Lacarrière et Marie-Christine Lepetit, inspecteurs des finances. Voir aussi *Le Monde*, 23 février 1993.

14. Entretien avec l'auteur, décembre 1991.

15. *Qantara*, numéro d'août/septembre 1992. Hariri est P-DG de la société de construction OGER, principal actionnaire de la Banque de la Méditerranée, qui a fusionné avec la Banque française de l'Orient, filiale d'Indosuez.

16. Sources personnelles et *Time*, 22 juin 1992.

17. Entretiens multiples avec l'auteur, 1991 et 1992.

18. Notamment dans *Le Monde*, 26 septembre 1992.

19. *Wall Street Journal*, Youssef M. Ibrahim, 9 mars 1992.

20. Le président désigné de l'assemblée est cheikh Mohammed bin Ibrahim bin Jubeir, jusqu'alors ministre de la Justice.

21. *Le Monde*, 2 septembre 1992.

22. GIGN : groupement d'intervention de la gendarmerie nationale.

23. *Insight*, 2 décembre 1979. Expulsé des USA, Reza Pahlavi séjournera ensuite quelques semaines au Panama après un passage à Cancun au Mexique, avant d'aller finir ses jours en Égypte, sous la protection d'Anouar el-Sadate dont le meurtre est sans doute lié à cet accueil.

24. Ces mesures ont été mises en place par un policier américain d'origine allemande, Schwarzkopf, le propre père du général Schwarzkopf qui a mené la coalition « alliée » durant la guerre du Golfe en 1990-91.

25. 17 banques et compagnies associées, 25 sociétés de métallurgie, 8 sociétés minières, 10 sociétés de matériaux-construction, 45 sociétés de travaux publics, 43 sociétés alimentaires, 26 sociétés commerciales.

26. *Le Matin,* 9 novembre 1980.

27. Source : ATS (Agence télégraphique suisse), 27 juillet 1980. Précisions quant à ces avoirs : 506 millions de francs suisses, déposés dans des banques en Suisse, plus des engagements fiduciaires pour 926 millions de francs suisses. Une enquête menée par la Banque nationale suisse (Bundesbank) sur les avoirs iraniens déposés fin 1978 dans 25 établissements helvétiques fournit une indication cohérente : les dépôts s'élèvent alors à 1,458 milliard de francs suisses, soit 2 % des avoirs étrangers dans la confédération, sans qu'il soit possible de déterminer la part du clan impérial.

28. *Cf.* Christian Malar et Alain Rodier, *Reza Pahlavi*, Paris, Plon, 1986.

29. Entretien confidentiel avec l'auteur, octobre 1991.

30. Voir chapitre v.

31. *Weltwoche*, hebdomadaire de Zurich, 14 mars 1991. On se souvient que quelques semaines plus tôt, Barzan al Takriti et Edgard Pisani avaient amorcé une tentative de « négociation » pour éviter la guerre ouverte entre l'Irak et les alliés. La conversation avait tourné court.

32. Entretien télévisé avec l'auteur, TF1, 24 mars 1991.

33. Plus précisément, les traites sont escomptées par la banque centrale.

34. Le point de départ de ce scandale est la pratique irakienne de recours quasi systématique au « crédit acheteur » plus ou moins garanti par les États pour financer ses importations massives d'armes. En 1990, l'endettement de l'Irak atteint 100 milliards de dollars (dont 300 millions de dollars à l'égard du voisin jordanien), ce qui n'est d'ailleurs pas énorme compte tenu de ses revenus pétroliers. Mais Bagdad a la fâcheuse habitude de ne rembourser que très irrégulièrement.

Les milliards de dollars de crédit, consentis par la filiale américaine de la banque nationalisée italienne Banca Nazionale di Lavoro, ont servi à financer l'exportation de surplus agricoles américains échangés par la suite dans les pays du bloc soviétique, en Jordanie et en Turquie contre des armements. Deux milliards de dollars sont en outre garantis par la Credit Commodity Corporation, l'Institution qui permet de rembourser les banques lorsque les emprunteurs internationaux sont défaillants : l'opération coûtera finalement aux contribuables américains la bagatelle de 400 millions de dollars, une partie du pactole tombant naturellement dans la poche de Saddam Hussein. Le système avait pris une telle ampleur que l'Irak avait créé, à la banque centrale, une direction spéciale et envisageait même de fonder une banque-paravent.

35. Source privée.

36. Sources : *Newsweek,* 8 juin 1992, *International Herald Tribune*, 17 septembre 1992 *(New York Times)* et 19-20 septembre 1992 *(Washington Post)*, *Financial Times,* 26 septembre 1992.

37. *Newsweek*, 8 avril 1991, et *L'Express*, 28 mars 1991.

38. Témoignage masqué énoncé par un officier de MI5, le contre-espionnage britannique, lors du procès contre les responsables de Matrix devant le tribunal d'Old Bailey, le 30 septembre 1992. *Cf. Financial Times,* 28 novembre 1992. Voir également le fac-similé des documents secrets concernant cette affaire, *Financial Times,* 10 et 12 novembre 1992.

39. Voir *L'Expansion*, 4-7 février 1993. Vincent Nouzille accuse certaines banques françaises de s'être indûment remboursées sur ces fonds gelés d'une partie de leurs créances non honorées.

40. Entretiens confidentiels, mai et septembre 1992.

41. Tous les grands pays exportateurs d'armes ne vendent leur matériel qu'assorti du certificat de *end use*, c'est-à-dire que l'acheteur n'a, en principe, pas le droit de revendre la marchandise à un tiers. Dans la pratique, pour les États qui, comme l'Irak, veulent absolument obtenir des armes sophistiquées, cette procédure est totalement surmontable. (Entretien confidentiel avec l'auteur, printemps 1992.)

42. *Financial Times,* 14 novembre 1992.

43. *Christian Science Monitor,* 27 février 1991.

44. Entretien avec l'auteur, Vienne, août 1991.

IV. *Le maître et le mercenaire*

1. *A Full Service Bank, op. cit.*

2. *The BCCI Affair*, comité sénatorial (US) des relations extérieures, sous-commission enquêtant sur la drogue, le terrorisme et la politique étrangère, John Kerry.

3. Voir le reportage de Régis Faucon, chef du service de politique étrangère de TF1, 10 septembre 1991, 20 h.

4. Source : enquête consacrée au District Attorney Robert Morgenthau dans l'affaire BCCI, *Vanity Fair,* avril 1992.

5. In M. Potts, N. Kochan et R. Whittington, *Dirty Money*, Washington DC, National Press Book, 1992.

6. Et d'ailleurs fermé depuis pour cause de faillite. La BAII avait servi de support bancaire pour une première formule, qui avait échoué.

7. Zafar Iqbal a été désigné par le cheikh Zayed pour remplacer Abedi après son retrait des affaires, et Naqvi après sa « trahison ».

8. *BCC International*, n° 16, décembre 1984.

9. Lord Justice Bingham, *Inquiry into the supervision of the BCCI* Londres, Chambre des Communes, octobre 1992.

10. Témoignage recueilli par l'auteur, septembre 1991.

11. Dérogation au *MacFardenAct*, qui interdit à une banque américaine de développer un réseau inter-États sauf à prouver l'ancienneté de l'installation. C'est un aspect très curieux de la législation bancaire américaine qui, pour des motifs antitrust, a interdit longtemps l'édification de très grandes banques, alors que les innombrables petites banques sont extrêmement fragiles.

L'acquéreur officiel de la FGB est un groupe « d'hommes d'affaires arabes » où se retrouvent tous les principaux actionnaires d'origine de la BCC à commencer par le cheikh Zayed à titre personnel, auprès duquel se pressent le CCAH (Credit & Commerce American Holding), filiale de la BCCI; l'incontournable Gaith Pharaon; les actionnaires fondateurs de la BCC, Kamal Adham, Khalid bin Mahfouz (pour son propre compte, pour le compte de sa famille et pour celui de sa propre banque, la National Commercial Bank); mais aussi cheikh Naomi, émir d'Ajman, et une société possédée par cheikh Hamad bin Mohammed al Charki, émir de Fujeirah (Ajaman et Fujeirah sont tous deux membres de la Fédération des émirats arabes unis); Ghanem al-Mazroui, le gestionnaire des affaires privées du cheikh Zayed bin-sultan; Abdullah Darwish, alors conseiller financier du prince; Mohammed, le fils préféré de cheikh Zayed... On reste en famille et entre amis.

12. « Behind a Scandal », par Thomas Petzinger et Peter Truell, *Wall Street Journal,* 11 mars 1992 (vol CCXIX, n° 49).

13. Découvertes, ces pratiques provoquent la « rupture » entre Akbar et le BCC. Akbar avait été recruté par le groupe BCC en 1981 à la banque d'Oman. Selon la thèse officielle, Syed Ziaudin Ali Akbar est licencié au début de 1986. Il rejoint naturellement les effectifs de sa propre société, au sein de laquelle il constitue un nouveau service, le FAS (Financial Advisory Services), propriété personnelle d'Akbar par l'intermédiaire de la ZASK Trading & Investment Cy : une société de droit panaméen gérée à partir du Liechtenstein! L'opération est rentable : alors qu'il fait perdre de l'argent à la BCC, lui-même gagne de grosses commissions : 4 671 579,86 livres en quelques mois de 1986.

En partant, Akbar aurait pris soin d'emporter des disquettes informatiques dont le contenu décrivait l'organigramme réel et complet de la BCC et un certain nombre d'opérations frauduleuses déjà engagées à cette époque. Le fait est que Syed Ziaudin Ali Akbar continue à entretenir des rapports extrêmement suivis avec la BCC.

14. Suite du témoignage de septembre 1991.

15. Traduction littérale : Banque des escrocs et criminels associés. Cette origine est controversée; William von Raab, ancien directeur des douanes américaines, en attribue la paternité à Robert Gates lorsqu'il était directeur-adjoint de la CIA. Mais on m'a signalé que la plaisanterie avait couru dans les milieux indo-pakistanais de Hong Kong dès 1984...

16. Voir le chapitre suivant. Pour le récit détaillé du mariage, voir *Investigation, passion,* par Jacques Derogy et Jean-Marie Pontaut, Paris, Fayard, 1993; *A Full Service Bank, op. cit.* La presse française a très largement raconté l'affaire.

17. Les douanes américaines ont bénéficié à Paris du soutien très actif de la DNRED, direction nationale des recherches et enquêtes douanières, alors dirigée par Jean Hoguet.

18. Entretien avec l'auteur, 4 septembre 1991.

19. Après bien des difficultés soulevées par les sénateurs et les représentants démocrates, George Bush a pu faire confirmer la nomination de Robert Gates comme patron de la CIA.

20. John Fitzgerald Kennedy Jr opère d'ailleurs aujourd'hui comme assistant du District Attorney Morgenthau.

21. J'utilise le terme de « parquet » bien qu'il ne soit pas parfaitement conforme à la réalité juridique américaine. Voir le développement sur le système judiciaire américain en annexe.

22. Entretien avec l'auteur, décembre 1992.

23. Marie Brenner, *Vanity Fair*, avril 1992.

24. Pour satisfaire leur clientèle musulmane pratiquante, des banques occidentales (la City Bank, Barclay's Bank, l'Union de banques suisses) ont également ouvert des départements respectant les préceptes de la « choura ».

25. Alfred Hartmann est un « président tous terrains » : après avoir assuré la présidence de la banque suisse BCP, filiale de la BCC jusqu'en 1987, selon des sources financières suisses (P. Network), Hartmann a présidé trois autres banques, notamment liées au... groupe Rothschild (Rothschild Bank AG à Zurich, Royal Bank of Scotland, Lavoro Bank à Zurich, Genève, Lugano) tout en étant vice-président de la Bank of New York Intermaritime à Genève, directeur de deux autres banques et trois holdings liés au groupe Rothschild, dont Solvay Suisse, etc. La part de la BCC dans la BCP a été rachetée en 1987 par le groupe turc Curukova.

26. Entretien avec l'auteur, juin 1992.

27. La seule instance tant soit peu représentative dans l'émirat d'Abu Dhabi est une assemblée consultative dont les membres ne sont pas élus mais... désignés par l'émir lui-même.

28. In *Dirty Money, op. cit.*

29. Ce récit a été inspiré par une série d'informations publiées dans la presse britannique. Précisons toutefois que le voyage d'Abedi n'est mentionné ni par le rapport Bingham, ni par le rapport Kerry : il faut dire que le sénateur américain a été plus que mal informé des événements qui se sont déroulés dans l'émirat proprement dit.

30. Cheikh Zayed personnellement : environ 4 %, semble-t-il; cheikh Khalifa, son fils : 35 %. Le reste est racheté par le Trésor koweïti et l'ADIA, qui gère les capitaux et les revenus procurés à l'émirat par quelque 10 milliards de dollars annuels de rentrées. Il semble que Gaith Pharaon ait conservé sa place parmi les actionnaires minoritaires.

31. Rapport Kerry, p. 542 : « Other informations obtained by the Subcomittee from many sources démonstrates that Al Sayegh's testimony on this point [l'intervention d'Agha Hasan Abedi comme conseiller financier personnel du cheikh Zayed] was untrue. »

32. Le bilan de ce désastre a été fait par Price Waterhouse.

33. *Financial Times,* 19 août 1992.

34. TF1, 20 h, 9 septembre 1991.

35. *Wall Street Journal*, 11 mars 1992. J'ai recoupé cette information par trois sources différentes et indépendantes.

36. *Le Monde*, 8 octobre 1991.

37. Le cheikh est, par ailleurs, copropriétaire du crack américain Arazi, acheté 350 000 dollars en 1989 avec Allen Paulson, président de Gulfstream aerospace corp, l'une des plus grandes fortunes américaines.

38. Procureur général des États-Unis, en fait le ministre de la Justice.

39. Les premières informations concernant George W. Bush ont été publiées par le *LosAngeles Times*. Les précisions (démenti compris) à propos du contrat Harken sont extraites de l'ouvrage *False Profits*, de Peter Truell et Larry Gurwin (New York, Houghton Mifflin Cy, 1992). Les informations sur Jef Bush sont extraites de*A Full Service Bank, op. cit.*

V. *Prébendes pour un deuxième couteau : Noriega & Co*

1. A propos de cette procédure, voir en annexe, la définition.

2. Décoration qui lui avait été remise à Paris, au ministère de l'Air, en février 1987, par le général Adam Saulnier (CR); ensuite Noriega avait été reçu en grande pompe à Marseille par le maire Robert Vigouroux – avec lequel Noriega avait noué des liens lors d'un voyage de ce dernier à Panama – et par la Légion étrangère à Aubagne. Lors de l'opération *Just Cause*, un photographe américain, s'apercevant que les *Marines* détruisent systématiquement les archives du dictateur, se précipite au service de presse de la présidence, s'empare de toutes les photos qu'il peut trouver, en particulier de tous les clichés représentant Noriega dans ses fonctions officielles à l'étranger. Il y en a des centaines. J'y ai eu accès et rapporté des USA neuf documents concernant le voyage de Noriega en France : sa réception par le maire de Marseille, non seulement à la mairie mais aussi dans la maison de campagne de Vigouroux.

3. Voir en annexe la description sommaire du système judiciaire américain.

4. Pour l'essentiel, ces détails biographiques sont extraits de l'ouvrage de Frederik Kempe, *L'Affaire Noriega,* Presses de la Renaissance, 1990.

5. Source : J.F. Couvrat et Nicolas Pless, *La Face cachée de l'économie mondiale,* Paris, Hatier, 1989.

6. 130, selon Alain Labrousse, *La Drogue, l'Argent et les Armes*, Paris, Fayard, 1991.

7. Toujours selon Kempe, Luis Carlos Noriega, aurait été, en 1948 et 1949, président du Congrès national des étudiants.

8. Source : *Rolling Stones,* mars 1989. Les témoignages dans ce sens sont si nombreux, si divers quant aux sources qu'il est inutile de les multiplier. Langley est le siège de la CIA en Virginie.

9. D'un prix unitaire de 9 500 dollars, les missiles Tow de première génération concernés par cette transaction pouvaient porter jusqu'à 3 650 mètres une forte charge anti-chars.

10. *New York Times*, Seymour M. Hesrch, dimanche 8 décembre 1991.
11. *End-user.*
12. Commission sénatoriale consacrée à l'affaire des contras, rapport publié en février 1987. *Libération*, 17 juillet 1991.
13. *Time*, 22 juillet 1991.
14. En octobre 1984, le Sénat votera un second amendement Boland, interdisant toute aide autre qu'humanitaire au Nicaragua.
15. Donald Gregg a été, par la suite, nommé ambassadeur en Corée du Sud.
16. La destruction en vol, le 5 octobre 1986, d'un de ces appareils par un missile anti-aérien tiré par les soldats nicaraquayens contribuera à révéler cette opération. Voir *Rolling Stones*, mars 1989.
17. Air America avait été constituée pour assurer les vols spéciaux ou clandestins de la CIA. La compagnie fut dissoute à l'issue de la guerre du Vietnam. Une partie des appareils fut alors rachetée par une compagnie du nom de Skyway, dont le principal animateur était un homme d'affaire texan, James R. Bath, associé à Khalid bin Mahfuz, le banquier saoudien. Cette opération se fit alors que George Bush dirigeait la CIA. Dans ces mêmes années, Bath avait investi des fonds dans une société Arbusto Energy Inc., fondée par George W. Bush, le frère aîné du président... Bath était également en relations d'affaires avec Gaith Pharaon (précisions extraites de l'ouvrage de Truell et Gurwin, *False Profits, op. cit.*).
18. Ce programme d'aide peut suivre trois régimes : Titre I : les dons alimentaires sont considérés comme des prêts renouvelables tous les ans, assortis d'intérêts : certes modestes, ils alourdissent le montant de la dette globale; ce titre I est applicable aux pays du Tiers-monde considérés comme non privilégiés. Le titre II prévoit des dons alimentaires gratuits, mais uniquement aux Organisations non gouvernementales. Le titre III, enfin, prévoit des programmes d'aide alimentaire gratuits d'une durée de cinq ans, réservés aux « pays amis », autrement dits dociles vis-à-vis des politiques menées par les États-Unis. North jouait de cette forme d'aide pour obtenir satisfaction.
19. Sources privées.
20. Vice-ministre de la Justice.
21. Cette citation est tirée de « morceaux choisis » du carnet de bord de George Bush, sélectionnés par ses avocats, et rendus publics en janvier 1993 dans le *Washington Post* (*International Herald Tribune*, 18 janvier 1993).
22. Sunday Times, 4 octobre 1992.
23. Voir ce récit dans l'ouvrage de Guy Gugliotta et Jeff Leen, *Les Rois de la cocaïne*, Paris, Presse de la Cité, 1989.
24. Sur cette question, voir au chapitre VI, l'affaire Ochoa/La Guardia.
25. Gaspard Wittgreen était en fait le cousin de Felicidad Noriega, la femme du général.
26. Entretien avec l'auteur, Miami, mars 1992.

27. Selon la jolie formule de James Ring Franz et Douglas Frantz dans leur livre *A Full Service Bank, op. cit.*

28. Sur la CAPCOM, voit le chapitre précédent. Pour masquer l'origine de cet argent noir, on met en place des procédures assez compliquées nécessitant le recours à une société de courtage londonienne.

29. Témoignage du 30 septembre 1968 devant la sous-commission kerry.

30. Opération *C. Chase*. Voir le chapitre précédent.

31. Cet ordre comportait l'instruction de fermer le compte BCCI-Luxembourg O11 64 505 et de verser le montant (3,038 millions de dollars) sur le compte 75 922 71L ouvert par la Banque nationale de Panama à l'Union des banques suisses à Zurich; fermer le compte BCCI-Luxembourg 01164492 et transférer le montant (11 838 836,19 dollars) vers le compte 135-021-00/400 ouvert toujours au nom de la Banque nationale du Panama, mais à la Deutsche Süd-Amerikanische Bank à Hambourg. Enfin, toujours à partir de la BCCI-Luxembourg en direction de l'UBS à Zurich, fermer le compte 01164481 au profit du 75 922 71L (troisième virement, d'un montant de 8 113 488,75 dollars cette fois).

32. Témoignagne repris par Michel Thoulouze et J.-P. Moscardo dans leur magazine « L'argent de la drogue » diffusé par Canal + en 1988.

33. De nationalité dominicaine, Juan Beauchamp a été plus tard accusé d'avoir participé à un trafic de faux champagne, organisé à partir de Cuba, transitant par la zone franche de Colon et le *Duty-free* de l'aéroport de Saint-Domingue, qui lui appartenait.

34. Le blocage des comptes a été effectué le 17 janvier 1990.

35. Il n'est pas non plus exclu de considérer que ces virements en cascade sont dus aux méthodes de gestion très spéciales de la BCCI; en l'occurrence le compte Noriega a été utilisé pour faire circuler fictivement des fonds, sans bénéfice aucun pour le titulaire.

36. Selon des documents fournis à la sous-commission, le 2 mai 1992.

37. Faut-il vraiment expliciter ce jeu de mots où *Powder* peut aussi se lire *Power*?

38. Cet arrêt avait été rendu après le meurtre au Mexique d'un agent de la DEA. (Drug Enforcment Administration) : le meurtrier soupçonné, Alvarez Machain, sera enlevé au Mexique pour être traduit devant une Cour américaine. Rendu par six voix contre trois, alors que la Cour était présidée par l'ultra-conservateur William Rehnquist, cet arrêt était destiné à tourner les dispositions qui, dans les traités d'extradition, excluent la possibilité pour une nation quelconque d'extrader ses propres nationaux. Il faut se rappeler que l'arrêt a été rendu alors que, ayant obtenu du Conseil de Sécurité le vote d'une motion condamnant la Libye, les USA réclamaient, en vain, au colonel Kadhafi l'extradition de trois agents spéciaux libyens considérés par les Américains comme les auteurs principaux de l'attentat contre le 747 de la Panama à Lockerbie.

39. Dans le cadre du WPP *Witness Protection Program,* pour la protection des témoins très sensibles. Eux-mêmes et leurs familles peuvent bénéficier par exemple d'un changement d'identité complet, parfois des services de la chirurgie esthétique!

40. In *A Full Service Bank, op. cit.*

41. *Miami Herald,* 6 mars 1992.

42. *Miami Herald,* 5 mars 1992.

43. *Washington Post* repris par l'*International Herald Tribune*, 13 avril 1992.

44. Au cours d'une escale à Panama le 11 juin 1992, alors que le président se rendait au Sommet de la terre à Rio de Janeiro, George Bush devra même renoncer à prononcer un discours public en raison des gaz lacrymogènes lancés par la police pour disperser des manifestants hostiles. Les autorités panaméennes accuseront les anciens fidèles du général Noriega d'avoir fomenté ces troubles. Mais il apparaît plus probable que ce sont au contraire les fractions les plus à gauche de la population qui s'en sont pris au président américain.

VI. *Les kleptocrates africains*

1. *Le Soir* de Bruxelles, 3 et 4 octobre 1991.

2. Auquel a succédé Alpha Oumar Konaré, élu démocratiquement en avril 1992.

3. Entretien avec l'auteur, novembre 1991.

4. Entretien avec l'auteur, Genève, novembre 1991.

5. Heman Cohen s'est révélé si efficace, grâce à sa remarquable connaissance des dossiers qu'après son accession à la présidence des États-Unis en janvier 1993, Bill Clinton l'a conservé auprès de lui, dans le même poste!

6. *La Lettre du Continent*, n° 169, 30 juillet 1992.

7. *Le Canard enchaîné*, 20 juin 1990.

8. *La Lettre du Continent*, n° 179, 14 janvier 1995.

9. Cet échange doit être obligatoirement accepté par la Banque de France en vertu des conventions régissant la « zone franc » qui prévoient en particulier la totale convertibilité du franc CFA.

10. Voir au chapitre VII, le récit de l'évolution de la République congolaise sous l'influence soviétique.

11. Pour l'essentiel : source personnelle et confidentielle et, pour certains détails, Stephen Smith et Antoine Glaser, *Ces Messieurs Afrique*, Paris, Calmann-Lévy, 1992. D'autres sources indiquent que le montant du prêt n'aurait été que de 45 millions de dollars et que seulement les deux tiers des sommes auraient disparu.

12. Entretien avec Régis Faucon, TF1, 19 mars 1990.

13. *L'Événement du Jeudi*, 12 avril 1990, repris par le *Quid* 1991.

14. Entretien avec Régis Faucon, TF1, 19 mars 1990.

15. Comme tout système fondé sur une autorisation délivrée par des fonctionnaires détenteurs d'un pouvoir économique.

16. Entretien confidentiel avec l'auteur, septembre 1992.

17. Entretien avec l'auteur, septembre 1992.

18. Sucden a été constitué en 1962, probablement à l'initiative du gouvernement français, peut-être du général de Gaulle lui-même, comme outil pour commercer avec Cuba ; en fait, pour rompre le blocus économique imposé par les Américains à Cuba en lui achetant une partie non négligeable de sa production de canne à sucre revenue sur le marché mondial. Voir le récit détaillé (et remarquable) de cette affaire dans J.L. Gombeaud, Corinne Moutout et Stephen Smith, *La Guerre du Cacao*, Paris, Calmann-Lévy, et le portrait que fait Serge Varsano dans *Ces Messieurs Afrique, op. cit.*

19. *L'Événement du Jeudi*, 1er août 1991. 600 millions de francs fin 1989 pour combler les trous budgétaires, 700 millions en mai et juin 1990, 263 millions en octobre, 150 millions en décembre : 1,812 milliard en un an uniquement pour boucler les fins de mois. La Côte-d'Ivoire devient, bon gré mal gré, le principal « bénéficiaire » de l'aide économique française : en 1991, la Caisse centrale de coopération économique a dû encore injecter 1,2 milliard de francs de prêts pour « l'ajustement structurel » (comblement des trous du budget).

20. PDCI/RDA : Parti démocratique de la Côte-d'Ivoire/Rassemblement démocratique africain.

21. Tel est le texte que *Le Figaro* du 5 mai 1983 a reproduit sous la signature de François Hautier. La citation a été souvent reprise, mais sortie de son contexte de colère.

22. *Le Figaro Magazine*, 5 juillet 1986.

23. *Lettre du Continent*, n° 171, 17 septembre 1992.

24. *La Tribune de l'Expansion*, 12 novembre 1991.

25. Consentie à la société SAUR du groupe Bouygues.

26. Entretien avec l'auteur, avril 1992.

27. Entretien avec l'auteur, septembre 1992.

28. Banque française, Elf et le groupe Bouygues.

29. Source : *Commission des biens mal acquis*, rapport d'enquête, septembre 1992.

30. RTL, septembre 1991. Réputé pour son franc-parler, Bernard Kouchner, fondateur de Médecins sans frontières, a été le ministre de la Solidarité du gouvernement dirigé par Pierre Bérégovoy.

Références des comptes : Banque Bruxelles-Lambert (groupe Indosuez) : 301-0096753-28 ; Paribas Paris : 001000045994B ; Paribas Genève : 35202 T ; Deutsche Bank, Francfort : 100959-6024 ; Midland Bank, Londres : 1647/30.

31. Dungia a fait défection en mai 1991. A été en poste notamment aux ambassades du Zaïre au Vatican, en France et en Belgique.

32. *L'Instant*, Bruxelles, 3 octobre 1991.

33. Équivalent belge de la COFACE française et des organismes équivalents aux États-Unis, en Italie et en Allemagne.

34. Colette Braekman, *Le Dinosaure*, Paris, Fayard, 1991. Cette biographie très critique raconte dans le détail la vie de Mobutu, qui ne semble pas avoir apprécié. Colette Braekman s'est vu interdire l'entrée du Zaïre le 29 novembre 1992.

35. *Les complots de la CIA*, ouvrage collectif, Paris, Stock, 1976.
36. Entretien avec l'auteur, New York, mars 1992. Mon interlocuteur a expressément requis l'anonymat.
37. Installé à genève, Nessim Gaon intervient dans le cadre de la société APROFIM. Sous l'enseigne Noga-Hilton, il est à la tête d'une chaîne qui comprend au moins quatre grands établissements : Nairobi, Lagos, Genève et Cannes. Nessim Gaon est, par ailleurs, le président de la Fédération mondiale sépharade.
38. Le barrage d'Inga a été construit pour alimenter en électricité les mines du Shaba (Katanga) à plus de 2 000 km; une ligne à haute tension géante a été réalisée pour atteindre cet objectif : elle est aujourd'hui pratiquement détruite en raison de la « canibalisation » des pylônes et des câbles.
39. Une partie de ces informations ont été publiées en leur temps par le *Christian Science Monitor* et par le *Washington Post*, et sont élargies dans un livre sur Mobutu à paraître aux États-Unis.
40. Entretien avec l'auteur, mars 1992.
41. Le document en fac-similé a été publié par le journal zaïrois *Umoja*, 22 et 23 novembre 1991. La liste des dépenses a également été publiée par *Umoja*, 13 et 14 décembre 1991. Ces documents m'ont été communiqués par une source privée.
42. Imprimés en Grande-Bretagne par la société Harrison, une filiale du groupe Lonrho, 14,5 tonnes de ces billets ont été saisis à Ostende en février 1993, et retournés à leur expéditeur. Auparavant, le Zaïre recourait à des imprimeurs allemands.
43. *L'Instant*, jeudi 18 février 1993.

VII. *Les avides et les cupides : l'or des rouges*

1. Entretiens avec l'auteur, d'octobre 1989 au 15 juillet 1991.
2. Magazine « Reporters », diffusé sur la Cinq (chaîne de télévision qui a cessé d'émettre début 1992), 30 juin 1991.
3. Situé avenue Matignon, en face du palais de l'Élysée, l'hôtel Marigny est la résidence des chefs d'État étrangers en visite officielle en France, lorsque, pour des raisons de sécurité, ils ne logent pas dans leur propre ambassade.
4. Levu Tokyu, Rod Stamler, Heinz Gunther Husch, Sarkis Foleneris, « In Evil's fortune », enquête télévisée réalisée par Linden McIntyre et Mario Posamaï, diffusée par la chaîne canadienne CBS/5 à l'automne 1992.
5. *Washington Post*, 6 mai 1990.
6. *Courrier international*, n° 98, 17.09.92, reproduisant une enquête du *Guardian* britannique.
7. Voir en annexe la note détaillée sur le Comecon.
8. Toujours en fabrication à l'heure actuelle d'ailleurs. Quelques « Dacia » ont même été réexportées vers la France.
9. Pour survivre, l'ex-roi est devenu représentant de commerce, à

un niveau élevé à dire vrai, de sociétés aéronautiques puis du fabricant américain de réfrigérateurs Kelvinator.

10. Valentin, l'autre fils Ceausescu, et Zoia, la fille, persécutés par leur mère parce qu'ils se moquaient de l'avenir du clan, n'ont pas fait l'objet de poursuites.

11. Témoignage recueilli par *Le Journal de Genève*, 1er novembre 1991.

12. Voir à ce propos une très remarquable enquête de *Newsweek*, 26 octobre 1992.

13. Originaire d'une famille juive d'Anvers en Belgique, Marc Rich est devenu l'un des principaux partenaires du *trader* Philbro aux USA, avant de s'en séparer brutalement pour s'exiler en Suisse, à Zug ; il y a fondé sa propre compagnie de commerce international spécialisée dans les *commodities,* métaux non ferreux, pétrole brut sur le marché libre. Son chiffre d'affaires atteint 30 milliards de dollars par an. Poursuivi pour fraude fiscale par les autorités américaines, il a dû consentir, pour sa société, le paiement d'une amende de 500 millions de dollars, et, pour échapper à de nouvelles poursuites, prendre la nationalité... espagnole. En fait, il ne sort qu'exceptionnellement de Suisse pour éviter une arrestation inopportune car les mandats d'arrêts internationaux lancés contre lui sont toujours en vigueur. Aujourd'hui à la retraite, il n'a conservé que 15 % des actions.

14. Landesgericht Berlin.

15. Valuta marks, désignation habituelle en Allemagne de l'Ouest de la monnaie qui avait cours à l'Est. En principe, le VM valait 1 deutsche mark. Ce taux de change était en réalité fallacieux, puisque le VM n'était pas convertible. On admet en général que 1 deutsche mark valait 4,4 VM.

16. Entretien avec l'auteur, Berlin, août 1991. Voir en annexe la note sur l'application du droit pénal par les Allemands de l'Est aux Allemands de l'Est.

17. *Süddeutsche Zeitung*, 26 février 1992.

18. Le mot *Treuhandanstalt* est intraduisible en français. Son meilleur équivalent serait « fondation de confiance » : le concept est utilisé dans ce sens par les *Trustees* helvétiques, plus particulièrement du Liechtenstein, pour désigner les sociétés-écrans dites fiduciaires. En Allemagne, et d'abord à la Treuhandanstalt, on désigne en français l'institution par sa vocation principale qui est d'être l'Office de privatisation. En principe l'agence devrait être dissoute au cours de l'année 1994.

19. Branche allemande de l'Internationale terroriste d'extrême gauche, dont on sait aujourd'hui qu'elle fut en grande partie manipulée par la STASI. Pour l'essentiel, les informations sur la Treuhandanstalt et son action sont tirées d'entretiens entre l'auteur et les responsables de l'Office, Berlin, août 1991.

20. Voir la très belle enquête de Jean-Paul Picaper, *Le Figaro*, supplément économique, 3 mars 1993, l'une des plus complètes publiées sur la question en France.

21. Extrait du rapport de la commission d'enquête, Deutscher Bundestag, 12e session, Drucksache 12 622, 27 mars 1991.

22. N'ayant pas souhaité se représenter au poste de secrétaire général du PDS, Gregor Gysi a été remplacé le 30 janvier 1993, lors du congrès 1993 du parti, par un cinéaste au communisme « évolué », Lothar Bisky.

23. *L'Humanité*, 1er juillet 1991 (Yves Moreau). *L'Humanité Dimanche*, 12 janvier 1991. Les interdits professionnels (*Berufsverbot*) revenaient à exclure de l'administration ouest-allemande toute personne suspecte d'appartenir soit à un mouvement terroriste soit à une organisation plus ou moins proche du Parti communiste et de la RDA.

24. Cité par *Le Monde*, octobre 1992. La somme exacte était 2 105 781 064,92 deutsche marks.

25. Aujourd'hui décédé, Franz-Joseph Strauss était à la fois ministre-président de Bavière, un temps ministre de la Défense de la RFA, et le principal animateur du CSU, parti démocrate-chrétien bavarois, allié du CDU fédéral, mais situé nettement à sa droite. Strauss se caractérisait à la fois par son anticommunisme virulent et son nationalisme intransigeant.

26. Par application des règles du Cocom, organisme dépendant de l'Alliance Atlantique chargé d'établir la liste de matériels sensibles interdits d'exportation en direction des pays communistes; cette liste a souvent été manipulée par les USA au bénéfice de leurs propres intérêts commerciaux, et au détriment des intérêts de leurs alliés.

27. Dans le Tessin, deux autres sociétés du groupe : Befisa SA à Montagnola et Rexim SA à Morcote, apparemment sans activité notoire.

28. Bundeskriminalamt, Office de police criminelle, dont le siège est à Wiesbaden, qui est plus un Interpol fédéral allemand – c'est-à-dire un service de documentation – qu'un service de police judiciaire à la française.

29. Depuis cette époque, *Quick* a cessé sa parution.

30. *Bild Zeitung*, 29 janvier 1990.

31. Note rédigée par Konrad Pozner, AZ 909-0168/90 VS-NJD, citée par *Der Spiegel* 19/1991, 6 mai 1991. L'affaire n'a d'ailleurs pas été des meilleures pour la BfG qui a dû entièrement restructurer la DHB pour la rendre rentable.

32. Quelques jours avant sa disparition, l'avocat avait été en butte à de graves accusations lancées par d'anciens dissidents de la RDA : alors qu'il était juge en RDA, Wetzenstein-Ollenschlaeger aurait condamné très sévèrement des opposants politiques sur la seule base de leurs opinions, parmi lesquels Vera Wollenberger, aujourd'hui député au Parlement allemand. Une femme l'avait même agressé le jour de l'ouverture du procès de Mielke, traduit en justice pour le meurtre de deux policiers commis en ... 1931.

33. L'échec du putsch a provoqué une épidémie de suicides chez les vieux communistes : Boris Pougo, responsable du ministère de

l'Intérieur, le maréchal Akhromeev, Dmitri Lissovolik, un des responsables du département international (qui s'est également jeté par la fenêtre le 17 octobre 91), Sergueï Klimov, apparatchik de Volgograd retrouvé pendu le 18 octobre.

34. Citée par l'hebdomadaire économique russe néo-libéral, *Commersant*.

35. *Financial Times*, 11 septembre 1991.

36. *International Herald Tribune (New York Times)*, 11 février 1992.

37. Confidences recueillies par l'auteur, automne 1992.

38. Précisons que le régime fiscal, toujours en vigueur, ne contribue par à arranger la situation : les devises détenues par les entreprises russes exportant des marchandises doivent être obligatoirement déposées à la Banque centrale; elles sont taxées à 40 % de la valeur du rouble calculée au printemps 1992 sur la base de 45 rouble/dollars. Selon Egor Gaïdar, 6 milliards de dollars provenant d'exportations de pétrole, gaz, or, diamants et armes, n'auraient jamais été rapatriés (Reuter, service anglais, 1er mars 1992).

39. *Le Monde du Renseignement*, 25 septembre 1991. L'information a également été publiée en Russie, mais de façon beaucoup plus sommaire. Étaient au courant plusieurs responsables du KKE, en particulier Charilaos Florakis (ex-secrétaire général), Nikos Kaloudis (ex-trésorier), et Dimitris Mavromatis.

40. *L'Événement du Jeudi*, 9 janvier 1992.

41. *New York Times*, 3 mars 1992.

42. Ces coopératives n'étaient pas en principe de véritables entreprises privées, puisqu'elles ne pouvaient avoir d'autres actionnaires que leur personnel. En fait, faute de cadre législatif, les coopératives ont très vite adopté les techniques du capitalisme le plus sauvage, le plus échevelé comme on ne le pratique plus en Occident depuis plus d'un siècle. Au point que les coopérateurs ont très vite été assimilés à des... gangsters.

43. Sources : enquête de l'auteur à partir de trois longs articles publiés dans la *Literraturnaïa Gazeta*, 21, 22 et 27 octobre 1992, un complément m'ayant été apporté par une enquête de *L'Événement du Jeudi*, 31 octobre 1991.

44. Témoignage confidentiel, Berne, octobre 1991.

45. Entretiens avec l'auteur, New York, mars 1992; Paris, octobre 1992.

46. Procès ouvert à Moscou en juin 1992.

47. Dans de telles circonstances, un crédit acheteur doit recevoir l'autorisation préalable de la DRE (Direction économique extérieure), laquelle conditionne la garantie de la COFACE, l'organisme d'assurance financière, indispensable pour obtenir le montage financier auprès des banques.

48. Témoignage confidentiel, avril et mai 1992.

49. Dans *Le Monde* du 7 novembre 1991, Eric Fotorino a fait un remarquable récit de cette opération au cours de laquelle Serge Var-

sano, le patron de Sucden, semble s'être largement rattrapé de sa déconfiture ivoirienne.

50. Victor Dementsev est alors président de la Gosbank, Anatoly Dobrynine, ancien ambassadeur à Washington, est directeur du Département international du PCUS ; il aura pour successeur Valentin Faline.

51. *Le Journal de Genève*, 1er novembre 1991.

52. Source pour les détails : Roger Faligot et Rémi Kauffer, *Eminences grises*, Paris, Fayard, 1992.

53. France 2, février 1992 ; *Ogoniok*, mars 1992 ; *Le Monde*, 7 mars 1992.

54. TF1, 7 juillet 1992.

Bibliographie

1. Agences de presse et lettres d'information confidentielles

AFP quotidienne et système Agora (Reuter/AP/Agence télégraphique suisse).
La Lettre du Continent, La Lettre du renseignement, Paris.
BRRI, Fribourg (Suisse).

2. Quotidiens

Le Monde, Libération, Le Quotidien de Paris, Le Figaro, L'Humanité, La Truffe.
GB : *Financial Times, Times, The Guardian, The Independant.*
USA : *International Herald Tribune, New York Times, Miami Herald, Wall Street Journal.*
Allemagne : *Berliner Morgenpost, Süddeutsche Zeitung, Tagespiegel.*
Belgique : *Le Soir* (Bruxelles).
Suisse : *Le Nouveau quotidien, Le Journal de Genève, La Tribune de Genève, La Suisse, Le Matin.*
Philippines : *Daily News, Daily globe, Malaya, The Daily Philippines Inquirer, Manila Chronicle, Manila Bulletin.*

3. Hebdomadaires

France : *Humanité Dimanche, L'Express, Le Point, L'Événement du Jeudi, Le Canard enchaîné.*
USA/GB : *Time, Newsweek, The Sunday Times, The Observer.*
Allemagne : *Quick, Der Spiegel, Stern.*
Russie : *Rossia, La Gazette littéraire.*
Suisse : *L'Hebdo, Die Weltwoche* (Zurich).
Belgique : *L'Instant.*
Haïti : *Haïti observateur* (New York, Miami, Montréal – En France diffusé par Hamattan), *Haïti en marche* (Miami).

4. Mensuels

France : *Le Monde diplomatique, Rolling Stones, L'Éventail.*
USA : *Vanity Fair*, April 92.
Pakistan : *Newsline*, July 91, « The crash of 91 ».

5. Ouvrages

Chapitre premier
TURNIER Alain, *Quand la nation demande des comptes*, Port-au-Prince, 1989. Un document introuvable. Une analyse d'une rare qualité.
DANROC Gilles, *La Chute de la maison Duvalier* (analyse de tracts, 28 novembre 1985/7 février 1986) Paris, éditions Karthala, 1992. Pour les militants.
ARISTIDE Jean-Bertrand et WARGNY Christophe, *Tout homme est un homme*, Le Seuil, 1992. Auto-hagiographie.

Chapitre II
McDouglas Charles, *The Marcos File*, San Francisco Publishers, 1987. Reprint in Manila (en anglais).

Chapitre III
BALTA Paul, *Islam, civilisation et société*, Monaco, éditions du Rocher, 1989.
LE GAC Daniel, *La Syrie du général Assad*, Complexe, 1992.
ANGELI Claude et MESNIER Stéphanie, *Notre allié Saddam*, Paris, Olivier Orban, 1992.
TIMMERMAN Kenneth, *Le Lobby de la mort, ou comment l'Occident a armé l'Irak*, Paris, Calmann-Lévy, 1991.
LOWTHER William, *Arms and the Man : Dr Gerald Bull, Iraq and the Supergun*, Presidio Press, 1991 (en anglais). La tragique histoire du génial concepteur d'armes canadien.

Chapitre IV

Behind the close Doors, ouvrage collectif, publié par le *Financial Times*, 1991 (en anglais). Couronné en Grande-Bretagne, prix du reportage 1991.

Sous-Commission sénatoriale US Kerry : rapport sur la BCCI rapport parlementaire, sous la direction du sénateur John KERRY, octobre 1992, 786 pages, Sénat des États-Unis (en anglais, inédit en France). « Le rapport » sur l'affaire BCCI issu de quatre ans de travaux, 18 séances d'audition ouvertes, une à huis-clos, des centaines de documents.

BINGHAM, Honourable Lord Justice, *Inquiry into the Supervision of the BCCI, The House of Commons*, octobre 1992, 217 pages, index détaillé. Version négociée du rapport initial.

TRUEL Peter et GURWIN Larry, *False Profits*, Boston & New York, Houghton Mifflin company, 1992. Le livre de référence sur la BCCI.

RING ADAMS James et FRANTZ Douglas, *A Full service Bank (BCCI), Pockets books, NY, 1992 (en anglais).* La première et la plus définitive des enquêtes sur la BCCI; privilégie naturellement l'aspect américain.

POTTS Mark, KOCHAN Nicholas et WHITTINGTON Robert, *BCCI, Dirty money*, Washington DC, National Press Book, 1992 (en anglais). Présenté de façon plus prétentieuse que le précédent, mais beaucoup moins complet. Un seul aspect vraiment original : la tentative d'installation sur le marché iranien.

KOCHAN Nicholas et WHITTINGTON Robert, *Bankrupt*, Londres, Victor Gollancz, 1992 (en anglais). Base de travail pour le précédent.

DEROGY Jacques et PONTAUT Jean-Marie, *Investigation, passion*, Paris, Fayard, 1993. Chapitre 29 : noces « stupéfiantes » en Floride.

SFEIR Antoine, *L'Argent des Arabes*, « Reportages », Paris, éditions Hermé, mai 1992 (en français). Une spectroscopie précise des investissements arabes en Occident par un expert libano-français.

Chapitre V

KEMPE Frédéric, *L'Affaire Noriega*, Paris, Presses de la Renaissance, 1990 (traduction de l'anglais). Une enquête exceptionnellement sérieuse et pointilliste au point d'être parfois ennuyeuse.

Chapitre VI

PÉAN Pierre, *L'Argent noir*, Paris, Fayard, 1988. Un authentique « Guide de la corruption » dans les États en voie de développement.

GOMBEAUD J.L. et SMITH Stephen, *La Guerre du Cacao*, Paris, Calman-Lévy, 1990. Une grande enquête économique qui a le mérite de se lire comme un roman policier.

SMITH Stephen et GLASER Antoine, *Ces Messieurs Afrique*, Paris, Calmann-Lévy, 1992. Une inquiétante galerie de portraits, les initiés apprécient le travail à sa juste mesure.

Fiscalité et ajustement structurel en Afrique francophone, rapport de synthèse d'une mission dirigée par Jean THIL, Inspecteur général des Finances, avril 1991 (inédit).

FOTORINO Éric, *La Piste blanche*, Paris, Balland, 1991. Inquiétant.

Les Complots de la CIA (collectif), Paris, Stock, 1976. Dans le style des premiers ouvrages d'investigation, c'est-à-dire un peu ennuyeux à force de ne pas être écrit, c'est un document irremplaçable... et oublié.

BRAEKMAN Colette, *Le Dinosaure*, Paris, Fayard, 1992. La saga grandguignolesque du Président-Léopard. Exceptionnel.

REMILLEUX J.L., *Mobutu*, Paris, Albin Michel. Un panégyrique.

DUNGIA Emmanuel, *Mobutu et l'argent du Zaïre*, Paris, L'Harmattan, février 1992. Un règlement de comptes minutieux.

Chapitre VII

BEHR Edward, *Baise la main que tu n'oses mordre*, Paris, Robert Laffont, 1991. Le récit de la malédiction Ceausescu.

VILLEMAREST Pierre de, *Le Coup d'État de Markus Wolf*, Paris, Stock, 1991.

Die Schalck Papiere (ouvrage collectif), Vienne, 1991 (en allemand). Tout y est, mais c'est parfois difficilement abordable, et excessivement insultant.

JACQUARD Roland, *La Fin de l'Empire rouge* (Chapitre X : l'or de Moscou), Paris, Robert Laffont, 1992.

MAURIÈS René, *Jean-Baptiste Doumeng*, préface de Mikhaïl Gorbatchev, Paris, éditions Milan, 1992. Une hagiographie édifiante sans grand rapport avec la réalité telle que je l'ai découverte.

VAKSBERG Arkady, *The Soviet Mafia*, New York, St Martin's press, 1992 (en anglais, traduction du russe). Le récit effrayant de la corruption à la manière brejnévienne.

FALIGOT Roger et KAUFFER Rémi, *Éminences grises*, Paris, Fayard, 1992. En particulier le chapitre sur Gaston Plissonnier.

ROSENZWEIG Luc et LE FORESTIER Luc, *L'Empire des mouchards*, Paris, Bertoin, 1992. Deux experts de l'Allemagne, tous deux journalistes, l'un au *Monde*, l'autre à l'AFP, ont exploré les archives de la STASI ! Effarant et triste voyage.

Généralités

LABROUSSE Alain, *La Drogue, l'Argent et les Armes*, Paris, Fayard, 1991.

GUGLIOTTA Guy et LEEN Jeff, *Les Rois de la cocaïne*, Paris, Presses de la Cité, 1989.

ZIEGLER Jean, *La Suisse lave plus blanc*, Paris, Le Seuil, 1990.

AUCHELIN Pascal et GARBELY Franck, *Contre-Enquête*, Lausanne, Favre, 1990.

COUVRAT Jean-François et PLESS Nicolas, *La Face cachée de l'économie mondiale*, Hatier, 1989.

HALL Phillip, *Royal Fortune : Tax, Money & the Monarchy*, Londres, Blommsbury, 1992 (en anglais). Drôle, sérieux, à lire à tout prix.

SARTRE Jean-Paul, *Les Jeux sont faits* (projet pour un scénario), Paris, éditions Nagel, 1947. Prophétique, et toujours disponiblechez l'éditeur, ce « scénario » raconte l'hitoire d'un idéaliste devenu dictateur et kleptocrate malgré lui, parce que telle est la logique du pouvoir.

Remerciements

Les traductions allemandes ont été assurées par Marina Madelin

Je dois remercier à Paris : Laurent Bazin et Pierre Abramovici (TF1) pour leurs documents, Henri Chambon, émission « Reportages » (TF1); Antoine Glaser et les Publications Indigo; Hani Hammoud. Je veux exprimer une gratitude particulière pour les recherches effectuées par Remy M. et aussi pour les documentalistes de TF1. A Paris encore, j'ai reçu les conseils toujours judicieux du commissaire divisionnaire René Wack, l'un des plus éminents spécialistes de l'argent sale. A Cannes, Olivier Giry, avocat et président de l'association « Super-Cannes » m'a fait l'état des lieux. A Vienne (Autriche), Michel et Ysolde Culin m'ont ouvert bien des portes. A Berlin et à Londres, les bureaux de TF1 m'ont apporté une forte assistance, tout comme les rédactions de *L'Hebdo* à Lausanne, et de *L'Instant* à Bruxelles; Roger de Diesbach et son agence BRRI à Fribourg (Suisse), Ferucio Petraco et Wladimir Krasnosselsky à Genève m'ont amicalement orienté. A Bruxelles, j'ai largement bénéficié de l'aide de Mme M'Poyo-Kasavubu et de colette Braekman. A Manille, il m'eut été impossible de réaliser un travail sérieux sans les contributions de Daniel Chambon (journaliste franco-australien), Marianne de Gouvea

(Ambassade de France), Armando « Buddy » Malay, professeur d'université, qui m'a amicalement initié aux méandres de la politique philippine, Ellen T. Tordesillas, journaliste au quotidien *Malaya.* A New York, m'ont été d'une aide irremplaçable les conseils avisés de Bruce Dollar, la formidable hospitalité de Frederic Dannen, les informations d'Anne d'Adesky et l'amitié de Mamadou Niang, les éclairages sur la société politique américaine de Stephen Weissman, de la fondation Ford. A Miami, j'ai reçu une aide efficace de Matt Kenny et de Larry Rohter, directeur du bureau local du *New York Times.* Bien sûr, de nombreuses autres personnes m'ayant fourni un soutien souvent décisif ne peuvent être citées sans mettre en péril leur sécurité ou leur position professionnelle.

Et surtout, je n'aurais garde d'oublier le bistouri, le marteau et la scie sauteuse du Dr Philippe Loty.

Les traductions anglaises sont de l'auteur.

De propos délibéré, je n'ai généralement pas traduit en francs français les différentes devises : les dollars américains parce qu'il s'agit de l'unité de compte universelle, et les autres monnaies pour éviter les problèmes posés par la fluctuation des cours. Voir en annexe les cours adoptés.

Table des matières

Impression réalisée sur CAMERON par
BRODARD ET TAUPIN
La Flèche

pour le compte des Éditions Fayard
en mai 1993

Imprimé en France
Dépôt légal : mai 1993
N° d'édition : 4598 – N° d'impression : 1902H-5

35-57-8602-01/1
ISBN : 2-213-02831-1